JN423213

■ 현대성서주석

누가복음

목회자와 설교자를 위한 주석

Luke

INTERPRETATION

프레드 B. 크래독
(Fred B. Craddock)

2010

한국장로교출판사

누가복음

목회자와 설교자를 위한 주석

총편집자 제임스 루터 메이스
구약 편집자 패트릭 D. 밀러
신약 편집자 폴 J. 악트마이어

누가복음

저자 : **프레드 B. 크래독(Fred B. Craddock)**

- Phillips College(B. D.)
- Johnson Bible College(A. B.)
- Vanderbilt University(Ph. D.)
- 미국 에모리대학의 캔들러신학대학 은퇴 명예교수(설교와 신약성서)

한 · 미 공동 주석편집 / 번역위원회 편

번역위원 : **박선규**

- 중앙대대학원(M. A. 수료)
- 전주대학교, 장로회신학대학교(M. Div.)
- 샌프란시스코신학대학교(D. Min.)
- Far East Apostolic Mission, UPC Mission 등에서 통역(12년)
- 한·미 공동 주석편집 번역위원
- 현재, 시민교회 담임목사

이 책은

미국장로교출판사인 Westminster / John Knox Press와의

정식 계약에 의해 번역, 출판되었다.

Fred B. Craddock

Luke

INTERPRETATION

A Bible Commentary
for Teaching and Preaching
tr., by Publishing House of the PCK

Copyright © 1990 by John Knox Press
Korean Edition Copyright © 2010 by Publishing House of the PCK

INTERPRETATION / 현대성서주석

누가복음

초판인쇄 2010년 6월 20일 / 2012년 5월 30일 2쇄인쇄
저자 : 프레드 B. 크래독(Fred B. Craddock)
번역 : 한·미 공동 주석편집 / 번역위원 박선규

기획 · 편집
기획 · 편집인 : 박노원
미국장로교총회(PCUSA) 한국어자료개발실 김춘자
Rev. Grace Choon Kim
Curriculum and Resource Development, Korean Adult, CMD
100 Witherspoon St. Louisvill, KY 40202-1396, USA
Tel (502)569-5478, 5484 / Fax (502)569-8329, 8263

발행
한국장로교출판사
발행인 : 채형욱
주소 / 110-470 / 서울특별시 종로구 연지동 135
한국교회100주년기념관(별관)
전화 / (02) 741-4381-2 / 팩스 (02)741-7886
등록 / No.1-84(1951. 8. 3.)

ISBN 978-89-398-0234-6 / 978-89-398-0231-5(세트)
Printed in Korea

값 20,000원

Copyright © 1990 by John Knox Press
Korean Edition Copyright © 2010 by Publishing House of the PCK

한국어판 발간사

새로운 천년이 시작되는 해인 2000년 아침에, 한국교회는 현대성서주석 시리즈라는 큰 축복의 선물을 받게 되었다.

한국장로교출판사는 새로운 천년을 맞아 수년간의 준비와 노력 끝에 웨스트민스터 존 녹스(Westminster/John Knox) 출판사에서 절찬리에 발간되고 있는 *Interpretation*을 현대성서주석 시리즈로 번역하여 출간하게 된 것을 자랑스럽게 생각하며, 그 기쁨을 여러분과 함께 나누고 싶다. 이 주석 시리즈는 교회에서 성경을 해석하는 이들에게는 훌륭한 안내자로서, 성경을 가르치고 설교하는 이들에게는 풍부한 말씀의 샘으로서 큰 기여를 하게 될 것으로 믿는다.

이 주석 시리즈의 특징은 성경의 역사적 연구와 신학적 이해를 결합시키고, 이를 오늘날의 삶과 신앙에 다양한 방식으로 접근시키는 데에 있다. **'21세기 성서해석의 결정판'**이라고 불려질 현대성서주석 시리즈는 한국교회뿐만 아니라 해외의 한인교회에도 크게 공헌할 것으로 확신한다.

전 43권으로 발행되는 이 방대한 주석서를 번역함에 있어서 한국장로교출판사는 먼저 저자들과 학연이 있는 역자를 선정하였고, 성서신학을 전문적으로 공부한 분들을 중심으로 번역위원들을 구성하였다. 번역작업에 있어서 원서의 어떤 부분은 한국장로교출판사의 신학적 견해와 일치하지 않는 내용이 있음에도 불구하고 원문에 충실하였음을 밝힌다. 이 일은 저자들과 웨스트민스터 존 녹스 출판사와의 협의에 의한 것이다.

또한 내용에 있어서 신학적 흐름이 한국의 그것과 다를 수 있으며, 전통적인 입장과는 차이를 보이는 학자들의 견해는 하나의 학문적인 자료로서 소개되고 있다는 점도 염두에 두어야 할 것이다. 그럼에도 불구하고 학자들의 연구 결과가 목회자들의 설교강단을 풍요롭게 하는 데 적지 않은 도움을 줄 것으로 기대한다.

이 귀중한 작업은 한국장로교출판사 전임 사장이신 김봉익 목사와 미국 장로교총회 회중사역부 김춘자 목사의 노고가 없었다면 이루어질 수 없는 일이었기에 두 분에게 심심한 사의를 표한다.

이 현대성서주석 시리즈를 통해서 교회사역은 물론, 설교와 성경공부도 성공적으로 이끌어 갈 수 있기를 기대한다. 또한 선교 2세기와 새로운 천년을 맞는 한국교회의 강단에 크게 공헌할 수 있기를 간절히 소망한다.

한국장로교출판사
사장 **채형욱** 목사

한국어판 기획 · 편집에 즈음하여

Interpretation / 현대성서주석은 현재 미국의 교회와 신학계를 대표하는 세계 유수의 성서학자들이 오늘의 교회와 목회자들을 위해 각고의 노력을 기울여 집필한 주석 시리즈이다. 이처럼 큰 연구 성과를 오랜 준비 기간을 거쳐 번역, 출간하게 된 기쁨을 한국의 교회와 모든 목회자들과 함께 나누고 싶다.

이 새로운 주석 시리즈는 성경본문의 각 구절들과 낱말들을 일일이 다루기보다는 성경을 가르치고 설교하는 데 사용되는 본문의 단원들을 차례대로 다룸으로써, 설교와 성경공부를 중심으로 하는 목회사역을 성공적으로 준비하는 데 많은 도움을 줄 것이다. 아울러 이 주석은 성경본문이 말하고자 하는 것이 무엇인지를 잘 이해하게 함과 동시에, 그러한 이해를 가지고 오늘날의 삶과 신앙이 안고 있는 문제들과 더불어 대화를 나눌 수 있게 해 줄 것이다. 이로 인하여 오늘날의 교회와 그리스도인들은 성경본문이 오늘의 신앙과 삶에 어떤 의미를 주는지 분명하게 깨달을 수 있을 것이며, 그것을 자신의 일상적인 삶에 적용하는 데 큰 도움을 얻을 수 있을 것이다.

바라기는 이 주석 시리즈로 인하여 한국교회 강단의 영적인 깊이가 더해지고, 말씀이 더욱 풍성하게 되었으면 한다. 그리하여 강단마다 교회마다 생수의 강이 흐르고, 생명의 떡을 배설하는 잔치자리가 되기를 희망한다. 또한 이 성서주석이 한국교회는 물론이고 전 세계에 흩어져 있는 이민목회자들과 그들의 설교와 성경공부 사역에 생명력을 불어넣을 것을 기대한다.

이 번역서는 성서원문에 충실하고자 했으며, 우리말 성경은 개역한글판을 사용하였다. 그리고 때로는 시대적 요청에 맞추어 개역개정판을 사용하기도 하였다. 이 주석의 번역위원들은 국내외의 탁월한 번역가들인 동시에 전문적인 성서학자들이다.

이 주석 시리즈의 번역과 출판은 한국장로교출판사가 1992년에 미국장로교출판사인 Westminster / John Knox Press와 정식으로 계약하여 오늘에 이르렀다. 이 주석의 기획과 편집은 미국장로교총회(PCUSA) 회중사역부 내의 한국어자료개발실 김춘자 목사와 한국장로교출판사의 김봉익 목사가 공동으로 추진하였으며, 모든 실무 작업은 한국장로교출판사의 자료개발실에서 해 주었다.

그리고 무엇보다도 이 시리즈의 번역사업을 추진함에 있어서, 미국장로교총회 교육부에서 수고하시다가 은퇴하여 지금은 '카이로스 연구원'의 책임을 맡으신 최창욱 목사와 역시 미국장로교총회 한미목회 총무로 계시는 김선배 목사의 도움이 컸다. 이 두 분의 도움에 힘입어 한국장로교출판사는 미국장로교총회 회중사역부 한국어자료개발실과 공동으로 이 주석 시리즈를 기획, 편집, 번역, 출판하기로 협의하여 이제까지 그 작업을 진행해 왔다. 그동안 협력해 주신 번역위원들과 수고하신 모든 분들께 마음 깊이 감사를 드린다.

2000년 1월 일

Interpretation / 현대성서주석 한·미 공동 기획, 편집인

박노원·김춘자

한국어판을 위한 서문

Interpretation 주석 시리즈(*Interpretation : a Bible Commentary for Teaching and Preaching*)를 한국 독자들에게 소개하게 된 것을 영광스러운 특전으로 생각한다. 본 주석 시리즈의 편집자들과 저자들은 한국장로교출판사가 본 주석 시리즈에 대해 관심을 갖고 한국어판을 출판하기 위해 기울인 헌신적인 작업을 감사히 여기고 있다.

이 주석의 한국어판이 한국장로교출판사에 의해 출간되는 것은 매우 적절한 일이다. 이 주석은 원래 미국장로교(PCUSA) 안에서 계획하고 준비되었다. 비록 본 주석의 저자들은 다양한 교단의 배경을 갖고 있으나 그 성격과 의도는 전적으로 장로교단이 결정했다. 이 주석은 교회의 예배와 성경공부 모임에서 설교하고 가르치는 일에 성경이 얼마나 중요한 비중을 차지하는지를 단적으로 입증하고 있다. 이 주석은 성경이 우리에게 하나님의 백성이 무엇을 믿어야 하며, 하나님은 당신의 백성들이 어떻게 살기 원하는지를 가르친다는 확신을 바탕으로 준비되었다.

성경에 대한 이러한 확신과 성경의 가르침에 대한 신뢰는 한국장로교회의 특성이다. 이러한 확신은 한국과 미국의 장로교회를 공부하는 교회로 만들 것이다. 미국교회에서 이미 그 유용성이 입증된 본 주석이 한국에서도 성경공부에 공헌할 수 있기를 간절히 소망한다. 각 주석의 저자들은 디모데후서 3 : 16 이하의 말씀이 얼마나 옳은 말씀인지를 보여 주려고 노력했다 : “모든 성경은 하나님의 감동으로 된 것으로 교훈과 책망과 바르게 함과 의로 교육하기에 유익하니 이는 하나님의 사람으로 온전케 하며 모든 선한 일을 행하기에 온전케 하려 함이니라". 이러한 의도가 한국에서 본 주석을 통하여 이루어지기를 기도한다.

제임스 루터 메이스
총편집자
버지니아 유니온 신학대학
사이러스 맥코믹 히브리어 / 구약학 명예교수

Preface
For The Korean Edition

It is an honor and a privilege to present *Interpretation : a Bible Commentary for Teaching and Preaching* to Korean readers. The editors and authors of the commentary series are grateful to the editors of the Publishing House of the Presbyterian Church of Korea for their enthusiastic interest in *Interpretation* and for their devoted work in producing a Korean version.

It is fitting that the Interpretation commentary should be sponsored in Korea by the Publishing House of the Presbyterian Church. The series was planned and developed in the context of the Presbyterian Church in the United States of America. Though its authors come from different churches, it is a thoroughly Presbyterian project in character and purpose. The commentary is a witness to the vital importance of the Holy Scriptures for the gathering and instruction of the Church of Jesus Christ through preaching and teaching. The foundation of the series is the conviction that the Bible provides the knowledge of what the people of God are to believe about God and what kind of life God requires his people to live.

This confidence in the Bible and reliance on its illumination is characteristic of the Presbyterian Church in Korea. It is a confidence that binds the Churches in Korea and in America into a community of study. I earnestly hope that these volumes, which have proved so useful in the American Church, will also prove fruitful for the study of the Bible in Korea. The authors of the individual commentaries have sought to show how the Scripture is "profitable for teaching, for reproof, for correction, and for training in righteousness that the man of God may be complete, equipped for every good work"(2 Timothy 3 : 16f). I pray that this purpose will be fulfilled in the use of the commentary in Korea.

James Luther Mays
General Editor
Cyrus McCormick Professor Emeritus
of Hebrew and the Old Testament
Union Theological Seminary in Virginia

누가복음

INTERPRETATION / 현대성서주석

누가복음

차 례

시리즈 서문

이 주석 시리즈는 성경 각 권에 대한 해석을 담고 있다. 이 시리즈는 현대적인 강해 주석을 원하는 학생과 교사, 목회자, 사제 등의 필요에 부응하고자 만들어진 것이다. 이 책들이 역사비평적인 주석이나 설교학적인 보조자료들을 대신할 수는 없을 것이다. 오히려 이 시리즈의 목적은 제3의 자료—곧 성경본문들에 대한 역사적이고도 신학적인 작업의 통합된 결과를 보여 주는 주석—를 제공하는 데에 있다.

본래적인 의미에서 볼 때 해석 작업이라는 것은 본문, 해석자, 그리고 해석을 필요로 하는 사람 등을 포함한다. 여기서 말하는 본문은 '예언자들과 사도들'의 시대 이후로 전해 내려오는 성경의 기록을 가리킨다. 본문은 신앙생활을 가르치고, 그것에 생기를 불어넣고, 또 그것을 인도하려는 목적으로 읽혀진다. 해석자는 본문에 충실하면서도 교회에 유익한 해석을 만들어 내려고 애쓰는 사람이다. 이 시리즈는 성경을 신앙공동체에서 가르치고, 설교하고, 연구하려는 사람들을 위해 쓰인 것이다.

이 시리즈의 주석은 일반적으로 강해적인 에세이의 형태를 취하고 있다. 그것은 성경을 사용할 때 생겨나는 여러 필요들과 질문들에 비추어 기획되고 쓰인 것이다. 본 주석 시리즈는 효과적인 강해를 위해 현대적인 학문 연구의 통찰들과 결과들을 충분히 활용하였다. 해석자들은 주석가들로서, 그리고 신학자들로서 이 시리즈를 집필하였다. 그들의 작업은 본문이 말하고자 하는 것을 취급함과 동시에, 그것이 신앙과 생활에 주는 의미를 분별하려는 목적을 가지고 있다. 그러므로 강해는 한 해석자의 통일된 작업의 결과이다.

본 시리즈는 표준 개역성경(Revised Standard Version)을 주석의 기초로 삼고자 한다(한글판에서는 '개역한글판'을 사용하였다-편집위원회 주). 이 영문 번역판의 일반적인 용이성으로 번역본문을 다시금 반복할 필요가 없게 되었으며, 주석 공간을 확보하는 데에도 도움을 주었다. 본 주석은 해당되는 책의 특성에 맞게끔 각각의 본문을 세분하였다. 이 시리즈의 주석은 낱말이나 구절의 의미를 낱낱이 밝히는 방법보다는 모든 본문들을 전체로 취급하는 방법을 취하고 있다.

이 시리즈의 저자들은 자신에게 맡겨진 책들을 강해하는 데 필요한 것들에 맞추어 본 주석서를 기획하였다. 성경의 각 책들은 그 성격이나 내용, 배열 등에 있어서 서로 다르다. 그들은 또한 나름대로 교회의 예전(liturgy)이나 사상, 경건 등에서 사용하는 방식에 있어서도 서로 다르다. 저자들은 주석 방법이나 강조점, 주석 공간의 활용 등에 대한 결정을 내림에 있어서 각 책들의 독특성이나 용례를 고려하였다. 이 주석 시리즈는 저자들로 하여금 그들의 해석 결과를 가장 잘 드러나게 하는 형식을 개발하도록 허용하였다.

저자들과 편집자들은 이 시리즈가 성경본문들을 바르게 설명하고 적용하는 주석이기를 바라며, 또한 성경본문들의 의미와 중요성을 제대로 다루는 훌륭한 해설서이기를 희망한다. 물론 성경 각 권들에 대한 모든 주석은 집필자 자신의 방법론과 그의 독특한 교회관과 세계관을 반영한다. 그것은 달리 집필될 수도 있고, 또 마땅히 그러해야 할 것이다. 따라서 이 시리즈에 있는 해석은 그것이 어떤 종류의 것이든 간에 개별적인(각각의 독특성을 갖고 있다-편집위원회 주) 것이다. 그것은 어디까지나 본문에 대한 다양한 해석들 중의 하나에 지나지 않는다. 그러나 교회 안에서 성경을 해석하는 일에 종사하는 모든 이들은 다른 사람들이 성경본문을 어떻게 읽고, 어떻게 해석하는가를 통해서 그들 나름대로의 도움과 자극을 받을 필요가 있다. 만일에 이 주석 시리즈가 그런 식의 해석 작업에 이바지하고 또 그것을 자극한다면, 이 시리즈를 준비하고 출판하는 그 목적을 충분히 이루었다고 볼 수 있겠다.

편집자 일동

저자 서문

본서를 준비하면서 나는 교회에서 설교하고 가르치는 일을 하는 사람들이 내 앞에 있다고 가정했다. 이러한 시도는 줄곧 즐거움이었다. 지금과 이전에 내 학생이었던 이들은 말할 것도 없고, 여러 해 동안 나와 친분이 있는 많은 사역자들의 이름과 얼굴을 떠올리면서 그렇게 했다. 그러나 이러한 노력에도 어려움은 많았다. "설교자와 교사를 위한"이라는 말은 많은 필요와 능력과 기대를 포괄한다. 한 사람을 위하여 쓰는 것은 모든 사람을 위하여 쓰는 것이 아니며, 모든 사람을 위하여 쓰는 것은 한 사람을 위하여 쓰는 것이 아니다. 그리하여 이 작업은 실망과 무례 사이에서 어떤 길로 진행되어야 했다. 본 주석이 본문 중에 빈번한 복잡 미묘함과 충분히 씨름하지 않는다면 실망을 줄 것이고, 너무 신속하고 쉽게 설교 강단과 강의대에 올려진다면 무례가 될 것이다. 책의 행간(行間)의 의미는 필자가 아닌 독자가 터득하기 때문이다.

월간 저널 「인터프리테이션」(*Interpretation*)의 1982년 10월호에서 나는 설교를 위한 자료들을 주간의 요일에 따라 분류했다. 월요일은 강단으로부터 가장 먼 날이고, 토요일은 가장 가까운 날이다. 전문성과 평론을 갖춘 양이 많은 책들과 논설들은 '월요서'(月曜書)라 불렀다. 이와 같은 내용이라도 양이 적은 것은 '화요서'(火曜書)라 불렀다. '수요서'(水曜書)는 실질적으로 성서적이고 신학적이지만 설교자를 염두에 둔 책들이다. '목요서'(木曜書)는 그 내용을 어떻게 설교할 것인가를 제시해 주는 책들이고, '금요서'(金

曜書)는 설교의 개요들을 담고 있는 책들이다. 그리고 '토요서'(土曜書)는 전적으로 설교를 모아 놓은 책들이다. 나는 본서를 '수요서'(水曜書)가 되도록 했다. 많은 자료를 찾아보고 연구해 보고 설교 강단과 강의대를 염두에 두면서 그것들을 제시했다.

누가복음의 전역(全域)을 또 한번 산책했는데, 보상받는 일이었다. 이번에는 내가 보고 들은 것을 동일한 산책을 하는 사람들과 이야기했다. 그때나 지금이나 누군가가 이 책이 도움이 되었다고 말해 준다면 보상은 몇 곱이 될 것이다.

본서를 끝낼 수 있도록 필요한 도움을 준 이들에게 공개적으로 감사하고 싶다. 집필을 위하여 필요한 지지와 혼자만의 시간을 갖도록 해 준 아내 네티(Nettie)에게 감사한다. 강의실을 잠시 떠나 있도록 허락해 준 캔들러 신학교의 학장 짐 웨이스(Jim Waits)에게 감사한다. 이번에도 나의 난필(亂筆)을 편집자가 받을 만한 원고로 바꿔 써 준 나의 비서 재닛 개리(Janet Gary)에게 감사한다. 꼼꼼한 교정으로 내 자존심을 올려 준 교정자 러셀 포크(Russell Faulk)에게 감사한다. 그러나 내가 지극히 감사하고 있는 이분들의 노력에도 불구하고 잘못이 있다면 이는 내 잘못임을 밝혀 둔다.

프레드 B. 크리덕

서 론

아주 최근까지도 주석들은 서론에서 저자, 연대, 대상, 출처, 목적, 그리고 연구방법의 특징 등을 제시하는 것이 관례였다. 그러한 주해의 상당 부분은 물론 추론에 의한 것들이었다. 해당 논제에 관한 다른 학자들과의 대화 중에 거론된 당시의 저작(著作)들에서 얻은 어떤 도움이 될 만한 증거와 함께 성경본문 자체가 제공하는 내용에 근거를 두었었다. 다수의 주석들이 이 방법을 지속하고 있다.

그러나 어떤 주석들은, 바로 이 점에 있어서 매우 훌륭하다고 보이는데, 더 이상 그렇게 하고 있지 않다. 이러한 전통적인 서론을 배격하는 주석들은 그러한 서설(序說)이 서론이라기보다 본문에서 발견될 것을 알려 주는 결론에 가까운 것이라고 주장한다. 그리고 그러한 내용들을 종결 부분에서 요약되도록 유보해 둔다면 본문을 읽는 이들이 독자적으로 결론을 찾아보면서 주석가와 동료(同僚)가 되어 더욱 존중될 것이며, 주석가와 더욱 폭넓은 지적 대화를 나눌 수 있을 것이라고 주장한다.

또 다른 주석들은 그러한 서론이 본문을 이해하는 데 실제로 도움을 주지 못한다는 확신에서 그러한 전통적 방법을 쓰지 않는다. 실제로 주석을 이용하는 많은 사람들이 서론 부분을 읽지 않는다고 말하고 있다. 그들은 도움을 필요로 하는 해당 구절의 주해로 곧장 찾아간다. 그렇기는 하지만 결론이 아닌 암시적이고 지나치게 장황하지 않은 서론은 개관으로서 상당히 도움이 된다는 사실만은 인정해야 한다. 성경본문을 연구하는 이로 하여금 나무들을 하나씩 분석하기 전에 숲에 관한 어떤 인식을 갖게 해 주기 때문이다.

다행스럽게도 제3의 복음서의 경우, 서론에 관련된 여러 의문들에 관하여 어느 정도 만족을 얻을 수가 있다. 주석가에 의해 고안된 것이 아닌 서론이 마련되어 있다. 자기가 쓴 이야기를 읽기 전에 알아야 할 중요한 것이라고 스스로 인식하고 있는 것들을 말하는 간략한 설명으로 자기 복음서의 서문을 쓴 사람은 누가 자신이다. 신약성경의 기록들 중에서 독특한 이 서문(1 : 1–4)은 누가복음에 대한 우리의 서론에 도움이 될 것이다.

그렇다면 여기서 독자가 알아야 할 것은 단지 본 주석의 개관, 범위, 그리고 체제이다.

개관(概觀) : 설교자로서의 누가

설교자들과 교사들은 성경말씀들을 마치 손대지 않은 순수한 자료 덩어리나 가정 일에 비유하여, 적당한 분량을 택하여 설교와 학습과제로 빚어내는 커다란 밀가루 반죽 덩어리인 것처럼 여기고 성경에 접근하는 것이 보통이다. 그들이 간과하는 사실은 성경본문이 저자나 저자가 상속자가 되는 전통이나 신앙공동체 안에 있던 자료의 활용에 의해서 지금의 형태가 되었다는 사실이다. 본문은 예컨대 노래로, 비유로, 잠언으로, 송별사로, 선포로, 교리문답으로, 대화로 우리에게 오고 있다. 저자는 "저자가 무엇을 말하고 있는가?" 그리고 "무엇을 하고 있는가?"를 묻기에 적합한 양식으로 그 자료들을 함께 묶어 놓았다. 본문을 읽거나 듣는 사람들을 위하여 그들과 함께, 그리고 그들을 향하여 본문에서는 무슨 일이 일어나고 있는가? 어떤 응답을 원하고 있는가 묻고 있다. 말하자면, 저자는 목적을 가지고 의사소통하고 있다.

본 주석이 살펴보고자 하는 것은 누가의 메시지에 귀를 기울이면서 그가 무엇을 하고 있는가를 관찰하는 것이다. 그가 하는 말에 귀를 기울일 뿐만 아니라 그가 어떻게 이야기의 단편들을 선택, 배열, 제시하고 있는지를 눈여겨보는 것이다. 이렇게 하는 것은 자기 독자 또는 듣는 자들에게 접근하고자 하는 설교자로서의 누가를 바라보는 것이라고 말할 수 있다.

누가를 설교자로 취급하겠다는 말은 그에 대한 다른 관점들을 무시하겠다는 의미는 아니다. 예컨대, 누가는 종종 역사가로 연구되고 있다. 또 어떤 매우 의미 있는 연구에서는 누가를 고대의 사료편찬자들 사이에 끼워 넣는데, 이 연구는 성과를 거두고 있다(참고문헌을 보라). 누가가 역사가의 관점에서 자기의 자료들을 취급하고 있었다는 사실에는 의문의 여지가 없다. 예수와 모습을 드러내는 교회에 관한 그의 이야기의 광범위한 구조뿐만 아니라 이 이야기가 펼쳐 보여 주는 더 큰 맥락의 이야기들에서도 이 사실은 분명하게 보인다. "이때에 가이사 아구스도가 영을 내려……"(2 : 1), "이 호적은 구레뇨가 수리아 총독 되었을 때에 첫 번 한 것이라"(2 : 2), "디베료 가이사가 위에 있은 지 열다섯 해……"(3 : 1), "예수께서 가르치심을 시작할 때에 삼십 세쯤 되시니라……"(3 : 23), "헤롯의 관할에 속한 줄을 알고……"(23 : 7), "그 후 호적할 때에 갈릴리 유다가 일어나 백성을 꾀어 좇게 하다가……"(행 5 : 37), "헤롯이 두로와 시돈 사람들을 대단히 노여워하나……"(행 12 : 20), "갈리오가 아가야 총독 되었을 때에……"(행 18 : 12), "글라우디오 루시아는 총독 벨릭스 각하에게 문안하노이다"(행 23 : 26). 이 참조문들과 시간, 장소, 그리고 주요 인물들에 관한 많은 다른 참조문들은 본질적으로 역사적이다. 그리하여 역사가들의 논평을 불러들인다.

그렇긴 하나 역사적 참조문들을 별도로 하여 그것들의 신뢰성을 추적하거나 초기 기독교 역사의 재구성을 위한 누가복음과 사도행전의 가치에 관하여 토론을 벌이는 것은 본론의 기본적 관심이 아니다. 물론 주석 중에는 이런 본문들에 관심을 기울일 것이다. 그러나 '복음의 선포'라는 누가의 기본 업무의 관점에서 그렇게 할 것이다. 결국 설교자는 어느 정도 역사가이고, 또 역사가이어야 한다. 종교적인 상황은 물론이고 사회적, 경제적, 그리고 정치적 상황을 조성하는 사건들의 과정을 관심 있게 지켜보는 역사가이다. 메시지는 이러한 상황 속에서, 그리고 그러한 상황을 향하여 주어진다.

누가를 설교자로 본다고 해서 신학자로서의 누가를 고려하지 않겠다는 것은 아니다. 신학자로서의 누가는 35년 전 콘젤만(Hans Conzelmann)에 의한 「성 누가의 신학」(*The Theology of St. Luke*)이 출판됨으로써 폭넓게 야기된 관심을 끄는 제목이 되었다. 물론 누가는 모든 설교자가 그렇듯이 한 사람의 신학자이다. 그렇지 않다면 강단에서 무엇을 말하겠는가? 모든 설교자는 각자의 주제를 갖게 되듯이 누가의 선포에도 그의 신학의 주요 주제들이 드러난다. 몇 가지만 지적하면 교회와 회당과의 관계, 예수와 교회와의 관계, 그리고 교회와 더 큰 세계와의 관계, 예수와 교회의 생활에 있어서 성령의 역할, 복음의 정체성, 복음의 경제적·정치적 의미, 성경의 권위, 예수의 정체, 제자 됨의 의미, 마지막 때에 대한 예상 등이다. 그러나 이러한 주제들을 본래의 이야기에서 빼내어 누가의 신학이라고 독자에게 제시하는 노력은 하지 않을 것이다. 누가의 신학은 누가가 그것을 제시할 때 다루어질 것이다. 다시 말하면 그의 신학은 그의 이야기에 짜여져 들어가게 될 것이다.

그렇다면 누가를 설교자로 보는 견지에서 이 복음서를 탐구한다는 것은 무엇을 의미하는가? 어떤 설교자의 사역이 어떻게 지속적이고 면밀한 주의를 집중시키는지를 잘 생각해 보면 이에 대한 답을 얻을 수 있다. 이 탐구는 첫째로, 말하고 있는 내용에 귀를 기울임을 의미한다. 즉, 복음의 본문이 우리에게 오고 있는 그대로 그것에 유의하는 것이다. 이 방법은 물론 색다른 방식은 아니다. 그러나 누가복음에 관한 많은 연구서들 또는 다른 책들이 크리거(Murray Krieger)의 유명한 말(*A Window to Criticism,* pp. 3-4)에 따라 본문을 창 또는 거울로 사용하고 있다는 사실을 상기해 보라. 본문을 창으로 사용한다는 말은 역사적 예수 혹은 초대교회에 관한 정보, '그 사실들'을 찾아내기 위하여 본문을 꿰뚫어 보고, 그리고 본문의 배후를 보는 것을 의미한다. 본문을 거울로 인식한다는 것은 본문이 하나님 앞에, 그리고 세계 속에 있는 우리와 우리의 정황(情況)을 더 잘 또는 최소한 다르게 이해하도록 하는 기능을 가졌다는 사실을 의미한다. 모험적 접근이 중요하지 않은 것은 아니다. 그러나 이 방법들은 누가복음의 독자들이 꼭 시도해야 하는 우선적인 방법들이 아니다.

둘째로, 누가를 설교자로 본다는 말의 의미는 메시지가 어떤 형식으로 전해지는가를 식별함을 말한다. 그리고 설교자가 무엇을 하고, 무엇을 말하는가를 이해하기 위하여 그 형식의 취지를 깊이 음미함을 말한다. 누가의 형식은 하나의 복음서이다. '복음'은 정해진 내용, 즉 '좋은 소식'을 가리키는 말일 수 있다. "……예수께서 갈릴리에 오셔서 하나님의 복음을 전파하여"(막 1 : 14)라는 마가의 진술에 있어서와 같다. 실제로 어떤 이들은 어떤 기록이나 형식이 그리스도의 신성(神性)과 인성(人性)을 제시하지 않으면

복음으로써의 가치를 갖지 못한다고 논한다. 누가복음의 내용은 우리가 본 복음서의 내부로 들어가면서 열어 보일 것이다. 우리의 현재의 관심은 그것의 형식이다.

분명히 누가는, 바울과 신약성경의 대부분의 다른 저자들이 그러했던 것처럼, 편지 형식으로 자기의 메시지를 전달하고자 하지 않았다. 편지는 종종 문제와 해결의 형식으로 개인이나 단체를 향하여 직접적으로 말하는 의사전달 방식이다. 문제가 일어나면 그것을 언급한다. 그렇게 하는 과정 중에 예수의 말씀이나 행위를 인용하기도 한다. 만일 어떤 사람들이 바울이 세운 교회들 중에서 지도자의 자리에 올라 그 모임의 사람들에게 영향을 행사한다면 바울은 그 문제에 관하여 교회를 향하여 직접적으로 말한다. 만일 어떤 사람이 복음서의 형식으로 쓴다면 그렇게 하지 않는다. 복음서는 이야기 전달 형식으로 되어 있다. 이 말은 복음서가 간접적인 의사전달 형식으로 되어 있음을 의미한다.

위에서 말한 문제에 대한 응답으로 복음서 기자는 예수께서 한 어린이를 제자들 가운데로 데리고 오셔서 '큰 자'에 관해 가르치셨던 경우와 연관을 지어 그 교회를 향해 말할 것이다. 이 이야기를 듣는 사람들은 그것을 자신들의 문제와 연관시킨다. 교회가 인종이 다른 사람들을 받아들이는 것을 공개적으로 거부하는가? 서한서(書翰書)의 기자는 그 문제를 향해 논리와 전통과 성경, 그리고 개인적인 호소로 직설적으로 말할 것이다. 복음서의 기자는 예수께서 말씀하신, 자기의 이웃처럼 행동한 사마리아인의 이야기를 상기시킬 것이다. 이렇게 간접적으로 응답하는 것은 직접적으로 대면하는 방식 못지않게 효과적이다. 사실상 복음 안에서, 그리고 복음과 함께 생활하는 교회는 이렇게 증언한다. 복음서는 예수께서 직접 말씀해 주시는 느낌을 갖게 해 주며, 그가 행하시고 말씀하신 것에 관한 기록은 매우 적절하고 힘이 있다고!

이렇게 논평하는 것은 결코 한 복음서의 문학적 형식에 관한 토론을 하겠다는 것이 아니다. 본 복음서의 문학 형식은 영웅적 인물들에 관한 고대의 전기(傳記)를 모방한 것인가? 구약성경에서 볼 수 있는 모세, 사무엘, 다윗과 같은 역사적 이야기의 본보기에 더 가까운가? 예수께서 매우 자주 말씀하셨던 비유는 하나의 완전한 이야기를 전해 주는 형식으로 복음서 기자들에게 이해되었던가? 아니면 더욱 그럴듯하게, 복음은 초기 교회와 함께 있었던 원래의 문학 형식으로 보이는가? 아니면 예수에 관한 구전의 여러 단편들을 보전하려는 공통된 요망이 있었기에, 이 단편들은 격언, 잠언, 선언, 비유, 그리고 서로 다른 역사적 이야기들로 개별적이었지만 함께 모아 "예수의 행하시며 가르치기를 시작하심부터 ……까지의 일"(행 1 : 1-2)을 취급하여 창작된 것인가? 이러한 논의에서는 취하는 입장에 따라서 설교자 누가의 말을 더욱 선명하게 들을 수 있도록 귀를 예리하게 할 수도 있고, 그렇게 못할 수도 있다. 분명한 사실은 제3의 복음서는 예수에 관한 자기의 기록을 우리가 복음이라고 부르는 이야기의 형식으로 제시하고자 하는 한 기자(writer)를 보여 주고 있다는 것이다. 그리고 우리가 추정할 수 있는 사실은 누가가 사용한 자료들의 성격이 기록된 것이든 구전(口傳)의 것이든(1 : 1-2) 간에 그 자료의 선택, 배열, 형태 구성은 모든 설교자들이 느끼는 두 가지 의무를 충족시키기 위하여 되어졌다는 것이다. 두 가지 의무란 예수 이해에 관한 자신의 확신에 충실할 것과 듣는 이들이 처한 환경 중에서 그들이 필요로 하는 것에 해답을 주어야 한다는 것이다. 본 주석의 전반(全般)에서 우리는 형식(form)에 주의를 기울일 것이다. 다시 말하면, 누가는 어떻게 의사전달을 하고 있는가이다.

형식(form)을 꼼꼼하게 살펴보면 누가를 설교자로 보게 하는 세 번째 요인에 이르게 된다 : 그의 기교이다. 전반적으로, "문학에 있어서의 형식은 의욕을 일깨우고, 또 그 의욕을 성취하게 한다. 작품의 형식은 그것의 한 부분이 독자로 하여금 또 한 부분을 예상하도록 유도하고, 그 결과에 만족하도록 하는 정도까지 영향을 미친다"(Kenneth Burke, *Counter-Statement,* p. 124).

그러나 이 같은 성공이 어떻게 기자나 설교자에 의해 가능할까? 전반적으로 복음서들은 독자에게 인물들, 줄거리, 극적 행위, 구체적 모습들, 인식 가능한 징후들, 그리고 결말에 이르게 하는 진전을 제시한다. 하지만 의도하는 것을 달성하기 위해서는 의사전달의 어떤 기교들이 이런 내용들 속에 짜여 들어가야 할까? 여기서 우리 자신을 속이지 않도록 하자. 우리 앞에 있는 자료들은 토머스 하디(Thomas Hardy)의 소설이 아니고 복음이다. 단순히 심미적 경험을 제공하는 의미에 있어서의 문학이 아닌 복음이다. 그렇기는 하지만 누가나 어떤 설교자라도 흥미를 갖게 해야 하고, 그 흥미를 지속시켜야 한다는 사실은 부정할 수 없다. 그렇게 하지 않는다면 영원의 의미를 지닌 사실들을 긴박하게 알려 주어도 아무도 들어 주지 않은 채 소멸되고 말 것이다.

누가가 문학적 예술가라는 사실은 제롬(Jerome) 이래로 인정되어 온다. 그는 누가가 복음서 기자들 중에 가장 숙련된 기자라고 말했다. 확실히 어떤 신약학 학자들은 초기의 그리스도인들이 문필(文筆) 문화에 있어서는 전적으로 천진난만한 낮은 계층의 사회에 속하고 있었다는 통념의 견해를 답습하고 있다. 슈바이처(Albert Schweitzer)도 이 견해에 동의한다. 그러나 그는 이 사실을 긍정적으로 생각한다. 기교가 없는 기자들은 복음의 생동감과 순수성에 기여한다는 것이다. "예수께서는 훨씬 더 직접적으로 우리 앞에 서신다. 왜냐하면 그분은 문학적 재능이 없는 단순한 그리스도인들에 의하여 묘사되셨기 때문이다"(*The Quest of the Historical Jesus,* p. 6). 그렇기는 하지만 누가복음의 독자는 누구라도 두 아들을 둔 아버지에 관한 비유(15 : 11-32) 또는 엠마오로 가던 의기소침한 두 제자에게 나타나신 예수의 이야기(24 : 13-35)에서 보여지는 예술성을 놓칠 수 없을 것이다. 그리고 누가복음의 연구자들은 누가와 마가가 동일 이야기를 전하는 데에서 누가는 없어도 되는 말들은 제거하고, 어색한 말들을 원만하게 하고 단조로움을 없애기 위해 동사들을 다양하게 구사하고, 마가복음에는 끝을 내지 않았던 것 같은 이야기들을 잘 마무리하고 있는 점을 보게 된다. 그리하여 우리는 본 주석 전반에서 누가가 보여 주는 의사전달의 기술을 주시할 것이다.

여기서 고대와 현대의 의사전달자들에 의해 사용되었던 몇 가지 검증된 수단들을 지적해 보는 것은 도움이 될 것이다. 그리하여 우리는 독자들이 방심하지 않게 하고자 한다. 혼자서 설교를 듣거나 가르침을 받기 위하여 누가복음의 본문을 찾는 사람으로 하여금 누가가 그에게 설교하는 것을 듣고, 그 복음서 안에 충분히 오래 머물도록 하고자 한다. 이 복음서와 사도행전에서(아래 기록에서 이 두 책의 관계를 보라.) 누가는 몇 가지 형식을 활용하고 있다. 이 형식들은 다른 문학작품에서 자주 나타나고 있는데, 이는 그 형식들이 널리 활용되고 있음을 의미한다. 그 형식들 중에는 여행담들(본서의 여러 장이 예수의 예루살렘으로의 여행에 쓰였다. 그리고 사도행전에서도 여러 장이 바울의 예루살렘 여행에 쓰였다.), 재판과 재판정의 장면들(사도행전에도 빈번함.), 이별의 말씀들(예수, 스데반, 바울에 의하여), 경이로운 이야기들

(기적들, 천사의 출현, 예수와 초대교회의 사역 중에 보편적으로 임했던 계시들), 그리고 이야기 중에 나오는 이야기들(누가복음에서 보면 부자와 나사로, 바리새인과 세리, 끈질긴 과부, 밤중에 찾아온 친구, 정직하지 못한 청지기, 아버지와 두 아들들)이 있다.

누가는 이 주요 형식들에 더하여 대조법을 활용하는 데 있어서도 훌륭한 재능을 보여 준다. 이 방법은 그로 하여금 사실의 양면을 보게 할 뿐만 아니라 모든 의사전달자들이 알고 있듯이, 청중이 방심하지 않고 몰두하게도 한다. 실례(實例)는 많다. 연로한 여인과 젊은 처녀가 만나 아직 태어나지 않은 자기 아들의 장래에 대하여 하는 이야기(1장), 천사들과 목자들(2장), 복과 화(禍, 6장), 예수와 창기, 그리고 예수와 신실한 여자들(7, 8장), 바리새인들의 예수 배척, 그리고 바리새인들이 예수께 친절함(13장), 하나님이 성도의 기도를 들으시고 한 죄인의 기도를 들으심(18장)……. 누가는 또한 반복과 주제(theme)의 되풀이에 의한 효력도 알고 있다. 예컨대 가난하고 사회에서 뒤쳐진 사람들에 대한 관심은 마리아의 노래(1장)로부터 사도행전 전반으로 확장된다. 죄의 회개와 용서는 예수와 교회가 했던 설교의 중심이다. 그리고 사람들 중에서 생겨나고 있는 용납될 수 없는 행위는 '자기들이 하는 것을 알지 못하여' 그렇게 한다고 말씀하는데, 이는 예루살렘을 향하여 슬퍼하시던 예수의 표현이며(19장), 십자가 위에서의 표현이고(23장), 예루살렘에서 베드로에 의해 계속된 한 주제였고(행 3장), 이방인들 중에서 바울이 계속했던 한 주제였다(행 17장).

끝으로, 누가는 독자가 기대를 하도록 지연술(遲延術)을 사용하는데, 이는 놀랍고, 또 그것에 사로잡힐 수도 있을 것 같다. 예컨대, 누가는 마가처럼 예수의 이야기로 달려가지 않는다. 예수는 2 : 6까지 태어나시지 않는다. 3 : 21 이전에는 세례를 받으시지 않는다. 그리고 독자는 3 : 23에서 예수께서 그의 성역(聖役)을 삼십 세에 시작하셨다고 읽고 있으나 그 성역의 기록은 4 : 14에서 시작된다. 9 : 7~9에 헤롯은 예수에 관해 듣고 당황한다. 누가가 말하듯이 헤롯이 '저를 보고자' 했다. 13 : 31에 바리새인들이 예수께서 피하시도록 경고한다. 왜냐하면 '헤롯이 당신을 죽이고자' 했기 때문이다. 그러나 23 : 8에서야 예수께서 예루살렘에서 재판을 받으실 때에 두 사람은 대면한다. 그리고 24 : 49~53을 읽는 사람은 "……때까지 이 성에 유하라"는 말씀을 읽으며 그 말씀이 이야기의 끝이 되리라고 예상하지 않는다. 사도행전 7 : 58은 스데반이 돌에 맞고 있을 때 "……증인들이 옷을 벗어 사울이라 하는 청년의 발 앞에 두니라"고 전한다. 그러나 독자는 그가 누구인지, 그리고 그가 무엇을 하는 사람인지 알기 위하여 기다려야 한다. 이러한 지연술은 그가 듣는 사람의 참여를 붙들고 지속시킬 줄 아는 능숙한 이야기꾼이라는 사실에 대한 표시이다. 만약 누군가가 그러한 형식에 유의하는 것은 성경의 고매한 진지함에 어울리지 않는다고 생각한다면, 내용에만 집착할 경우 그 내용을 귀하게 보지 못하게 한다는 사실을 기억함이 좋을 것이다.

"누가를 설교자로 본다는 것은 무엇을 의미하는가?"라는 질문에 대한 마지막 네 번째 응답은 누가가 성경을 어떻게 활용하는가를 주의 깊게 살펴보겠다는 의미이다. 설교자들은 다양한 방법으로 성경본문을 활용한다. 설교에 권위를 부여하기 위하여, 예증을 위하여, 선례를 보여 주기 위하여, 연속성을 갖기 위하여, 듣는 이의 신뢰를 얻기 위하여, 증명하기 위하여, 그리고 많은 다른 목적을 위하여 그렇게 한다. 우리는 누가가 성경본문을 여러 방법으로 활용하였으리라고 예상한다. 누가에게 있어서 성경(히브리어 성경, 우리의 구약성경)은 필수적이다. 부자는 자기 형제들에게 경고하기 위하여 나사로를 지상으로 보내 달라고 조상 아브라함에게 간청했다. 이때 아브라함은 그들이 성경을 갖고 있다고 말하고, 그들이 "모세와 선지자들에게 듣지 아니하면 비록 죽은 자 가운데서 살아나는 자가 있을지라도 권함을 받지 아니하리라"(16 : 31)고 말한다. 다시 말하면, 성경은 믿음이 생겨나게 하는데 충분하다는 것이다. 모세의 율법, 선지자들, 그리고 시편은 알고자 마음을 열고 있는 자들에게 그리스도를 증거한다(24 : 44-45). 메시지와 교회의 사명은 이 성경에서 발견된다(24 : 46-47). 그리하여 이 복음서 안에서 구약의 말씀이 풍부하게 발견되는 것은 놀랄 일이 아니다. 1장과 2장에 있는 노래의 대부분은 성서적 문장들과 어구들로 구성되어 있다. 마리아와 요셉은 예수를 양육할 때 모세의 율법이 조심스럽게 지켜지도록 했다(2장). 예수께서는 그의 성역의 기초를 예언 위에 두셨다(4 : 16-21). 그리고 엘리야와 엘리사는 그의 사역을 위한 선례를 제공해 드렸다(4 : 25-27).

사실인즉, 누가는 본문을 무심결에 읽는 사람이나 그 본문에 친숙하지 못한 사람이 알아보는 것보다 구약성경을 더 많이 활용하였다. 누가는 종종 성경을 간접적으로 또는 암시적으로 사용했기 때문이다. 그는 분명히 독자들이 그것들의 상호 연관을 납득할 것이라고 추정하면서 그렇게 했다. 그러나 더욱 인상적인 사실은 누가가 구약에 있는 이야기의 수법(手法)을 좇아 예수 또는 초대교회 지도자의 이야기를 전하고 있으며, 때로는 말씀 자체도 그렇게 하고 있다는 사실이다. 예를 들면, 마리아의 노래는 한나의 노래이다(삼상 2 : 1-10). 성전에 있는 소년 예수는 실로(Shiloh)의 성소에 있는 소년 사무엘이다(삼상 2-3, 특히 2 : 26을 주시하라). 그리고 예수께서 과부의 아들을 살리신 것은 엘리야가 과부의 아들을 살린 기록과 매우 흡사하다(왕상 17 : 17-24). 어떤 이들은 누가복음 9 : 51~56을 읽고, 열왕기하 1 : 9~16 또는 사도행전 5 : 1~11, 그리고 여호수아 7 : 10~26을 상기할 것이다. 이야기들은 단순히 먼 사촌간이 아니다. 단어와 구절들이 동일하다. 이 얼마나 비상(非常)한 현상인가! 누가는 구약성경으로 자기의 요점을 증명하려 하지 않는다. 그는 성취된 예언들을 지적하고 있지도 않다. 누가의 독자들이 그의 이야기들을 잘 읽을 만큼 성경을 알고 옛 이야기들을 기억한다면 얻게 되는 것은 무엇일까? 만일 그들이 그렇게 하지 않는다면 잃게 되는 것은 무엇일까? 분명히 누가가 이처럼 성경을 비상(非常)하게 활용하고 있는 가운데, 우리가 이 복음서를 통론(通論)하면서 그가 무엇을 하고, 무엇을 말하고 있는가를 식별하는 것은 우리의 의무이자 기쁨이 될 것이다.

우리는 교회에서 "마태복음은 유대인의 복음이며, 누가복음은 이방인의 복음"이란 말을 많이 듣고 있다. 지금이야말로 본 주석의 독자는 이 말에 대한 우리의 재평가에 나와 함께하기를 원한다고 말할 때가 된 것 같다. 만일 누가 자신이 이방인이라면 그가 구약성경을 어떻게 그렇게 잘 알고, 그 성경의 권위를 어떻게 그렇게 존중하는지 참으로 이상하지 않은가? 만일 누가의 청중이 이방인이라면 그들이 구약성경을 그렇게 잘 알고, 그 성경의 권위를 그렇게 존중히 여기는 것으로 보이는 것은 참으로 이상하지 않은가? 만일 누가의 메시지가 이방인을 향한 것이라면 누가가 신약성경의 어떤 다른 기자보다 성전과 교회, 그리고 회당과 교회의 연속성을 더욱 주장하는 것은 이상하지 않은가? 우리는 이 질문들을 거듭 취급하게 될 것이다.

범위 : 사도행전과 복음서들 중에서의 누가복음

본서는 누가복음에 관한 주석서이다. 다른 복음서가 동일하거나 유사한 내용을 말하고 있는 본문에서 다른 복음서들을 논하기 위하여 본론에서 벗어나려는 시도는 하지 않을 것이다. 그리고 경솔하게 사도행전으로 자주 앞질러 가지도 않을 것이다. 그러나 여기서 몇 가지 논평을 정리해 두고자 한다.

누가복음은 공관(함께 본)복음서들 중 하나이다. 그리하여 우리는 오래 전부터 익혀 왔다. 복음서들이 동일한 내용을 전할 경우, 누가복음을 마태복음 및 마가복음과 함께 볼 때에는 유의해야 한다는 것이다. 그 이유는 두 가지이다. 첫째, 누가복음은 마가복음 및 마태복음에 동일하게 특이한 관련을 갖고 있으므로(1 : 1의 주석에 설명되었음.) 누가가 다른 복음서 기자들과 어떻게 일치하고 다른지를 주시하면 누가가 무엇을 하고 있는지를 알아내는 우리의 통찰력에 도움이 될 수 있다는 점이다. 둘째, 복음서들 중 어느 한 복음서로부터 알게 된 하나의 사건이나 이야기를 기억하게 되면 이 기억은 다른 복음서들에 있는 동일한 사건이나 이야기를 읽을 때 장애가 되는 경우가 있다는 점이다. 예를 들면, 가이사랴 빌립보에서 있었던 시몬 베드로의 고백에 관한 마태의 기록은 교회가 너무도 생생하게 기억하고 있다. 그리하여 마태의 이 기록은 동일 사건에 관하여 지리적 위치뿐만 아니라 내용에 있어서도 약간 다른 누가의 전달을 침해하지 않도록 조심해야 한다. 이와 비슷하게, 유다의 죽음(그는 스스로 목매어 죽었다.)에 관한 마태의 기록은 교인들의 생각 속에 매우 생생하다. 그리하여 어떤 교사들과 설교자들까지도 마태의 기록을 함께 받아들이지 않고는 누가의 보고(행 1장)를 읽는 데 어려움을 겪는다. 그러므로 "그러나 누가는 이런 방식으로 그것을 알려 주고 있다."라고 말하기 위하여 어쩔 수 없이 다른 기록들을 소개해야 하는 때가 있다. 우리는 칠판에 다른 것들이 말끔히 지워지기 전에는 하나의 메시지를 선명하게 기록하지 못한다. 따라서 다른 복음서에 유사한 기록이 있는 누가복음의 말씀을 논할 때에는 시초(始初)에 그 유사한 기록을 소개하게 될 것이다. 그렇긴 하지만 마태복음이나 마가복음의 본문에 관한 주석은 우리가 누가복음을 이해하는 데 도움이 될 경우에만 제시할 것이다. 그것도 매우 간략하게 할 것이다. 그리고 요한복음도 때와 장소에 따라 유사성이 분명하면 종종 관찰할 것이다.

제3의 복음서와 사도행전과의 관련에 대해서는 앞에서 진술한 바 있지만, 여기서 간략하게 논할 필요가 있다. 두 책이 단일 기자의 저작이며 하나의 청중을 상대로 했다는 사실은 신약성경 연구자들에 의해 일반적으로 받아들여지고 있다. 공통된 문체, 동일한 주제들, 동일 배경의 신학적 시각, 동일 내용의 서문에 의한 소개(눅 1 : 1-4, 행 1 : 1-2) 등은 반대편 억측을 효과적으로 제지한다. 누가복음과 사도행전은 동일 기자에 의한 책들로 신약성경에 가장 큰 기여를 하고 있다.

그러나 지금 우리의 관심은 두 책의 공통 저자나 두 책 속의 문학적, 신학적 유사성의 정립에 있지 않다. 두 책 중에 있는 유사성은 매우 분명하다. 예수와 교회는 똑같이 성령으로 탄생된다. 예루살렘 및 성전의 모습은 두 책에 현저하다. 예루살렘을 향한 예수와 바울의 여행은 길게, 그리고 극적으로 설명된다. 죽음이 정해진 최종 목적지까지에는 이 사실에 대한 예고들이 있고, 만류들이 있다. 예수와 스데반의 죽음에 관한 설명들은 순교에의 공통된 이야기들이다. 실례는 얼마든지 더 있다. 그러나 만일 우리가 이러한 유사점들만을 보게 되어 있다면 누가복음과 사도행전을 서로 연관시키지 않고 개별적으로 연구해도 합리적일 것이다. 문제는 누가복음과 사도행전이 충분히 분명하게, 그리고 실질적으로 서로 마주보고 있기 때문에 한 책을 연구함에 있어서 다른 책을 참고하도록 되어 있거나 그럴 경우 크게 도움이 되는지에 대한 것이다.

대답은 '그렇다'이다. 약속과 성취는 구약성경과 누가복음뿐만 아니라 누가복음과 사도행전을 연관시키는 특징이 되는 형식이다. 여기서 몇 가지 예만 들어도 충분할 것이다. 마리아가 노래했던(1 : 52-53) 운명의 역전(권세자를 비천하게, 굶주리는 자를 부자로)은 세례 요한(3 : 10-14)과 예수(6 : 20-26)의 설교 중 사회를 향한 메시지로 계속 선포되었을 뿐만 아니라 초대 교회의 사역을 위한 기본적인 논제들이었다(행 4 : 32-37). 그리고 이 메시지는 발전되어 권세 있는 자들이 그들의 권좌로부터 끌어내려진다(눅 1 : 52, 행 12 : 1-23). 누가복음 9 : 5에 예수께서는 사도들을 내보내시면서 배척을 당할 때에는 발에서 먼지를 떨고 그 성읍을 떠나라고 하셨다. 비시디아

(Pisidia)의 안디옥에서 바울과 바나바는 "저희를 향하여 발에 티끌을 떨어 버리고 이고니온으로" 갔다(행 13 : 51). 예수께서는 자기를 따르는 자들이 회당에서 배척을 당하고 옥에 갇히고 관장들과 임금들 앞으로 끌려갈 수도 있음을 말씀하셨다(눅 21 : 12). 그리고 사도행전의 이야기에는 그 말씀이 대체로가 아니라 꼭 그대로 이루어졌다. 바울 자신이 회당에서 쫓겨났고, 감옥에 갇혔으며, 총독들과 왕 앞에서 심문을 받았다.

사건들의 개요는, 누가복음은 예상하고 사도행전은 그 복음서를 반영한다는 것이다. 의심의 여지가 없이 이 복음서 안에 있는 누가의 이야기들 중 어떤 것들은 사도행전에 있게 될 이야기를 분명히 염두에 두고, 그 틀이 짜여져 있다. 실제로 이런 경우가 너무 많은 것 같아서 몇몇 학자들은 누가가 사도행전을 먼저 썼다고 추측한다. 이것은 마치 설교자들이 결론을 먼저 쓰고 다음에 거기에 이르는 내용을 쓰는 것과 마찬가지이다. 그건 그렇고, 본 복음서를 주해함에 있어서 독자에게 간간이 사도행전의 말씀들을 지적해 주는 것은 잘못이 아니며, 때로는 필수적이기도 하다.

분명히 이건 좀 어색하게 보인다. 누가복음과 사도행전이 요한복음에 의해서 서로 떨어져 편집된 사실 말이다. 교회는 정경(正經)을 배열함에 있어 부당하게 과오를 범해서는 안 된다. 누가복음과 사도행전을 함께 붙여 놓기를 원했던 지도자들 역시 인식했었다. 누가복음은 공관복음서로서 마태복음 및 마가복음과 한 부류에 속하고, 사도행전은 바울에 의한 서신들의 서설(序說)로서 기여할 수 있겠다는 것이었다. 요한복음을 복음서들 가운데 제일이라고 평가한다면 그 이유를 해명하는 데 큰 대가를 치러야 할 것이다. 성경을 파는 많은 서점에서 구할 수 있는 루스-리프(loose-leaf, 책의 한 부분을 쉽게 빼낼 수 있게 제본된-역자주)식 신약성경이 가장 편리하지 않을까!

체제 : 본서의 사용을 위한 권고

여기서 저자는 설교자들과 교사들에게 더욱 직접적으로 말하고 싶다. 여러분은 본서의 서론을 여기까지 읽었으리라고 기대해 본다. 그러나 저자는 이 사실을 알 만큼 현실주의적이다. 주석서들은 연구과제를 위해 특정 본문을 해설해 놓은 요점만을 참고하는 데 사용되고 있다는 사실이다. 그러므로 저자는 다음의 권고를 하되, 주석서 사용에만 국한하겠다.

첫째, 누가복음의 본문을 앞에 펴 놓기 바란다. 본 주석은 독자가 본문에 직접 접근하도록 했다. 독자 역시 그렇게 하리라고 예상한다.

둘째, 누가복음의 각 부분 연구에 앞서 전체를 통독하기 바란다. 왜냐하면 누가복음의 단일 요점을 한 번 스치면서 보는 것은 소득이 적은 큰 투자일 뿐이기 때문이다. 여러분의 전부는 아니더라도 대부분은 어느 때인가 누가복음을 가르치거나 그 전부를 설교하게 될 것이다. 만일 당신이 성구집(聖句集)을 가지고 공부한다면 누가복음의 기초만을 아는 데 일 년이 걸릴 것이다. 그리고 이 기간 동안에 24장 중 최소한 23장이 주의를 집중하지 못한 채 지나가고 말 것이다. 누가복음을 그처럼 상세하게 대하기 전에 그것의 전체를 읽는 것은 매우 중요하다. 귀를 기울이고, 밑줄을 긋고, 본문은 물론이고 짜임새(texture)도 이해하면서 읽으라는 것이다. 예배 중에 이 누가복음과 신약성경의 다른 기록들을 읽어 줌으로써 최초로 귀를 통하여 성경을 받았던 초기 그리스도인들처럼, 당신의 귀에다 큰 소리로 읽으라. 가능한 한 무언가를 발견하고자 마음을 쓰라. 만일 당신이 한 번 이상 배우고 설교로 들었던 구절들에 관해서 "난 그것을 이전에는 알지 못했어."라고 말하게 되더라도 부끄러워하지 말라. 안다는 것은 지성의 문제일 뿐만 아니라 인격과 준비된 마음의 문제이다. 그러므로 우리가 그럴 만한 상태가 되기만 한다면 성경은 평생에 걸쳐 우리에게 개방될 것이다. 이렇게 되면 목차는 미로가 아니라 지도가 되고, 주석은 동료가 될 것이다.

셋째, 목차를 보면서 약간의 시간을 보내라. 목차는 이 복음서의 상세한 개요를 제공한다. 이 개요가 당신이 본문에 익숙해지는 데 도움이 되도록 하라. 이야기의 진행과 비평의 전환과 변천을 눈여겨보라. 종종 개요로 되돌아오도록 하라. 왜냐하면 이야기의 위치와 배열, 말씀들, 그리고 사건들은 성경기자의 행동 및 말과 직접적인 관계를 갖기 때문이다. 당신이 연구하고 있는 단위는 그것이 아무리 작은 것이라도 전체의 한 부분이다. 그런데 여러분 가운데 성구집을 사용하는 사람들은 본문을 개요로 나눌 때와 예배를 위해서 낭독되는 성구들을 나눌 때 도움이 될 만한 상호 일치를 발견할 것이다. 그러나 그렇지 않을 때도 있을 것이다. 그러한 일치를 얻고자 어떤 시도도 하지 않았다. 결국 우리는 본론에서 누가복음 전부를 다룰 수 있다.

반면에 성구집은 그렇게 할 수가 없다. 시간의 압박을 받다 보면 어떤 것은 생략할 수밖에 없기 때문이다. 뿐만 아니라 예배 및 성직에 관한 요인들은 주석에는 영향을 미치지 않으나 성구집에는 영향을 미친다.

넷째, 주요 단원을 처음 접할 경우 원하는 부분으로 찾아가기 전에 그 단원 전체에 대한 해설을 읽으라. 이 서론적 주해는 그 단원 안에 있는 단서들에 주의를 환기시킨다. 이야기의 진행 속에서 기자가 무엇을 하고 있는지를 조명해 주는 단서들이다. 그리고 이 서론적 해설은 앞으로 여러 번 있게 될 제목이나 문학적 형식이 처음 나타날 때 있게 될 것이다. 예를 들어, 우리가 본문에서 비유를 처음 접하게 되면 저자는 그와 유사한 비유들도 함께 소개할 것이다. 그리하여 뒤에 나오는 비유들을 주해할 때에는 이미 갖고 있는 이해의 바탕 위에서 주해가 진행될 수 있을 것이다. 저자는 독자가 이 주석을 처음 읽게 될 때 있게 될 경우에 유의하도록 말하고 있다. 이렇게 말해도 될까? 차후에 나오는 비유를 주해할 때에는, 독자는 저자가 앞에서 논한 것을 반복해서 논하지 않는 것을 당연하게 여기고 있음을 알게 될 것이다.

다섯째, 본문을 각 절마다 취급하리라고 기대하지 말기를 바란다. 어떤 비평적 주석들은 기본적으로 단어와 어구를 논한다. 그리고 성경사전들도 본문에 나타나는 각각의 명칭, 장소, 그리고 제목들을 면밀하게 논한다. 물론 우리는 중요한 술어들(terms)은 물론 요절들도 상당히 주의 깊게 다룰 것이다. 그 중요성은 교사와 설교자들이 앞에 있다고 가정하면서 판단하였다. 본문에 대한 해설은 전통을 이어 가는 사람들과 그것과 단절된 사람들, 세상의 상황과 긴장관계 속에서 살아가는 사람들과 융화 속에서 살아가는 사람들의 신앙공동체 안에서, 그 공동체를 위하여 진행했다. 어느 세대나 다 그러했듯이 교회는 본문에 귀를 기울이면서, 동시에 의문을 제기하면서 성경을 해석한다. 본 주석도 그렇게 하고자 한다.

끝으로, 관심이 있거나 필요한 요점에서 더 연구하도록 안내하는 제2차 문헌에 대한 참조를 눈여겨보기 바란다. 본서 중에서 저자는 특정 견해의 자료로서 혹은 논하고 있는 사항에 관하여 특별히 유용한 연구라고 여겨지는 책을 가끔 인용했다. 매우 관심을 기울이는 이들에게 더욱 상세한 연구조사를 하도록 기회를 주면서 그렇게 했다. 인용된 책은 괄호 안에 저자, 서명, 페이지를 넣었다. 본서의 뒤편에 있는 참고문헌으로 독자를 안내하는 데 충분하리라고 본다. 이 목록에 완전한 도서소개가 있다. 저자 자신의 이해에 도움을 준 이 자료들은 본서에 인용된 것보다 그 범위가 훨씬 넓다. 저자는 그 자료들 중에서 최상의 것을 본서에 활용하려고 했다. 자료 선택에 있어서 저자는 두 가지의 원칙을 따랐다. 첫째로, 독자의 공부에 낯선 이들을 소개하는 것은 도움이 안 된다고 본다. 그리하여 소개된 이들은 모두 절대적 전문인들이다. 능숙하고 견해가 분명한 소수의 학자들 가운데 앉을 때 더 많은 학습이 가능하다. 둘째로, 참고도서들은 서점이나 도서관에서 접할 수 있을 때 도움이 된다고 본다. 일반적으로 더 많은 또는 좀 다른 취향을 가진 독자들은 만족스런 연구를 위하여 스스로 해 보려는 마음과 수단을 이미 갖고 있을 것이다.

서 문

누가복음 1 : 1~4

자기 복음서에 대한 누가의 서문은 신약성경 안에서 독특하다. 사도행전 1 : 1~2에 유일하게 이와 유사한 기록이 있을 뿐이다. 3 : 1~2에 또 하나의 서문 또는 서론이 있다. 그러나 그것은 예언서들의 서두문의 형식에 가깝다. 자료, 방법, 목적, 또는 대상에 관하여 그 무엇도 말해 주지 않는다. 요한복음은 서언(序言)을 갖고 있다. 그러나 그것은 신학적 요약으로 "본인이 이 책을 어떻게, 그리고 왜 쓰게 되었는지"에 관한 말은 없다. 누가는 여기서 고전적 수사학의 형식으로 쓰고 있다. 당대의 의학적 저술가와 역사가들에게서 볼 수 있는 서문과 눈에 띄게 닮았다. 예컨대, 역사가 요세푸스(Flavius Josephus)는 그의 수권의 저작을 이런 식으로 시작했다. "저의 고대 유물사에서, 에바브로다이터스(Epaphroditus) 각하, 저는, 저의 생각으로는 ……을 만족할 만큼 분명히 하였습니다." 그는 「아피온에 대항하여」(*Against Apion*)에서 그렇게 썼다. 이 형식은 여기서 더욱 괄목할 만하다. 왜냐하면 누가는 5절에서 더욱 셈 언어의 형식으로 전환하여 어휘뿐만 아니라 1~2장 전체에 걸쳐 구약성경의 헬라어역인 셉튜아진트(Septuagint)의 형식을 사용하고 있기 때문이다.

누가의 서문은 신중하게 구성되었다. 단일 문장이 두 부분으로 구성되었다. 첫 번째 부분은 소개말로 시작된다. "많은지라"(1절, 개역한글판에는 2절임.-역자주). 그리고 두 번째 부분은 종결절로 되어 있다. "나도…… 좋은 줄 알았노니"(3절). 정식으로 형식을 갖춘 이 기록은 교육을 받고 교양이 있는 독자에 대한 존중을 시사한다. 대상은 '각하'로 불려지고 있는데 유대의 로마인 총독을 가리키면서 누가에 의해 다시 사용된 표현이다(행 23 : 26). '데오빌로'라는 이름은 학자들이 그의 정체를 밝히려는 노력에 따라 여러 부류로 나누어져 있다. 이 이름은 '하나님의 친구'(friend of God)라는 의미를 갖고 있으며, 일반적으로 그리스도인 지도자들 또는 누가가 알고 있는 특정의 공동체를 부르기 위해서 문학적으로 고안된 칭호로 어떤 이들이 쓰고 있었다고 한다. 다른 학자들은 '데오빌로 각하'를 기독교 신앙으로 개종한 사람 또는 잘 알려져 있던 로마의 관리로 여긴다. "이는 각하로 그 배운 바의……"(4절)라는 말은 정보를 얻었다는 의미인지, 그리스도인으로서 교육을 받았었다는 의미인지 분명하지 않다. 여하간 기자든지 독자든지 교육과 문화 수준이 별로 없었던 초기 그리스도인들의 일반적인 모습에 어울린다는 인상을 주지는 않는다. 자기의 저작을 복음이라고 불렀던(막 1 : 1) 마가와는 같지 않게, 누가는 '써 보내는 것'(an account)이라는 신학적이라기보다는 역사적인 술어를 선택했다(3절).

이 몇 가지 말을 하면서 이 서문은 우리에게 무엇을 알려 주고 있는가? 우리는 누가 '저자'인지 알게 되었는가? 알지 못한다. 기자의 자기에 관한 말 속에는 이름이나 이름을 생각해 낼 만한 충분한 정보도 있지 않다. 그러나 전체적인 윤곽은 잡을 수가 있다. 기자는 분명히 그리스도인 공동체의 일원이다. 그는 '우리 중에' 이루어진 것에 관하여 쓰고 있고 '우리에게' 전달된 말들에 관하여 쓰고 있다. 기자는 목격자는 아니었다. 그러나 그 구전을 받은 제2 아니면 제3의 세대였다. 그는 연구자, 그리고 ("그 모든 일을 근원부터 자세히 미루어 살핀", 3절) 탐구자였다. 그리고 문학적 형식으로 판단할 때 교육을 받은 문화인이다. 기록의 형식이 그리스-로마 문화에 친근한 것이므로 기자는 이방인 그리스도인이거나 헬라파 유대교로부터 개종한 사람이다. 이 복음서의 나머지 부분을 보면 그는 헬라어 구약성경에 매우 친숙해 있다. 그리하여 그는 더욱 후자인 것 같다.

그러나 이 윤곽으로 저자가 '의사'였고 '바울의 동반자'였던 그 누가(골 4 : 14, 몬 24, 딤후 4 : 11)와 동일인으로 입증되는가? 그 윤곽이 그를 밀어내지는 않지만 그렇다고 입증하는 것도 아니다. 누가가 저자라는 전설은 일찍이 2세기 후반부터였고 광범위하게 퍼져 있었다. 고올(이레니우스), 북아프리카(터툴리안), 이탈리아(무라토리아 단편문서), 그리고 이집트(알렉산드리아의 클레멘트)에서 그러했다. 어떤 이들이 그 사실을 지지하기 위하여 이 서문을 사용하기는 하지만 이 서문 자체는 전설을 널리 보급하지 못하고 있다. 기자가 의사였다는 사실을 이 복음서 안에 있는 의학적 용어로 논증하려는 시도는 지난 세기에 성행했었다. 하지만 그러한 논증들은 설득력 있는 반대론에 의해 묻혀지고 말았다. 이와 똑같이 분명치 않은 것은 사도행전에 있는 일기를 닮은 '우리' 부분들이다(행 16 : 10-17, 20 : 5-21 : 18, 27 : 1-28 : 16). 기자는 바울의 여행 동반자로서의 자신을 기록하고 있는 것인가, 아니면 다른 사람의 기록을 사용하고 있는 것인가? 누가를 신학적으로 접근해 가는 사람들은 서한서들에 나타나는 그와 바울 사이에는 먼 거리가 있음을 발견한다. 우리는 이 사실에 대한 결론을 알지 못한다. 지금으로써는 익명으로 받아들이는 편이 더 용이하다. 우리들 대부분은 이 사실이 설득력이 있다고 본다. 저자에 관한 의문은 내용을 이해하고 성경본문의 권위를 받아들이는 데 있어서 주요 요인이 아니라는 사실이다.

그리고 이 서문은 누가복음의 '자료들'에 관하여 우리에게 무엇을 말해 주는가? 상당히 적게 말해 준다. 그 자료들은 복합적이고 두 종류이다. 기록된 것(많은 이야기들이 편집되고 있었다.)과 ("처음부터 말씀의 목격자 되고 일꾼된 자들의", 2절) 구두(口頭)로 된 것이었다. 구두로 된 것들에 관하여 누가의 "근원부터 자세히 미루어 살핀"(3절)이라는 말에는 회견(interview)들과 구전에의 다른 접촉도 포함된 것 같다. 그러나 구두로 된 자료들은 진위를 가리는 데 매우 어렵다. 일반적인 경향에 따르면 구두로 된 자료들은 다른 알려져 있던 자료가 아닌 누가만의 자료로 인정한다. 누가 특유의 자료는 (어떤 주석들에는 L자료로 구분함.) 이 복음서의 약 25%에 이른다고 보며, 기본적으로 탄생과 어린 시절의 이야기, 약간의 비유들, 그리고 부활의 이야기를 구성하고 있다.

기록된 자료들에 관해서는 —그것은 누가 이전에 편집된 예수에 관한 많은 이야기들 가운데서(1절) 얻은 것들인데 —학자들은 두 가지를 확인하는 데 확신을 갖는다. 비록 공관복음서들의 상호 관련이 매우 복합적이어서 논란을 일으키기는 하지만 이런 확신을 갖고 있다. 그 논란이란 이 복음서들의 유사점과 상이점을 설명하겠다고 주장하는 어떤 이론에 관한 것들이다. 그 하나는 마가복음이다. 마가복음은 누가복음의 기본 구조를 제공한다. 누가복음이 마가복음의 상당 부분을 생략하고(막 6 : 45-8 : 26) 비(非)마가복음 자료의 덩어리들(눅 6 : 20-8 : 3, 9 : 51-18 : 14)을 자체 안에 삽입시켰을지라도 그렇다. 누가복음의 삼 분의 일이 마가복음에서 충분히 발견될 수 있다. 여타의 자료는 매우 가설적이며 '자료'를 의미하는 독일어 Quelle로부터 얻은 Q라고 불려진다. (다른 한 가지 확인사항은-역자주) 마가복음에서는 발견되지 않으나 누가복음과 마태복음에 공통된 다량의 자료가 있다. 두 개의 예를 들면 누가복음 3 : 7~9과 마태복음 3 : 7~10, 그리고 누가복음 4 : 3~12과 마태복음 4 : 3~10이다. Q로 지명된 자료의 대부분은 말씀들로 이루어져 있다. 그런 자료가 존재했었던가? 이집트에서 「도마의 복음」(*Gospel of Thomas*)이 발견되었는데, 예수께서 하신 약 114마디의 말씀을 담고 있는 문서이다. 이 말씀들 중 얼마는 정경(正經)의 복음서들에는 없다. 이 발견은 위에서 말한 Q자료에 관한 어떤 학자들의 생각에 용기를 더해 주었다. 누가복음의 25% 이상이 마태복음과 공통된 자료들로 되어 있다.

기록된 자료들과 목격자들의 증언에 의존한다고 말하기 위해서는 이 서문이 허용하고 있는 유일한 방법으로 '연대'(date)에 관하여 말해야 한다. 기자가 우리 중에 이루어진 사실들을 '우리에게 전하여 준' 것으로 말할 때(2절) 그는 '전설'이라는 단어의 동사형을 쓰고 있다. 그렇다면 이 복음은 제2세대, 아마 제3세대 그리스도인의 저작일 것이다. 그리고 만약 누가 이전에 있었던 예수에 관한 많은 이야기들 중 하나가 마가복음이었다면 누가복음은 '보다 이전이 아닌' 연대를 설정하게 한다. 우리가 서문을 넘어 누가의 예루살렘 멸망의 기록(19 : 41-44, 21 : 20-24)으로 옮겨 가 보면 누가는 마태, 마가와는 달리 로마인에 의한 이 도성의 포위를 알고 있었음을 보여 주고 있다고 합리적으로 논할 수 있을 것이다. 그러므로 (예루살렘이 멸망한 해인-역자주) 기원 70년은 (누가복음의 기록이-역자주) '보다 이전이 아닌' (사실을 말해 주는-역자주) 연대이다. 그렇다면 얼마나 더 이후인가? 본 서문은 우리로 하여금 그 연대를 목격자들의 세대가 생존하던 때로 잡도록 고려하게 한다. 그러므로 기원 80년에서 90년이 적합한 추정의 연대로 보인다. 우리가 분명히 알기로는 누가복음은 기원 140년경에 초기 그리스도인 지도자였던 마르시온(Marcion)의 기독교 정경에 포함되었다.

우리는 '목적'에 관하여 묻기 위해 다시 한번 서문으로 돌아간다. 예수에 관한 많은 이야기들이 이미 있었는데 또 하나를 더하는 것이 왜 누가에게 좋게 여겨졌을까? 1 : 1~4의 말씀을 근거로 할 때 몇 가지 가능성이 시사되고 있다. 대답은 "데오빌로 각하"라는 표현 속에 있을 것이다. 만일 이 칭호가 상징적인 이름이 아니고 실재(實在) 인물의 이름이라면—언젠가 그리스도인들에게 영향을 미칠 결정들을 하게 될 로마의 관리일 경우—예수와 교회의 사역을 분명하게 밝히는 이야기는, 특히 그 이야기가 로마 당국자에게 접하게 된다는 것은 실로 중대한 일이었다. 누가복음과 사도행전의 본문이 그러한 견해를 지지하기도 하고 손상하게도 한다고 예상될 것이다. 이 견해에 대해서는 앞으로 약간의 논평이 있게 될 것이다.

목적에 관한 질문에 대하여 주어지는 또 하나의 답변은 "차례대로 써 보내는 것"이라는 표현 안에 있다. 누가는 이전의 이야기들에 대해서 어떤 비평도 하지 않는다. 대신에 철저하게 조사하고, 사건들을 '차례대로' 기록하고, 그리고 독자가 이미 들어서 알고 있던 것에 관하여 사실의 확실함을 보여주려는 의욕을 보이고 있다. 이 사실은 누가가 이전의 기록들에서 혼동되고 바르지 않고 불완전한 것들을 발견했음을 입증한다.

세 번째의 가능한 목적은 문자적인 것일 것이다. 다시 말해서 만일 우리가 "그 배운 바의"(4절)를 문자적인 의미로 "교리문답을 받은"으로 받아들인다면 그렇다. 만약 예수의 생애와 사역에 관한 독자의 지식이 교리문답에서 배워 얻은 것이라면 누가는 그 지식을 역사적인 이야기보다는 예수와 교회의 사건에 관한 성격을 덜 지닌 형태의 것으로 인식했을 것이다. 누가는 데오빌로가 알고 있었던 것을 더욱 독특한 문학적 형태로 기록하고 있는 것 같다. 누가는 모든 설교자들이 알고 있는 것을 알고 있었음이 틀림없다. 그것은 의사전달의 어떤 형식은 많은 정보를 전달할 수는 있지만 작가나 설교자들이 가능케 하고자 하는 경험을 방해할 수 있다는 것이다.

본 서문이 암시해 주는 목적에 관한 마지막 이론은 사도행전의 서문과 연결되어 역사의 지속(持續)과 관련되어 있다. 만약 이전의 이야기들이 돌연히 시작되었다가 돌연히 끝나는 마가복음과 같게 된다면 한편으로 예수께서 유대교에 속한 전통과 가지셨던 관계, 그리고 다른 한편으로는 그분과 그분 이후의 교회와의 관계는 사실상 무엇이겠는가? 세 가지 이야기들 — 유대교, 예수, 그리고 교회에 관한 — 은 역사적, 신학적인 어떤 방법으로 연관되어야 할 필요가 있다. 신약성경의 기자들 중 누가 외에는 아무도 이 일을 하지 않는다. 그리고 아마 누가가 그렇게 하고 있는 이유는 어떤 인물 또는 데오빌로로 불려지고 있는 사람들이 이 관계를 알아야 하기 때문만은 아니다. 더욱 그럴듯했던 사실은 누가를 자극하고 있던 두 가지의 현실적인 사실들 때문이다. 첫째, 예수의 사건은 과거 속으로 점점 더 멀리 물러가고 있다. 그의 생애와 사역은 역사의 문제들이다. 둘째, 교회는 지금 하나의 운동이며 세상 속에서 하나의 단체이다. 그리고 누가는 그리스도께서 재림하시기 전에 많은 시간이 남아 있다고 추정한다. 결국 주님의 날이 임박했다고 확신하는 사람은 자료를 찾고, 그것을 순서적으로 기록하는 일은 하지 않을 것이다. 충분한 시간이 지나갔다. 그리고 그리스도인 공동체 앞에는 역사에 대한 더 나은 인식을 필요로 하는 긴 시간이 남아 있다. 또한 그러한 전망을 하게 되면 많은 의문들은 풀리고 많은 목적들은 유용하게 될 것이다. 예수께서는 하나님께서 세상과 갖고 계신 관련에 근거한 더 큰 이야기에 어떻게 들어맞으실까? 예수께서는 과거에 어떻게, 교회는 지금 어떻게 회당 및 하나님의 이름으로 진행되는 운동들과 관련되는가? 예수께서는 왜 처형되셨으며, 그분의 선교사들은 왜 투옥되고 죽임을 당했는가? 유대인들 사이에서 일어났던 운동이 어떻게 이방인들 중에서 점점 더 일어나고 있는가? 하나님께서 새로운 시대를 여시고, 그 시대와 함께 옛것의 종말을 초래하시는 징조들은 있는가? 세상을 위한 하나님의 목적들은 언제, 어디서, 어떻게 다 이루어지는가? 그 기간 동안에 우리는 어떤 사람들이 되어야 하며, 우리는 무엇을 해야 하는가?

그의 철저한 자료 조사, 두드러진 문학적 재능, 질서정연한 이야기에 대한 열정, 그리고 독자가 사실을 알게 되기를 강력하게 바라는 마음 등은 이 질문들 전부를 대답해 주지는 못할지라도 어느 정도까지 대답해 주는 양식으로 함께 어우러질 것이다. 이러한 기대를 가지고 누가복음에 접근하는 것은 합리적이다.

유아기와 소년기의 이야기들

누가복음 1 : 5~2 : 52

우리가 1~2장 안에 있는, 구분이 분명하고 쉽게 알아볼 수 있는 단위들을 탐구하기 전에 그 전체에 대한 인식을 갖는 것은 예수의 이야기로 안내 받는 데 쉽도록 도움이 될 것이다. 이 인식은 누가가 그의 독자들을 위하여 원했던 그 경험과 다르지 않은 길로 우리를 안내할 것이다. 이하에 있게 될 논의는 세 가지 논제에 집중될 것이다 : 1~2장과 본 복음서의 나머지 부분과의 관계, 이 부분의 문학적 특징들, 그리고 이 부분의 전반적 구조 등이다.

1~2장과 본 복음서의 나머지 부분과의 관계

상당수의 주석가들은 1 : 5~2 : 52을 서막(prologue)이라고 말하는데, 어떤 학자들의 견해로는 이 부분이 본 복음서의 나머지 부분과 전적으로 연관되어 있지 않다는 것이다. 어떤 이들은 이 부분이 후대에 추가되었음을 보여 준다는 이론을 내세우는 모험까지 한다. 그들은 예수의 탄생과 유아 시절에 관하여 필연적으로 제기되는 의문을 만족시키기 위하여 이 부분이 삽입되었을 것이라고 논한다. 별도의 출처(origin)라는 이론과 이 두 장의 성격에 관한 이론은 본질적으로 이렇다 : 이 두 장은 자체 내부에 통일성을 갖고 있으며, 3~24장은 자체적으로 분명하고 완전하다 ; 3~24장 안에 있는 그 무엇도 그 의미에 있어서 1~2장에 의존하고 있지 않다 ; 유아기 및 소년기의 이야기들에 나오는 대부분의 인물들은 누가복음이나 사도행전의 다른 데서 결코 다시 나타나지 않는다 ; 동정녀에 의한 탄생은 예수를 처음 따르던 자들이 가졌던 신앙의 한 항목이 아니었으며 사도행전을 보면 초대 교회 안에서도 선포되지 않았다 ; 그리고 3 : 1은 분명히 한 이야기의 시작이다.

3 : 1은 하나의 시작이며, 요한과 예수께서는 이제 성인(成人)들이고, 그들의 사역을 시작하고 있다는 사실은 분명하다. 그러나 이 사실이 누가에 의한 복음의 시작인가? 스가랴(Zechariah), 엘리사벳(Elizabeth), 시므온(Simeon), 안나(Anna)가 뒷이야기들에 다시는 나타나지 않는다는 것은 사실이다. 그러나 이 같은 사실은 대부분의 사도들에게도 마찬가지라고 말할 수 있다. 그들의 이름은 나타났다가 즉시 사라진다. 그리고 예수의 동정녀 탄생은 누가복음과 사도행전에 기록된 모든 설교에 없다. 여하간 호기심을 만족시키거나 예수를 하나님의 아들로 보여 주기 위한 하나의 근거를 확립하려는 이러한 이유들 말고도 탄생 이야기는 전달될 수 있었다. 예수의 탄생은 그분을 요한과 구별하는 방법으로 전달될 수 있었다. 요한의 출생도 하나님에 의한 것이었으나 예수의 그것과는 달랐다. 누가는 요한과 예수 두 분을 다 높여 말한다. 하지만 누가 덜하고 누가 더 큰 분인지를 매우 분명히 하고 있다. 아니면 탄생 이야기는 기대를 갖게 함으로써, 독자가 극적으로 본 복음서로 들어가게 하기 위하여 누가에 의해 제시될 수 있었다. 왜냐하면 우리는 이 이야기 중에서 새롭고 큰 것들을 기대할 수 있기 때문이다. 이 기록이 독자에게로 다가오는 형식은, 마리아가 그 탄생을 전심으로 생각하는 중에 노래로, 이야기로, 그리고 예배의식으로이다. 이 형식은 논증이나 증거로 보기는 어렵다.

그러나 1~2장과 3~24장 사이에 실질적인 연속성은 있는가? 확실히 있다. 철저하게 밝혀 내려는 노력을 하지 않더라도 다음의 주제들과 개요들을 증거로 제시할 수 있다 : 누가는 그의 이야기를 성전에서 시작하고(1 : 8) 성전에서 끝낸다(24 : 53) ; 누가복음과 사도행전의 전반에 걸쳐 그러한 것처럼 여기서 예루살렘은 매우 중요한 중심지가 되고 있다 ; 예수께서 유대교와 관계를 지속하고 계심도 여기서 시작하여 이 복음서 전반에서 계속된다 ; 1~2장을 포함하여 누가복음 전체에서 헬라어 구약성경(Septuagint)이 직접적으로 또는 암시적으로 사용되고 있다 ; 천사들과 기적적인 계시들은 누가복음과 사도행전의 전반에서 보편적으로 나타난다. 성령의 능력 있는 활동은 예수께서 잉태되심부터 사도행전에 있는 교회의 생활 전반에 분명하다 ; 누가복음에 흔하게 얽혀 있는 보편성(universality)의 주제는 여기서 시작된다 ; 요한과 예수의 사회적 메시지는 마리아의 노래 중에서 시작된다(1 : 46-55) ; 누가복음과 사도행전에 지배적인 약속과 성취의 주제도 여기서 분명하게 나타난다 ; '오늘'이 하나님께서 활동하시는 시간이라는 말씀은 여기서 나왔고(2 : 11), 자주 반복되었다(4 : 21, 5 : 26, 19 : 9, 23 : 43) ; 그리고 이 초기의 이야기들은 이 복음서 전반을 지배하면서 확증하게 될 하나의 사실을 소개하고 있다. 그것은 하나님께서 예수와 초대교회의 생활 중에 나타난 모든 사건들 안에서, 그리고 그 사건들을 통틀어 주요 행위자이시라는 사실이다. 누가는 신약성경의 어떤 기자보다 우리로 하여금 이 사실을 명심하게 한다. 시간과 장소와 무대 위의 인물 배정이 어떻든 하나님께서 전체 이야기의 주체시라는 사실이다.

이 부분의 문학적 특징들

유아기와 소년기 이야기들의 형식은 헬라어 구약성경의 그것과 매우 흡사하다. 이 사실은 누가가 구약성경을 많이 인용하고 있음을 말해 줄 뿐만 아니라 독자들을 유대교 성경의 세계 속으로 안내해 들어감도 말해 준다. 시, 찬송, 기도, 설교, 이야기, 그리고 역사가 결합되어 그 세계를 만들어 낸다. 또한 그 세계의 대부분은 누가에 의한 성경의 암시적 사용에 의해 짜여졌다. 신성한 과거는 신성한 현재의 진리를 위한 증거로서 활용된다기보다 신성한 현재 속으로 융합되어 들어간다. 지속성이 두드러지게 보인다. 불연속은 이 복음서 안에 있는, 앞으로 있게 될 논쟁과 불일치까지 기다려야 한다. 현재에는 독자가 '이스라엘의 위로'를 경험하고 있다.

누가는 독자가 이야기 속으로 너무 신속하게 진행하지 않기를 원한다. 이 사실은 분명하다. 그리하여 누가의 지연술(遲延術)이 나온다. 1장은 80절이나 되는데, 아기는 아직 태어나지 않는다. 우선 환상과 천사 방문자가 있어야 한다. 미래의 어머니가 놀라고 말하고 노래한다. 역사는 특별한 순간을 향하여 굴러가야 한다. 가이사 아구스도가 마리아와 요셉을 베들레헴에 데려다 놓는 순간이다. 이제부터는, 어떤 사람들의 말에 의하면 초기 그리스도인들의 예배의식에서 빌려 왔다는, 누가의 시들이 나온다. 이 시들은 생각의 속도를 낮추고, 조성되고 있는 분위기를 경험하도록 유도한다. 누가는 독자가 옛 이야기들 곧 새 이야기들을 음미하기 원한다 : 무자(無子)한 늙은 부부가 이제 아기를 갖게 된다 ; 제단에서의 틀에 박힌 봉사는 하나님이 충만하신 순간으로 바뀐다 ; 하나님은 정의와 자비의 시대를 여시려고 소박하고 힘없는 사람들을 향하신다 ; 하나님은 다시 다윗의 보좌에 후사(後嗣)를 앉히려 하고 계신다. 이 새 이야기들이 옛 이야기들이란 말은 새 이야기들이 단순히 구약성경을 모방했다는 말이 아니다. 오히려 독자들이 새것들 속에서 옛것들을 인식할 것이라고 분명하게 단언(斷言)하고 있음을 말한다. 만일 이것이 사실이라면 독자들은 헬라파 유대교의 배경을 가졌음에 틀림없다. 유대인들로서 헬라 문화 속에서 헬라어 구약성경을 사용하고 있든지, 기독교로 개종하기 이전에 유대교로 입교했던 이방인들로서 그러했든지 둘 중 하나이다. 아니면 일반적인 실행을 위하여 구약성경의 교훈이 초기 그리스도인들에게 주어졌을 것이다. 어떤 경우가 되었든지 1~2장을 읽게 되면, 마치 자신이 성소로 들어가서 말씀과 이야기와 찬송, 그리고 장소에까지 익숙해져 있는 자신을 보는 것과 같게 되고 만다.

누가가 자기 복음서의 서두에서 그러한 경험을 하게 하는 이유는 무엇일까? 물론 그것을 분명하게 알 수는 없다. 그러나 그러한 시작은 예민하게 기대하도록 하면서도 분명히 독자를 편하게 한다. 독자는 편안하게 되고 있다. 부모로부터 받은 신앙의 모든 확신에 모순되고 위배될 어떤 생소한 종교가 매복(埋伏)해 있지 않다는 확신을 갖게 한다. 새로운 것이 문 앞에 와 있다. 확실하다. 늙은 엘리사벳을 찾아간 젊은 마리아처럼 새로운 것이다. 하지만 지금으로서는, 언약들을 기억하면서 지키시고 해 주신 약속들을 이루어 주시는 언제나 동일하신 하나님으로 말미암아 새것이 계속되고 옛것을 완성시킨다는 사실을 확신하게 되면 그만이다.

1 : 5~2 : 52의 전반적 구조

이 부분은 일곱 단위들로 구성되었다. 요한의 수태 예고(1 : 5-25), 예수의 탄생 예고(1 : 26-38), 엘리사벳과 마리아의 만남(1 : 39-56), 요한의 출생(1 : 57-80), 예수의 탄생(2 : 1-21), 유아로서 성전에 온 예수(2 : 22-40), 소년으로 성전에 온 예수(2 : 41-52). 이 사건들을 배열함에 있어서 세 가지의 눈에 띄는 특징이 있다. 첫째로, 자료가 두 판의 조각들로 되어 있다. 요한 수태의 예고와 예수 탄생의 예고이다. 이 두 판의 조각들은 어떤 의미로는 미래 어머니들의 만남으로 연합된다. 다른 두 개의 판(板) 조각들이 뒤따라 나온다. 요한의 출생과 예수의 탄생이다. 이 시점에서 성전에 가신 예수에 관한 두 이야기가 뒤따라 나온다. 탄생 후 제6주와 12년에 있었던 방문이다. 요한과 예수의 이야기들을 이렇게 병행하여 배열한 것은(7 : 31-35에도 유사한 기록이 있다.) 복음서들에서 보이는 요한과 예수의 관계를 가장 정교하게 취급한 것이다. 모든 복음서 기자들은 하나님의 사람으로서의 요한을 귀하게 기록하고, 동시에 그를 예수께 종속시키는 이중(二重)의 업무를 수행하고 있다. 누가는 두 사람을 다 인정한다. 시초부터 에서와 야곱처럼, 먼저 태어난 자가 나중 태어난 자를 섬기게 될 것을 분명히 하면서 그렇게 한다.

이 부분에서 누가가 자료를 배열하는 두 번째 특징은 이야기가 요한으로부터 시작된다는 점이다. 연대순뿐만 아니라 하나님의 계획에 있어서도 요한이 먼저이다. 요한복음까지도, 순교한 영웅으로서 계속해서 제자들을 얻고 있었던 이 유력하고 매력적인 인물에 대하여 매우 예민하게 '경쟁의식'을 가지면서도 매우 현저하게 그를 하위로 내리고 있는데, 이야기는 이에 맞추어 세례 요한의 증거로부터 시작된다. 마가는 세례 요한의 사역을 "예수 그리스도 복음의 시작"(막 1 : 1)으로 말하는 것 같다.

누가의 구조의 세 번째 특징은, 이 같은 배열로, 그는 점차 사진기를 요한에게서 옮겨 예수께로만 향하고 있다는 점이다. 독자가 성전에서 있었던 예수의 헌아예식에 관한 몹시도 아름다운 이야기를 통하여 감동을 받고 선생들 중에 앉아 있던 소년 예수의 모습에 기대가 커지자 요한은 뒤쪽으로 물러났다. 회개의 설교자였던 요한은 정녕 다시 나타날 것이다. 그러나 누가는 벌써 교체를 단행했다. 첫 번째였던 인물이 지금은 두 번째가 되고, 두 번째였던 분이 지금은 첫 번째가 되셨다.

누가복음 1 : 5~56
요한의 수태와 예수의 탄생 예고

세례 요한의 수태 예고(1 : 5-25)

이 복음서와 사도행전의 전반에서 사용되고 있는 형식대로 누가는 그 시대 역사의 맥락 속에서 사건이 전개되도록 하고 있다. 로마에, 특별히 옥타비우스(Octavius)에게 봉사한 보상으로 헤롯 대왕(Herod the Great)은 기원전 40년에 팔레스타인(Palestine ; 누가는 때때로 그가 유대〈Judea〉를 말할 때 전국〈the whole land〉을 가리켰다. 4 : 44)의 왕위에 올랐다. 그의 실제 다스림은 기원전 37년에 시작되었고, 기원전 4년 그의 죽음과 함께 끝났다. 헤롯이 언급된 것은 그가 누가의 이야기를 위한 연대의 유일한 기준이어서인지, 아니면 그와 그가 대표하는 세계가 차후 사건들에 의해 영향을 받았기 때문인지는 지금까지도 분명하지 않다.

누가만이 요한의 부모의 이름들을 우리에게 알려 준다. 그리고 그는 제사장 가문에 속한 사람이었다. 스가랴와 엘리사벳은 둘 다 아론의 혈통이었다. 아론의 후손 제사장들은 아론의 후손 24인의 이름을 좇아(대상 24 : 1-19) 24반열로 나뉘어 있었다. 그리고 그들은 예루살렘에 있는 성전의 제단에서 순서를 지켜 섬기고 있었다. 이 부부는 시골의 산중에서 살았다(39절). 그러나 직무를 수행하는 제사장들은 성전 안에서 거처할 수 있었다. 이 부부가 유대적 경건의 모범자였으나 그들은 아이를 갖지 못했고 늙었다. 엘리사벳은 연로하기까지 아이를 낳지 못하여 존귀한 사람들(사라, 리브가, 라헬, 마노아의 이름 없는 아내, 그리고 한나)의 전통에 속한다.

인물들을 소개한 다음에 누가는 이야기를 전한다. 그 이야기는 예루살렘의 성전에서 시작된다. 스가랴의 반열이 직무를 수행하게 되었다. 이 반열 속에서 스가랴가 제비에 뽑혔다(이 제비는 하나님의 뜻을 아는 한 방법이었다 ; 행 1 : 26). 성소 안에 있는 향단에 향을 사르는 직무였다. 기도시간에 참여한 사람들은 제사장이 다시 나타나서 축복해 주기를 기다렸다. 그리하여 그는 가브리엘의 방문을 받을 때 성소에 혼자 있었다. 가브리엘은 후기 유대교에 따르면 일곱 명의 대천사(大天使)들 중 하나로 소식을 전하는 임무를 받은 천사이다. 누가의 묘사는 가브리엘이 다니엘을 방문했을 때의 형식에 잘 맞는다(단 9 : 20-10 : 15). 출현, 두려워 함, 소식, 그리고 말씀을 받은 자는 말을 못하게 되었다. 천사들은 소식의 전달자들로 누가복음과 사도행전에 종종 나타난다. 가브리엘이 전한 소식은 네 가지이다 : 엘리사벳이 아이를 낳게 될 것이고, 이름은 요한이라 할 것(13절) ; 이 아이는 스가랴와 엘리사벳, 그리고 많은 이들에게 기쁨과 즐거움을 줄 것임(14절) ; 이 아이는 나실인의 전통에 따라 기를 것(15절, 민 6 : 3, 삿 13 : 2-5) ; 그리고 이 아이는 마지막 때를 알리고 이스라엘로 하여금 이에 대비케 했던 엘리야의 심령으로 봉사하게 될 것(16-17절, 말 4 : 5)이었다. 어떤 서기관들은 엘리야가 메시야의 선구자로 나타날 것이라고 가르쳤다(마 17 : 10). 그러나 마태복음(마 17 : 10-13)과는 다르게 누가는 요한과 엘리야를 정확하게 동일시하고 있지 않다. 마침내 예수께서도, 하나님의 성령에 의해 비범하게 감동된 다른 이들처럼(행 8 : 26-39), 엘리야와 같게 되실 것이다(4 : 23-26).

스가랴가 의심을 가진 것은 이해할 만하다. 그리고 그는 불신앙의 대가로 벙어리가 된다(20절). 밖에서 예배드리고 있던 자들은 지체하고 있는 제사장을 기다리다가 그가 하는 신호와 몸짓만 보게 된다. 그러나 그들은 그가 하나님을 체험했음을 알아차린다. 그의 직무는 끝났다. 스가랴는 집으로 갔다. 엘리사벳은 잉태했다. 이를 인하여 엘리사벳은 하나님을 찬양했다. 아이를 낳지 못함은 여자의 탓일 뿐만 아니라 (남자의 탓은 아니었다.) 하나님이 내리신 부끄러움으로 간주되었다. 스가랴는 말을 못하고 엘리사벳은 몸을 드러내지 않고 있다. 그리고 우리는 기대하는 분위기 중에 있게 되었다.

이 이야기를 잠시 생각해 보기로 하자. 하나님은 여기서 구약성경에서 흔하게 볼 수 있는 그런 형식으로 역사하신다. 제비를 뽑음, 성전 안의 환상, 하늘의 사자, 약속, 표적, 그리고 아이를 낳지 못하는 늙은 부부 등이다. 그 '기적적인' 부분은 한 사람이 체험한다. 그러나 다른 이들은 하나님께서 임재하신 증거를 경험한다. 이 같은 일은 누가복음과 사도행전에서 다시 나타날 것이다(예를 들면, 행 9 : 3-9). 그리고 하나님은 내부로부터 역사하시고 제도, 신앙의식, 유대교의 행사 등을 떠나 외부로부터 역사하시지 않는다. 이 부부는 아론의 혈통에 속했다. 스가랴는 제사장이다. 그들은 하나님의 모든 명령과 규례에 흠 없이 경건하다. 그리고 하나님의 말씀은 성전 안에서 있게 된다. 누가복음에서 하나님은 신앙공동체가 생활하는 정상적인 길을 따라서, 그리고 그 길을 통하여 일하신다. 누가는 앞으로 우리에게 보여 줄 것이다. 그는 그 길들이 왜곡되고 부패될 수도 있고, 또 그렇게 되는 것을 알고 있다. 그럴지라도 누구나 이스라엘의 제도, 신앙의식, 그리고 신앙을 계속해 나갈 때 하나님의 목적을 위하여 사용되는 위치에 서게 된다는 사실에 누가는 그의 근본적인 확신을 두고 있음을 보여 줄 것이다. 옛것(본문의 경우는 늙은 부부)은 우리를 새것 안으로 안내할 것이다.

예수의 탄생 예고(1 : 26-38)

어떤 의미에 있어서 이 이야기는 ―젊은 동정녀가 나이가 많은 부부와 다른 것처럼 ―앞에서 본 이야기와 다르다. 그렇긴 하지만 독자는 이 두 기록이 얼마나 가까이 병행하고 있는지 잘 알고 있다. 두 이야기가 모두 하나님께서 주도권을 가지고 은혜와 권세를 활용하고 계시는 이야기들이다 : '은혜'라 함은 곧 생겨날 사건이 세상을 향한 하나님의 호의를 표명하게 된다는 것이며 ; '권세'라 함은 하나님께서 그렇게 할 수 없는 사람들, 즉 늙은 부부와 미혼 처녀를 통해 일하실 수 있다는 것이다. 엘리사벳과 마리아는 아들을 갖게 될 것이다. 하나님은 하실 수 있기 때문이다. 그들은 우리를 위하여 아들을 갖게 될 것이다. 하나님은 은혜로우시기 때문이다. 은혜와 권세에 관한 하나님의 말씀은 이 두 경우에 동일한 사자(使者) 가브리엘을 통해 전해진다. '천사'라는 단어는 헬라어 '사자'(messenger)를 의미하는 *aggelos*의 음역(音譯)이다.

우리는 천사에 관하여 간략하게 말하기 위해 잠시 시간을 내야 할 것 같다. 천사는 초기 유대교에서는 잘 나타나지 않는다. 천사들은 후기 유대교의 어떤 영역의 신앙체계 안에서 상당히 일반화되었다. 예컨대, 바리새인들은 하나님과 인간 사이의 매개자로서 천사들의 존재를 믿었다. 그러나 천사들은 하나님께서 우리 조상들에게 "여러 부분과 여러 모양으로"(히 1 : 1) 말씀하신 의사전달 수단들 중에 하나일 뿐이다. 마태복음에는 예컨대, 예수의 탄생을 회상하면서 계시의 한 수단으로 꿈을 이야기한다(마 1 : 20, 2 :

12-13, 19). 누가는 하나님이 활용하신 알림, 가르침, 안내, 그리고 보호의 수단으로 천사들을 위한 넓은 영역을 할애하고 있다(1 : 11, 26, 2 : 8-15, 행 8 : 26, 12 : 7). 신약성경의 몇몇 기자들은 천사들의 문제에 관하여 침묵한다. 그러나 바울은 그들에 관하여 말하지만 전혀 적극적이지 않다(롬 8 : 38-39, 갈 3 : 19-20, 골 2 : 18-19). 분명히 천사들은 하나님께 봉사할 수도 있고, 하나님의 일을 반대할 수도 있는 자유의지를 지닌 피조물로 폭넓게 인식되고 있다.

1 : 5~25에서처럼, 누가는 여기서도 인물들을 소개하고, 천사가 나타남으로 인한 두려움, 좋은 소식, 의심, 표적, 반응, 그리고 천사의 떠남을 말한다. 그리고 누가는 앞에서처럼 사건의 날을 기록했다(엘리사벳의 수태 제6월). 또한 사건의 위치를 지리적으로 말한다(나사렛은 작은 마을이며 별로 중요시되지도 않았고〈요 1 : 46〉 갈릴리 남편에 있었다). 그러나 앞 이야기와는 다르게 탄생을 전한 대상은 남자가 아닌 여자에게였다. 마리아는 정혼되어 있었으나 아직 결혼하지 않았다(34절). 합법적이고 구속력이 있는 정혼은 여자가 아주 어릴 때, 아직 소녀일 때 가족들 간에 이루어지는 것이 보통이었다. 이야기 중에서 요셉이 맡은 주요 역할은 그가 예수께서 다윗의 보좌에 합법적으로 연결되도록 한 것이다(1 : 32, 2 : 4). 마리아를 향한 천사의 문안에(28절) 후대의 서기관들은 "여자들 중 당신이 복이 있도다"(RSV 28절의 각주)를 붙여 기록했는데, 이는 42절에서 따온 것일 것이다.

1~2장 전반에서 마리아는 하나님의 은총을 받은 자로(30절), 사려 깊은 사람으로(29절, 2 : 19, 51), 순종자로(38절), 믿는 자로(45절), 예배자로(46절), 유대인의 율법과 경건에 헌신적인 사람으로(2 : 22-51) 그려져 있다. 누가는 교회가 창립되었을 때 믿는 이들의 무리 중에 마리아의 이름을 거명한다(행 1 : 14). 누가복음의 한 학자는 마리아를 이상적 그리스도인으로 제시하고, 그리고 마리아가 개신교회 안에서 너무 무시되고 있다고 논한다(Charles H. Talbert, *Reading Luke*, pp. 22-26). 그러나 우리는 마리아가 가졌던 자격들의 어떤 것도 하나님께서 그 여자를 선택하신 이유로 제시되고 있지 않으며, 그 이유는 하나님의 계획들 안에 별도로 감추어져 있다고 신중하게 말해야 한다.

마리아에게 전한 가브리엘의 메시지는 스가랴에게 주었던 것처럼 네 가

지로 되어 있다 : 마리아가 아이를 낳게 될 것이며 ; 이름은 예수라 할 것과 (31절) ; 그 아이는 하나님의 아들이 될 것이며(시 2 : 7) ; 영원히 다윗의 왕위를 차지하게 될 것(32-33절, 삼하 7 : 13-16)이었다. 이 아이의 탄생은 성령께서 강림하여 덮으심에 의함(35절, 출 40 : 35, 왕상 8 : 10, 학 2 : 6-9)이라 하였고, 그리고 이 말씀이 이루어질 표적으로 가브리엘은 마리아에게 친척 엘리사벳의 임신을 알렸다(36-37절). 확신을 주는 마지막 말로 천사는 모든 신조의 배경이 되는 신조, 아이를 낳게 되리라는 말씀을 의심했을 때 아브라함과 사라에게 해 주셨던 바로 그 말씀을 다시 말한다. "하나님께서는 능치 못하심이 없느니라"(37절, 창 18 : 14 ; 개역한글판에는 "대저 하나님의 모든 말씀은 능치 못하심이 없느니라"로 번역되었음.-역자주). 마리아는 하나님의 말씀에 겸손히 순종하면서 절한다.

그런데 전통적인 성서사전에 따르는 교회들은 이 수태 예고가 3월 25일에 있었다고 말할 것이다. 이 날짜는 12월 25일이 되려면 9개월이 더 있어야 한다. 흥미롭게도 구원 이야기의 교회력을 만든 교회의 이 같은 계산방식은 시대와 날짜에 대한 누가 자신의 계산방식, 즉 '여섯째 달에', '석 달쯤', '팔일이 되매', '사십 일 동안', '디베료 가이사가 위에 있은 지 열다섯 해'와 전혀 다르지 않다.

엘리사벳과 마리아의 만남(1 : 39-56)

이 삽화적 사건은 전통적 예배의식에서는 '성모방문축일'(聖母訪問祝日, the Visitation)로 불려지고 있는데, 전달된 이야기의 내용은 실제로 거의 없다. 그것의 대부분은 영감으로 된 말씀과 노래로 되어 있다. 감정의 힘에 의해서 나오는 문학 형태를 연상케 한다. 마리아의 엘리사벳 방문은 두 개의 큰 단위, 요한과 예수의 수태 예고 및 그들의 탄생 기록과 연결되어 있다. 그리하여 이 두 아들들 사이의 유사점과 대조점들이 강조되고 있다. 사실상 앞뒤 이야기들 중간에 끼인 이 쌍둥이 주제들은 유다의 시골 산중에서 있었던, 아름다운 막간(幕間)의 사건 중에서 보인다. 태어나기 이전과 이후에 있었던 표적들은 요한과 예수의 위대함을 지적한다. 그러나 동시에 이 표적들은 예수께서 두 분 중에서 더 위대하심을 지적한다.

방문의 기록은 네 부분으로 되어 있다. 첫째는 방문 자체에 대한 간략한 소개말이다(39-41a절). 마리아의 방문이 엘리사벳에 관한 천사의 말을 확인하기 위한 것이라고 생각할 이유란 없다. 마리아는 이미 가브리엘의 말을 사실로 받아들였다. 이 두 여인들은 서로 친족일 뿐만 아니라 공통된 경험에 이끌려 유대 산중의 이름이 알려지지 않은 마을에서 만난다. 한 사람은 늙었고, 이 여자의 아들은 한 시대를 끝낼 것이다. 다른 사람은 젊고 이 여자의 아들은 새 시대를 열 것이다. 마리아가 들어설 때 아직 태어나지도 않은 요한은 이 방문의 중대함을 알고 복중(腹中)에서 뛰었다. 누가는 여기서 옛 일을 생각하게 하면서 하나의 신학적 요점을 제시한다. 이 역사적 암시는 리브가에 관한 것이다. 이 여인의 복중에서 에서와 야곱이 싸웠었다. 이 두 경우에 대한 메시지는 "큰 자는 어린 자를 섬기리라"이다(창 25 : 21-23). 신학적 요점은 그러한 태어나기 전의 활동에 관한 것이다. 왜냐하면 그 요점은 어떤 공적이나 행위에 앞서고, 하나님의 절대권적 의지를 증언하기 때문이다.

두 번째 단위는 방문 이야기와 엘리사벳의 영감에 의한 말씀들로 이루어져 있다(41b-45절). 엘리사벳은 성령에 충만했다(우리는 이 복음서 전반에서 성령의 다양한 활동을 보게 될 것이다. 그러나 '성령께서 하시는 일들'에 대한 목록을 만드는 일은 피할 것이다. 무엇보다 성령은 하나님의 영이시다. 그러한 목록을 따라 일하시지 않는다. 그 목록이 성령의 일정표로 인식되면 안 된다). 그리하여 마리아와 마리아의 아기를 칭송한다. 엘리사벳은 두 가지 근거 —주님의 어머니로 선택받은 사실과 마리아가 하나님의 말씀을 믿은 사실— 위에서 마리아를 축복한다. 마리아 앞에서 엘리사벳이 스스로 겸비함은 마태복음의 세례 장면(마 3 : 13-15) 중에서 요한이 예수 앞에 스스로 겸비함을 생각하게 한다.

세 번째로, 그리고 이 삽화의 가장 큰 부분은 마리아의 노래로 되어 있는데(46-55절), 성모 마리아 송가(頌歌)이다. 라틴어역 성경의 처음 단어를 따서 이렇게 부른다. 이 송가에서 마리아는 비천한 신분을 가진 하녀에게 내려 주신 호의에 대하여 간략하게 하나님을 찬양한다(46-49절). 이때에도 이 부분은 단순히 자서전적 내용이 아니다. 하나님께서 마리아를 위하여 해 주신 것은 가난한 자들, 무력한 자들, 그리고 세상에서 억압받는 자들에게 해 주실 것에 대한 예상이며 모델이다. 그리고 이것은 이 송가의 두 번째 악장이며,

온 세상 사람을 위하여 하나님이 갖고 계신 목적 달성의 환희이다(50-55절). 이 송가는 한나의 노래(삼상 2 : 1-10)와 매우 유사하고, 그 형식을 따르고 있다. 그리고 구약성경의 다른 구절들과 암시도 그 안에 섞여 있다. 한나는 노년에 아이를 낳을 것이라는 약속을 받고 아이(사무엘)를 낳았기 때문에 어떤 학자들은 한나의 노래가 원래 엘리사벳의 노래였다고 주장하기도 했다. 사실상 어떤 오래된 라틴어 사본에는 46절에 "그리고 엘리사벳이 가로되"라고 되어 있다. 그러나 초기의 헬라어 본문에는 이 송가가 마리아에 의한 것으로 되어 있다. 분명하게 48절은 엘리사벳이 아니라 마리아를 가리키고 있다.

이 송가의 두 가지 보기 드문 특징에는 특별한 주의를 기울일 가치가 있다. 첫째, 하나님은 이전에 하신 일에 대하여 찬양을 받고 계신다. 분명히 하나님이 하신 일에 관하여 말하는 것은 하나님이 장차 하실 일을 알리는 것이 된다. 이 형식은 우리가 잘 아는 형식이다. 그러나 이 가사들은 미래에, 마지막 때(종말)에 하나님께서 정의와 자비를 세우실 것을 말하면서 동사의 미래형을 쓰지 않고 과거형을 썼다. 이 사실은 매우 괄목할 만하다. 왜 그렇게 했을까? 여기서 특별히 헬라어의 과거시제(부정과거형, aorist)를 쓴 것은 과거, 현재, 미래를 구별하지 않고 시간과 관계없는 진리를 표현하고 있기 때문이다. 뿐만 아니라 우리는 이 과거시제가 마치 그것들이 이미 실현된 것처럼 확신과 분명함을 표현하는 한 방법이라고 여겨야 한다. 송가를 부르는 사람은 하나님께서 약속하신 것을 실행하실 사실에 대하여 매우 확신했기에 이미 달성된 사실로 선포하고 있다.

이 송가의 두 번째 보기 드문 특징은 52~53절에 있다. 50절부터 55절까지는 전체가 생생한 영상들로 가득 차 있고, 반복된 단어들과 어구들, 율동적인 문장들, 그리고 대조 형식을 통하여 힘이 더해지고 있지만 최대의 강도(强度)는 52~53절에 있다. 누가는 이 네 줄의 말씀 속에서 하나님의 활동에 관한 전형적인 설명으로 불려졌던 그것을 가장 날카롭게 집중시켜 표현한다. 비천한 자들이 올라가게 되고, 높은 데 있던 자들이 낮아지고 있다는 것이다(John Drury, *Tradition and Design in Luke's Gospel,* p. 50). 마리아는 유력한 자들을 아래로 내리시고, 낮은 곳에 있는 자들을 올리시며, 굶주린 자들을 배부르게 하시고, 부자를 빈손으로 보내시는 하나님에 대하여 노래한다. 그리고 누가는 마리아를 통하여 이 복음서와 사도행전 전반에 현저하게 나타나는 한 주제를 소개한다. 압박받고 가난한 사람들을 위한 사회적 메시지와 예수의 사역은 더욱 밀접하게 되고 있다. 분명히 그렇게 될 것이다. 그러나 여기서는 운명을 온전히 역전시키시는 하나님의 최종 심판의 특징을 보게 된다. 그 심판은 권세 있고 재물 있는 자들이 힘없고 가난한 자들과 자리를 바꾸게 하시는 것이다. 그리고 이 종말론적 역전은 벌써 시작되었다. 하나님이 마리아를 택하신 사실은 그것을 입증한다. 운명의 역전에 관한 형식은 누가복음에 자주 나타날 것이다. 예컨대 '복과 화'(6 : 20-26), '부자와 나사로의 이야기'(16 : 19-31)를 회상해 보라.

방문 이야기의 네 번째 단위는 단일 문장으로 된 간략한 내용이다. 마리아가 엘리사벳과 함께 석 달을 있다가 집으로 돌아갔다는 것이다. 우리는 마리아의 석 달 동안의 머묾이 요한의 출생과 함께 끝난 것으로 추정한다. 요한 출생의 기록이 바로 뒤이어 나온다. 마리아는 그녀 자신의 출산 때에 다시 나타날 것이다. 누가는 이야기를 서두르지 않고 있다. 그러므로 우리는 마리아가 그렇게 하듯이 기다려야 할 것이다.

누가복음 1 : 57~2 : 21

세례 요한의 출생과 예수의 탄생

세례 요한의 출생(1 : 57-80)

누가복음의 독자는 요한에게 기울여진 그 관심의 분량에 놀랄 것이다. 이 단원에서 24절이 할애되었다. 이에 반해서 그의 출생과 병행되는 예수의 탄생에 할애된 분량은 21절뿐이다. 훗날 분명히 많은 제자들이 예수보다 요한을 선호했다. 제자들을 이끌게 될 사람을 이처럼 많이 소개하고 있는 이유는 무엇일까? 그리스도인들은 요한을 메시야의 선구자로서의 역할을 맡은 자로 그의 자리를 확고하게 정해 주었다. 그리하여 그는 초기 기독교의 문서들에 나타난다. 요한은 이 두 예언자적 인물들 앞에 있게 된 사람들이 볼 때 그 누구에게 쉽게 종속되기에는 하나님의 사람으로서 너무도 현저하게 강력했고 매력적이었다. 제2세대 또는 제3세대의 이방인 혹은 헬라파 유대인의 배경을 지녔던 누가는 세례 요한에 의한 운동의 크기와 강도를 알고 있었을까?

그렇다. 누가는 알고 있었다. 사실상 요한의 폭넓은 명성을 우리에게 알려 주는 사람은 바로 누가이다. 이집트의 알렉산드리아 출신으로 언변이 뛰어났던 아볼로는 그리스도인이 되기 이전에 요한의 제자였다(행 18 : 24-28). 그리고 바울은 소아시아의 에베소에서 요한을 따르던 자들의 공동체를 발견했었다(행 19 : 1-7). 그러나 누가 역시 예수께서 메시야이시고 요한은 길을 예비하기 위하여 엘리야의 심령과 능력으로 왔다는 확신을 분명히 했다(76절). 누가가 요한에게 기울이고 있는 관심의 분량에 관하여 네 가지 논평(論評)이 있다. 첫째로, 누가는 분명히 자기 독자에게 "우리 중에 이루어진 사실에 대하여"(1 : 1) 더욱 완전하고 차례대로 된 기록을 주려고 애쓰고 있다. 둘째로, 누가는 그들의 사역뿐만 아니라 태어나기 전후의 표적들, 말씀과 노래들에 있어서 요한과 예수의 역할 및 그들의 상호 관계를 보여 주려고 했었다. 누가는 요한의 부모가 실제로 요한이 아직 자기 어머니의 복중에 있을 때 알고 있었음을 이야기한다(41절). 사건을 이렇게 취급하면서, 누가는 요한과 예수께서 성인들로서 이야기 중에 나타나기 이전에 독자에게 그들에 관한 정보를 주고 있다. 셋째로, 누가는 엘리사벳과 스가랴의 견해가 그들 자신의 것이 아니었음을 매우 분명히 하고 있다. 그들은 성령의 감동을 받은 말로 자신들의 아들과 예수에 관하여 노래하고 예언했다는 것이다(41, 67절). 다시 말하면, 누가는 요한과 예수의 사역에 관해 하나님이 내리신 정의를 우리에게 알려 주고 있다. 끝으로, 요한이 누가복음 안에서 크게 억누름을 당하고 있음은 분명하다. 이야기가 요한에 관한 것처럼 보이는 단원들에서 실제로 노래와 예언들은 주로 마리아의 아들을 증거하고 있다. 우리가 앞으로 보게 되겠지만 이 사실은 67~79절에 있는 스가랴의 예언 중에서 충분히 입증된다. 이 사실을 요약하면, 누가는 요한과 예수께만 한정되지 않는 관련된 문제를 대부분의 사람들보다 더 많이는 아니더라도 어느 정도 알고 있었다는 것이다. 다시 말하면, 다른 이들을 예수께로 향하게 하는 일을 하는 사람들은 그들 자신이 관심과 애정과 많은 이들의 충성을 받는 대상과 중심인물이 될 수 있다.

57~80절에 있는 기록은 세 부분으로 구성되었다 : 출생, 할례 받음, 그리고 요한에게 이름을 지어 줌(57-66절) ; 스가랴의 영감에 의한 예언(67-79절) ; 그리고 그의 공생애에 대한 요약과 변화를 말해 주는 간략한 진술(80절) 등이다. 첫 번째 단위는 그 문화의 법과 관습을 반영하는 재미있는 이야기이다. 친척들과 이웃 사람들은 출산, 특히 그 출산이 연로한 부모의 첫 번째 남자 아이일 경우에 더해지는 그 기쁨에 함께했다. 그뿐 아니라 이 아이의 이름을 짓는 일에도 함께했다(룻 4 : 17). 분명히 후기 유대교에서는 이름 짓는 일과 할례가 연관되어 있었다. 할례에 의해 남자 아이는 하나님의 백성의 일원이 되었다. 최소한 몇 지역에서는 남자 아이는 그의 아버지의 이름을 따라 이름을 짓도록 기대했다(Tobit 1 : 9). 스가랴가 말을 할 수 있는 힘을 되찾게 되자 이는 기적으로 이해되었다. 그는 하나님을 찬양하도록 고무되었고, 이웃 사람들은 하나님의 권세가 임할 때 느끼는 그 두려움에 사로잡히게 되었다. 이 모든 일에 관한 소문과 대화는 널리 퍼지게 되었다. 그리고 이와 함께 조용히 생각하는 사람들도 있었는데, 이는 기대하는 분위기와 하나님의 역사하심 주변에 신비를 조성하는 누가의 방법이다.

라틴어 성경의 첫 단어를 따서 '베네딕투스'(Benedictus, 스가랴의 찬양)라고 불리는 스가랴의 영감에 따른 예언은 두 부분으로 나뉜다. 68~75절과 76~79절이다. 첫째 부분은 요한을 보내 주심에 대해서가 아니고 "구원의 뿔을 그 종 다윗의 집에"(69절) 일으키심, 즉 예수를 보내심에 대하여 하나님을 찬양하는 내용이다. 구약성경의 암시가 많은 이 말씀들은 분명히 유대적이다. 구원자로서의 하나님을 찬양하는 정경의 시편(34, 67, 103, 113편)과 사해사본(the Dead Sea Scrolls)에 있는 감사의 시들과도 유사하기 때문이다. 유대인의 종말론적 소망들은 이루어질 것이며, 약속들은 지켜질 것이고, 아브라함과의 언약은 기억될 것이며, 모든 원수들은 하나님이 일으키신 '구원의 뿔'(하나님의 힘, 삼상 2 : 10)에 의해 망하게 될 것이라고 말한다. 물론 예수의 제자들이 읽는다면 이 말씀들은 그리스도인의 신앙에 맞게 들릴 것이다.

만일 어떤 학자들이 추측하듯이, 스가랴의 예언이 원래는 요한을 따르던 자들 사이에 퍼져 있던 하나의 찬송이라면 76~79절의 초점은 예수이시며,

요한은 "주 앞에 앞서 가서 그 길을 예비"한다는(76절) 사실을 분명히 하기 위하여 그리스도인들이 붙인 부분일 것이다. 이 구절들이 그리스도인 집단의 밖에서 시작되었든 그렇지 않았든 간에 이 구절들은 누가, 그리고 우리가 이해하기로는 요한이 무엇을 하게 되고, 예수께서 무엇을 하시게 될 것이라는 것을 요약한 말씀이다. 이 예언적 노래 부분에는 말라기 3 : 1~2과 4 : 5~6, 그리고 이사야 9 : 2과 42 : 7이 주로 인용되고 있다. "돋는 해가 위로부터 우리에게 임하여"(78b절)라는 메시야의 출현을 묘사하는 이 아름다운 문장은 "의로운 해가 떠올라서 그 날개들 안에서 치료하리니"(with healing in its wings, 개역한글판에는 "내 이름을 경외하는 너희에게는 의로운 해가 떠올라서 치료하는 광선을 발하리니……"라고 번역되었고, '광선'이란 말의 난하주에는 '날개'라고 번역되었음.-역자주)라는 말라기 4 : 2을 반향(反響)한다. 그러나 번역하기가 어려운 말씀이다. 새영어성경(NEB)에는 "아침 해가 하늘로부터 우리 위에 떠오를 것"(The morning sun from heaven will rise upon us)으로 번역되었고, 현대역성경(TEV)에는 "그가 구원의 밝은 새벽을 우리 위에 떠오르게 하실 것"(He will cause the bright dawn of salvation to rise on us)으로 번역되었다.

이 부분의 마지막 단위는 나실인 삼손(삿 13 : 2-4)과 소년 사무엘(삼상 2 : 26)을 회상하게 하는 요한의 성장에 관한 간략한 요약이다. 광야에서의 요한의 생활이 쿰란(Qumran) 공동체 안에서였다는 이론은 확정된 바가 없다. 누가는 요한에 관한 기록을 일단락하고 있을 뿐만 아니라 독자로 하여금 '이스라엘에게 나타나는 날'을 향하도록 그 쪽을 가리키고 있다(80절). 요한의 이야기가 다시 시작될 때에는 그가 나타나서 하나님의 다스리심이 가까이 왔음을 설교하게 될 것이다. 그동안 우리는 누가의 의사전달 기술에 감탄하면서 기다린다. 그는 독자를 붙잡고 '계속해 나가기' 위해서 언제, 어떻게 이야기를 중단해야 할지 알고 있다.

예수의 탄생(2 : 1-21)

병행되는 이야기들은 계속된다. 요한의 출생을 말해 줄 때처럼 누가는 다시 탄생의 기쁨, 큰 기대들에 대한 표적들, 그리고 할례와 이름을 지을 때의 특징들에 관하여 말한다. 그러나 말을 마치면서 했던 요한의 성장에 관한 요약된 설명(1 : 80)은 예수의 경우에는 지체된다. 그러한 요약은 예수께서 예루살렘의 성전을 방문하신 삽화 두 편의 끝에 있다(40, 52절). 그러나 또 하나의 다른 점이 보인다. 1 : 5~80의 문학적 형식은 헬라어 구약성경의 그것과 매우 흡사하다. 2 : 1에서는 형식이 구약성경의 그것과는 덜 닮고, 이 복음서의 나머지 부분과 매우 닮았다. 누가는 그의 기록 형식을 요한이 속했던 옛 시대로부터 예수의 출현과 더불어 시작되는 새 시대로 전환되도록 하고 싶었던 것 같다. 이 사실은 누가가 빈번한 구약성경 인용을 그만두겠다는 말이 아니다. 결코 그렇지 않다. 사실상 이사야 1 : 3, 예레미야 14 : 8, 그리고 미가 5 : 2은 우리 앞에 있을 이야기를 윤택하게 한다.

예수 탄생의 이야기는 세 단위로 이루어졌다 : 탄생 그 자체(1-7절) ; 목자들에게 알림(8-20절) ; 그리고 할례와 이름 짓기(21절)이다. 예수 탄생의 기록은 눈에 띄게 단순하고 간략하며 솔직하다. 기적도 없고 비상한 사건도 없다. 다시 누가는 역사가로서 쓰고 있다. 독자에게 연대, 장소, 그리고 정황을 알려 준다. 하나의 의문이 예상되고, 또 대답되고 있다. 나사렛의 예수가 사실은 다윗의 도시인 베들레헴의 예수였다는 사실은 어떻게 실증된 것인가? 마태복음(제2장)과 누가복음이 예수께서 베들레헴에서 나셨다는 사실에는 일치하고 있으나 이 경건한 가족이 나사렛 및 베들레헴과 갖는 관계에 대한 기록들은 서로 다르다.

누가가 여기서 역사가로서 쓰고 있다는 말은 성경 이외의 자료들이 그의 기록을 긍정적으로 본다는 말은 아니다. 사실상 그의 연대기와 2 : 1~2에서 말해 주고 있는 인구조사는 우리가 다른 데서 얻는 역사와 맞지 않는다. 마리아와 요셉은 황제의 명에 의한 인구국세조사(人口國稅調査)를 위해 등록하고자 베들레헴에 있었다. 그러나 역사가들은 아구스도(Augustus)의 통치기간 중에서 총인구조사를 확인할 수가 없다. 그는 기원전 27년부터 기원후 14년까지 다스렸다. 구레뇨가 시리아(Syria)의 총독이었을 때 팔레스타인에 인구조사가 있었다(사도행전 5 : 37의 인구조사일 것이다). 하지만 이 인구조사는 누가복음 2 : 2에 언급된 그것보다 이후(기원후 약 6년)에 있었던 것으로 보인다. 그러나 어떤 학자들은 구레뇨가 그 지역에서 이전에 부총독으로 있었고, 명부기재와 세금부과 사이에는 얼마간의 시간이 걸렸기 때문에 누가가 그의 역사적 언급에 정확하지는 않더라도 일반적으로 맞는다고 주장한다. 누가의 기본적인 목적은 베들레헴의 예수와 계승되는 다윗의 왕가(王家)와의 관계를 확실하게 하는 것이었다. 하지만 놀랍게도 그는 마태가 그렇게 하듯이(마 2 : 5-6) 베들레헴에 관한 메시야의 예언(미 5 : 2)을 인용하고 있지 않다. 누가의 역사적 자료에 관한 어떤 논란을 넘어 그의 기본적인 확신은 임금들과 정부들과 법들이 왕왕 그것을 알지 못하는 중에 하나님의 목적에 기여한다는 사실이다. 이 점에 있어서 누가는 이사야 45 : 1과 일치하고 있다. 가이사 아구스도는 이 이야기를 위한 연대의 기준이 되는 그 이상이다. 그는 하나님의 뜻을 위한 도구이다. 하나님이 일하시기 위하여 기적이나 비상한 사건이 반드시 있어야 하는 것은 아니다. 하나님은 누가복음 안에서 확실히 기적을 행사하신다. 그러나 하나님은 기적이 없이도 일하신다.

마리아와 요셉이 베들레헴에 머무는 동안 예수께서 태어나신다. 그리고 모든 갓난아이들처럼 그 몸을 펴고, 또 바른 성장을 위하여 강보에 싸였다. 손님들을 위한 방은 정녕 사람들로 가득 찼었기에 사적인 일(출산-역자주)은 용납되지 않았다. 그리하여 마리아와 요셉은 집의 뒤쪽 혹은 아래쪽, 또는 굴에 있는 외양간으로 물러갔다. 짐승의 먹이를 주는 구유가 아기의 침대로 쓰였다. 이 얼마나 소박하고 꾸밈없이 보이는가! 요한의 출생에는 기적이 있었다(스가랴가 말을 다시 할 수 있었다). 그리고 영감에 의한 예언의 노래가 있었다. 여기서는 그렇지 않다. 누가는 이야기에 무엇을 꾸며 붙이지 않았다. 꾸밈은 천하고 가난한, 이 땅의 변두리의 사람들을 그 이야기로부터 멀어지게 한다. 교회의 역사 중에는 이 장면을 확실하게 해 줄 수 있을 만큼 가난하고 버려진 사람들이 많이 있어 왔다. 그러나 많은 지역에서 교회는 이런 유혹—이웃에 사는 마태에게로 달려가서 황금과 유향과 몰약을 가지고 그를 찾아온 방문객들(마 2 : 1-12)을 빌려 오고, 구유 안의 짚에는 연한 불빛을 비추고 공중은 천사들로 가득 채우라는 유혹—을 물리치지 않았다. 누가는 이야기 중에 심히 밝은 불빛을 갖고 있다. 그러나 그 불빛은 목자들이 있는 들에서 빛나고 있다.

8~20절은 예수 탄생의 의미를 주해(註解)하도록 한다. 한 천사와 하늘의 만군(萬軍)이 사자(使者)들이 되고 있다. 로마에서는 장차 황제가 될 자가

태어날 때면 시인들과 연설가들이 평화와 번영을 선언하는 관습이 있었다. 그것과 가까운 형식으로, 그러나 하늘로부터, 황제가 아니고 구주, 그리스도, 주(主)로 호칭되는(11절) 그분의 탄생에 기쁨과 평화의 좋은 소식이 전해진다. 그리고 그 소식은 궁전의 거대한 방에서가 아니고 들판에서 가난하고 비천한 자들을 향하여 먼저 전해졌다. 이사야 61 : 1의 예언이 이루어졌다. 가난한 자에게 좋은 소식이 전파되었다. 누가에 의한 두 가지 기록이 이 이야기를 잊을 수 없게 한다. 첫째는 표적이다. 사람들은 저 놀래고 있었던 목자들에게 주어진 표적이야말로 어떤 비상한 증거일 것이라고 기대할 것이다. 예컨대, 하나의 표적으로 하늘의 만군이 지금 나타난 것같이……. 대신에 그 표적은 가난한 자들에게 태어나는 다른 아기와 똑같이 짐승에게 먹이를 주는 구유 안에서 발견되는 사실이었다. 둘째는 마리아와 요셉이 천사와 하늘의 만군에 관하여 들은 것은 목자들로부터였다는 사실이다. 이 두 사람은 가장 곤란한 처지에 태어난 아기를 위한 허드렛일로 바빴었다. 그들은 자기네 스스로가 하늘로부터의 방문을 받지 않았고, 목자들로부터 그 소식을 들었다. 이 얼마나 비상(非常)한가! 그러나 그 아기는 그들의 것이다. 그것으로 족하다.

여기서 세 가지를 신학적으로 논할 가치가 있다. 첫째로, 그 천사가 누가로 하여금 기독론을 요약하게 했다. 예수는 다윗의 집에 속하셨고 구주(Savior, 마태나 마가는 이 칭호를 사용하지 않는다.)이시요, 그리스도(메시야)이시며, 주(主, Lord)이시다. 이는 곧 사도들에 의해 설교된 예수에 관한 메시지이다(행 2 : 14-36). 둘째로, 하늘의 만군은 평화를 노래한다. 이 평화는 하나님께서 우리의 삶에 영향을 미치는 모든 창조물 중에 있는 온갖 힘의 균형을 회복시키심으로써 사람들과 사회에 허락해 주시는 생(生)의 총체(總體)이다. 이 종말론적 소망(사 9 : 6, 슥 9 : 9-10)은 예수 안에서 성취될 것이다. 그러나 누구를 위해서인가? 어떤 고대의 사본에는 그분(하나님)의 '기뻐하심을 입은'(14절)이 생략되어 있다. 분명히 하나님의 은혜에 제한, 조건이 붙은 것같이 보이기 때문일 것이다. 그러나 그 구절은 전혀 제한을 두지 않았으며 모든 인류를 포괄한다. 그 문장을 일시 멈춤표를 넣어 읽거나(헬라어 성경에는 구두점이 전혀 없음.) '사람들'(인류) 뒤에서 잠시 멈추어 읽으라. "땅에서는 모든 인류 중에 평화로다 그리고 그들을 하나님은 기뻐하신다"(개역한글판에는 "……땅에서는 기뻐하심을 입은 사람들 중에 평화로다 하니라"고 번역되었음.-역자주). 이렇게 읽는 것이 '온 백성에게'라고 말씀한 10절과 일관될 것이다. 이 모든 것은 누가가 그의 신학 중에서 인간의 행위에 어떤 조건도 두지 않는다고 말하려는 것은 아니다. 그는 하나님께서 "……은혜를 모르는 자와 악한 자에게도 인자로우시니라"(6 : 35)고 선포한다. 그러면서도 누가는 신약성경의 어떤 기자보다도 회개를 요청한다(13 : 1-5, 15 : 7, 10, 16 : 30, 17 : 3, 24 : 47, 그리고 사도행전에 빈번하다). 설교자나 교사는 누가가 은혜를 값싸게 한다고, 혹은 도덕 및 윤리적 기대를 절대화한다고 그를 극히 단순하게 일방적으로 취급하지는 않을 것이다.

여기서 누가 신학에 관하여 마지막 세 번째로 논할 것은 그가 목자들에게 초점을 두고 있는 점이다. 이 목자들이 이야기에 나오는 이유는 그들이 예수를 목자였다가 왕이 된 다윗(삼하 7 : 8)에게 연관시키는 데 도움이 될 뿐만 아니라 누가가 기록한 하나님의 나라를 위한 손님들의 명단에 속하고 있기 때문이다. 그 명단에는 가난한 자들, 장애인들, 소경들, 그리고 저는 자들이 들어 있다(14 : 13, 21). 그리하여 목자들은 다윗의 동네로 간다. 목자들과 그 장면은 누가가 전에 사용했던 그가 좋아하는 말들로 묘사되어 있다 : 놀래고, 심중에 생각하고, 계시를 알게 되고, 하나님을 찬양하고, 영광스럽게 한다 등이다. 외양간은 꾸밈없이 그대로이다. 그러나 하나님의 영광은 이 이야기에 가득하다.

누가는 이 부분(2 : 1-21)을 간략한 진술로 끝낸다(21절). 뒤를 돌아보고 앞을 바라보는 진술이다. 아기의 이름을 '예수'(히브리어 발음으로-역자주, 여호수아는 '구원'을 의미함.)라고 함은 잉태 이전에 천사가 한 말(1 : 31)에 대한 마리아의 순종이었다. 이 이야기는 빗나가고 있지 않고, 예언과 성취라는 형식으로 진행되고 있다. 21절은 앞을 내다보는 말씀이다. 제8일에 아기를 할례시킨 것은 예수의 부모가 유대적 경건과 모세의 율법에 순종함을 가장 잘 보여 준다는 사실을 반영하는 일련의 사실들에 대한 시작이라는 점에 있어서 그렇다. 내용을 보여 주기 시작한 이 이야기는 '성경대로'이다.

누가복음 2 : 22~52

성전에서의 예수에 관한 두 이야기

이 두 편의 이야기로 요한과 예수의 병행을 이루는 기록은 마지막이다. 그리고 예수만이 기자와 독자를 독점하신다. 요한에 관한 진술(1 : 80)을 회상케 하는 예수 성장에 관한 진술들(40, 52절) 외에 요한에 관한 회상은 없게 되었다. 누가는 침묵함으로써 요한을 순조롭게 하위로 내린다. 우리는 복음의 활동이 시작되었던(1 : 8) 예루살렘의 성전으로 되돌아왔다. 우리는 누가에게 중대한 신·구약성경의 연속성, 유대교와 기독교, 회당과 교회의 연속성을 이미 살펴보았다. 신약성경의 주요 기자들은 모두 연속성과 비연속성의 문제를 다룬다. 바울은 아브라함과는 연속성을 발견하고 있으나 모세의 율법의 역할에 있어서는 비연속성을 말한다. 마태는 서기관과 바리새인들의 의(義)보다 능가하는 의를 거론함에 있어서 연속성을 말한다. 히브리서는 옛것과 새것을 그림자와 실체라는 형식으로 연결지으며, 새것 안에서 옛것의 완성을 발견한다. 그러나 그들 중 누구도 누가처럼 예수와 교회를 그처럼 철저하게, 배척을 당하기까지 유대교 안에 세우지 않는다. 안식일에 회당으로 가시는 것은 예수의 습관이었다. 사도행전에서 선교사 바울은 (자신은 회당에 관하여 말하지 않으면서) 어느 도시로 가든지 제일 먼저 회당으로 갔었다. 누가에 의하면, 사도행전에서 바울은 자신의 선교사역을 예루살렘에 보고했다. 절반만 유대인이었던 디모데에게 할례를 행하고 스스로 무교절(無酵節)을 지키며 서원(誓願) 때문에 머리를 깎았다. 그리고 유대인의 공회(Sanhedrin) 앞에서 자신을 변호하면서 "나는 바리새인이요"('바리새인이었다'가 아님.)라고 말했다(행 23 : 6).

지금의 상황에서 중요한 것은, 누가가 유대교와의 연속성을 갖고 성전을 예배의식의 중심지뿐만 아니라 이스라엘의 소망과 애착의 중심지로 논하고 있다는 사실이다. 잠시 생각해 보라. 누가복음은 성전에서 시작되어 성전에서 끝난다. 교회는 성전 지역에서 시작되었다. 사도들은 성전의 기도시간들을 지켰다. 바울은 개종하고 얼마 후에 성전에서 기도했고, 성전에서 결례(潔禮)를 끝내던 중에 붙들렸다. 이것은 물론 그 사건들에 관한 누가의 기록이지 바울의 기록은 아니다. 그러나 요점은 이것이다 : 예수께서나 교회나 성전을 배척하지 않았다는 것이다. 다르게 말하자면, 누가에 의하면 하나님은 성전을 배격하지 않으셨다. 예수와 성전 사이에 어떤 거리감이 조성되더라도, 어떤 비연속성이 진전되더라도 그건 성전 때문이다. 제사장들이 예수를 배척했기 때문이다. 너무도 많은 그리스도인들의 설교가 성전과 성전의식의 생활에 관하여 등을 돌리고 있다. 그리고 마치 하나님께서 마음을 바꾸시기나 한 것처럼 아무 거리낌도 느끼지 않고 그렇게 하고 있다. 우리는 이제 마리아와 요셉, 그리고 예수와 함께 성전으로 갈 준비가 되었다.

아기 예수를 드리다(2 : 22-40)

해마다 2월 2일에 어떤 교회들은 주님의 헌신(Presentation of the Lord)을 기념하는 예배를 드린다. 이 예배에 대한 복음서의 근거는 우리 앞에 있는 본문이다. 이야기는 세 가지로 나누어진다. 골격을 말해 주는 이야기(22-24, 39-40절)와 이 이야기에 끼어 있는 시므온의 행동(22-35절)과 안나의 모습(36-38절)이다. 골격을 말해 주는 이야기에는 하나의 주요 초점이 있다. 예수께서는 모세의 율법을 꼼꼼하게 지키는 가족 속에서 자라셨다는 점이다. 누가는 이 본문 중에서 다섯 번 이상 그들이 율법이 요구하는 모든 것을 실행했다고 독자에게 알린다. 이후로 전통과 관련된 예수의 생활은 어떤 해설자들에게는 긴장의 요인이 될 것이다. 그러나 예수의 입장은 유대교를 벗어난 입장은 아니었다. 이와는 반대로 그 같은 전통 속에서 양육을 받음으로써 예수는 장차 모세의 율법이라는 이름 아래 일그러지고 속이 빈 행위들을 반대하도록 준비하게 되셨다.

누가는 여기서 두 개의 구별된 규례들을 함께 모아 놓았다. 해산 이후(남자 아이인 경우 40일 이후 ; 레 12 : 1-8) 어머니의 결례(潔禮)와 첫 아이를 하나님께 드리는 헌아(獻兒)이다(출 13 : 2, 12-16). 결례에는 한 마리의 어린 양이나 비둘기로 제사드리게 되어 있었다. 궁핍한 경우에는 두 마리의 집비둘기나 산비둘기를 드려도 되었다. 하나님께 드려진 아이는 5세겔로 대속될 수 있었다(민 18 : 15-16). 누가의 기록에는 가족이 그 아이를 '하나님께 속한 자'의 신분에서 대속했다는 말은 전혀 없다. 그러므로 예수는 하나님께 바쳐지고 젖을 뗀 다음에 성소에서 생활했던 사무엘(삼상 1-2장)과 같으셨다.

그리고 사무엘보다 더한 것은 성전에서의 예수에 관한 다음의 이야기에서 보여질 것이다.

성전에서 예수를 바친 이야기 속에서 이 아이가 실제로 누구인가에 대한 두 가지 증언이 있다. 첫째 증언은 시므온에 의하여 나왔다. 그는 성령에 충만한 경건한 노인이었으며, 자기가 성령에 의하여 하나님의 그리스도를 뵙기 전에는 죽지 않을 것을 확신하고 있었다(25-26절). 성령은 예수께서 바쳐지고 있던 바로 그 시간에 그를 성전으로 인도하셨다. 이 장면은 감동적이다. 이제 곧 세상을 떠나갈 노인이 마침내 "이스라엘의 위로"(25절)가 될 6주 된 아이를 안고 있다. 이스라엘의 위로는 메시야의 시대를 가리킨다. 이에 관하여 시므온은 이사야 40~55장을 많이 인용한 말씀으로 노래한다. 이 노래는 시므온의 노래(Nunc Dimittis, 라틴어 성경기록의 처음 두 단어를 따서 이렇게 부른다.)인데, 영감에 의한 가사였으며, 성령은 이 노래 가운데서 예수께서 유대인과 이방인, 즉 모든 사람을 위한 구원의 방편이 되실 것을 선언하고 계신다(30-32절). 이방인들이 포함된 것은 어떤 새로운 주제가 아니다 : 누가는 우주적 보편성이 하나님께서 지향하시는 목적이었다고 말하는데 이미 성경에 표명되었다(사 42 : 6, 49 : 6). 그러나 마리아를 향한(분명히 이 사건은 여자들이 들어오도록 허용된 바깥뜰에서 있었다.) 시므온의 말은 이스라엘의 위로와 이방인 구원이 큰 값을 치르지 않고는 있을 수 없다는 것이었다. 예수께서는 진리를 불빛처럼 비추실 것이다. 그렇게 하심으로써 자기에게 와서 자기와 접촉하는 사람은 모두 결정해야 하는 중대한 순간을 맞게 하신다. 그 결정으로 오름과 내림, 생(生)과 사(死)의 결과를 얻을 것이다. 예수께서는 각자의 생명에 가장 중대한 움직임, 즉 하나님을 향하든지 아니면 떠나든지 하도록 촉구하신다.

우리는 확실하고 만족스럽고 복된 삶만을 향하여 예수의 이름에 함께하기를 원한다. 그러나 그러한 만큼 피할 수 없는 사실은, 불을 켜는 사람은 누구나 그림자도 만들어 낸다는 사실이다. 이것이 글자 그대로 '차별을 둔다'(making a difference)는 의미이다. 그리고 많은 사람들이 설교의 임무를 맡는 데 많이 주저하는 현실적인 문제가 바로 그것이다. 결과적으로, 누가 타인의 삶이 급진적으로 변화되는 중에 자기도 휘말려 부속품이 되고자 하겠는가? 유감스럽게도 이 같은 현실인식은 설교가 '차별을 일으킬'(make a difference)까 봐 아무것이나 말하기를 꺼려 하는 데 그 원인이 있다.

여하간 누가는 2 : 34~35에서 일찍부터 음울했던 실(絲)로 소망과 영감에 의한 노래와 예언의 밝은 색무늬 금수단(tapestry)을 짜고 있다. 누가는 태연하게 예수의 구원사역의 그림자 쪽을 매우 아름답게 소개한다. 시므온은 그 아이의 미래를 경이롭게 말했다. 그리하여 부모는 그 말을 기이하게 여겼다. 그러고 나서 시므온은 그들을 축복한다(34절). 또 마리아에게 그는 마리아와 그 아들이 지불해야 하는 대가를 시적으로 말한다. 그 어떤 고통과도 비교할 수 없는 고통을 느끼게 하는, 자식을 먼저 보내야 하는 상황 속에서 부모는 그 아들을 땅에 묻게 될 것이다. 예수께서 성인이 되어 예루살렘으로 돌아오셨을 때 그 여행은 누가가 말하는 그의 '출국'(exodus)이 될 것이다(9 : 31).

시므온의 예언적 증언의 진실성은 안나에 의하여 확증된다. 안나는 나이가 많은(37절은 안나가 84세 혹은 과부가 된 지 84년임을 의미한다.) 경건한 여선지자였다. 끊임없는 기도와 금식을 하며 성전 구역 안에서 살던 예언의 은사를 가진 여자였기에 안나 역시 예수의 헌아예식의 장소에 정확히 그 시간에 왔었다. 안나는 감사하면서 "예루살렘의 구속됨"(38절)을 줄곧 희망해 온 모든 사람들에게 이 아이에 관하여 증거한다. 예루살렘과, 이 예루살렘과 함께한 성전은 하나님 앞에서 이스라엘의 온갖 소망을 상징한다. 그리고 예수는 예루살렘으로 돌아오실 것이다. 왜냐하면 이 두 사람이 증거한 것처럼 하나님께서 메시야를 이스라엘에게 주신 것과 같이 이스라엘을 메시야에게로 이끌어 가고 계시기 때문이다. 그러나 예수는 이 성을 향하여 우실 것이다. 이 도시는 메시야가 방문하고 계시는 그때를 인식하지 못했기 때문이다(19 : 41-44).

이 두 연로한 성도는 이스라엘의 소화상(小畵像)이다. 그리고 최상의 상태에 있는 이스라엘이다. 경건하고 순종하고 항상 기도하며 성령의 인도를 받고 성전을 떠나지 않으며 하나님의 약속이 이루어지기를 갈망하고 소망하고 있으니 그렇다. 그리고 그들은 스가랴와 엘리사벳처럼 늙었다. "평안히 떠나기"(개역한글판에는 "평안히 놓아 주시는도다"라고 번역되었음.-역자 주) 위하여 무대 뒤로 물러갈 준비가 되었다. 하나님은 무언가 새로운 일을 하고 계신다. 그러나 그것은 사실상 새로운 것이 아니다. 왜냐하면 소망은 언제나 추억과 함께하기 때문이다. 그리고 그 새로운 것은 하나님이 옛 약속들을 지키고 계시는 것이기 때문이다. 살아나신 그리스도께서 후에 그의 제자들에게 하시게 될 그 말씀과 같다. "……모세의 율법과 선지자의 글과 시편에 나를 가리켜 기록된 모든 것이 이루어져야 하리라"(24 : 44). 안나와 시므온은 예수를 영접했던 이스라엘의 한 초상(肖像)이다. 예수를 배척했던 자들은 그들 자신의 전통을 오해한 것이다. 그리하여 그들 자신의 최상의 추억과 소망의 지속(持續)으로서의 그분을 인식할 수 없었다.

39~40절에서 누가는 이 이야기를 끝내기 위하여 이야기의 골격을 말해 주는 내용으로 되돌아오고 있다. 율법은 충실히 준수되었다. 마리아와 요셉은 예수와 함께 갈릴리 나사렛에 있는 그들의 집으로 돌아온다. 그리고 아이는 힘과 지혜가 자라고 하나님의 사랑 속에서 자라 간다(사무엘상 2 : 26과 비교하라). 이 이야기와 병행을 이루는 요한의 이야기의 전환점(1 : 80)에서는 요한이 공적 사역을 하기까지 독자가 더 이상의 이야기를 기대하지 말도록 했었다. 지금 여기서 우리는 기대 중에 있다. 그러나 다음에 있게 될 것에 대한 단서를 갖지 못하고 있다. 침묵했다가 요한에 관하여 했던 말과 유사한 말을 하는 것으로 보아 이제는 누가가 예수의 사역으로 옮겨 가리라고 예상하게 된다. 이때 다음 이야기가 나온다. 우리 중 굶주린 자들에게, 예수에 관한 모든 기록들 중에서 놀랍기도 하고 특별한 선물이 되는, 하나의 기록이 우리의 왕성한 식욕에 비해 너무도 양에 차지 않고 간략하게 우리들 앞에 나오고 있다.

열두 살 때 성전에서의 예수(2 : 41-52)

잠시 동안 이 이야기를 전반적으로 살펴보기로 하자. 우리는 이 삽입된 이야기에 대해 누가의 덕(德)을 보고 있다(오직 누가만 이 이야기를 전한다.)고 말할 수 있다. 왜냐하면 그는 그의 '차례대로의 기록'을 작성함에 있어서 자료가 구비되는 한 온전하게 하고자 애쓴 역사가이기 때문이다. 그러나 더욱 그럴듯한 사실은 그의 기본적인 관심이 예수께서 태어나시면서부터 유대교의 도덕 및 종교의식의 생활 속에서 자라나신, 참 이스라엘인이심을 확실하게 하는 데 있다는 사실이다. 가정, 성전, 그리고 회당이 그분을 그분

되게 하였다. 그리고 그분의 사역이나 메시지에 대한 어떤 비평도 그분의 형성에 이단적인, 불성실한, 그리고 오도된 영향이 있었다는 혐의를 추적할 수가 없다. 그의 생애의 모든 중요한 시기마다 그분은 유대교를 계속 따르셨다. 초태생의 남자 아이가 제8일에 할례를 받을 때에, 하나님께 헌아(獻兒) 또는 헌신의 때에(이 경우는 그의 모친이 정결케 되는 제6주째이다.) 12세 때의 율법의 아들(bar mitzvah)의 의식을 행할 때에, 그리고 30세의 사역 시작의 때에 그렇게 하셨다. 이러한 때가 예수 생애에 있어서 누가가 지적하는 순간들이다. 이 이야기에 관하여 마지막으로 할 말은 이것이다 : 친구들을 놀라게 하고, 부모를 돕고 기적적인 묘기(妙技)로 나쁜 이웃들을 혼내 주었다는 어린 예수에 관한 성경 밖에 있는 기록들에 익숙해 있는 사람은 누구나 누가의 이야기가 그런 이야기들을 조용히 제외시켰음을 느낄 수 있다. 이 사건은 정상적이며, 기적이 없고, 예언을 성취하고, 그리고 특별 계시를 보여 준다. 동정녀 탄생의 추억이나 수반되는 기적의 흔적이 없다. 어떤 학자들로 하여금 이 이야기가 기적적 탄생을 포함하고 있지 않는 자료로부터 누가에게로 오게 되었다고 말하도록 그들을 부추기는 아무런 흔적도 없다. 그러나 누가는 탄생 이야기를 알았었고, 또 전했다. 그러했음에도 이 사건 중에 나오는 언어들('그의 부모', '네 아버지와 내가')을 동정녀 탄생과 조화시키려는 필요는 느끼지 않고 있다. 실제로 이유야 어떠하든, 누가나 마태는 동정녀 탄생에 관련된 것을 그들의 복음의 나머지 부분으로 옮겨 가지 않았고, 초대교회도 그 이야기들을 복음 선포에 포함시키지 않았다.

모세의 율법은 유월절과 오순절과 초막절에 성전으로 순례할 것을 요구한다(출 23 : 14). 그러나 먼 거리에 있는 사람들에게는 유월절에만 가도록 요구한다. 예수는 열두 살이다. 만약 그가 '바 미쓰바'(bar mitzvah〈율법의 아들〉)의 의식을 통과했다면 유월절에 참석하라는 명령에 순종하고 있는 것이다. 칠 일간의 축제가 끝났을 때 갈릴리에서 온 순례자들은 집으로 돌아간다. 그 같은 여행행렬 속에서는 친척과 친구들 중에 끼어 있는 소년을 하루 동안 안 봐도 되는 것은 놀라운 일이 아니다. 부모의 반응은 본성대로였다. 두 사람은 찾아다녔고, 또 책망했다. 예수는 부모가 자기는 자기 아버지의 집에 있을 것으로 알 것이라고 생각했다. 그러나 부모는 이해하지 못했다. 마리아는 마음속으로 더욱 깊이 생각했어야 했다.

누가는 여기서 예수에 관하여 무엇을 말하고 있는가? 이 일화는 아이를 주께 드린 이전의 그 행위(22-23절)를 완성시킨다. 예수는 하나님과의 특별한 관계, 즉 헌아의 참의미를 스스로 주장하고 있다. 이 시점까지 예수의 특별한 본성과 사명에 관한 표적들은 다른 이들, 즉 천사, 마리아, 엘리사벳, 스가랴, 목자들, 시므온, 안나 등에게 알려졌었다. 그러나 지금 그는 그것을 스스로 주장한다(49절). 교회는 견신례(堅信禮)라는 의식을 통하여 젊은이들이 생활 속에서 이 순간을 인식하기를 바라고 있다. 예수는 비범한 이해력을 가진 아이로서(47절) 성전의 선생들 중에 앉아 있다. 그러나 자신의 미래의 사명에 대한 충분하고 선명한 지식을 예수 스스로 갖고 있었다는 근거는 없다. 그 이야기에 관한 더욱 분명한 내용은 예수의 나중 생애를 지금 이 장면으로 투입시켜 읽을지라도 알 수 없다. 이 단원을 위해 누가가 견본으로 삼고 있는 사무엘상 제2장을 읽어야 알게 된다. 소년 사무엘은 그의 어머니 한나에 의해 하나님께 바쳐졌다. 그리고 때가 되자 그는 성전(성소)에서 생활하기 위해 그곳으로 가게 되었다. 사무엘이 자신의 특별한 사명을 알게 된 것은 바로 이 성소에서였다. 그리고 이 사무엘에 대하여 이렇게 기록되었다. "아이 사무엘이 점점 자라매 여호와와 사람들에게 은총을 더욱 받더라" (삼상 2 : 26).

지금은 누가가 구약성경을 어떻게 사용했는지 생각해야 할 시간인 것 같다. 그는 구약성경 이야기의 형식으로 복음을 이야기한다. 때로는 정확하게 동일한 문장과 구절을 사용하기까지 한다. 우리는 누가복음 안에서 이 같은 이야기의 형식을 자주 만나게 될 것이다. 옛 이야기들과 새 이야기들 사이의 유사점은 너무도 많고 상세하다. 그리하여 우연이나 무의식중에 어떤 자료들, 글이나 말 속에 그 문화를 보여 주는 자료들을 썼다고 볼 수가 없다. 예를 들면, 자기들이 성경말씀을 인용하고 있는 줄도 모르는 사람들이 "나는 벽에 쓴 글씨를 봤어."("나는 불길한 징조를 봤어."라는 다니엘 5장에 있는 말씀의 의미-역자주), "그 팀은 가망이 없었어. 그 팀은 도살장으로 끌려가는 어린 양과 같았지."(이사야 53 : 7 말씀의 의미-역자주), "그는 그 사업 전부에 대해서 손을 씻었어."(빌라도가 재판 중에 자신은 관여 않겠다고 손을 씻은 행동에서 연유된 말-역자주)라는 표현들을 듣는다. 누가의 구약성경 인용은 그러한 무의식중에 하는 말이 아니다. 그리고 분명히 누가는—특별히 마태복음에서 간혹 그렇게 하듯이—구약성경을 인용하여 자기의 설명을 증명하려 하지 않는다. 그런가 하면 누가는 구약성경에 있는 예언과 성취의 기조를 따르지 않는다. 이 예언과 성취의 형식은 그가 자주 사용하고 누가복음과 사도행전 전반에서 구조적으로 중대한 몫을 하지만 그렇다.

그렇다면 누가는 어떻게 하고 있는가? 대답은 상당히 단순하다. 누가는 이야기들을 알고 있었고, 그 이야기들을 자신의 문학적 작업에 알맞게 하여 견본들로 사용했다. 구약성경의 풍부한 사건들과 인물들(사무엘, 모세, 다윗, 엘리야, 요나, 그리고 다른 인물들)은 누가복음에 자양분을 공급한다. 그러나 어느 때에도 그의 메시지의 진실성과 권위는 이전에 있었던 이야기들에 의존하지 않는다. 다시 말하면 독자가 그것의 문학적인 선례를 알든 모르든 누가복음은 홀로 서고 있다. 성전에서의 소년 예수의 사건은 그것의 선명성이나 목적을 위하여 소년 사무엘에 대한 지식을 요구하지 않는다. 예수께서 나인 성 과부의 아들을 살리신 것(7 : 11-15)은 자체의 목적과 힘을 갖는다. 이 사건의 견본이 되는 엘리야가 과부의 아들을 살린 사실(왕상 17장)로부터 독립되어 있다. 또 하나의 가능성은 누가에게는 유대교와의 연속성이 중요한데, 역사적 · 신학적으로 뿐만 아니라 문학적으로도 옛것과 새것을 함께 엮는 방법을 택하고 있다. "누가는 어떻게 하는가?"에 대한 마지막 답변은 설득과 연관되고 있다. 훌륭한 의사전달자들은 인식의 힘을 알고 있다. 새로운 것을 제시할 경우 그 자료를 친숙한 형식을 써서 골격을 만든다. 그리하여 메시지가 새것일지라도 독자들에게 인식되기만 하면 받아들이는 것을 가로막는 장벽은 쉽게 무너져 내린다. 그럴 때 대부분의 독자들은 말하고 있는 것을 즉시 자기 것으로 하게 된다. 누가는 여기서 내용은 물론 방법도 우리에게 가르치고 있다고 볼 수 있다.

2 : 41~52의 이야기로 돌아가서, 예수의 생애 중 지금 단계에서는 그의 내면에는 소명이나 자신의 정체에 관한 아직은 미미한 동요가 일고 있었다고 단순하게 말하자. 더 큰 의무에 대한 인식과 감각의 파장은 나사렛의 가정을 넘어 넓어지고 깊어지기 시작한다. 이러한 성장은 물론 가족 내부에 긴장을 초래한다. "그 부모가 보고 놀라며 그 모친은 가로되 아이야 어찌하여 우리에게 이렇게 하였느냐 보라 네 아버지와 내가 근심하여 너를 찾았노라"(48절), "양친이 그 하신 말씀을 깨닫지 못하더라"(50절)는 이 긴장을 반

영하는 말들이다. 그렇지만 예수는 마리아와 요셉과 함께 가정으로 돌아와 그들에게 순종하였다(51절). 마가가 분명하게 진술하듯이(막 3 : 31-35), 그리고 누가가 이 이야기 중에서 시사하듯이 가족 간의 사랑과 충절은 반드시 있어야 하며, 그것들은 하나님을 향한 더 높은 사랑과 충성 아래서 더욱 많아지게 된다.

사역을 위해 준비하시다

누가복음 3 : 1~4 : 13

마가복음의 매력에 이끌린 사람들은 모두 그 복음서의 갑작스런 시작에서 비롯되는 충격을 잘 안다. 요한이 설교하고, 세례를 베풀다 투옥된다. 그리고 예수께서는 처음 14절 안에서 세례를 받으시고, 시험을 받으신 후, 사역에 임하신다. 그러나 누가의 방식은 다르다. 마가는 자기 독자를 높은 도약대에서 수영장의 깊은 바닥으로 밀쳐 내린다. 누가는 자기 독자를 이쪽 끝의 얕은 데서부터 깊은 데로 인도한다. 이 방법에 관한 한 마태도 그렇게 하고 있다. 그러나 마태는 48절 안에서 그렇게 한다. 반면에 누가는 요한과 예수의 사역을 알리고자 134절을 쓰면서 우리를 준비시킨다. 누가에게는 중대한 사건의 선례들과 이유들, 그리고 준비가 있다. 교회는 이 점에 있어서 누가에게서 배워 두 개의 주요 축전(祝典)들을 지킨다. 수주간 준비한 뒤에 부활절과 성탄절을 지킨다. 사람이 만일 길을 걷지 않는다면 목적지는 그 의미가 반으로 줄어들 것이다. 어떤 일에서 물러나 버리면 그것에 대한 기대와 중대한 사건까지라도 무의미해질 것이다.

누가 역시 그의 복음서를 요한과 예수의 사역으로부터 시작했다는 이론은 한때 잘 알려진 주장이었다. 어떤 학자들은 '원시 누가복음'이라고 불렀던 원래의 누가복음은 3 : 1에서 시작한다는 이론을 세웠다. 분명히 3 : 1에 새로운 시작이 있다. 그러나 우리가 이미 보았듯이 1~2장과의 역사적, 문학적, 그리고 신학적 연관은 이 이론을 강력하게 반박한다. 이 복음서의 알려진 사본들 중에 어떠한 것도 처음 두 장(章) 없이 존재하지 않는다. 우리는 이 두 번째 서론의 형식에 주의를 기울이고, 그것의 목적에 관하여 질문할 것이다. 이 부분은 네 단위로 구성되었다 : 세례 요한의 사역(3 : 1-20), 예수의 세례 받으심(3 : 21-22), 예수의 가계(3 : 23-38), 광야에서 시험 받으신 예수(4 : 1-13).

누가복음 3 : 1~20(막 1 : 1-8)

세례 요한의 사역

누가가 이미 여러 번 분명하게 말했던 것처럼 주님이 오심과 그 오심을 위한 준비는 은혜로우신 하나님의 주도(主導)에 의한다. 전통적인 성구집들은 이 사실을 고귀하게 취급한다. 대강절의 두 번째와 세 번째 주일에 요한에 관한 복음서 성구들을 사용함으로써 그렇게 한다.

누가는 우선 요한을 역사적 맥락 안에 둠으로써 요한의 신분을 밝힌다. 사건의 연대기로 시작하는 그의 방식은 당시에 일반적으로 쓰지 않던 방식은 아니었다. 누가로서는 아마 구약성경에 있는 예언서들의 서론(렘 1 : 1-3, 겔 1 : 1-3, 호 1 : 1, 사 1 : 1)을 모방한 것 같다. 이렇게 하여 독자는 시작부터 한 선지자의 출현에 주의를 집중하게 된다. 그 역사적 맥락은 때(1-2a절)와 장소(2b-3a절)로 되어 있다. 때는 디베료 가이사 제15년, 즉 서력기원 28~29년이다. 본디오 빌라도는 26~36년 어간에 유대의 행정관(전문용어로 총독이 아님.)이었다. 누가는 세 명의 분봉왕(分封王)을 거명(擧名)함으로써 요한 출현의 연대를 더 상세히 말한다. 분봉왕의 영지(領地)는 일개 행정 권역의 사 분의 일이었다. 헤롯 대왕의 왕국이 그의 사망에 이어 네 부분으로 나뉘었기 때문이다. 안디바와 빌립은 헤롯의 아들들로 갈릴리, 베뢰아, 그리고 동북부 지역인 이두레와 드라고닛을 다스렸다. 갈릴리의 더 먼 북방은 아빌레네였다. 이 지방은 루사니아(Lysanias)라는 이름을 가진 가문의 사람들에 의해서 계속 지배되었다. 대제사장들은 이스라엘의 종교 내부에서 가장 중요한 권위자들이었다. 그들의 영향력은 예루살렘의 성전과 유대인의 최고 법정인 산헤드린 공회에 집중되어 있었다. 대제사장의 직무는 평생 동안이었다. 그러나 로마는 대제사장을 임명하고 폐함으로써 이 직무의 권위를 통제하려 하였다. 안나스는 기원 6~15년 어간에 재직하였다. 그는 그의 사위 가야바에게 자리를 물려주었다. 가야바는 36년까지 이 직임에 있었다. 그러나 백성의 마음에는 그가 죽을 때까지 진정한 대제사장이었다. 요한복음에 의하면 예수께서는 이 두 사람 앞에서 각각 심문을 받으셨다(요 18 : 12-28).

우리는 누가의 철저한 조사와 차례대로 기록하려던 계획(1 : 1-4)을 회상하여 이 상세한 연대기록을 그대로 말해야 할까? 부분적으로만 그렇게 할 수 있다. 분명히 누가는 사도행전을 미리 예상하고 있었고, 복음이 그 안에서 헤쳐 나갈 정치 및 종교의 투기장들을 미리 예상하고 있었다. 복음은 예루살렘에서부터 로마까지 확장되어 나감에 있어서 가난한 자, 장애인, 저는 자들, 시각장애인들뿐만 아니라 대제사장, 회당장, 도시의 관리들, 지도적 위치에 있는 여자들, 선장들, 제국의 파수꾼들, 총독, 왕들을 만나게 될 것이다. 그리고 마침내 황제에게 호소하면서 그에게 이르게 되었다. 누가의 보편성은 지리적일 뿐만 아니라 사회적, 정치적, 그리고 경제적이기까지 하다.

누가는 요한이 사역하던 장소에 관하여 상당히 간략하게 쓰고 있다. 요한은 그의 예언자로서의 부르심("하나님의 말씀이 …… 임한지라"〈2절〉는 전통적인 서론적 표현이다 ; 예레미야 1 : 2과 비교하라.)을 광야에서 받았다. 그러나 이 광야는 장소의 명칭이라고 볼 수 없다. 광야는 하나님의 언약의 백성으로서의 이스라엘의 형성을 회상케 한다. 그리하여 하나님께로 돌아감을 암시한다. 요한은 요단 강 주변의 모든 지역에서, 누가가 머지않아 '복음'(18절)이라고 이름 붙이게 될 그것을 설교했다. 우리가 관심 있게 볼 수 있도록 그때마다 반복하여 말하겠지만, 누가에게 있어서 복음은 이스라엘과 모든 민족을 향한 회개와 죄사함의 선물이다(24 : 47). 요한의 세례는 회개와 결합되어 있다. 따라서 어떤 회당에서 비유대인을 받아들일 때 시행했던 것으로 보이는 개종자 세례는 아니었다. 쿰란(Qumran) 종파 역시 세례를 시행했었다. 그러나 그것은 반복된 깨끗이 하는 행위였다. 요한의 세례는 주님의 길을 예비하는, 곧 오시는 "나보다 능력이 많으신 이"(16절)를 위하여 마음을 준비시키는 그의 총체적 사역에 속해 있었다.

요한의 사역은 하나님께서 언약의 백성을 취급하시는 전통인 구원역사의 지속이다. 이사야 40 : 3~5이 이루어지고 있다. 이사야 40 : 3의 히브리어 원문에는 주님의 길이 광야에서 예비될 것이라고 했다. 여기서 헬라어 본문에 의하면 광야에 있는 것(요한)은 목소리라고 했다. 그러나 주님의 길은 그 광야에만 국한되지 않는다. 하나님의 구원을 위하여 예비하라는 한 광야 선지자의 모습은 출애굽과 이스라엘의 광야여행을 회상케 한다. 그것은 또한 엘리야의 설교하는 모습을 회상케 한다. 그러나 누가는 마태와 마가와는 달리 엘리야(왕하 1 : 8)와 비슷한 요한의 겉모습을 기록하고 있지 않다. 요한이 엘리야와 너무 가깝게 동일시되어서는 안 되기 때문이다. 결국 예수께서도 엘리야와 같으실 것이다. 누가는 또한 마가의 이사야서 인용문 속에 삽입시킨 어색한 말라기 3 : 1을 생략하고, 이 말씀을 7 : 27까지 보류해 두고 있다. 누가는 이사야서를 인용함에 있어서 마가를 능가한다. 누가는 이사야 40장에서 인용한 4~5절을 본문에 더함으로써 복음의 보편성을 증거할 수가 있게 되었다. 그리고 이 사실은 중대하다. 하나님께서 모든 민족을 기꺼이 받아들이심은 새로운 내용이 아니라 전통 속에 언제나 깊이 숨겨져 왔음을 구약성경으로 보여 주고 있기 때문이다.

요한의 설교에 관한 누가의 진술은 마가복음이나 마태복음의 그것보다 범위가 훨씬 넓다. 7~9절은 회개에 대한 요한의 일반적인 메시지를 그 안에 담고 있다. 10~14절에서 누가는 요한의 대사회적 메시지를 요약했다. 그리고 메시야에 관한 요한의 설교는 15~18절에 있다. 회개와 변화된 생활에 대한 요한의 보편적인 요청에 관하여 누가는 그 내용에 있어서 마태복음(마 3 : 7-10)과 함께하고 있다. 그러나 청중은 다르다. 바리새인들과 서기관들만을 대상으로 하지 않고 모든 사람을 향하여 고발하는 말을 하고 있다. 요한의 말을 듣던 자들은 번져 나가는 불 앞에서 허겁지겁 도망치는 뱀처럼 '진노하심'(롬 5 : 9, 살전 1 : 10)에서 도망치는 모습으로 묘사되었다. 요한의 메시지는 진실해지는 순간을 조성하고 있었다. 결백하다는 망상을 계속 갖고자 하는 온갖 궁리는 버려야 했다. "아브라함이 우리 조상이다."라는 생각은 면제받기 위한 효력 있는 주장이 되지 못했고, 실패에 대해 용납될 만한 구실도 되지 못했다. 오직 행위가 따르는 생활만이 열매 없는 나무의 파멸에서 피할 수 있게 한다. 교회는 이 사실에 동의해 왔다. 매년 대강절에 요한에 관련된 복음서 낭독은 우리로 하여금 회개가 그 기간에 적합한 정신임을 생각하게 할 뿐만 아니라 그리스도께로 향한 길은 요한이 설교하고 있는 광야를 가로질러 놓여 있음도 생각하게 한다는 사실이다.

두 번째 단위는 가르침에 관한 누가만의 특유한 것이다(10-14절). 세 부류의 사람들이 좋은 열매를 맺는다는 것은 무슨 의미인지 가르침을 요청하며 자신들을 소개한다. 그리고 요한은 그 부류의 사람들에게 다가오는 특별한 유혹에 대한 적절한 대답을 구체적으로 말하고 있다. 요한은 군중이 죄의식과 두려움에 사로잡히도록 하면서 단순히 고함치며 책망하고 있지 않다. 그는 사회적 책임에 대한 메시지를 갖고 있었다. 윤리적, 도덕적 진지함이 결여된 종교생활은 영락없이 속이 빈 것이다. 그들은 "우리가 무엇을 하리이까?"라고 물었다. 누가는 교회의 첫 번째 설교가 많은 이들로 하여금 "우리가 어찌할꼬?"라고 묻도록 자극했음을 차후에 알려 줄 것이다(행 2 : 37). 그 사회의 부정과 불공평과 연관된 요한의 대답은 복음이 사회와 분리될 수 없다는 누가의 확신과 함께 계속된다. 우리는 이 사실에 대한 최초의 언급을 마리아의 송가에서 보았다. 이 사회적, 경제적 관심은 초대교회의 일상생활상의 논의사항으로 구체화될 것이다(행 2 : 43-47, 4 : 32-35). 음식과 의복은 그것을 갖지 못한 사람들에게 나누어 주어야 한다. 세금은 권세를 가진 사람들의 탐욕을 좇아 부과되어서는 안 된다(잠시 시간을 내어 19 : 1-10을 읽으라). 군인들은 지속적인 위협, 협박, 약탈로 점령하고 있는 지역의 가난한 사람들을 괴롭히는 행위를 그만두어야 한다. 그 땅의 소농(小農)들은 군병들의 급료를 대 주기 위한 자원으로 살아가고 있지 않다.

요한의 메시지의 세 번째이면서 마지막 부분(15-18절)은 자기를 그리스도로 보고 있는 자들을 향한 응답이다. 마가복음(막 1 : 7-8)과 마태복음(마 3 : 11-12)도 요한의 메시야에 관한 설교에 대하여 전한다. 그러나 단지 제4복음서(요 1 : 19-28)만이 많은 사람들의 마음속에 있는 의문들을 직접적으로 다룸에 있어서 누가복음과 함께한다. 그 의문은 "요한이 그리스도인가?"였다. 모든 복음서 기자들이 직접 또는 간접적으로 이 문제에 직면했다. 마리아가 방으로 들어올 때 요한이 자기 어머니의 복중에서 뛰었는데(1 : 41), 우리가 본 바와 같이 누가가 이 문제를 직면하기 시작했다. 요한은 우리 앞에 놓인 본문에서 세 가지로 자신을 그리스도로부터 구별지었다 : 요한은 자기보다 능력 있으신 그분의 종이 될 가치도 없다 ; 그리스도께서는 물이 아니라 성령과 불로 세례를 베푸실 것이다(사도행전 제2장에 있는 오순절을 예상하고 있음.) ; 그리고 그리스도께서는 심판하실 것이다. 누가는 여기서, 그리고 누가복음과 사도행전에서 반복적으로 성령께서 기독교의 보증이 되신다고 그 정체를 밝히고 있다. 우리는 서두르지 않고 서서히 진행하면서 누가로 하여금 이 주제를 우리에게 열어 보이도록 할 것이다. 그러나 이 사실은 반드시 지적될 필요가 있다. 성령께서는 예수와 교회의 역사의 증표가 되셨다(24 : 49, 행 1 : 8, 2 : 38, 10 : 47 등). 그러나 세례 요한의 주변에 조성된 공동체의 사역의 증표는 되지 않으셨다는 사실이다(16절, 행 18 : 24-28, 19 : 1-7).

문맥상으로 볼 때 '성령과 불'은 요한의 말에 이중의 의미를 주는 '바람과 불'로도 번역될 수 있다. 바람과 불은 성령의 상징이었고, 하나님의 강력한 임재하심의 상징이었으며(행 2 : 1-4), 또한 심판의 상징이었다. 농부들은 바람이 부는 날에 밀을 이 그릇에서 저 그릇으로 옮겨 붓거나 쇠갈고리나 삽으로 밀을 공중으로 던진다. 그러면 쭉정이는 날아가고 알곡은 고스란히 남게 된다. 쭉정이는 사납게 태워졌다. 오늘날까지 농부들은 메마른 밀밭을 태우는 불을 억제하거나 통제할 수 없음을 알고 있다. 이 메시지는 앞에 나온 말씀 "도끼가 나무 뿌리에 놓였으니"(9절)의 상태에서처럼 분명히 심판의 메시지들 중 하나이다. 그렇긴 하지만, 설교자들은 대속(代贖)의 내용 없이 자기 설교를 듣는 이들을 공격해도 된다는 식으로 요한의 메시지를 활용해서는 안 된다. 회개와 용서가 가능할 경우 심판은 좋은 소식이다(18절). 기본적인 목적은 밀을 보전하려는 것이지 쭉정이를 태우려는 것이 아니다.

누가는 헤롯 안디바가 보인 반응을 간략하게 말하면서 요한 사역의 기록을 끝내고 있다. 헤롯 안디바는 요한의 설교를 지나치게 직설적으로, 지나치게 죄의 고발로 인식했다(19-20절). 마태(마 14 : 3-12)와 마가(막 6 : 17-29)는 차후에 요한의 갇힘과 죽음에 관한 더욱 상세한 기록들을 제공한다. 누가복음에서도 감옥에 갇힌 요한이 다시 나타날 것이다(7 : 18-35). 그리고 그의 뛰어남이 예수에 의해 격찬되었다. 그러나 그의 순교에 대한 설명은 없다. 누가는 단지 "요한은 내가 목을 베었거늘"(9 : 9)이라는 헤롯의 말을 인용할 뿐이다. 헤롯 역시 여러 번 다시 나타날 것이다. 당황하고 혼란해하고 요한과 예수에 의해 안절부절못했던 사람이다. 현재로서는 예수께서

들어오실 여지를 만들기 위해서 요한을 무대 뒤로 떠나보내는 것으로 충분하다. 분명히 요한은 회개와 생활의 개혁에 관하여, 대중을 향하여 직설적으로 말했다. 그리하여 간음 중에 있었던 갈릴리의 분봉왕이 반발하게 했다. 헤롯은 그 메시지에 바른 반응을 보이는 대신에 그 사자의 입을 막고자 했다.

누가복음 3 : 21~22(마 3 : 13-17, 막 1 : 9-11)

세례 받으시는 예수

예수께서 받으신 세례는 다른 복음서들의 기록을 통해서도 교회에 잘 알려졌다. 따라서 설교자들과 교사들은 누가의 말을 듣기 위해서 누가의 본문에 신중한 주의를 해야 한다. 누가는 (3절에서 요단 강을 언급했지만) 세례의 장소를 말하지 않고, 예수께 세례를 베푼 인물도 말하지 않는다. 누가는 이미 요한의 갇힘을 기록했었다(20절). 이 같은 이야기 전달의 방법은 역사를 신학에 종속시키는 것으로 보이는데, 분명히 누가 예수께 세례를 베풀었는지에 관한 의문은 말하지 않고 사진기를 요한에게서 옮겨 오직 예수께만 향하게 한다. 뿐만 아니라 누가는 기본적으로 세례 자체에 관심이 없는 게 분명하다. 그는 예수께서 세례를 받은 군중 가운데 한 사람이라고 말한 문장의 종속절 속에서 그 세례를 언급한다.

사실상 누가는 예수께서 세례를 받으시기까지 그 장면에 초점을 두지 않고 있다(21절). 왜 그럴까? 이렇게 예수께서 세례를 받으심에 적은 주의를 기울이는 이유는 부분적으로 초기의 어떤 그리스도인들이 예수께서 세례를 받으셨다는 사실에 부끄러움을 느끼거나 곤란을 느낀 데 연유한다. 마태복음 3 : 13~15이 그 문제를 취급한다. 그리고 후대의 그리스도인 기록들은 예수께서 세례를 받으신 데 대한 어떤 문제도 쉽게 처리했다. 이 세례 장면을 밝은 빛, 수면 위의 불, 그리고 그리스도의 신성을 선포하는 목소리가 있었던 장엄한 기적으로 전환시킴으로써 그렇게 했다. 그러나 더욱 그럴듯한 이유는, 누가가 세례 자체에 사소한 주의를 기울인 것은 세례 이후에 있게 된 예수께서 하신 체험의 계시적 성격을 부각시키려는 마음이 있었기 때문인 것 같다. 본문의 첫 번째 주요 구절은 "하늘이 열리며"이다. 여기서 누가의 주요 확인이 시작된다. 교회가 오랫동안 복음서에 나타난 예수께서 받으신 세례의 기록을 하나님의 인간 모습 출현(Epiphany)의 기록으로, 다시 말하면 세상을 향한 하나님의 그리스도 선포로 이해해 온 것은 바로 이 이유에서이다.

예수께서 세례를 받으신 다음에 경험하신 그 계시적 드라마는 세 부분으로 되어 있다. 첫째, "하늘이 열렸다". 이 표현은 출애굽 때처럼 하늘이 열리고 하나님께서 다시 임하시도록 기도한 이사야의 기도를 회상하게 한다(사 64 : 1-4). 새로운 출애굽은 새 시대의 시작일 것이다. 둘째, 성령께서 예수 위에 임하셨다. 그리고 그 성령께서는 이후 그의 사역의 특징이 되셨고(4 : 1, 14, 18 등), 교회가 증거와 봉사의 사역을 감당할 수 있도록 주신 바 된 선물이 되셨다(24 : 49, 행 1 : 1-4). 성령께서 어떤 배경으로부터, 만약 그런 배경이 있다면, 비둘기와 연합되셨는지는 알기가 어렵다. 이런 식의 결합은 초기 그리스도인들에 의한 것일 것이며, 유대교로부터 온 것은 아니다. 만일 누가의 독자들이 헬라 문학에 친숙해 있었다면, 그들은 하나님의 선택과 운명을 알리는 전조로서의 새들의 이야기들을 회상했을 것이다(*Talbert, Reading Luke,* p. 40). '형체로'(in bodily form)라는 말은 누가복음에만 있다. 오직 형체로라야 비둘기가 내려올 수 있기 때문에 이 말은 특히 어렵다. 이 말은 생각이나 느낌만으로 이 현상을 혼동하지 않고 이 경험이 확실한 것이었음을 주장하는 누가의 방법인 것 같다. 누가복음에 있는 부활하신 그리스도께서 생선을 잡수신 사실을 연상할 것이다(24 : 42-43). 이 사실은 그와 유사할 것이다. 이 경험에 대한 누가의 기록은 마태복음 3 : 13~17에서처럼 대중이 보는 앞에서의 사건이 아니므로 '형체로'라는 말은 거기에 있었을 다른 사람들에게 증거로 한 말은 아닌 것 같다.

이 계시적 드라마의 셋째 부분은 하늘로부터의 음성이다. "……너는 내 사랑하는 아들이라 내가 너를 기뻐하노라 하시니라"(22절). 이 하늘로부터의 확증은 하나님의 아들로서 이스라엘의 왕이 대관식을 행할 때 읽었던 시편 2 : 7과 하나님의 종을 묘사한 이사야 42 : 1과 결합된다. 이 두 성경본문은 절대권과 섬김을 결합시킨다. 그러나 여기서 예수께서 자신이 고난의 종 메시야가 되실 것을 알게 되었다고 이사야 42 : 1이 함축하고 있는 내용을 지금 이 순간의 사건에 몰아넣는 것은 옳다고 볼 수 없다. 몇 사본들에서는 22절에 시편 2 : 7의 나머지 부분인 "오늘날 내가 너를 낳았도다"를 부가했다. 이 분명치 않은 증언은 예수께서 세례를 받으실 때 하나님의 아들이 되셨다는 양자론자(養子論者)들의 견해를 지지하기 위하여 어떤 초기 그리스도인들에 의해 받아들여졌다. 이 음성은 마가복음과 일치하게 다른 이들이 아닌 예수를 향한 것이었으며, 마태복음에 있어서처럼 모두가 듣도록 하는 알림이었다. 하나님에 대한 예수의 관계를 확인하는 하늘로부터의 이 음성은 누가복음의 전반적 구조 안에서 중요하다. 여기 3 : 21~22에서 이 음성은 예수의 공적 사역의 시작에 대한 예고를 하고 있으며, 9 : 35의 변화산에서 예수께서 하나님의 아들이심을 확증한 그 음성은 예루살렘을 향한 여행과 죽으심에 대한 예고를 하고 있다.

성령의 강림이 예수를 하나님의 아들이 되시게 하지는 않는다. 누가는 수태예고 때부터 예수께서 누구신가를 우리에게 알렸다. 성령께서는 그의 사역을 위하여 예수께 능력을 더해 주려고 오신다. 그는 곧 성령의 인도하심으로 광야로 가시게 된다(4 : 1). 그러고 나서 그는 "성령의 권능으로 갈릴리"로 돌아가실 것이다(4 : 14).

본문에 관한 마지막 논점은 예수께서 기도하셨다는 말씀(21절)에 유의하라는 것이다. 예수의 기도생활은 누가와 누가복음을 통하여 그의 독자들에게 매우 중요하다. 예수는 자주 기도 중에 소개되실 것이다. 특별히 결정적인 순간들, 예컨대 열두 제자를 선택하실 때, 제자들에게 자기가 누구인가를 말하도록 하실 때, 또는 변화산 위에서(3 : 21, 6 : 12, 9 : 18-22, 9 : 28-29, 11 : 1, 22 : 32, 41, 23 : 34, 46) 그렇게 되실 것이다. 그러나 누가가 관심을 갖게 한 것은, 마치 그것이 실재적 관심거리인 것처럼, 예수 혼자만의 기도생활이 아니라는 점이다. 예수께서 기도하실 때 성령이 그에게 내려오신 것처럼 교회도 약속하신 성령의 강림을 기다리면서 기도하고 있었다(행 1 : 8, 14). 그리고 예수의 모습을 본받아 기도를 계속했다(행 2 : 42, 3 : 1, 4 : 31, 6 : 4, 12 : 12, 13 : 3). 교회는 성령과 기도가 역사상의 사실일 뿐이며, 이 시대가 끝날 때까지 생활과 사역을 위해 현실성이 없다고 생각할 이유는 결코 없다. 누가의 역사는 역사로만 머물지 않는다. 그것은 입증된 사실이다.

누가복음 3 : 23~38(마 1 : 1-16)
예수의 가계(家系)

누가가 지금 마가복음의 개요를 따라가고 있는 것은 분명하지만, 그는 예수께서 받으신 세례와 시험 중간에 가계(家系)를 끼워 넣고 있다. 이 가계를 보여 주고 있는 누가의 의도는 분명하지 않다. 그리고 그것을 여기에 기록한 이유도 분명하지 않다. 어떤 학자들은 누가의 이 형식이 모세의 소명과 사역이 출애굽기 6 : 14~25에 기록된 가계에 의해 분리되어 있는 사실로부터 암시를 받았다는 이론을 내세우기도 한다. 마태는, 그가 기록한 가계는 다르며 구조도 다른데, 아브라함으로 시작되는 예수의 조상들의 명단으로 그의 복음서를 시작한다. 누가가 가계를 여기에 기록한 것은 세례와 시험을 분리하려는 목적에서가 아니라 1~3장의 기록을 마무리하려는 것처럼 보인다. 이러한 견해를 갖는다면 23~38절은 독자에게 제공할 무슨 가치를 지니고 있을까? 첫째로, 여기서 우리는 예수께서 그의 사역을 시작하실 때 약 30세가 되셨다고 듣는다. 이 말씀은 복음서에 기록된 성인으로서의 예수의 나이에 관한 단지 두 번의 말씀 중 하나이다(요 8 : 57). 이 시점까지 누가는 이스라엘 사람으로서의 예수의 생애에 관한 중요한 시기들을 지적해 왔다. 제8일, 제6주, 열두 살 때 등이다. 30세라는 나이는 중요한 이정표일까? 누가는 다윗이 통치를 시작할 때의 나이(삼하 5 : 4), 아니면 제사장이 하나님께 봉사를 시작할 수 있는 나이(민 4 : 3)를 회상하고 있는지도 모른다.

둘째로, 이 가계는 아담을 통하여 예수를 하나님께 연결하고 있다. 누가는 바울이 그렇게 했듯이(롬 5 : 12-21) 두 번째 아담으로서의 예수의 기독론을 발전시키고 있지 않다. 오히려 누가는 또 한번 하나님이 갖고 계신 목적의 우주적 연관성을 표명하고 있다. 다시 말하면, 예수와 교회에 의한 사역의 범위뿐만 아니라 하나님이 갖고 계시는 원래의 그리고 결코 포기하지 않으시는 목적의 재확인으로써 예수께서는 창조 및 아담(인류)과 연관되고 계신다는 것이다. 이 이론은 사도행전에, 특히 바울이 했던 아덴에서의 설교(행 17 : 22-31)에서 다시 나타날 것이다.

마지막으로, 이 가계는 누가에 의해 반복되고 있는 한 요점을 극적으로 표현한다. 그 요점이란 예수께서 그의 유산을 계속 이어 가고 계신다. 즉,

예수께서 이스라엘의 참된 자녀라는 사실이다. 가족 계통은 예수의 생물학적이 아닌("사람들의 아는 대로", 23절) 법적 부친인 요셉을 통과하여 올라가고 있다. 독자는 여기에 기록된 이름들과 마태복음의 그것들 사이에 상이함이 있다고 하여 마음 불편해 해서는 안 된다. 가계들은 특별한 이유에 근거하여 그 틀이 짜여지며 인습화하는 경향이 있고, 심지어 상징적으로 되기도 한다. 예컨대, 누가는 이 가계 안에 매 열(列)에 일곱 이름으로 열한 열을 나열했는데 모두 합하면 칠십칠 인이 된다. 이것을 보는 사람은 곧 상징 위주로 역사를 약화시켰다고 의심할 것이다.

가계의 성격과 기능에 대하여 더 연구하고자 한다면 피즈마이어(Joseph A. Fitzmyer)의 「누가에 의한 복음」(*The Gospel According to Luke*) 1 : 488~498을 읽기 바란다. 지금 우리의 목적을 위하여 이렇게 말하면 충분하다. 가계가 이렇게 자리를 잡음으로써 우리는 문학형식에 얽매이지 않게 되었다. 지금 성인이 되고 성령으로 기름부음을 받으신 나사렛의 예수께서는 이제 성령의 인도를 받게 되실 것이라는 전제 아래 그를 추적해 가도록 한다는 것이다. 어떤 사람은 누가가 준비와 사역을 구분 짓기 위하여 이 가계를 이용하고 있다고 예상할 것이다. 그러나 그 준비는 아직 끝나지 않았다. 성령께서는 예수를 인도하고 계신다. 하지만 아직 갈릴리로 인도하지 않으셨다. 마귀는 그가 하나님께 봉사하실 수 있도록 그렇게 쉽게 그의 진행을 허용하지 않을 것이다. 좋은 소식에도 언제나 대적이 있다는 사실은 예수께 놀라움이 아닐 것이며, 우리에게도 놀라움이 되어서는 안 될 것이다. 관대하게 사랑하라. 그러면 증오가 긴 구두와 철모를 착용할 것이다. 진실하게 말하라. 그러면 거짓은 듣는 이들을 매혹시키기 시작할 것이다. 검소하게 살라. 그러면 사치가 길 건너에서 사육제(謝肉祭)를 시작할 것이다. 충성스럽게 봉사하라. 그러면 자기 이득의 마음이 인간의 오만을 새롭게 부추길 것이다.

누가복음 4 : 1~13(마 4 : 1-11, 막 1 : 12-13)

시험 받으시는 예수

예수께서 시험을 받으셨다는 사실은 세 권의 공관복음서들과 히브리서

4 : 15에 기록되어 성경 안에서 강력하게 증명되고 있다. 히브리서의 기자는 그가 우리 모두와 전적으로 동일한 신분을 갖고 계셨음을 강조하기 위하여 예수께서 받으신 시험을 회상한다. 그러나 여기서는 이야기가 다른 기능을 갖는다. 첫째로 우리는 누가의 형식에 맞추어 예수께서 받으신 시험을 유대교 내의 전례들과 연관시켜 그 위치를 확정할 필요가 있다. 물론 모세가 40일간 음식 없이 산 위에 있었던 일(출 34 : 28, 신 9 : 9), 엘리야가 40일간 하나님의 산을 향하여 도피한 일(왕상 19 : 4-8), 그리고 이스라엘이 40년간 광야에서 분투한 일(신 8 : 2-6) 등과 연관지어서 그 위치를 확정할 필요가 있다. 실제로, 이스라엘이 광야에서 받은 시련은 특별히 신명기 8장에 상세하게 기술된 대로, 분명히 누가복음 4 : 1~13의 직접적인 배경이 되고 있다. 이 본문에는 신명기의 말씀이 예수에 의해 세 번이나 인용되고 있다(신 8 : 3, 6 : 13, 16). 물론 전반적인 배경은 에덴 동산이다(창 3 : 1-7). 여기에 관하여는 이후에 다시 거론할 것이다. 신약성경은 이스라엘의 광야 시련을 예수의 생애뿐만 아니라 교회의 생활 속으로 옮겨 간다(고전 10 : 1-10). 그 결과 교회는 사순절 기간 내내 시험을 인간이 보편적으로 받아야 하는 몫이라고 생각해 왔으며, 첫 번째 주일을 위한 복음서 낭독은 언제나 광야에 계셨던 예수에 관한 기록들 중 하나이다.

공관복음서 세 권 모두가 이 이야기를 전하고 있기 때문에 설교자는 누가의 기록을 분리해서 그것의 특별한 강조점들에 초점을 맞추는 것이 좋을 것이다. 누가복음은 마태복음과 많은 공통점을 갖고 있으나 눈에 띄는 다른 점들도 있다. 누가복음에는 "이 모든 날에"(2절) 예수의 금식은 마태복음 4 : 2에서처럼 정식 40일 금식이라고 말하지 않는다. 누가복음은 마귀가 세상의 나라들을 예수께 보여 드린 것이 일시적인 경험("순식간에", 5절)이라고 말한다. 이와는 달리 마태복음에는 그 사실을 공간적 설명과 함께하고 있다("지극히 높은 산으로 가서", 마 4 : 8). 누가는 기도의 체험과 계시를 위하여 산들을 뒤로 보류해 놓고 있는 것처럼 보인다. 그리고 누가복음에 있는 시험의 순서에 있어서 예루살렘과 성전은 마지막 싸움의 장소이다. 이것이 잘 맞는 절정이다. 왜냐하면 예루살렘과 성전은 누가복음과 사도행전에서 절대적으로 중심이 되고 있기 때문이다. 또한 예수의 여행의 목적지이며 예수와 교회의 승리와 시련의 현장이다. 마지막으로, 마가복음과 마태복음에서는 그렇게 하고 있는데, 예수께서 천사들의 위로를 받으신다. 이에 대하여 누가복음에는 한 명의 천사도 나타나지 않고 있다. 이 사실은 눈여겨볼 일이다. 누가는 이 시험들을 안심(安心)으로가 아닌 어떤 불길한 예감(豫感)으로 끝내고 있다. 마귀가 "기회의 시간까지 그를 떠나니라"(13절 ; 개역한글판에는 "얼마 동안 떠나니라"라고 번역됨.-역자주). 이 표현은 수난을 예상하게 한다. 이 시험하는 자는 유다를 통하여 이야기 속으로 다시 들어올 것이기 때문이다(22 : 3).

이 시험의 경험은 한편으로 성령에 충만하고 성령의 인도하심을 받으시는 분과 다른 한편으로는 마귀('참소자', 마가복음에는 '마왕'인 사단)와의 사이에서 있었다. 성경은 세상에 있는 악의 권세를 다양하게 특징짓고 있다. 우리 자신들 내부의 경향들, 분명히 천사 같은 성품이 방황하여 자아를 잃은 인격적 존재, 공중의 권세를 잡은 자, 세상을 위한 하나님의 뜻에 대항하여 진을 친 조직된 세력들 등이다. 어떤 모습이나 개념이 되었든지 성경은 우리 자신의 내부에, 그리고 우리의 모임 중에 사랑, 건전, 완전, 그리고 평화를 강력하게 반대하는 것이 있다는 경험에 동의한다. 세상에서 하나님의 방법에 맡기면서 생활한다고 해서 영적 싸움을 면제받는 것은 아니다. 사실상, 가장 강렬하게 악의 저항을 받는 것으로 보이는 사람들은 가장 하나님의 길을 따라 생활하는 사람들이다. 예수께서 분투하셨다면 누가 면제를 받겠는가? 성령께서 함께하심이 시험을 안 받는다는 것을 의미하지는 않는다. 오히려 성령은 그 시합에 있어서 유용한 하나님의 능력이셨다.

시험하는 자를 공정하게 논하라. 그는 시간을 잘 맞추었다. 예수께서는 아직 한마디의 설교도 하지 않으셨다. 마귀를 쫓거나 병든 사람을 고치시지도 않았다. 그는 광야에서 혼자요, 굶주리셨다. 사역의 언저리에 와 계신다. 그 사역의 본질과 모양은 앞으로 어떻게 될까? 성경은 그 사역의 성격들에 대한 심리학적 모습들을 보여 주지 않는다. 그러나 독자로 하여금 그의 행위와 말씀을 통하여 그 성격들을 보게 한다. 여기서 시험은 창세기 3장에서처럼 대화로 시작된다. 우리는 예수께서 하나님의 일이 진실로 무엇을 의미하는지에 대하여 몸부림치고 계신다고 짐작할 수 있다. 이 첫 번째 시험은 개인적인 것일 뿐만 아니라 사회적인 것이기도 하다. 예수의 사역은 돌로 떡을 만드는 것일까? 두 번째는 정치적인 것이다. 예수께서는 이 세상의 사람들을 위하여 훌륭한 것을 달성할 목적으로 이 세상의 지배자에게 굴복하실까? 세 번째는 종교적이다. 예수께서는 초자연의 능력을 발휘하여 죽음을 피하심으로써 믿음을 강요하여 예루살렘을 얻으실까? 진정한 시험은 매우 좋은 것이라고 말할 수 있는 그것을 하도록 우리에게 손짓한다는 사실을 명심하는 것이 중요하다. 돌들로 떡을 만드는 것(굶주린 사람들은 그렇게 하기를 희망한다.), 정치적 지배권을 갖는 것(억압받는 사람들은 그것을 바란다.), 성전 지붕에서 뛰어내리는 것(우리 중에 하나님의 능력의 증거를 갈망하는 사람들은 그것을 희망한다.), 이로 보건대, 진정한 시험은 몰락이 아니라 성공을 제의해 온다고 말할 수 있다. 에덴에서 시험하던 자는 "당신은 악마같이 되기를 원합니까?"라고 묻지 않았고, "당신은 하나님같이 되기를 원합니까?"라고 물었던 것이다. 여기에 타락의 기미는 전혀 없다. 자존감에 도취해 있는 마귀는 개인, 가정, 또는 사회의 파멸을 제의하면서 사람에게 접근하지 않는다. 이 파멸은 시험의 바닥에 작은 흔적으로만 있을 뿐이다.

예수께서 참으로 시험을 받으셨다는 사실을 믿기에 당황스럽다면, 시험은 약한 사람이 아니라 강한 사람이 받는 것임을 보여 준다는 사실을 명심할 필요가 있다. 우리는 할 수 없는 것을 하라는 시험은 받지 않는다. 우리의 능력 안에 있는 것에 관하여 시험을 받는다. 강하면 강할수록 시험도 더 강하다. 예수께서 싸우신 전쟁은 참으로 첨예했으며, 매우 실제적이었음이 틀림없다. 이 상황은 쇠스랑과 빨간 양복과 뿔이 등장하는 만화가 아니다. 시험은 속임수가 숨어 있는 매력 있는 것이다. 예수께서 "사단아 내 뒤로 물러가라!"고 말씀하신 사람은 악의에 찬 반대자가 아니라 매우 가까운 친구였다.

그러나 예수께서는 성령에 충만하셔서 성경으로 무장되어 계셨다. 누가의 신학에 있어서 성경은 믿음을 만들어 내고 유지시키는 데 필수다. 만약 성경이 제외된다면 기적이라도 도움이 안 된다(16 : 27-31). 예수께서는 세 차례나 성경으로 시험하는 자를 역습하셨다. 확실히 마귀도 시험을 떠받치기 위하여 성경을 인용한다(시 91 : 11-12). 이는 예수의 생애에 있어 성경이 극히 중대함을 간접적으로 증거한 것이다. 하지만 예수께서는 성경의 적합한 사용과 부적합한 사용을 분간하셨다. 셰익스피어가 말한 바와 같이 "정신 멀쩡한 사람이 정당한 본문을 신성하게 여기지 않는 것보다 더 큰 과오란 없다."

싸움은 끝난다. 예수께서는 자랑스러운 기적의 방법을 배척하시고 정치적인 검을 취하지 않으셨다. 인간의 필요에 대하여 하나님이 반응을 보이시는 방법은 이와는 다른 것이다. 예수께서는 갈릴리를 향하여 떠나신다. 그러나 시련들을 광야에 영원히 남겨 놓고 떠나시는 것은 아니다. 시험하는 자는 눈여겨 살피며 '기회의 시간'을 기다릴 것이다.

갈릴리에서 사역을 시작하시다

누가복음 4 : 14~9 : 50

이 부분은 예수께서 예루살렘에 입성하시기 이전에 힘쓰셨던 사역에 관한 누가의 두 가지 주요 이야기 중 하나이다. 다른 하나는 그 거룩한 도성을 향한 여행에 관한 광범위한 기록(9 : 51-19 : 28)이다. 이 부분에서 우리는 기본적으로 두 가지 유형의 자료를 예상할 수 있다. 예수께서 갈릴리 일대를 자유롭게 다니면서 보여 주신 전형적인 활동들에 관한 이야기를 독자에게 제공하는 자료—가르치심, 설교, 병 고치심, 귀신 추방, 그리고 논쟁 등이다. 그리고 독자에게 예수의 사역에 있어서의 이전(移轉)과 진전에 관한 어떤 느낌을 제공하는 자료—사역을 시작하심, 점점 인망(人望)을 얻으심, 도울 자들을 선택하고 준비시키심, 그리고 따르는 자들에게 더해 가는 근심과 기성 집단 지도자들의 반대에 직면하심 등이다.

누가는 시작 부분에서 일종의 요약을 해 놓음으로써(4 : 14-15) 독자들을 준비시키고, 또 기대를 갖게 한다. 누가는 요약하기를 좋아한다. 왜냐하면 이 요약은 한 부분을 잘 마무리하고, 또다른 부분으로의 이전을 준비하며, 독자가 새롭게 시작할 수 있게 해 주기 때문이다. 누가복음(4 : 14-15, 8 : 1-3, 11 : 53-54, 19 : 47-48, 21 : 37-38)과 사도행전(2 : 43-47, 4 : 32-35, 5 : 7, 9 : 31, 12 : 24)에는 많은 개요들이 있다. 사실상, 누가복음과 사도행전에는 예수의 사역에 관한 간략한 요약들이 있다. 이 요약들은 분명히 교회에 의한 설교의 한 부분들이다. 특히 교회가 세례 요한을 따르던 자들과 회당과의 대면 중에 했던 설교의 부분들이다.

> 대답하여 가라사대 너희가 가서 보고 들은 것을 요한에게 고하되 소경이 보며 앉은뱅이가 걸으며 문둥이가 깨끗함을 받으며 귀머거리가 들으며 죽은 자가 살아나며 가난한 자에게 복음이 전파된다 하라(눅 7 : 22).
>
> 이스라엘 사람들아 이 말을 들으라 너희도 아는바에 하나님께서 나사렛 예수로 큰 권능과 기사와 표적을 너희 가운데서 베푸사 너희 앞에서 그를 증거하셨느니라(행 2 : 22).
>
> 곧 요한이 그 세례를 반포한 후에 갈릴리에서 시작되어 온 유대에 두루 전파된 그것을 너희도 알거니와 하나님이 나사렛 예수에게 성령과 능력을 기름 붓듯 하셨으매 저가 두루 다니시며 착한 일을 행하시고 마귀에게 눌린 모든 자를 고치셨으니 이는 하나님이 함께하셨음이라(행 10 : 37-38).

우리는 누가의 이러한 특징을 염두에 두면서 갈릴리에서의 사역을 소개하는 다음의 개요들을 살펴볼 것이다.

누가복음 4 : 14~15(마 4 : 12-17, 막 1 : 14-15)
갈릴리 초기 사역의 개요

이 간략한 단원은 세 가지 기능을 한다. 첫째, 예수께서 광야에서 받으신 시험으로부터 갈릴리 사역에 이르는, 이른바 장소와 활동의 이전(移轉)을 준비한다. 둘째, 갈릴리의 회당에서 있었던 예수의 사역에 나타난 성령의 권능에 계속적인 관심을 갖게 한다. 마지막으로, 회당에서 있었던 예수 사역의 전반적인 상황을 설정한다. 예수께서 나사렛에서 배척당하신 사실과 그를 죽이고자 했던 사실(28-29절)을 알기 위해서는 그에 대한 광범위한 평판(評判, 14절)과 호의적인 환영(15절)을 배경으로 하여 나사렛 사건을 보는 것이 중요하다.

누가는 마태와 마가와는 다르게 예수의 갈릴리 사역을 요한의 갇힘과 연관시키지 않는다. 뿐만 아니라 누가는 예수께서 다가오는 하나님의 통치에 관한 종말론적 메시지를 전하시는 설교도 보고하지 않는다. 대신에 매우 간략한 윤곽을 제시한다. 예수께서 갈릴리의 여러 회당에서 가르치심, 그에 대한 소문이 퍼지고 있음, 그리고 그는 어디서나 칭송 받으심 등이다. 분명히 누가는 나사렛 방문 이전에 있었던 주요 행적의 어떤 것도 알리고 싶지 않은 것이다.

우리는 4 : 16~9 : 50로 옮겨 감에 있어서 두 개의 구조적 사실이 분명함을 보게 될 것이다. 첫째로, 누가는 약간의 사건들은 재배열하겠지만 전반적으로 마가복음 1 : 14~9 : 39의 개요를 따라갈 것이다. 우리는 이 재배열 기록들을 주시할 것이며, 진행해 가면서 가능한 한 그 이유들을 알아낼 것이다. 둘째로, 누가에 따르면 예수의 사역은 갈릴리에 국한될 것이다. 그리하여 마가의 이야기에 나오는 주변 지역과 북쪽에 있는 두로와 시돈으로의 여행 이야기들은 생략된다.

누가복음 4 : 16~30(마 13 : 54-58, 막 6 : 1-6)

나사렛 회당에서의 예수

누가의 기록은 마태복음과 마가복음의 기록과 매우 다르다. 따라서 많은 주석가들은 누가가 다른 자료를 사용했다는 생각을 하고 있다. 사실이야 어떠하든 누가는 분명히 이 이야기에 대한 다른 목적을 갖고 있다. 이러한 사실은 이 복음서 안에서 이 이야기의 위치를 볼 때 분명해진다. 마태와 마가가 그렇게 하고 있듯이, 누가는 이 이야기를 예수의 갈릴리 사역의 뒤가 아닌 시초에 두고 있다. 그가 이미 14~15절에서 갈릴리에서의 사역을 총괄적으로 말한 것은 사실이다. 그러나 본 사건은 그곳에서 있었던 사건들 중 첫 번째로 다루어진 특이한 사건이다. 이 이야기가 예수께서 이미 가버나움에서 사역하셨음을 추정케 하는 것은 사실이다(23절). 그러나 그것에 관한 기록은 아직 알려지지 않고 있다(31-37절). 누가는 혼동하고 있는 것이 아니라 또 하나의 목적을 위하여 사건의 기록순위를 양보하고 있다. 그가 요한의 갇힘을 예수께서 세례 받으심을 말하기 이전에 말했듯이(3 : 19-22), 독자로 하여금 역사적 의문을 가진 채로 있게 하고, 여기에 나사렛 방문을 우선적으로 언급하고 있다. 왜냐하면 이 사건이 연대순이 아니라 의도함에 있어서 우선되기 때문이다. 다시 말하면 이 사건이 "예수는 누구신가?", "그의 사역의 내용은 무엇인가?", "그의 교회는 무엇이 되고 무엇을 할 것인가?", 그리고 "예수와 교회에 대한 반응은 어떠할 것인가?"를 알려 주기 때문이다.

우리는 이 말씀을 통하여 누가가 말하려고 하지 않는 것, 즉 예수의 언행 전부는 유대교의 품 안에 있음을 생각하는 것이 무엇보다 중요하다. 예수께서는 그의 신실하심으로 안식일, 성경, 그리고 회당을 인정하고 계신다. 또한 회당의 예배에 정규적으로 참여하실 뿐만 아니라 모든 성인 남자들에게 허용된 성경 낭독과 낭독한 내용에 대한 논평에도 참여하고 계신다. 회당의 예배는 엄격한 격식을 갖추지 않은 것으로, 기본적으로 기도, 성경 낭독, 논평, 그리고 가난한 자들을 위한 구제로 이루어져 있었다. 유대교에 속한 이 기관은 분명히 포로기간에 성전의 대용으로 시작되었으며, 물론 제단이나 제사장은 없었다. 평신도에 의해 운영되었고, 바리새인들은 그들 중에서 가장 두드러진 자들이었다. 회당은 제단이 아니라 성서 신앙의 제도적 중심지였다. 그리고 시간이 지나면서 오늘에는 유대교의 가장 주요 형태가 되었다. 성전은 단 하나인 반면에 회당은 여러 곳에 세워졌다. 열 명의 성인 남자들이 원하기만 하면 어디서나 자체적으로 세울 수 있었다. 회당은 예배만을 위한 모임 장소는 아니었다. 학교, 부락의 회관, 그리고 재판을 위한 장소이기도 했다. 예수께서는 회당에서 친척과 친구들과 더불어 평안함을 얻고 계셨다.

예수께서는 이사야 61 : 1~2을 낭독함으로써 이 예언이 이루어졌음을 알리실 뿐만 아니라(21절) 자신의 메시야적 역할도 명백하게 말씀하고 계신다. 이사야 61장은 종의 노래(a servant song)이다. 그리고 "내게 기름을 부으사"라는 말씀은 '나를 그리스도 또는 메시야 되게 해 주셨음'을 명백히 말씀하신다. 글자 그대로 이해한다면, 이 구절은 그리스도께서 가난하고 억압받고 갇힌 자들의 소원과 희망을 이루어 주실 하나님의 종이심을 말한다. 그리스도는 또한 희년(喜年)의 선포(19절, 레 25 : 8-12)와 연합된 사면(赦免)과 자유와 회복을 이끌어 내실 것이다. 낭독이 끝났을 때 예수께서는 "이 글이 오늘날 너희 귀에 응하였느니라"(21절)고 말씀하셨다. 누가복음에 성인(成人)이 되어 성경 낭독을 제외하고 대중 앞에서 첫 번째로 하신 말씀이 '오늘날'이란 사실은 흥미롭다. 하나님 통치의 시대가 왔다. 하나님의 약속들이 이루어지고 목적들이 달성되는 종말론적 시간이 이르렀다. 기다리고, 또 소망을 갖고 살아온 사람들의 상황은 바뀔 것이다. 바로 오늘날 가난하고 부당한 취급을 받고 억압받는 사람들을 위한 변화가 일어날 것이다. 이것이 희년의 시작이다. 하나님의 시간은 오늘이다. 그리고 누가복음과 사도행전에 의하면 예수와 교회의 사역들은 이 '오늘'이 이어지고 있음을 애써 보여준다. 이 두 권의 성서 전반에서 '오늘'(today)은 '어제'(yesterday)가 되도록 허용되지 않았으며 애매한 '어떤 날'(someday)로 빗나가도록 허용되고 있지 않다. 그런데도 교회의 역사는 "이 글이 오늘날 너희 귀에 응하였느니라"는 예수의 선언을 중단 없이 증언하고 있지 않다.

예수께 대한 반응은 감탄, 이상히 여김, 의심 등 여러 가지였다. 23절에서 이야기는 매우 부정적으로 바뀐다. 그리하여 어떤 학자들은 누가가 두 번이 었던 예수의 나사렛 방문을 결합시키고 있지 않나 궁금해 한다. 그 한 번이 예수께서 호의적인 영접을 받으신 것이고, 또 한 번은 배척을 당하신 것인데, 이 두 번째가 마가복음 6 : 1~6에 보도되고 있는 것이라고 생각한다. 우리가 가지고 있는 본문 속에서 나타나지 않은 저항의 이유는 예수께서 인용하신 두 개의 격언, "의원아 너를 고치라." 그리고 "선지자가 고향에서 환영을 받는 자가 없느니라."에 의해 나타나게 된다. 이 사람들은 예수께서 행하신 그 비범한 일들을 가버나움으로부터 들었다. 그들은 예수께서 그 비범한 일들을 나타내 보이시기를 기대하고 있었다. 이 격언들은 예수께서 그들의 기대를 알고 계셨음을 암시한다. 그러나 이들은 예수와 가깝고 친하다 하여 오히려 자기들을 맹목적인 자들이 되게 하는 특전을 요구했다. 누가는 다른 경우에 요나나 솔로몬보다 더 큰 이의 말씀을 듣지 않는 이 세대를 니느웨 사람들과 남방(南方)의 여왕이 정죄할 것이라(11 : 29-32)고 보고한다. 그리고 예수께서 한때 자기들의 거리에서 가르치셨고, 자기들의 집에서 잡수셨다는 이유로 그 나라에 들어가기를 요구하는 자들은 거절될 것이라(13 : 26-27)고 보고한다.

그러나 맹목적인 친근감보다 더 심각한 문제가 있다. 만일 나사렛 사람들이 자신들은 특별 취급을 받아야 마땅하다고 여긴다면 이 잘못은 더욱 심각한 잘못과 연결된다. 예수께서 하나님의 호의를 나사렛이 아닌, 특히 비(非)

유대인 인구가 많은 가버나움 사람들에게 전달하셨음에 대한 분노가 그것이다. 예수께서는 구약성경의 두 가지 이야기를 제시하면서 외인(外人)들에 대한 자신의 사역을 옹호하고 계신다. 이스라엘의 선지자들인 엘리야(왕상 17 : 8-14)와 엘리사(왕하 5 : 1-17)가 하나님의 호의를 비유대인들에게 전달한 이야기들이다. 이 두 이야기들이 자기들의 성경 안에 있고, 또 잘 알려져 있다는 사실은 부분적으로나마 그들의 강렬한 적개심이 옳은지를 설명해 줄 것이다. 분노와 폭력은 오랫동안 옹호하고 붙잡고 왔던 자기들의 전통적 진리를 지키려는 자들의 최후 방어수단이다.

우리가 이미 알고 있는 것을 다시 배운다는 것은 때로는 고통스러울 정도로 어렵다. 아무런 잘못도 없이 사랑으로 진리를 말하는 자들에게 재난을 안겨주는 싸움이 생겨날 때가 있다. 이런 싸움이 우리에게 닥칠 때 우리는 자신들이 어떤 자들이 될 것인지를 알고 있다. 누가에게는 여기서 생겨나고 있는 긴장과 다른 경우에 다시, 그리고 또다시 생겨나는 이 긴장은 예수와 유대교 사이에서나 회당과 교회 사이에서 생겨나는 긴장이 아니다. 이 긴장은 유대교와 자기들의 성경 사이에서 생겨나는 긴장이다. 누가는 누가복음과 사도행전 전반에서 이스라엘이 예수의 메시지를 이해하고 받아들였어야 한다고 지적한다. 이스라엘은 모든 사람을 향한 하나님의 은총이 일찍이 아브라함과의 언약 때부터라는 것을 알고 있었다(창 22 : 18, 행 3 : 25). 그리고 요나는 유대인이나 그리스도인이나 동일하게, 우리가 찬성하지 않는 모든 사람들을 향한 하나님의 은혜를 가로막는 우리 모두의 내부에 잠재된 기질을 극적으로 보여 준 사람으로 줄곧 기억되고 있다. 요나는 자기가 니느웨 사람들에게 설교하지 않은 이유를 "주께서는 은혜로우시며 자비로우시며 노하기를 더디하시며 인애가 크시기" 때문이라고 하나님께 말씀드렸다(욘 4 : 2).

회당 사람들은 지금 폭도가 되어 예수를 돌로 치려고 한다. 돌에다 사람을 내던지는 것은 사람을 향하여 돌을 던지는 것과 같이 돌로 치는 형식으로 받아들여졌었다. 그러나 이 행위는 공적인 절차와는 거리가 멀다. 그 행위는 분노하고 있는 폭도들의 반동이다. 그러나 이 행위는 예수의 시련과 죽으심은 물론 그를 따르는 많은 이들의 운명을 미리 보여 주는 것이었다. 만약 그 행위가 이스라엘이 예수를 배척하고 예수께서 이방인들에게 말씀을 전하는 것도 배척할 것임을 미리 보여 준다면 이 사실을 주시하는 것이 중요하다.

예수께서는 배척을 당하시기 때문에 다른 데로 가시는 것이 아니라 다른 데로 가시기 때문에 배척을 당하고 계시다는 사실이다. 상세하게 기록되지 않은 예수의 피하심(30절)은 하나님의 신에 의해 신비롭게 붙잡혀 교묘하게 피해 다녔던 엘리야를 연상하게 한다(왕상 18 : 7-12). 그리고 베드로(행 12 : 6-11)와 바울(행 16 : 25-28)의 도피를 예상케 한다.

누가복음 4 : 31~5 : 16

갈릴리에서 더해 가는 성공적 사역

모든 공관복음서들은 예수께서 (나사렛만 제외하고) 갈릴리에서 호의적으로 환영을 받으셨다는 사실에 일치한다. 방문하신 곳을 넘어 널리 퍼진 소문으로 큰 무리가 모여들었다. 지난 세기에 예수에 관한 소설을 쓰는 것이 성행할 때 예수의 생애 중 이 기간은 '갈릴리의 봄'(The Galilean Spring)이라 불렸고, 이와 대조를 이룬 후반기는 '예루살렘의 겨울'(The Jerusalem Winter)로 호칭되었다. 물론 이러한 구분은 지나치게 단순화한 구분이다. 그렇기는 해도 이 복음서의 기록은 갈릴리에서의 초기 성공을 강하게 증언한다. 제4복음서까지도, 시각과 자료 선택이 매우 달랐지만, 갈릴리는 예수께서 유대에서의 불신앙과는 다르게 환영받으시는 마음 편한 곳이었다는 사실에 일치한다(요 4 : 43-45).

이 부분에서 누가는 예수의 사역에 관한 여섯 가지 삽화(揷話)를 소개한다. 그의 활동 영역—가르치심, 설교하심, 병 고치심, 마귀 추방, 그리고 제자들을 부르심 등—과 함께 그가 백성 중에서 큰 호감을 얻고 계시는 이유들을 알려 주면서 그렇게 하고 있다. 이 이야기들 중에서 누가는 최초의 제자들을 부르신 기록을 차후로 넘기는 것(막 1 : 16-20, 눅 5 : 1-11) 외에는 마가복음(막 1 : 21-45)을 따르고 있다. 마가복음도 그러한데, 처음 네 가지 이야기는 '예수 생활의 하루'(A Day in the Life of Jesus)라고 불러도 될 것이다. 회당 예배로 시작하여 거기서 가정으로 옮기고, 해질 때에는 병자들이 찾아오고, 다음날에는 거기서 떠나신다. 어떤 복음서 기자가 사건들을 선정하고 배열하면서 아무리 다양한 이유를 말한다 하더라도 복음서들 안에서는 사건의 순서 매김에는 지나치게 유의할 필요가 없다.

가버나움 회당에서 귀신을 추방함(4 : 31-37)
막 1 : 21-28

여기서 마가복음을 가깝게 따라가고 있으나 독자는 대조를 통하여 누가가 이야기에 자신의 특징을 살리고 있음을 보게 될 것이다. 예를 들면, 누가는 예수께서 유대교를 이탈하지 않고 계심을 강조하고자 서로 대조가 되는 예수의 가르치심과 서기관들의 가르침(막 1 : 22)을 생략하고 있다. 이 사건은 갈릴리 바다의 북쪽 해안 도시요, 대부분의 예수 활동의 중심지가 되었던 가버나움에서 있었다. 고대 회당의 기초가 그곳에서 발굴되었다. 아마 예수께서 방문하신 한 회당의 자리였을 것이다. 발생된 사건의 기록은 세 부분으로 되어 있다 : 예수께서 회당에서 권위를 갖고 가르치심(31-32절), 귀신을 추방하심(33-35절), 그리고 예수의 권위 있는 말씀에 대한 반응과 예수의 명성이 널리 퍼짐(36-37절)이다. 이 사건이 예수의 말씀 속에 있는 권세와 능력에 관한 진술로 시작되고 끝난다는 사실은 매우 중요하다. 그리하여 잠시 후 이 사실에 주의를 기울일 것이다. 우선 마귀들과 마귀 추방에 관하여 말하고자 한다.

최근 수년 간 마귀, 귀신 추방, 무녀, 흡혈귀, 검은 고양이, 제13일의 금요일 등에 관한 오락 산업이 매우 성행하고 있다. 따라서 교사와 설교자는 훌륭한 성경사전(*Harper's Bible Dictionary*를 추천한다.)에 있는 마귀와 귀신 추방에 관한 기사를 읽는 시간을 갖는다면 도움이 될 것이다. 학습에 있어서의 큰 문제는 학습을 기피하는 것이다. 누가복음은 마귀(악령)들의 존재를 믿는 신앙이 당시에 널리 퍼져 있었고, 예수의 능력은 그것들을 제압한다는 사실을 반영함에 있어 마태복음 및 마가복음과 함께한다(제4복음서에는 귀신 추방이 나타나고 있지 않다). 마귀들의 존재에 대한 신앙은 유대교 본래의 것은 아니지만 다른 문화들과 접촉하면서 흡수되었다. 마귀들은 황야, 많은 물, 공중, 그리고 지하에 살고 있다고 했다. 마귀들이 사람들 속에 들어가면 정신적 혼란은 물론 소경, 귀먹은 벙어리, 그리고 온갖 유형의 신체적 문제들을 일으킨다고 생각되었다. 마태복음은 마귀 들린 자와 간질병자를 구별한다(마 4 : 24). '간질병자'(epileptic)는 글자 그대로 '발광하는'(moonstruck 〈'정신 이상의', lunatic〉)이란 말의 번역어이기 때문이다. 달과 별들이 인간에게 불리한 영향을 미친다는 생각 역시 널리 퍼져 있던 신앙이다. 우리는 예수 시대의 모든 사람들이 마귀들의 존재를 믿었고, 모든 육체적, 정신적 질병들이 마귀들 때문이라는 생각을 가졌었다고 지나치게 보편화해서 말하면 안 된다. 원인과 결과의 정상적인 원리 말고도 우주 안에 있는 많은 해악(害惡)들을 경험하고 신비 속에 감춰진 세력들을 상대해야 하는 점에 있어서 당시 그곳의 사람들은 다른 시대와 장소의 사람들과 다르지 않다. 명심해야 할 것은 복음서들 안에서 마귀가 끼치는 영향이 육체적이고 정신적인 것이지 도덕적인 것은 아니라는 사실이다. 이 구분은 중요하다. 예를 들면, 우리는 8 : 2에서 막달라 마리아를 만나게 될 것인데 예수께서 그 여자에게서 일곱 마귀를 몰아내셨다고 한다. 종종 그렇게 묘사되고 있듯이, 이 일곱 마귀들 때문에 이 여자가 부도덕한 여자였다고 추정하면 잘못이다. 누가는 우리에게 8 : 26~33에서 군대 마귀들에게 사로잡힌 사람을 말해 줄 것이다. 그 마귀들은 엄청난 수였다. 그러나 그들의 영향은 도덕적 영역이 아니었다. 그는 옷을 입지 않고 무덤들 사이에서 살았으며, 간혹 그의 기괴한 행동으로 그 지역 사람들을 놀라게 했을 뿐이다.

마귀들은 초자연의 세계에 속한 자들이므로 그들이 예수를 하나님의 사람으로 알아보고, 상하게 하고, 절게 하고, 억압하고, 인생을 망치는 모든 세력에 대한 대적자(對敵者)로 인식한 것은 놀라운 일이 아니다. 나사렛에서 하신 사역 취임의 말씀에 예수께서는 자신의 의도를 분명하게 알리셨다. 그것은 구원하고, 해방하고, 치료하고, 그리고 생명을 회복시키는 것이었다. 이에 반대하는 모든 사람들과 세력들은 그분을 원수로 여길 것임에 틀림없다. 그러나 예수께서만 귀신을 내쫓는 분이 아니셨다. 유대인들 중에도 있었다(11 : 19). 어떤 사람들은 그들의 귀신 추방 의식에 예수의 이름을 사용하기까지 했다(9 : 49, 행 19 : 13-17). 그런가 하면 예수께서는 사도들에게 마귀를 쫓아내는 권세를 주기도 하셨다(9 : 1). 그리고 누가에 따르면, 귀신 추방은 바울 사역의 주요 부분이기도 했다(행 19 : 12). 마귀 추방의 행위는 대결(對決)이기도 하다. 어떤 이의 이름을 부르는 것은 그 사람 혹은 그 능력을 향한 힘의 행사이므로 피차간에 고함으로 겨루는 것이다. 그리하여 더 강력한 능력으로 마귀를 불러내는 것이다. 그리고 회복은 때로 점진적으로, 그 사람을 자유롭게 한다. 마귀 들린 사람에게 접촉하여 마귀를 쫓는 것은 정당한 절차의 한 부분이기도 하고, 그렇지 않기도 하다. 이 모든 것은 현대의 문명인들에게는 매우 원시적으로 보일 것이다. 그러나 우리는 마귀의 존재를 믿지 않는다고 선언함으로써 이 세상의 개인 또는 결속된 악의 지극히 작은 한 부분도 줄이지 못했다. 이제 우리 원수들의 이름은 달라졌어도 전투는 여전히 치열하다.

회당에 참석한 그 사람 속에 있던 마귀를 발동하게 한 것은 다름 아닌 예수의 권세 있는 가르침이었다. 그 사람 속에 있던 더러운 영은 하나님의 말씀이 자기뿐만 아니라 '우리'(34절)까지, 다시 말해 마귀들의 왕국 전체를 파멸시킬 수 있음을 인식했다. 마귀는 예수를 능가할 능력을 갖든지, 아니면 최소한 예수의 이름을 부름으로써, 예수의 능력이 효력 없게 되기를 바랐다. 그러나 예수의 권세 있는 말씀은 잠잠하고 나오라는 명령과 함께 그를 압도했다. 그 사람은 경련을 일으키며 바닥에 쓰러졌다. 그러나 곧 자유로워졌으며, 그에게는 어떤 손상도 남아 있지 않았다.

귀신 추방 그 자체는 권세, 그리고 예수 말씀의 능력에 관한 진술들로 되어 있다. 기본적으로 유의할 사항은 귀신추방이 아니다 ; 어떤 의식이나 주문도 언급되지 않았다. 누가는 예수께서 하나님의 말씀의 교사이시며, 그 말씀이 능력이 있다고 말한다. 지금 마귀들의 세계가 직면해야 하는 것은 바로 이 말씀이다. 군중이 경탄했던 것도 그 말씀이었고, 그분 이후에 교회가 선포하고 있는 것 역시 그 말씀이다. 이 사건은 누가가 예수께서 "성령의 권능으로 갈릴리에 돌아가시니"(14절)라고 말했을 때 의미했었던 것을 최초로 생생하게 보여 준 것이었다. 그리고 나사렛의 설교(16-30절)를 최초로 실천에 옮기신 것이었다.

시몬의 장모를 치료하심(4 : 38-39)

마 8 : 14-15, 막 1 : 29-31

누가는 독자가 이 내용을 이미 들었거나 마가복음에서 읽은 것으로 추정하는 인상을 주면서 이 이야기를 전하고 있다. 예컨대, 그는 우리가 시몬을 알고 있는 것으로 여기는데 시몬을 소개했던 사람은 누가가 아니라 마가이다(막 1 : 16-20). 그리고 누가는 우리가 시몬의 장모를 위하여 간청한 '그들'(38절, 개역한글판에는 "사람이"로 번역되었음. -역자주)이 누구인지 아는 것으로 추정한다. 그러나 그 집안에 있었던 네 사람의 이름을 말한 사람은 누가가 아니라 마가이다(막 1 : 29). 하지만 누가는 만져서 하신 치료(막 1 : 31)가 아니라 귀신 추방에 의한 방법으로 말함으로써 이 사건을 설명하고 있다. 예수께서 그 열병을 '꾸짖으셨다'고 기록했는데, 이 말은 앞에서 예수께서 마귀를 향하여 하신 말씀(35절)과 동일하다. 누가는 예수께서 하신 말씀의 권세에 관한 또 하나의 기록으로 회당에서 있었던 귀신 추방에 이어 본문을 제시한다.

해질 무렵에 병자들을 고치심(4 : 40-41)

마 8 : 16-17, 막 1 : 32-34

우리는 이 사건이 직전에 있었던 두 사건에 이어 같은 동네에서 같은 날 일어난 것으로 추정한다. 안식일은 해가 짐으로써 끝났다. 사람들은 자유롭게 짐을 옮길 수 있었다. 이 경우에는 병든 친척이나 친구들을 옮겨 올 수 있게 된 것이다. 병자들은 안수(按手)에 의해서 고침을 받았고 마귀들은 '꾸짖으사'(41절) 쫓아내셨다. 앞에서는 마귀가 예수를 '하나님의 거룩한 자'로 인식했었다(34절). 여기서는 하나님의 아들로, 그리고 그리스도로 인식한다(41절). 예수께서는 마귀들을 잠잠케 하셨다. 왜냐하면 그러한 칭호들을 사용함으로써 군중이 미리부터 예수의 사명을 잘못 이해하게 될 수 있기 때문이었을 것이다. 결국 그들은 우리가 그렇게 하듯이, 하나님의 아들 또는 그리스도께서 어떤 분이시며 무엇을 하시는 분이라는 나름대로의 정의를 내리고 있었다. 그리고 그러한 정의들은 우리의 그것처럼, 자신의 사명에 대한 예수 자신의 이해와는 일치되지 않았을 것이다.

그런가 하면 예수께서 마귀들이 말하는 것을 허락하지 않으신 이유는 악한 영들의 고백을 용인하지 않으시려 했기 때문일 것이다. 누가가 의문스러운 배경에서 나온 바른 고백을 문제로 삼은 것은 뒤에 나오는 이야기들에서 그 이유가 분명해지기 때문이었다. 바울과 그의 동료들은 빌립보에서 주인을 위해 돈을 버는 점치는 영이 들어 있던 한 노예 소녀에 의해 번거로움을 당했다. 이 소녀는 여러 날 동안 바울 일행을 따라다니며 소리쳤다. "……이 사람들은 지극히 높은 하나님의 종으로 구원의 길을 너희에게 전하는 자라"(행 16 : 17). 바울은 그 영을 쫓아냈다. 그 노예 소녀의 말이 틀려서가 아니라 복음의 전달자들이 말씀을 제대로 전할 수가 없었기 때문이다(행 16 : 16-18). 누가는 그 뒤에 예수의 이름을 사용함으로써 바울의 성공을 모방해 보려다 비참한 결과를 얻은 그리스도를 믿지 않는 귀신 추방자들의 이야기를 전한다(행 19 : 13-17).

가버나움을 떠나심(4 : 42-44)

막 1 : 35-39

예수께서는 위에서 설명한 사건들이 있었던 다음날 아침에 이곳을 떠나 한적한 곳으로 가신다. '한적한 곳'은 명상과 기도를 하시는, 생각에 잠기신 예수의 모습을 생각하게 한다. 누가는 예수의 기도생활을 매우 자주 이야기하지만 여기서는 그렇게 하지 않는다. 예수께서 기도 중에 계셨음을 말하는 사람은 마가이다(막 1 : 35). 그러나 그 말씀조차도 이 장면을 선명하게 밝혀 주지 않는다. 중요한 것은 '한적한 곳'이라는 표현이다. 이 말은 글자 그대로 '광야 같은 곳'이다. 이 표현은 지리적이라기보다 신학적이다. 예수께서는 이전에 광야에 계셨었다. 이 광야는 예수께서 시험도 받으시고, 자신 앞에 있는 사역의 성격에 관해 몸부림치셨던 곳이다. 이제 그 사역은 시작되었다. 그는 유명하게 되셨고, 군중은 불어나고 있다. 지금 사람들은 그분을 찾고 있으며, 발견하면 자기들을 떠나가시는 것을 원치 않고 있다. 확실히 그는 그들의 필요를 위해 봉사하고 계신다. 그러나 그들의 칭송과 떠나지 말라는 애원 속에, 이전의 광야에서 경험하신 것과 같이 그를 시험해 보는 어떤 것은 없었을까?

예수께서는 또는 누구라도 지금 이 소명에 완벽하기란 쉽지 않다. 그런 중에서도 한 가지만은 분명하다. 나사렛 사람들이 다른 사람들을 배격하도록 예수께 요구하지 않은 것처럼 가버나움 사람들 역시 그것을 요구하지 않는다. 하나님의 통치에 관한 좋은 소식—즉, 예수의 사역 중에 보여지는 것과 같이 하나님이 호의를 갖고 계시는 그 때와 장소에 관한 좋은 소식—은 폭넓게 나눠 가져야 한다(여기서 '하나님의 나라'라는 말을 처음 사용). 누가에게는 하나님의 복음이 광범위하게 보급되는 것이 예수 생애의 목적이다. 이 사실은 분명하다. 그렇기는 해도 예수께는 봉사해 주시기를 애원하는 도움을 필요로 하는 그 큰 군중은 '광야'처럼 감당하기에 쉽지 않은 자들이었다.

예수께서 유대의 여러 회당에서 설교하셨다(개역한글판에는 "갈릴리 여러 회당에서 전도하시더라"고 번역되었고, 난하주에는 갈릴리 대신 '유대'로 되어 있다.-역자주)는 취지로 쓴 이 요약된 설명은 예수께서 반드시 갈릴리와 사마리아의 남쪽 지역으로 가셨음을 의미하지는 않는다. 그러나 어떤 사본들은 그 설명이 어색하다고 여기고 유대를 '갈릴리'로 대치했다. 우리는 누가복음의 다른 데서 유대가 때로는 팔레스타인 전체와 같은 의미로 쓰인 것을 본다. 예를 들면 1 : 5에서 누가는 헤롯을 유대의 왕으로 부른다. 이 경우에 사실상 그는 갈릴리와 베뢰아를 포함한 전 국토의 왕이었다. 이 사실은 사도행전 10 : 37에서도 마찬가지라고 생각된다. 누가는 분명히 예수에 의한 사역의 넓은 범위를 포괄적으로 말하고 있다. 그리고 그는 예수께서 가지 않으신 곳, 즉 마가가 보여 주는(막 7 : 24-30) 나라 밖도 말하고 있다. 누가의 복음은 세계를 위한다. 그러나 우선 회당의 사람들이 그것을 들어야 한다.

첫 번째 제자들을 부르심(5 : 1-11)

마 4 : 18-22, 막 1 : 16-20

마태복음과 마가복음은 처음 제자들의 부르심을 상당히 앞부분에 위치해 놓고 있다. 그리고 이 부르심을 더욱 눈에 띄게 하고 있다. 모든 것을 버려두고 자기를 따르라는 부르심의 배경이 갈릴리에서 설교하시는 예수에 관한 진술을 간략하게 총괄적으로 하고 있어서 그렇다. 누가복음에는 이 부르심이 넓게 퍼진 명성과 더해 가는 인기 다음에 있기 때문에 어부들이 그처럼 대단한 인물을 따르고 있는 모습으로 이해되고 있다. 뿐만 아니라 우리의 본문이 밝히 보여 주듯이, 제자들은 그리스도를 향하여 반응을 나타내고 있다. 그들이 보는 앞에서 그들이 앞으로 증언하게 될 권능을 보여 주셨기 때문이다. 누가복음에서 그들은 탁월하고 마음 설레게 하는 그리스도를 따르고 있다. 마가복음과 마태복음에서처럼 곧 임하게 될 나라에 대한 한 분의 새로운 설교자로서 그를 따르는 것이 아니다. 교회가 전통적으로 이사야가 본 하나님의 환상(사 6 : 1-8)과 바울이 본 그리스도의 보이심(고전 15 : 1-11), 그리고 누가복음 5 : 1~11을 하나님 출현(epiphany)의 본문으로 인식하는 것은 결코 놀라운 일이 아니다. 여기서 시몬 베드로는 그리스도의 권세와 지식을 목격하고 자신의 죄를 심각하게 깨닫는 가운데 그분 앞에 엎드린다.

실제로 부르심 직전에 있었던 그 기적적인 고기 잡기는 부활 이야기에 나오는 요한복음 21 : 1~23의 기록과 매우 유사하다. 두 이야기 모두 예수의 지시에 따라서 고기를 많이 잡았으며, 이야기의 초점은 시몬 베드로에게 있다. 시몬은 앞에서도 언급되었지만(4 : 38-39), 여기서 처음 부각된 모습으로 나타나고 있다. 이야기는 전적으로 시몬에게 집중되어 있다. 그리하여 그의 동업자들은 이름도 밝혀지지 않다가 나중에 알려진다. 그리고 베드로의 형제인 안드레는 함께하고 있었는지 모르나 언급도 안 되고 있다. 괄목할 만큼 많은 고기를 잡은 사실은 엘리야와 엘리사의 이야기에 나오는 기적적인 양식 이야기(왕상 17장, 왕하 4장)를 회상케 한다. 이 선지자들은 누가가 좋아하는 이야기의 자료들로 앞에서 논한 바 있다. 기적으로 보여 주는 누가의 위로는 잘 알려져 있다. 그러나 누가라도 신앙이 생겨나게 하는 데 기적의 역할은 절대적이지 않다는 사실을 잘 알고 있다. 비그리스도인들 역시 경이로운 일을 할 수 있기 때문이다(11 : 19, 행 8 : 9-11).

좀더 상세히 논할 필요가 있다. 앞에 나온 네 가지 이야기들은 순서대로 연결되고 있는 것 같다(안식일, 해질 무렵, 다음날 아침). 그러나 여기서는 그런 연결을 추정할 이유란 없다. 그러나 이 사건은 예수께서 큰 인기를 얻고 계시던 기간에 있었다. 사실상 예수께서는 무리로부터 좀 떨어져 계시려고 시몬의 배를 이용하신다. 무리가 예수를 가까이하고자 하므로 물가까지 물러나시게 했다(게네사렛〈Gennesaret〉은 갈릴리 바다에 대한 누가의 호칭이다). 예수 말씀의 초점과 효과는 이번에도 잘 나타나고 있다. 사람들은 하나님의 말씀을 들으려고 찾아왔고(1절), 또 시몬은 예수께 말했다. "선생이여 우리들이 밤이 맞도록 수고를 하였으되 얻은 것이 없지마는 말씀에 의지하여 내가 그물을 내리리이다"(5절). 따르라는 부르심은 "……이제 후로는 네가 사람을 취하리라"(10절)였는데, 이는 시몬에게 하신 말씀이었다. 그러나 그의 동업자들에게도 하신 말씀이었다. 왜냐하면 "저희가 배들을 육지에 대고 모든 것을 버려두고 예수를 좇았기" 때문이다(11절). 양을 치는 것과 고기 낚기는 예나 오늘이나 계속 교회 사역에 대한 모습이다. 예수의 능력과 지식에 대한 베드로의 반응은 어부로서의 그것이 아님에 유의해야 한다. 다시 말하면 그는 '나는 왜 고기가 있는 곳을 몰랐지?'라고 생각하지 않는다. 오히려 그의 반응은 그가 지금 주님이라고 부르고 있는 그분 앞에서 한 인간으로서의 모습을 보이고 있다. 문제는 시몬의 고기 잡는 기술이 아니라 그의 삶이다. 그러나 예수의 눈에는 그의 죄가 그를 무자격자로 만들지 않았다. 시몬을 예수 무릎 앞에 엎드리게 한 그 권세는 이제 그를 일으켜 하나님께 봉사하게 한다.

누가가 최초의 제자들을 부르신 이 이야기를 여기에 기록한 사실은 시사하는 바가 있다. 예수의 인망과 따르는 군중의 크기가 협력자들을 필요로 했다는 사실이다. 그 후에 칠십 인을 파송함에 있어서(10 : 1-2) 이 사실은 더욱 분명해진다. 예수의 이번 사역은 이렇게 교회의 성공적인 복음 확산에 대한 예언자적 행위였고, 더 많은 일꾼들을 불러 모을 필요조건을 제시했다(행 11 : 19-26).

한센병자를 고치심(5 : 12-16)
(마 8 : 1-4, 막 1 : 40-45)

이 병고침의 이야기에 대한 누가의 서론 "예수께서 한 동네에 계실 때에"는 매우 포괄적이다. 이 서론은 "예수 사역의 또하나의 특징은 다음과 같다"라고 말하는 한 방법이다. 우리는 예수께서 병든 사람들, 마귀들린 사람들과 가까이하시는 것을 보아 왔다. 이제 우리는 예수께서 사회적 질병(a social disease)을 가진 사람에게 봉사하시는 것을 본다. 한센병(leprosy)은 집이나 옷에 생기는 곰팡이에서 각종 피부질환에 이르기까지 그 범주에 속한 질환들에 붙여진 병명이다(레 13장, *Haper's Bible Dectionary*에 있는 한센병 기사를 읽으라). 오늘날 우리가 한센의 질환(Hansen's disease)으로 알고 있는 것 이상 또는 그 이하까지가 한센병으로 분류되었다. 모든 문화권에는 원인을 알 수 없고, 위협적인 질병들이 들어왔다. 그리고 사람들은 우선 그것들을 공포와 무지로 대하게 되었다. 설명이나 치료도 없이 종교적, 사회적,

정치적 세력들이 함께하여 병든 사람들을 가정, 종교, 그리고 영업에 있어서 서로 접근하지 못하도록 격리시켜 보이지 않는 곳으로 옮기도록 요구한다. 그 법은 그렇게 말한다.

> 문둥 환자는 옷을 찢고 머리를 풀며 윗입술을 가리우고 외치기를 부정하다 부정하다 할 것이요 병 있는 날 동안은 늘 부정할 것이라 그가 부정한즉 혼자 살되 진 밖에 살지니라(레 13 : 45-46).

분명히 이 사람은 예수께 접근함으로써 격리되어 있어야 하는 법을 어겼다. 그의 행동은 그의 절망과, 틀림없이 전하여 들었을 것인데, 예수께서 자기를 도우실 수 있다는 믿음의 증거였다.

"예수께서 그를 도우실 수 있다."는 사실은 이 한센병자의 마음속에 문제가 되지 않은 것 같다. 의문은 "그분이 고쳐 주실 것인가?"이다. 결국 그의 문제는 소경이나 팔과 다리가 말라 버린 사람처럼 단지 긍휼히 여기심을 받아야 되는 것이 아니라 자기의 질병이 사람들의 반발을 불러일으키는 사회적인 질환이라는 점이다. 그러나 이 한센병자는 예수의 능력을 받게 되려면 그분의 은혜로운 돌보심이 있어야 한다는 사실을 곧 알게 되었다. 왜냐하면 예수께서는 그 병자를 만지심으로써 그 사람의 고립과 수치에 동참하시기 때문이다. 본문의 경우에는 먼 거리에서의 구원이란 불합리하다. 예수께서는 자신이 봉사해 주시는 그들에게 자신을 내어 주신다. 죄를 용서해 주기 위해서는 만나서 그 죄를 용서한다고 표명하듯이 그들의 거주지에 들어가지 않고는 한센병자를 도울 수 없다. 이와 같은 깨달음이 신약성경의 한 기자를 감동시켜 예수에 관하여 이렇게 쓰도록 했다. "우리에게 있는 대제사장은 우리 연약함을 체휼하지 아니하는 자가 아니요……"(히 4 : 15).

예수께서는 지금 고침을 받은 한센병자에게 두 가지 지시를 내리신다. 첫째는, 아무에게도 이 사실을 알리지 말라는 것이었다. 몇 가지 그럴듯한 이유들이 생각난다. 예수는 진작부터 군중과 함께하고 계셨기에 사적인 여유가 없을 정도였다. 그리하여 군중의 관심은 더 이상 필요 없게 되셨다. 예수께서는 그의 사역의 어떤 한 면이 잘 알려져서 병 고치는 자나 귀신 추방자나 설교자라는 식으로 그 한 사역에만 국한되는 것을 원치 않으셨다. 예수는 이런 것들 중 어느 하나의 사역자가 아니며, 그런 것 모두의 사역자도 아니다. 잘못 인식되면 이사야 61 : 1~2에서 말씀하는 그의 총체적 사역의 효력을 잃게 된다. 아니면 이런 경우일 수도 있다. 예수께서는 이 사람이 자기의 고침 받은 것을 널리 알리다가 그가 지금 즉시 이행해야 하는 일들이 지연되거나 잘못되는 것을 원치 아니하셨으리라는 것이다. 그가 이행해야 하는 것이란 예수의 두 번째 지시사항으로, 제사장에게로 가서 율법이 요구하는 의식을 다 이행하라는 것이었다(레 14장). 예수께서는 율법을 지지하셨고, 결코 그 법을 어기는 데 동조하는 자가 되지 않으실 것이다.

그러나 이 사실과 다른 긍휼을 베푸셨던 행위들이 알려지면서 예수께서는 더 많은 갈채와 인기를 얻으셨다. 사람들은 기회를 놓칠 수가 없었다. 그들은 말씀을 듣고 병 고침도 받고 싶어했다(15절). 그러나 예수께서는 이 사람들 때문에 자신이 한계에 이르게 하실 수 없었다. 아니면 자기 능력의 근원으로부터 단절될 정도로 과로하셔도 안 되었다. 그래서 다시 광야로 나가셨다. 기도하고, 이전에 광야에 계셨을 때처럼 그 무엇에 관하여 고심하기도 하셨을 것이다. 병이 들었거나 마귀에게 사로잡힌 사람이 한 명이라도 도움을 간청하는 한, 비록 기도를 위해서라고 할지라도 그들에게서 돌아선다는 것은 결코 단순하거나 쉬운 일이 아니었다. 우리 중 어떤 이들은 악에서 선으로 돌아서는 것을 승리라고 간주한다. 오직 비범한 영적 분별력을 가진 사람만이 때로 선으로부터 떠나 그 선을 축적하기 위해 필요한 능력의 방향으로 나아갈 수가 있다. 16절에 누가는 글자 그대로 "예수는 물러가사 한적한 곳들(복수단어, 개역한글판에는 단수 '곳'으로 번역되었다. -역자주)에서 기도하시니라"고 썼다. 이 말씀은 단 한 번의 경우만을 말한 것이 아니고, 반복해서 하신 행동의 모습이었음을 말한다. 예수께는 이 행동이 안식일에 회당에 가시는 것 같은 관습이었다.

누가복음 5 : 17~6 : 11

종교 지도자들과의 초기 논쟁

어떤 신약성경 학자들은 민간전승을 연구하는 분야로 들어갔다. 어떤 공동체가 그 공동체의 정체와 생활에 중요한 이야기들을 어떻게 보전하고 구두로 전해 왔는지 알기 위해서이다. 이 연구방법을 통하여 합리적으로 추정한 사실은, 복음서에 기록되기 이전에 그리스도인 공동체 안에 유포된 예수에 관한 이야기들이 있었고, 이 이야기들은 약간의 변화를 거쳐 형태가 이루어졌으며 보전되었다는 것이다. 왜냐하면 그것들은 교회의 자체 이해와 사명을 위해서 필요했기 때문이다. 예를 들면 어떤 이야기들은 예배 때, 어떤 것은 전도에, 어떤 것은 새 개종자들을 가르치는 데 사용되었다. 복음서들을 이러한 방법으로 연구한 사람들은 한 유형의 자료를 식별해 냈다. 이것은 교회가 비평자들 앞에서 자체의 신앙과 실천을 변증하는 데 사용되어 왔던 자료이다. 이러한 형태를 갖게 된 자료들은 '논쟁의 이야기들'이라 불려지고 있으며, 이 자료가 본론 중에서 우리의 마음을 끌고 있다.

다시 누가는 마가복음(막 2 : 1-3 : 6)을 따라 진행한다. 그러나 누가의 신학과 목적에 적합하도록 변형하면서 그렇게 하고 있다. 대단한 인기를 얻으시는 배경 속에서, 여기서는 예수께서 비평자들을 향하여 답변하고 계신다. 앞에서는 예수께서 봉사하신 사역의 유형들을 설명하는 여섯 편의 이야기들이 있었는데 여기에는 논쟁에 관한 여섯 편의 이야기들이 있다. 그러나 이 여섯 단위들이 네 가지 문제에 걸려 있기 때문에 우리는 그것들을 네 가지 논쟁들로 다룰 것이다. 그 문제들은 죄의 용서, 세리와 죄인들과의 교제, 금식, 그리고 안식일 준수이다. 이것들은 분명히 초대교회 안에서 많은 논란 중에 있었던 문제들이었다. 그리고 이 문제들은 예수의 사역을 회상함으로써 교회로 하여금 비평자들과 적대자들에게 답변하고, 그것을 실행하도록 옹호하게 했다.

우선 복음서들을 예수의 전기(傳記)들로 생각하는 사람들에게 말한다. 누가복음 안에 있는 이 이야기들의 위치 설정은 연대순으로 된 것이 아니다. 다시 말해서 그 이야기들이 예수 사역의 초기에, 그리고 순서대로 있었기에 지금의 위치를 잡은 것이 아니다. 누가는 우리가 이 이야기들을 예수께서 그의 사역 전반에 걸쳐 직면하셨던 대표적인 논쟁들로 이해하기 원한다. 이 사건들이 소개되고 있는 그 표현들을 주시하라 : '하루는', '그 후에', '안식일에', '또다른 안식일에'. 누가는 이렇게 말한다. "나는 대단한 인기를 모으게 되었던 예수께서 하신 활동들을 이야기했다. 지금 여기서는 당시에 진행되고 있었던 사실들의 다른 면을 이야기한다." 보도(報道)에 있어서는 정직하게 진행했을 뿐만 아니라 독자로 하여금 예수에 관하여, 그리고 그분과의 관계에 있어서 잘 알고 결정할 수 있도록 필요에 따라 썼다. 예수를 향한 "예."는 "아니오."(두 번의 " "는 역자에 의함.)라고 말하는 사람들에게 함께할 기회를 주지 않는 한 그 효과가 별로 없다. 이 말은 누가가 순수하게 객관적인 보도를 하고 있다는 것이 아니다. 그는 한 사람의 대변자이며, 복음을 선포하고 있다. 그러나 두려움이 없고 불안정하지 않으며 어리석지 않은 설교자라면 누구나 예수를 향하여, 복음을 향하여, 그리고 교회를 향하여 많은 사람들이 "아니오."라고 말하고 있는 사실을 안다. 결국 예수의 인격과 사역에 관한 그 어떤 것이 예수를 죽이게 했다. 그리고 20세기 동안 그를 따르던 많은 이들이 동일한 대가를 치렀다. 늙은 시므온은 예수께서 아직 아기셨을 때 그것을 말했었다. "……이 아이는 이스라엘 중 많은 사람의 패하고 흥함을 위하며 비방을 받는 표적되기 위하여 세움을 입었고"(2 : 34).

이 이야기들에는 특별한 순서가 없는 것처럼 보인다. 사건의 발생 순서나 점차 더해지는 문제들의 순서나 점차 강렬해지는 반대의 순서가 없다. 사실상 첫 번째 논쟁이 가장 큰 무게와 결과를 가진 문제들을 내포하고 있다. 그러므로 우리는 이 논쟁들을 구분되어 있고, 서로 동떨어진 문제들로 논하겠다.

이 서론에서 마지막으로 하는 말은 이 이야기들 속에서 우리가 바리새인들, 그들과 함께한 일단의 서기관들, 율법의 교사들, 그리고 제자들을 만나게 될 것이라는 사실이다. 바리새인들은 예수의 사역 중에 두드러진 존재들로 나타나고 있다. 그리고 누가복음에서 그들은 예수께 어떤 때는 우호적으로, 또 어떤 때는 비우호적인 관련을 갖고 있다. 그러므로 성경사전(하퍼의 성경사전을 추천한 바 있다.)을 찾아 바리새인에 관한 기사를 읽는 시간을 가지면 좋을 것이다. 우리 중에 많은 이들이 그렇게 할 필요가 있다. 그들에 관하여 너무 많이 모르고 있다. 교회 안에 널리 퍼져 있는 관념은 바리새인이 '위선자'와 동의어라는 것이다. 의심의 여지가 없이 많은 바리새인들이 위선자들이었다. 예수께서 그들을 그렇게 비난하셨을 뿐만 아니라 랍비들의 저작들(rabbinic writings) 속에서도 어떤 바리새인들이 다른 바리새인들을 그렇게 공격하고 있다. 생활이 자기들의 가르침과 일치하지 않는 자들을 '가까이 못할 사람들'(sore spots)이라고 불렀다. 그러나 그 사실을 근거로 그들 모두를 정죄하는 것은 소수의 성직자가 추문(醜聞)과 연관되었다고 해서 모든 성직자들을 정죄하는 것과 같다. 바리새인들은 사두개인들처럼 제사장들이 아니었다. 그들의 활동 중심지는 회당이었고, 그들의 신조의 핵심은 법이었다. 성문 및 구두로 된 법이었다. 그들은 시간의 대부분을 율법이 어떤 특정한 상황에 어떻게 적용되는지를 상세히 말하는 데 썼다. 예를 들면, 율법은 "안식일을 기억하여 거룩히 지키라."고 한다. 그런데 이런저런 상황이 생겨난다면 그 법이 의미하는 바는 무엇인가? 그들은 특정의 경우들에 대한 법의 의미들을 결정했다. 그리고 주어진 법의 경우마다 적용되는 수많은 규례(規例, regulation)들을 부가시켰다. 왜 그렇게 했던가? 그들의 기본적인 확신은 하나님의 뜻이 하루 24시간 모든 상황 속에서 이루어져야 한다는 것이었기 때문이다. 이렇게 하여 그들은 신앙을 고수하고 공동체를 보전하며 그 신앙을 타협이나 외국의 영향으로부터 보호하고자 노력했다. 예수와 바리새인들 사이의 공통점을 찾는 데는 그렇게 고심하지 않아도 된다.

중풍병자를 고치심(5 : 17-26)

마 9 : 1-8, 막 2 : 1-12

예수께서 행하신 사역이 나라의 온 지역으로부터 병자들과 귀신들린 자들뿐만 아니라 바리새인들과 율법의 교사들을 이끌어 왔다는 사실은 놀랄 일이 아니다. 그들이 참석한 동기는 기록되지 않았다. 그러나 그들은 분명히 종교지도자들로서 교사요, 설교자요, 병 고치는 자이며, 귀신 추방자이신 이에 관하여 유포되고 있는 이야기의 진상을 스스로 점검하기를 원했을 것이다. 그들은 누가가 단지 통상적인 말로 예수께서 가르치고 병을 고치고 계시던 어느 날이라는 그때에 참석했다. 일어나고 있는 현상은 매우 극적이고 비상했다. 한 무리의 사람들이 중풍병자를 예수 앞에 메어다 놓으려 했으나 그 노력은 실패였다. 그리하여 그들은 지붕을 통하여 그를 내려놓았다(누가는 '기와'〈19절〉를 말하는데, 팔레스타인의 건축물보다는 자신의 그리스-로마의 배경을 반영한다). 이 중풍병자에 대한 예수의 사역에서는 ('그들의' 믿음을 보시고, 20절) 이 사람이 병 고침도 받고 죄의 용서도 받는다. 이 기록을 복잡하게 하고, 이 사건의 의미를 깊이 생각하게 하는 것은 이 이중으로 받은 은혜이다.

어떤 해설자들은 이렇게 결론을 내린다. 이 중풍병자에게 예수께서 처음 하신 말씀은 "이 사람아 네 죄 사함을 받았느니라"(20절)였다. 암시되고 있는 분명한 사실은 그의 질병이 그의 영적 상황과 연관되고 있다는 결론이다. 몇몇 성경 기자들이 사람의 영적 상태를 그 사람의 육신적, 심지어 경제적인 조건과 직접 연관을 짓고 있는 사실은 의문의 여지가 없다. 시편 1편이 좋은 실례이다. 하나님을 섬겨라. 그러면 번영할 것이다. 악인의 길을 선택하라. 그러면 망할 것이다. 요한복음 5장에서 예수께서는 마비증에 걸린 환자를 치료하신 다음에 그에게 말씀하셨다. "보라 네가 나았으니 더 심한 것이 생기지 않게 다시는 죄를 범치 말라 하시니"(요 5 : 14). 이후에 누가는 사도행전에서 범죄한 자들, 즉 유다, 아나니아와 삽비라, 헤롯 아그립바 등에게 임할 형벌에 관하여 말할 것이다. 다른 한편으로 누가는 예수께서 가난하고 굶주린 자들에 대하여 말씀하신 복과 부자들에 대해 말씀하신 화를 기록할 것이다(6 : 20-26). 시편 1편에서 관찰한 것과는 정반대의 내용이다. 누가는 사람들이 경험하는 비극과 그들의 영적 조건 사이에는 어떤 연관도 없다고 예수께서 단호하게 부정하신 사실(13 : 1-5)을 말할 것이다. 나쁜 일은 언제나 나쁜 사람들에게 생겨난다는 관념, 또는 미국의 한 성직자가 "가난한 사람을 보여 달라. 그러면 죄인을 보여 주겠다."라고 한 말의 기록에 대한 마지막 반론은 물론 죄 없으신 그분의 십자가에 못 박히심이다. 성경은 분명히 이 사실에 관하여 논하고 있다. 그러나 우리가 보고 있는 이 경우에 있어서는 그 사람의 죄 용서로는 그의 중풍병이 낫지 않았음이 분명하다. 죄와 질병의 관련에 대한 각자의 견해가 어떠하든 이 이야기는 그 사실에 관하여 복잡성을 떨쳐 버리지 못한다. 그리고 그것은 심신상관(心身相關, psychosomatic)의 질병에 관한 현대의 견해들로도 명확하게 해결되지 않는다.

이 본문의 복잡성은 문학적인 면과 논리적인 면에도 있다. 문학적 시각에서 볼 때 누가는 분명히 마가의 이야기(막 2 : 1-12)를 사용하고 있다. 본문에 관한 많은 연구자들은 이 내용을 두 개의 이야기가 융합된 것으로 본다. 이 견해에 따르면, 예수께서 죄를 용서하시는 기록이 치유의 이야기 속에 삽입되었다는 것이다. 치유는 17~20상반절과 추정하기로는 24b절에서 보도되고 있다. 삽입되었다고 하는 20절 하반절에서 24절 상반절까지 제하고 읽어 보면 이 기록은 완전하고, 어색하지도 않고 분명하다. 이야기들 속의 이야기들은 복음서들 안에서 드문 일이 아니다(예컨대, 눅 8 : 40-56). 논리적으로는 복잡성이 23~24절에 있다. 누가 "병 고침 혹은 용서 중 어느 쪽이 더 쉬운가?"라고 말할 수 있겠는가? 그리고 어떻게 병 고침이 죄 용서의 권세를 증명할 수 있는가? 치유와 용서가 섞여 짜여진 것을 추적하는 데 있어서의 어려움은 우리로 하여금 뒤로 물러서게 한다. 그리고 이 두 가지 근원은 병도 고치시고 죄도 용서하시는 하나님께 있음을 인식하게 한다. 또한 이 본문은 하나님께서 예수의 사역 중에 함께하고 계신다는 사실을 알려 주고 있다.

사실상 누가가 여기서 말하고 있는 것에 관하여 세 가지 진술이 가능하다. 첫째, 예수께서는 병도 고치시고 죄도 사하시는 하나님의 권세를 갖고 계신다. 교회는 그렇게 주장하고 있다. 둘째, 예수께서는 자기를 따르는 자들에게 치료의 사역을 위임하셨고(9 : 1-2, 행 3 : 1-16), 그리스도의 이름으로 죄사함도 주신다(24 : 47, 행 2 : 38). 그리고 마지막으로, 누가는 치유와 죄의 용서 사이에 관련이 있는 것으로 알고 있었다. 이 사실은 본론의 이야기에서 뿐만 아니라 다른 데서도 분명하다. 예를 들면, 예수께서 용서받은 여자에게 하신 말씀("……네 믿음이 너를 구원하였으니," 7 : 50)과 병 고침을 받은 여자에게 하신 말씀("……네 믿음이 너를 구원하였으니," 8 : 48)에서 사용된 두 동사는 동일하다. 성전에 있었던 앉은뱅이에 관한 사도행전의 기록 중에서 그 사람은 병 고침도 받고 구원도 받았다(행 4 : 9, 12)고 같은 단어를 써서 설명했다. 사람이 몸과 마음과 감정, 그리고 혼으로 구성되어 있다고 생각하는 경향은 총체적 인격을 향한 예수의 사역을 이해하는 데 장애가 될 것이다.

세리와 죄인들과 함께 잡수심(5 : 27-32)

마 9 : 9-13, 막 2 : 13-17

이 단원은 한 사람을 제자직(弟子職, discipleship)으로 소명하시는 것으로부터 시작된다. 예수께서는 이 사람의 집에서 사회적으로, 종교적으로 쫓겨난 자들로 여겨지던 사람들과 함께 식사하셨다. 그 사람은 레위(Levi)

이다. 제1복음서에는 마태(Matthew)라고 호칭된다(마 9 : 9). 레위가 이전에 예수를 알고 있다가 지금 전적으로 제자직을 갖게 되었는지는 알려져 있지 않다. 누가가 보여 주는 바로는 당장 부르시고 당장 응답한다. 이전에 제자들을 부르실 때와 결코 다르지 않다. 예수의 말씀의 능력은 앞에서, 귀신 추방과 가르치심의 경우에서 논한 바 있는데, 여기서 다시 잘 보여지고 있다. 레위가 마음을 정하는 데 기록되지 않은 점진적인 과정이 있었다는 상상은 필요 없다. 레위의 심리적 현상을 간략하게라도 설명하려는 시도 역시 바르지 않다. 부자라도 공허하며 죄의식에 사로잡혀 있고, 비단결의 안락 중에서도 잠 못 이루며 가난한 사람들의 공허한 시선들 때문에 시달리고, 참된 삶을 돈 주고 사려고 찾아 헤매며 영적으로 파산자요 고독했다는 식으로 설명하려 하면 안 된다. 본문이 말해 주는 내용을 이렇게는 말할 수 없을까? 수많은 친구들을 가진("……다른 사람이 많이 함께 앉았는지라", 29절) 부자("레위가 예수를 위하여 자기 집에서 큰 잔치를 하니", 29절)가 그로 하여금 전혀 다른 생활을 하도록 부르시는 예수의 말씀을 듣게 되었다. 그 생활은 압박당하는 자들, 감옥에 있는 자들, 소경, 그리고 가난한 자들을 위한 하나님의 돌보심을 우선으로 하는 생활이다. 부자나 권세 있는 자들이 운명의 뒤바뀜을 경험하기 전에는 그들에게 하나님의 통치를 말해 주지 않고 기다리는 설교자들이 많이 있다. 이 설교자들과는 다르게 부자들과 권세자들을 향한 예수의 말씀은 그들의 생활을 바꾼다. "저가 모든 것을 버리고 일어나 좇으니라"(28절).

레위가 제자로 부르심을 받은 뒤에 있었던 잔치는 예수께서 손님으로 초대를 받으신 것이 아니다. "레위가 예수를 위하여 자기 집에서 큰 잔치를"(29절) 베푼 것이다(글자 그대로는 '그를 위하여', 즉 '예수를 위하여'이다). 예수께서 존귀하게 되고 계신다. 그리고 식탁에는 레위의 옛 친구들, 세리들과 또다른 사람들로 된 많은 사람들이 함께했다. 이 '다른 사람'들은 바리새인들과 서기관들의 비평하는 말에 의해 곧 '죄인들'로 밝혀진다(30절). 지금 이 잔치와 유사한 경우의 다른 교제들로 인하여 예수께서는 자주 "세리와 죄인의 친구로다"(7 : 34)라는 비난을 받으셨다. 우리들의 사회 안에서 세금 거두는 사람은 봉급으로 생활하며 재정관련 기관에서 일하는 사람일 뿐이다. 이러한 우리의 사회에서 교사들과 설교자들은 복음서들 안에 나오는 이 세금 거두는 사람들을 설명해 주어야 할 것이다. 로마 제국의 지역 주민들은 아주 드문 면제의 대상이 되지 않는 한 갖가지 세금들을 내야만 했다. 수시로 인두세(人頭稅), 도로와 교량의 세금, 상품에 붙은 세금들이나 재산세 등이었다.

세금 징수의 업무는 보통 그 지역 안에서 부자이고 권세 있는, 그 지역의 본토인이 아닌 사람에게 맡겨졌다. 그 사람은 그 지역을 구역들로 나누고, 그 지역들에 세리장을 세운다. 세리장은 실제 징수를 위해 그 지역의 사람을 활용한다. 이 세제(稅制)는 정부에 보내는 금액에 초과되는 여분의 세금을 징수하도록 허용했다. 부패의 문은 넓게 열려 있었다. 신약성경을 포함하여, 그 시대의 문헌에는 세리들이 경멸되고 있다. 경제적 압박에다 이방인들과의 접촉에 의해 생활양식에 불결이 가중되었다. 자기 백성을 등지고 외국인들을 위하여 일해야 했으므로 반역의 요인들이 있게 되었다. 그리하여 부랑자(浮浪者)의 신분이 예사롭게 되었다. '죄인들'에 대해서는 단순히 어떤 사람의 생활양식에 관련된 어떤 사람의 견해가 아니었다. 이 명칭은 마을 안에서 모세의 율법을 잘 어기기로 알려져 있는 사람들을 가리킨다. 그들의 위반행위는 공식, 비공식적으로 기록되고, 그리하여 그들은 회당으로부터 배제된다. 회당은 공동체 안에서 중심 역할을 했다. 그리하여 죄인이 되는 것은 곧 쫓겨나는 자가 되는 것이었다.

우리가 논하고 있는 이야기는 배제된 사람들을 받아들이는 예수를 전해주는 이야기이다. 예수의 받아들이심은 종교적, 경제적, 그리고 정치적이다. 누가복음은 예수께서 가난하고 억압받는 사람들을 받아들이심을 강하게 그리고 반복해서 강조한다. 그리하여 이 내용과 함께 어떤 개인이나 단체를 역행(逆行)하는 것이 용인된다고 오해하여 누가복음을 오용하면 잘못이다. 어떤 이들을 위한 사랑을 입증하려고 다른 이들을 미워해서는 안 된다. 누가가 앞으로 예수의 비유 중에서 우리에게 알려 주겠지만, 어떤 사람이 두 아들을 두었다. 그는 그 두 아들을 똑같이 사랑했으며, 그 둘을 집안으로 영접하기 위해 밖으로 나갔다(15 : 11-32).

예수께서 세리들과 죄인들을 받아들인 것은 그들과 함께 식사를 하심으로써 입증된 것처럼 절대적인 것이었다. 당시 그곳의 문화와 이문화(異文化, subculture) 속에서 식탁의 관습은 철학적이건 문학적이건 종교적이건 간에 어떤 사람들의 신분을 말해 주는 표시였다. 근동의 한 격언이 말해 주듯이

"그들이 먹는 것을 보면 그들이 누군지 알게 된다." 누가는 당시의 많은 사람들이 요한과 예수를 배척한 근거가 이 두 선지자들의 식사 관습이었다는 것을 곧 우리에게 알려 줄 것이다. 요한은 그 누구와도 먹지 않았고, 예수께서는 모든 사람과 잡수셨다(7 : 31-35). 다른 이들을 자신의 식탁으로 초대하는 것은 풍족함이나 신분의 표시일 수 있다. 그러나 그것은 또한 섬김의 행위이다. 초대교회에서 모두가 함께했던 그 식사들은 육신의 필요를 채우는 수단이면서 그 누구라도 잘 어울리게 했던 방안이었다. 가진 자들과 갖지 못한 자들이 구별 없이 함께 식탁에 앉았었다(행 2 : 43-47). 먹는 데 경제적인 구별을 하는 것은 이 원칙을 위반하는 행위이다. 바울은 이것에 관하여 고린도 교회를 엄중히 책망했다(고전 11 : 17-22). 결국 식탁에서의 교제는 서로를 충분히 받아들임을 의미했다. 오늘날에도, 식탁의 관례가 각각인 다원문화(多元文化) 속에서도 함께 먹는 것은 중대한 사회적 의미를 갖는다. 또한 공동체 의식을 표현하고 조성하는 의미도 갖는다.

예수에 대한 비평을 예수의 제자들에게 하고 있는 사실을 주시하라(30절). 이것은 그들이 예수를 두려워했음을 보여 주는 것이 아니다. 대신에 이 사건을 말하게 되는 이유를 반영하고, 초대교회의 생활 중에 있었던 이와 유사한 비난의 경우들도 반영한다. 다시 말하면 교회(예수의 제자들)가 세리들과 죄인들의 행위를 눈감아 주는 것처럼 보이는, 그들과 함께하는 식탁 교제에 대하여 비평을 받았던 것이다. 이 비평에 대한 답변은 제자들이 아니라 예수께서 하셨다(31-32절). 교회는 자체의 행위에 대한 변호를 예수의 식탁 교제와 그의 말씀 중에서 찾아냈다. 예수께서는 그들의 비난에 답변하시면서 하나의 격언을 인용하시고(31절), 그리고 자기 직무의 목적을 선언하신다(32절). 예수께서 하신 말씀의 수법은 그 명료함에 있어서 괄목할 만하며, 그 요구 또한 피할 수 없는 것이었다. 아무도 직접적으로 상대하지 않으시고, 그 누구도 고발하지 않으시면서 예수께서는 건강한 자와 병든 자, 의인과 죄인, 이 두 편의 은유(隱喩, metaphor)로 두 부류의 사람들에 관하여 말씀하신다. 예수께서는 자기의 사역이 누구를 향한 것인지를 분명히 하셨다. 그러나 말씀을 듣는 자들은 자신이 건강한 자인지 병자인지, 의인인지 죄인인지를 결정해야 했다. 고발은 곧 자기 형벌이다. 독자 역시 붙잡혔다. 그리하여 더 이상 이 잔치의 구경꾼이 아니다. 나는 예수와 세리들, 그리고 죄인들과 함께 식탁에 앉았는가? 아니면 비평자들 사이에 끼었는가?

누가는 마가복음 2 : 17, 마태복음 9 : 13과 다르게 이 이야기를 설명하면서 '회개'라는 말을 덧붙인다. 신약성경의 어떤 기자도 누가만큼 '회개'라는 말을 자주 쓰지 않는다. 예수께서 사회적으로, 종교적으로 소외된 자들을 포함하여 모든 사람들을 받아 주신다는 사실에 집착한 나머지 하나님의 다스림 안에서의 생활은 어떤 윤리적 기대도 없다고 잘못 생각해서는 안 된다. 회개는 예수의 오심과 설교에 의해 가능하게 된 그 시대의 선물이면서 요구이다.

금식에 관한 논쟁(5 : 33-39)

마 9 : 14-17, 막 2 : 18-22

마가는 금식의 문제를 레위의 집으로부터 분리시켰다. 그리고 신원이 밝혀지지 않은 사람이 이 문제를 제기한 것으로 기록했다. 마태 역시 이 논쟁을 앞의 논쟁으로부터 분리하고 요한의 제자들이 이 금식의 문제를 제기한 것으로 기록했다. 이들과는 다르게 누가는 예수께 질문한 '저희'가 최소한 레위의 잔치에 참석했던 사람들임을 암시한다. 여기서 이 문제를 예수께 말씀드리지만, 이 금식은 그를 따르는 자들(교회)에 관한 것이다. 그리하여 이전에도 제자들이 그들의 행위에 관하여 질문을 받고 예수께서 대답하셨다. 이 두 번의 경우가 다 교회와 관련이 있다. 질문은 금식이 옳으냐 옳지 않으냐, 또는 예수를 따르는 자들이 금식을 해야 하느냐가 아니었다. 금식은 기도, 구제와 함께 유대교의 세 가지 선행 중 하나였다. 그리고 교회는 이 금식이 회당에서 시행되었다는 이유만으로 한사코 배척해서는 안 된다. 마태복음은 예수의 금식을 설명할 뿐만 아니라(4 : 2), 그것을 그리스도인의 경건한 행위로 여긴다. "금식할 때에 너희는……"(마 6 : 16-18). 누가는 초대교회의 기록에서 금식을 논한다(행 13 : 2-3, 14 : 23). 사실상, 우리가 지금 논하고 있는 누가복음의 본문에는 예수께서 말씀하신다. "그러나 그날에 이르러 저희가 신랑을 빼앗기리니 그날에는 금식할 것이니라"(35절). 논점은 적합한가의 문제인 것 같다. 선포하고 모두가 함께하는 금식(대하 20 : 3, 스 8 : 21-23, 레 16 : 31-34)과 바리새인들이 월요일과 목요일에 하는 일과적

(日課的) 금식("나는 이레에 두 번씩 금식하고……", 18 : 12)은 세상을 향한 하나님의 은혜와 자비의 의미로부터 쉽게 구별될 수 있을 것이다. 하나님의 나라 안에서의 삶에는 죄에 대한 애통과 슬픔뿐만 아니라 기쁨과 감사도 있다. 결혼식과 잔치 또한 하나님의 나라를 위하여 배타적이지 않다. 그러나 35절이 분명하게 밝히고 있듯이 예수의 죽으심은 금식하도록 그를 따르던 자들을 새롭게 자극했다. 그리고 교회는 그의 부활과 함께 십자가를 기억하면서 시대의 종말까지 금식을 계속할 것이다. 주어진 상황 속에서 무엇이 적합한가의 문제는 예수께서 대답하지 않으셨다. 정확하게 언제 금식하고, 언제 유쾌하게 먹고 마실 것인가를 말씀하셨다면 어떤 신자들은 정확하게 무엇을 언제 할 것인가를 알아듣고 안심했을 것이다. 그러나 적합성의 문제는 말씀하지 않으려 하실 것이다. 아들들을 사랑하는 아버지가 큰 아들과 함께 잃어버린 아들이요, 또 동생인 탕자가 집으로 돌아올 때 기뻐해야 마땅한지의 문제로 고뇌했듯이(15 : 25-32), 교회는 삶과 복음에 대하여 적합한 대답을 해 주기 위하여 고심하는 고뇌를 해야 한다.

예수께서는 비유를 정성들여 말씀하신다. '비유'(parable)라는 말은 이야기 속에 들어 있는 언어의 단순한 수사(修辭, figure), 유추(類推, analogy), 그리고 은유(隱喩, metaphor)를 가리킬 때 쓰인다. 우리는 그것들이 어떤 비유이며, 어떤 역할을 하는지를 논하기 위하여 더 충실하고 더욱 복잡한 형태로 된 비유가 나올 때까지 기다렸다가 총괄적으로 논하는 것이 좋을 것 같다. 본문의 경우, 이 비유는 직접적인 유추법이다. 예수께서는 자기를 비평하는 자들에게 말씀하신다. 낡은 옷을 깁기 위하여 새 옷을 찢을 수 없고, 새 포도주를 낡은 가죽부대에 넣을 수 없음같이 자기 제자들은 새롭게 시작된 시대에 새로운 삶의 의미를 낡은 의식들에 부합시킬 수 없다는 것이다. 새 옷감과 새 가죽부대는 활기차고 변화하며 형식과 크기에 고정되어 있지 않다. 그리하여 그것들이 죽어 있고 변하지 않는 것처럼 취급되어서는 안 된다. 그리스도인의 예배 의식과 행사의 형식들은 새 시대의 활기(活氣)에 어울려야 한다. 예수를 따르던 자들은 이 말씀을 어떤 경우에나 필요한 말씀으로 듣지 못했다. 그리하여 엄격하기 시작했다. 정체성을 유지시키고 신앙을 지켜 가려는 어쩌면 가치 있는 동기에서이다. 이때 이 본문의 의미가 새롭게 발견되면 적용은 큰 저항에 부딪히고 분열이 일어난다. 그러한 환경,

'옛것'과 '새것'이 그 자체가 가치를 지녔다고 각각 나팔을 불어 대는 환경 속에서는 적합성이 상실되고 만다.

누가복음의 39절은 특이하고 비정상적이다. 해학인가, 반어적인가? 이 말씀은 분명히 앞 구절들과의 연속성을 갖고 있지 않다. 단지 '포도주', '묵은 것', '새것' 등의 단어들만 앞에 있는 토론과 공통일 뿐이다. 예수의 말씀을 들은 많은 사람들은 그 말씀이 매우 어렵다고 인식하는 것 같다. 유대교의 오랜 관행들—그것들은 존중히 여김을 받고 전통적이며 성경에서 확증된 것들—을 버리고 아직은 진로, 주장, 형식, 자체의 정체를 찾아가고 있는 새로운 것을 취하고 계시기 때문이다. 누가는 사도행전을 미리 내다보고 있는 것 같다. 거기에서 그는 교회 안에 있던 바로 이 몸부림을 기록하고 있다. 예수를 믿는 많은 신실한 자들이 예수를 메시야로 모시고 율법의 실천을 주장했다. 그 문제는 완전히 떠나가지 않을 것이다. 제7일 재림교인들(Seventh-Day Adventists)은 모든 이들이 지금도 한마음이 되지 못했음을 생각하게 한다. 누가 자신도 여기서 예외는 아니다. 옛것과 새것, 계속과 중단은 그에게도 두 가지의 가치이다. 그는 저것을 붙잡기 위한 어쩔 수 없는 대가로 이것을 포기하지 않을 것이다.

안식일에 관한 논쟁(6 : 1-11)

마 12 : 1-14, 막 2 : 23-3 : 6

누가는 이 이야기들을 매우 통상적인 말—"안식일에"(1절), "또다른 안식일에"(6절)—로 소개한다. 이 이야기들이 안식일 준수에 관한 많은 논쟁들 중에 단지 두 번의 사례임을 말하고, 이 사건들이 어디서 언제 있었던가는 중요하지 않으며 어떤 유형의 사건들인가를 강조해서 말하기 위해서이다 : 그것들은 안식일 이야기들이다. 다시 말하면, 예수의 생활 중에 있었던 이 사건들은 그로 하여금 유대인의 지도자들과 논쟁하게 했었는데 하나님의 백성으로서의 경건과 정체성의 핵심이 되는 실천사항에 관하여 논쟁하시게 했다. 신실한 공동체가 되기 위해서는 식탁의 관습과 안식일 준수는 중요했다. 논쟁의 이야기들을 취급하고 있는 지금 이미 두 이야기가 예수의 식사 습관(죄인들과 함께 식사하신 것과 타인들이 금식 중에 있을 때 잡수신 것)을 말해 주었다. 이제 우리는 안식일 문제에 관련된 두 가지—즉, 매주의 제 칠일과 지정된 성일(聖日)들—를 취급한다. 안식일 준수를 밑받침하는 것은 신학적인 면(하나님이 "일곱째 날에 안식하시니라", 창 2 : 1-2, 출 20 : 11)과 실제적인 면이다(일꾼들과 동물은 휴식을 필요로 한다. 출 23 : 12, 신 5 : 14-15). 당연히 공동체 안에서는 질문들이 생겨날 것이다 : "그러나 안식일에 이런 저런 일이 생기면 어떻게 해야 하는가?" 율법은 수다한 부수적인 요건들을 총괄하는 어떤 지시를 내리고 있다. 그러나 이 지시가 해당되지 않는 일이 생기면 전통을 따라서 선례(先例)를 제시하고 사안(事案)을 해석한다. 바리새인과 서기관들은 이러한 사항들의 상세한 조항에 유식하고 숙련되어 있었다.

누가는 연속적인 두 개의 안식일 논쟁에 관련하여 마가복음을 따라가고 있다. 이 두 논쟁은 초대교회가 회당 혹은 모세의 율법에 계속 충실했던 자체 교인들로부터 받았던 비평에 대한 응답으로 사용했던 대표적인 답변들일 것이다. 첫 번째로 예수께서는 자기 제자들의 행위를 옹호하신다(1-5절). 두 번째는 자기 자신의 행위에 대한 옹호이다. 우리가 추정하기로는, 이것은 초기의 그리스도인들이 예수께서 보이신 선례(6-11절)를 따라 자신들의 행위를 옹호한 본보기였을 것이다. 첫째로, 제자들은 도둑질하고 있다고 비난받고 있지 않다. 길을 갈 때 밭에서 취하여 먹는 것은 허용되었었다(신 23 : 25). 혐의는 분명히 수확(이삭을 자르는 것)과 타작(껍질을 제하고자 손으로 이삭을 비비는 것)이었다. 예수께서는 다윗의 생애에 있었던 선례를 들어 변호하셨다. 다윗은 곤경의 때에 율법을 거슬러 행동했었다(삼상 21 : 1-6). 사람의 극한(極限)의 궁핍과 굶주림은 신성한 의식의 요구를 앞질렀다. 그러나 누가는 여기서 마가복음을 따라가지 않는다. 마가복음은 이 사건에서 범위가 넓은 원칙으로 확대해 나간다 : "또 가라사대 안식일은 사람을 위하여 있는 것이요 사람이 안식일을 위하여 있는 것이 아니니"(막 2 : 27).

누가는 이러한 원칙이 많은 사람들로 하여금 그리스도인들의 선택을 좋아하여 안식일을 쉽게 범하도록 문을 열어 주고, 또 그러한 행위들을 신성하게 받아들일 것이라고 인식한 것 같다. 우리는 이미 눈여겨보았다. 예수께서는 유대교에 대하여 심히 내향적(內向的, interior)이셔서 그 법과 관습을 버리도록 허락하는 암시를 줄 수 없으셨다. 오히려 누가는 다음과 같이 선언하면서 이 이야기를 끝낸다. "또 가라사대 인자는 안식일의 주인이니라"(5절). 이 강력한 기독론적 진술은 예수께서 안식일의 법보다 우위에 계시며 그 법이 어디에, 언제, 어떻게 적용되는지 결정하실 수 있음을 주장한다. 교회를 향하여 이 진술은 예수 그리스도와 그의 말씀, 그리고 그의 행위가 안식일에 대한 교회의 이해를 결정한다는 사실을 의미한다. 구약성경이 그리스도를 증거한다(24 : 27, 44)는 누가의 입장에서 볼 때 이 사실은 이해가 된다. 그렇다면 교회는 안식일에 매여 있지는 않으나 안식일을 호탕하게 보내도록 자유롭지도 않다. 오히려 교회를 위하여 안식일을 해석하시는 그리스도께 매여 있다.

두 번째 안식일의 논쟁에서 예수의 행위는 선행에 관한 법의 활용에 대한 또 하나의 해석을 교회에 제공한다. 예수께서는 안식일에 회당에서 가르치고 계신다. 다시 말하면 그는 신실하게 율법을 지키시며 유대교의 교훈 안에서 봉사하고 계셨다. 그런데 그가 한 사람의 필요에 직면하셨을 때 어려움이 생겼다. 그는 지금은 가르치고 치료는 차후에 하실까? 아니면 지금 가르침과 치료를 함께하실까? 안식일이므로 어려움을 해결해 주는 일을 연기해야 할까? 마가복음에는 예수께서 노하셨다고 말한다(3 : 5). 누가복음에는 바리새인들과 서기관들이 분노했다고 말한다(11절). 예수께서는 사람의 필요 앞에서 아무런 행동을 하지 않는 것은 있을 수 없는 일임을 알도록 문제를 제기하신다. 행동에 옮기는 것이 선을 행하는 것(생명을 구하는 것)이고, 행동을 거부하는 것이 악을 행하는 것(생명을 멸망시키는 것)이라면 사람들은 무언가를 하게 될 것이다. "선택은 할 것인가 안 할 것인가?"가 아니라 "무엇을 할 것인가?"일 것이다. 예수께서는 선을 행하심으로 자기가 한 질문에 답하고 계신다 : 그 사람을 고치셨다. 메시지는 분명하다 : 다른 사람을 돕고 인간의 필요를 위해 봉사하는 날은 결코 잘못된 날이 아니다.

이 사건은 안식일 성수에 관한 해석에 있어서 안팎에서 해 오는 비평에 대해 교회가 답할 수 있는 두 번째 방안을 마련해 주었다. 누가는 앞으로 예수께서 안식일에 병을 고치신 다른 두 가지 경우들을 약간 다른 찬성의 이론으로 말해 줄 것이다. 13 : 1~17에서 예수께서는 등뼈가 심하게 굽은 여자를 고치신 다음에 주장하실 것이다. 안식일에 물가로 데려가기 위하여 매여 있는 짐승을 푸는 것이 허용되어 있다면 그렇게 오래도록 병약함에 매여 있는 이 여자를 자유롭게 하는 것을 왜 허용하지 않는가? 14 : 1~6에서 예수께서는 안식일에 응급행위가 허락되어 있는 사실을 지적하시며 안식일에 병 고침을 지지하실 것이다. 우물에 빠진 아들이나 소를 건져 내는 것이 허용된다면 이 경우도 그 특별한 경우에 포함되지 않는가? 이러한 비평들이 따르는 사건들 속에서 초대교회가 겪었던 고뇌의 메아리를 듣게 된다. 초대교회는 이 오래되고 신성한 전통에 관하여 회당뿐 아니라 자체적으로도 고심을 거듭했다.

마태복음과 마가복음은 "어떻게 예수를 죽일꼬?"라는 예수에 대한 적대자들의 음모로 이 논쟁 부분을 끝내고 있다. 누가는 아직은 명확한 죽으심에 이르게 하는 음모는 보여 주지 않으나 십자가에 대한 예상을 하면서 이 이야기를 끝내고 있다. 비평가들은 분노하고 "예수를 어떻게 처치할 것인가?"를 의논하고 있다(11절). 이 적대자들은 바리새인들과 서기관들이다. 예수살렘의 대제사장들은 이 장면 중에 아직 보이지 않는다. 그리하여 상황은 아직 끓는 데까지는 이르지 못했다.

누가복음 6 : 12~16

열두 사도의 선택

"이때에"(12절)라는 표현으로 누가는 독자를 갈릴리 사역의 긴 이야기 속으로 다시 끌어당긴다. 바리새인들과의 강렬한 논쟁과 예수에 대한 더해가는 반대가 연관된 여러 단원들을 거쳐 오는 동안에 독자는 예수께서 큰 인기를 얻으신 기록으로부터 멀어진 느낌을 받을 것이다. 누가는 이 인기의 기록들 가운데에다 논쟁의 기록들을 끼워 넣었다. 5 : 16로 되돌아가면 우리는 당시의 모습을 좀더 폭넓게 재구성하게 될 것이다 : 예수께서는 광야에서 기도의 시간을 갖기 위해 물러나시는데, 엄청난 군중은 환호하고 있는 모습이다. 그러나 반대세력을 염두에 두지 않으면 안 된다. 인기와 논쟁, 이 두 상황이 열두 사도를 부르시는데, 쌍둥이 배경(twin backgrounds)을 이루고 있다. 사도들은 계속 더해지고 있는 사역을 도와드릴 수 있을 것이며, 반대가 적의(敵意)로 바뀌어 예수께서 생명을 잃게 되실 때 그 사역을 확실하게 이어 나갈 수 있을 것이다. 사실상 이 쌍둥이 배경은 사도들로 하여금 그들이 장차 그 속에서 일하게 될 상황을 알아차리게 했다.

누가는 다시 독자에게 예수의 사역이 기도생활과 함께 진전되고 있음을 생각하게 한다. 다른 어떤 복음서 기자도 예수의 사역에 힘을 주는 이 요인(要因)에 주의하지 않는다. 예수께서는 세례를 받으신 뒤에 기도하셨다(3 : 21). 그에 대한 인기가 절정에 이르렀을 때, 그는 기도하려고 물러서셨다(5 : 16). 철야로 기도하신 다음에 열두 명을 선택하신다(6 : 12). 그리고 우리는 그의 제자들에게 자기가 누구인가를 말하도록 요청하셨을 때(9 : 18), 산에 올라가서 변화되셨을 때(9 : 28), 그리고 다른 여러 경우에(11 : 1, 22 : 41-46) 예수께서 하신 기도를 생각하게 될 것이다. 누가복음의 독자는 사역이 한 분에게는 너무 벅차게 되었을 때 그 일을 잘 진행시키는 방안으로 그 열두 명을 선택하셨다는 생각 외에 다른 생각은 안 할 것이다. 기도의 힘은 하나님의 더 큰 목적 속에서 그 일을 할 수 있도록 끌어올려 준다. 누가는 예배와 금식과 기도를 하면서 바나바와 사울에게 중대한 사명을 맡기는 장면을 보여 줄 때 이 사실을 다시 말할 것이다(행 13 : 1-3). 사실상 누가는 바나바와 사울이 선택된 것은 성령의 역사였다고 말한다. 열두 명을 선택하실 때에도 분명히 이와 똑같았던 것이다.

마태와 마가에게는 열둘의 선택이 그들이 기록한 그 일들을 하기 위한 위임(委任)이다. 누가는 그들과 다르게 아무런 설명도 없이 제자들 중에서 예수께서 '사도들'이라고 이름 붙인 열두 명이 선택되었음을 기록했다. 마가는 '사도'(apostle)라는 말이 유래된 '보내사'(sent out)라는 말을 쓰고 있다(막 3 : 14). 다른 복음서들은 이 명칭을 단 한 번만 쓰고 있다. 그러나 누가에게는 이 명칭이 그 열둘을 위한 것이며, 그는 이 명칭을 자주 사용한다(6 : 13, 9 : 10, 17 : 5, 22 : 14, 24 : 10). 누가는 분명히 이 점에 있어서 그의 두 번째 책을 예상하고 있다. 그 책에서는 사도들이 주요 인물이다. 누가에게는 이 명칭 '사도'가 중요할 뿐만 아니라 이스라엘의 열두 지파에 대한 상징인 '열둘'이라는 수 역시 중요하다. 가룟 유다가 떨어져 나갔을 때 누가는 그를 대신하기 위한 신성한 선거가 있었다고 말한다. 그것은 그 수를 다시 열둘이 되게 하는 선거였다(행 1 : 15-26).

열두 명의 이름들에 대해서는(마태복음 10 : 1-4, 마가복음 3 : 13-19, 사도행전 1 : 13과 비교하라.), 누가는 야고보의 아들로 또 하나의 유다를 기록했다. 그러나 다대오가 없고, 별명도 쓰지 않는다. 예를 들면, "우뢰의 아들"(막 3 : 17) 또는 "쌍둥이"(요 11 : 16 ; 개역한글판에는 디두모-역자주) 등이다. 모든 복음서 기자들이 가룟 유다를 예수를 판 자라고 밝히지만 누가만은 잘 안 쓰는 명사 '배신자'(traitor ; 16절)로 표지(標識)를 붙이고 있다(개역한글판에는 "예수를 파는 자"로 번역되었다.-역자주). 신약성경은 이 열 둘의 명단을 네 번 보여 주고 있다. 그런데 누가는 그 네 번 중 두 번을 기록했다. 그러나 이들 중 몇 사람은 적게 또는 전혀 소개되지 않았다. 이미 알다시피 몇몇은 어부들이었고, 마태(레위)는 세리(稅吏)였다. 두 사람의 시몬이 있는데 하나는 베드로라 불렸고(누가 역시 특이하게 기록하지 않았다.), 다른 하나는 셀롯(zealot)이다. 이 '셀롯'이란 단어는 종교적 의미로 볼 때 바울이 그러했던 것처럼(행 22 : 3), 하나님의 율법에 열심을 내는 사람을 가리킨다(민 25 : 13, 왕하 10 : 16). 아니면 그 단어는 여기서 정치적 의미로 사용되었을 수도 있다. 로마의 팔레스타인 점령을 열렬하게 반대하는 자, 강력한 민족주의자라는 의미이다. 후대의 전설들은 그 열둘 중 알려져 있지 않은 자들에 관한 모자란 정보를 보충한다. 그리고 그리스도인 서기관들은 후대의 사본들이 제시하는 네 개의 명단을 표준으로 정했다.

누가복음 6 : 17~9 : 6

열두 사도의 선택과 파송의 중간기 사역

예수께서는 지금 일정 기간 동안 제자들을 부르고 계신다. 그리고 그들 중 몇몇은 "모든 것을 버리고 예수를 좇았다"(5 : 11, 28). 다른 무엇보다도 예수와 함께 있는 것이 그들을 위한 준비의 시간이었다. 예수께서는 하룻밤의 기도 후에 이 제자들 중에서 사도로, 다시 말해서 자기의 대리자로 내보낼 자들로 삼기 위해 열둘을 뽑으신다. 혹자는 이 열두 명이 따르던 많은 사람들로부터 뽑은, 자격을 갖추었으며 지금 나가서 예수의 이름과 능력으로 봉사할 수 있는 자들이라고 상상할 것이다. 그러나 아직은 아니다. 사실상 누가는 아직 왜 그 열둘이 선택되었으며, 그들이 무엇을 해야 하는지 말해 주지 않았다. 누가는 그들이 선택되고 파송되는 그 중간에 많은 가르침과 사건들을 두고 있기 때문에 우리는 그 기간이 그들을 위한 준비의 기간이었다고 추정할 수가 있다. 이 말은 예수께서 지금 말씀하시고 행동하시는 것을 단순히 그 열둘을 교육하시기 위한 것으로 해석해야 한다는 의미는 전혀 아니다. 본론의 이 부분을 그렇게 해석한다면 원래 의미의 많은 부분을 축소시키고 공허한 말과 행위로 만들고 말 것이다. 예수의 사역은 원래대로 계속되고 있다. 그의 말씀과 치료를 원하는 사람들과 함께, 그들을 위하여 계속되고 있다. 예수께서 무엇을 어떻게 하시는가를 보여 주기 위하여, 마치 "자, 너희 열둘은 잘 보고 들으라. 이것이 그 방법이다."라고 말씀하시는 것처럼, 무엇을 말씀하시고 행동하신 흔적은 조금도 없다. 훌륭한 모범자는 모범을 보이려고 하는 사람이 아니다. 오히려 다른 사람들에게 그리고 봉사의 기회에 전적으로 주의를 기울이는 사람이다. 또한 그 사람이 모범자였음을 차후에 알고 놀라게 되는 그런 사람이다. 그 열둘은 예수와 함께 있다. 그 사실 자체가 어떤 교육적인 의도가 있었건 없었건 간에 무엇이 되어야 하고, 또 무엇을 해야 하는지를 배우는 충분한 기회이다.

평지에서 하신 설교(6 : 17-49)

마태의 산 위에서의 설교는 교회에 매우 친숙해져 있다. 그리하여 만일 우리가 누가의 맥락에 이 가르침들을 두는 시간을 갖는다면 누가의 말에 귀를 기울이는 데 도움이 될 것이다. 첫째로, 누가는 열두 명의 소명(6 : 12-16)을 군중을 치료하신 기록(6 : 17-19)보다 이전에 둠으로써 마가의 진행 순서(막 3 : 7-19)를 뒤바꾸고 있다. 그리고 누가는 장면을 바다(막 3 : 7)에서 평지(6 : 17)로 옮기고 있다. 누가는 자기의 복음서에서 마태가 그의 설교기록을 뒤에 둔 것보다 더 뒤편에 두고 있다. 그러나 그렇게 했어도 상황은 유사하다. 마태의 기록은 네 제자 소명과 예수의 사역에 관한 총괄적 설명(마 4 : 18-25) 다음에 온다. 누가의 설교기록은 열두 제자의 소명과 예수 사역의 총괄적 설명(6 : 12-19)을 뒤따른다. 누가의 설교기록은 그 길이에 있어서 마태의 사 분의 일밖에 안 된다. 그리고 공통된 주제에 있어서 눈에 띄게 다른 점들을 보여 준다. 그러나 이 두 복음서 기자들이 공통된 자료(Q,

서론을 보라.)를 갖고 있었음은 분명하다. 마태의 설교기록은 복음서들의 다른 곳에서 발견되는 많은 자료를 포함하고 있고, 이 설교 기록 안에서 하고 있는 해석은 많은 연구가들로 하여금 누가가 이 두 사람이 공통으로 갖고 있는 자료를 더욱 가까이 따르고 있다는 결론을 내리게 한다.

누가의 설교기록은 산 위에서(마 5 : 1)가 아니라 평지에서(6 : 17) 된 것이다. 마태와 누가는 둘 다 지리적 위치를 신학적으로 사용하고 있는 것으로 보인다. 누가에게는 산은 기도의 처소이다. 그리고 거기서 예수께서 열둘을 선택하신다. 이제 예수께서는 세례를 받으실 때처럼(3 : 21) 동일한 위치에서 주셨던 그 사람들과 함께하기 위해서 아래에 있는 평지로 옮겨 오신다. 평지에 모였던 군중은 세 부류, 즉 사도들, 제자들, 그리고 보통 사람들로 구성되었다(17절). 누가는 사람들이 저 멀리 남쪽으로는 예루살렘과 유대로부터, 북쪽으로는 두로와 시돈에서 왔었다고 말함으로써 예수의 사역과 메시지가 모든 사람을 위한 것이었음을 말하고 있는 것 같다. 사실상 두로와 시돈을 언급한 것은 유대인 청중은 물론 이방인도 암시할 것이다. 분명히 그 청중에는 병든 자, 고통 받는 자, 그리고 누가가 소개하는 예수께 특별한 관심을 갖는 자들이 포함되었을 것이다. 큰 청중 가운데서도 설교 자체는 특별히 제자들을 향하여 진행되었다("예수께서 눈을 들어 제자들을 보시고 가라사대……", 20절). 그러나 설교가 끝났을 때 누가는 말한다. "예수께서 모든 말씀을 백성에게 들려주시기를 마치신 후에 가버나움으로 들어가시니라"(7 : 1). 두 청중을 말한 것을 우리는 어떻게 이해해야 할까? 누가는 이 가르침들이 예수를 따르던 자들(제자들)과 제자가 될 모든 이들(백성)을 위한 것이었음을 의미할 것이다. 분명히 여기에 배제되었거나 또는 숨기는 것은 아무것도 없다. 예수의 전체 사역을 볼 때 그럴 소지는 없다.

그 설교(이 '설교'라는 말은 우리가 그렇게 부르는 것이지 누가의 말은 아니다. 20~49절은 광범위한 여러 주제들에 관한 예수의 가르침의 모음이다.)는 다섯 부분으로 되어 있다 : (1) 복과 화(20-26절) ; (2) 원수 사랑(27-36절) ; (3) 비판(37-42절) ; (4) 진정성(43-45절) ; (5) 듣고 실천(46-49절).

1. 복과 화(20-26절)

마태복음의 아홉 가지 복에는 화가 없는데(마 5 : 3-12), 그것들과는 다르게 누가복음에는 화와 복이 각각 넷으로 병행을 이루고 있다. 가난한 자와 부자, 주린 자와 배부른 자, 우는 자와 웃는 자, 배척당하는 자와 영접 받는 자이다. 영문 번역에 있어서도 이 구조가 얼마나 신중하게 대칭적으로 되어 있는가를 볼 수가 있다. '지금'이라는 말이 두 번째와 세 번째의 복과 화에, 그리고 복(23절)과 화(26절)를 각각 끝내는 구절(개역한글판에는 23, 26절에 '지금'이란 말이 생략되었다.-역자주)에 사용되었음을 주시하라. 독자는 이스라엘 앞에 제시된 복과 화를 기억하게 될 것이다(신 11 : 26-28). 그러나 그것은 크게 다르다. 신명기에 있는 복과 저주는 행위를 조건으로 하고 있다. 여기에는 복을 받기 위한, 화를 피하기 위한 조건이나 재촉이나 격려는 없다. 우리의 본문에는 예수께서 사실상 그 경우를 조건으로 선언하고 계신다. 복과 화는 그 형식에 있어서 전통적인 지혜의 격언(proverb)에 가깝지만 인생의 도리란 이런 것이라는 의미로의 격언은 아니다. 이 말씀들은 예수의 입에서 나온 선언으로서 그대로 된다는 것이다. 다시 말하면, 그 말씀에 능력이 있어서 그 말씀이 제시한 대로의 인생을 시행하거나 현실화하게 한다는 것이다. 예수께서는 인생이 하나님의 통치 안팎에 있음을 공적으로 선언하고 계신다. 이 말씀들은 어떻게 행복하게 되는지에 관한 권고가 아니다. 불행해지지 않게 하는 경고도 아니다. 복과 화는 예수의 말씀이 그러하듯이 하나님의 말씀이며, 하나님의 말씀은 공허한 말씀이 아니라는 확신을 갖고 들어야 한다.

누가복음의 독자는 가난한 자, 굶주리는 자, 우는 자, 멸시받는 자들에게 하나님의 말씀이 호의적임을 듣고 놀라지 않는다. 그리고 화가 이 같은 자들과는 반대인 자들에게 선언되는 것도 놀랍지 않다. 누가는 일찍이 마리아의 송가(Magnificat, 1 : 46-55)를 통하여 하나님 통치의 도래는 부자와 빈자(貧者), 권세자와 무권세자(無權勢者), 배부른 자와 굶주린 자의 운명이 역전되는 사실로 표적이 될 것이라고 했다. 그러나 이러한 말씀과 역전은 종말론적 말씀의 구조로부터 왔다. 그렇다면, 이 복과 화에 관한 말씀 모두는 아직도 하나님의 미래에 속한 상황을 설명하고 있다는 것인가? 누가의 대답은 "예."와 "아니오."이다. 복과 화는 둘 다 현재에 머문다. 잘 보라. "……가난한 자는 복이 있나니 하나님의 나라가 너희 것임이요"(20절). "그러나 화 있을진저 너희 부요한 자여 너희는 너희의 위로를 이미 받았도다"(24절). 이 두 가지 상태는 미래에 주시겠다는 약속이 아니라 모두 실현되었다. 그러나 두 번째와 세 번째의 복과 화에는 '지금'이라는 말이 분명히 미래에 이루어질 것을 말해 주는 '너희가 ……일 것'이라는 말과 대조를 이루고 있다. 이 현재와 미래의 결합은 종말론적 현실이 예수의 오심과 함께 이미 시작되었음을 생각하게 한다. 예수께서 이미 그렇게 선언하셨다. "이에 예수께서 저희에게 말씀하시되 이 글이 오늘날 너희 귀에 응하였느니라 하시니"(4 : 21). 예수께서 나사렛의 회당에서 선언하신 이 '오늘날'은 지금도 해당되고 있다. 오실 메시야는 오셨고 가난한 자, 갇힌 자, 병든 자, 그리고 억압받는 자들에 관한 이사야의 예언(61 : 1-2)은 더 이상 희망사항이 아니라 예수를 따르는 자들에게 하나의 현실사항이다. 누가의 두 번째 책 안에 있는 교회는, 사도행전이 충분히 증거하듯이(2 : 44-46, 4 : 32-37, 6 : 1-2, 11 : 29-30) 그렇게 이해했다.

우리가 가지고 있는 누가가 기록한 평지에서의 설교에 있어서처럼, 모아놓은 말씀 중에서 원래의 청중을 알아내기란 불가능하거나 극히 어렵다. 복과 화의 전반에 걸쳐 사용된 '너희'(복수)는 거기에 참석했던 부자와 가난한 사람들을 향하여 말씀하고 계신 것을 암시하는 것 같지만 확실하지 않다. 학자들은 이 문제에 관해 계속해서 논쟁한다(Eduard Schweizer, *The Good News According to Luke,* p. 120). 마태는 복들을 말하면서 청중을 직접 상대하는 말 '너희'를 마지막 아홉 번째 복을 말할 때까지 사용하지 않는다. "……자들은 복이 있나니"와 "너희가 복이 있나니"의 차이는 분명하다. 그러나 우리는 청중에 대한 사실상의 단서 없이도 문학적으로 상이(相異)한 형식들을 취급할 수 있을 것이다. 사실은 "화 있을진저 너희 부요한 자여"라고 말씀하신 것은 부자들이 반드시 거기 있었음을 의미하지는 않는다. 돈호법(頓呼法, apostrophe)이라 불리는 문학적 수단에 의해 말하는 사람이나 필자는 앞에 있지 않은 사람들을 향하여 말할 수도 있다. 가난한 청중을 향하여 "화 있을진저 너희 부요한 자여"라고 말하는 것은 가난한 사람들을 격려하기 위해 많이 쓰는 어법이다. 이와 유사하게 야고보서 5 : 1은 그러한 돈호법의 실례를 보여 준다 : "들으라 부한 자들아 너희에게 임할 고생을 인하여 울고 통곡하라". 다행스럽게도 우리에게는 누가복음 6 : 20~26의 원래 청중을 재구성하는 일이 역사적으로, 사회적으로 어렵지는 않으나 예수께서 하신 말씀의 진정성(眞正性)과 힘은 그러한 재구성에 의존되지 않는다.

마지막으로 한 가지만 더 논하기로 하자. 누가는 그 말의 문자적 의미로 가난한 자들과 땅 위에서 멸시받는 자들을 분명하게 설명하고 있다. 그러나 마태복음(마 5 : 3, 6)에서처럼 "심령이 가난" 혹은 "의를 위하여 주리고 목마른 자들"은 설명하지 않는다. 어떤 지역에서 '가난'이란 말이 분명히 영적 부대의미(附帶意味)를 갖는 것은 사실이다. 그리하여 그 말은 '성인'(聖人)이란 말의 동의어가 된다. 헬라적 종교 세계 안에서는 '부'가 하나님과 영원히 함께하는 생활을 설명했고, '가난'은 땅 위에서의 비참한 생존을 설명했다. 바울이 그리스도에 관하여 말하려고 이 말들을 사용했다. "우리 주 예수 그리스도의 은혜를 너희가 알거니와 부요하신 자로서 너희를 위하여 가난하게 되심은 그의 가난함을 인하여 너희로 부요케 하려 하심이니라"(고후 8 : 9). 그러나 누가의 본문을 취급함에 있어서는 설교자들과 교사들이 경제적 사실들에서 그러한 영적 영역으로 비약하지 말도록 충고를 받는다고 본다. 물론 누가는 물질적인 조건과 영적인 조건을 결합시킨다("가난한 자는 복이 있나니 하나님의 나라가 너희 것임이요"). 그러나 그는 그 과정에서 '가난'을 증발시켜, 음식과 거처와 내일에는 뭔가 호전된다는 희망이 없는 것 이외의 어떤 상황으로 비약되는 것을 허용치 않는다. 누가는 다음에 그의 부자와 나사로의 이야기(16 : 19-31)에서 가난과 부자가 무엇인지를 우리 마음에 아로새길 것이다. 거기서 운명의 뒤바뀜이 불가피하게도 분명해질 것이다.

2. 원수 사랑에 관하여(27-36절)

원수 사랑은 본 단원 중에 있는 많은 주제들 중 하나이다. 그러나 이 주제는 월등한 주제이다. "원수를 사랑하며"라는 말씀은 일련의 지시들의 시발이 되고 있다(27절). 그리고 이 말씀은 끝에 가서 반복된다(35절). 그 사이의 말씀들은 편집된 것이며, 단일 설교는 아니다. 이러한 판단은 헬라어 본문에서 복수 '너희'(27-28절)가 단수로(29-30절), 그리고 다시 복수로(31-36절) 바뀌고 있는 사실에 근거한다. 그리고 이 말씀들 중 어떤 것은 복음서들의 다른 데서 발견되고 있으며, 병행을 이루고 있는 마태복음에서는 순서가 다르게 기록되었다(마 5 : 39-42, 44-48, 7 : 12)는 사실에도 근거한다.

이 소단원은 두 부분으로 되어 있다. 첫째는 27~31절인데, 일반적인 원칙의 주장이다. 예수를 따르는 자들은 대응하지 말고 보복하지 말며 자기들을 괴롭히는 자들의 행동양식을 따르지 않아야 한다는 것이다.

이 원칙의 말씀에는 학대의 형태에 관한 여러 실례들이 있다. 미움, 저주, 모욕, 구타, 도둑질, 간청(억지로 동정심을 베풀게 함.) 등이다. 두 가지를 말할 수 있다. 첫째, 이 가르침은 지금 말씀을 듣는 자들이 피해를 주는 자들이 아니라 피해자이며, 예수께서는 남을 때리고, 빼앗고, 미워하고, 저주하고 모욕한 자들에게는 어떻게 하라는 지시를 내리지 않고 계신다. 그러한 행동들은 하나님의 다스리심 아래 있는 사람에게는 거리가 먼 것들이라고 여겨진다. 예수를 따르는 자들은 피해자들일 것이다. 그러나 그들은 자기들에게 가해진 증오와 모욕에 의해 동일한 모습과 결의를 가지면서 자신들을 피해자로 여겨서는 안 된다. 오히려 동일한 반응을 보이거나 죽은 듯이 가만히 있거나 슬피 울거나 하는 등의 행동이 아닌 방법으로 스스로 행동해야 한다. 반발해서는 안 되고, 사랑과 용서와 관대함으로 그 나라의 원칙에 따라 행동해야 한다. 그러한 행위는 점잖게 골탕을 먹이는('친절로 보응하기'〈Whip them with kindness〉) 숨은 전략이 아니다. 은혜를 모르고 이기적인 자에게도 보복하지 않으시고 인자하신 하나님(35절)께로부터 배운 생활을 수행하는 것이다. 이 부분의 말씀은 누가에 의한 황금률(the Golden Rule)로 끝난다(31절). 이 황금률은 본문과 마태복음(마 7 : 12)뿐만 아니라 호머(Homer), 세네카(Seneca), 토빗(Tobit), 제2에녹서(Ⅱ Enoch), 필로(Philo), 그리고 다른 저작(著作)에서도 볼 수가 있다. 만일 혹자가 이 말씀이 예수께서만 말씀하신 것이 아니라고 마음 불편해한다면 우주적으로 통하는 원칙은 어디서나 진리요 유효하고 구속력도 있다는 사실을 기억하라.

이 단위의 두 번째 부분(32-36절)은 첫째 부분의 원칙을 다른 시각에서 반복한다. 다시 말하면, 타인의 행동에 대한 반응에 있어서 대응을 피하라는 것이다. 그런데 바로 그 원칙은 우리를 사랑하고 우리에게 좋은 일을 해주는 사람들과의 관계에도 적용되고 있다. 다른 말로 하면, 사람의 생활양식은 원수에 의해서도 결정되지 않듯이 친구에 의해서도 결정되지 않는다는 것이다. 미움에 대한 반응으로 미워하고 사랑에 대한 반응으로 사랑하는 그런 사람이 아니라 그리스도인의 행위와 인간관계는 우리가 예배하는, 동일하게 반응하지 않으시고 모든 자들에게 사랑과 은혜를 베푸시는, 하나님에 의해 격려를 받는다. 이렇게 하는 것이 하나님의 자녀가 된다는 의미이다(35절). 누가복음의 "……그(하나님)는 은혜를 모르는 자와 악한 자에게도 인자로우시니라"(35절)는 마태복음 5 : 45의 "이같이 한즉 하늘에 계신 너희 아버지의 아들이 되리니 이는 하나님이 그 해를 악인과 선인에게 비취게 하시며 비를 의로운 자와 불의한 자에게 내리우심이니라"를 표현한 말씀이다. 두 말씀 모두 그 이유를 하나님에게서 찾고, 은혜를 받고 있는 자들의 공로에서 찾지 않는 하나님의 근본적인 은혜를 확증하고 있다.

두 복음서 기자들은 하나님의 공평을 불공평한 것으로 느끼는 자들의 무례한 분노에도 민감하다. 마태는 이 무례함을 포도원 일꾼들의 비유(마 20 : 1-16)에서 표명하고 있다. "……내가 선하므로 네가 악하게 보느냐"(마 20 : 15)라는 질문으로 문제의 초점을 삼는다. 누가는 동생의 귀가에 아버지가 베푼 잔치에 대해서 큰아들이 보여 주는 반발에서 은혜에 대한 무례함을 극적으로 보여 준다. 이 무례함은 "우리가 먹고 즐기자 이 내 아들은 죽었다가 다시 살아났으며 내가 잃었다가 다시 얻었노라"는 아버지의 단순한 정당히 여김에 의해 나온 것이었다(15 : 11-32). 그러므로 우리 중에 많은 이들이 하나님의 인자하심에 대하여 이해하지 못하는 어려움은 두 가지이다. 첫째, 하나님께서 그 같은 호의를 받기에 합당하지 않은 생활양식을 가진 사람들을 향하여 호의로 행하신다는 것이다. 둘째, 우리는 이 동일한 은혜로우심에 타인들과 연관되어 있다는 사실이다. 하나님의 백성은 하나님께서 다른 사람들을 향하여 지나치게 관대하심에 대하여 불평하는 만큼 자신들이 어떤 취급을 받고 있느냐에 대해서는 그렇게 자주 불평하지 않는다. 하나님께서 니느웨 사람들에게 베푸신 은혜에 대한 요나의 불평을 기억하라. 누가복음 6 : 35이 전체 복음의 핵심을 표명하고 있다고 말하는 것은 과장이 아니다.

3. 비판에 관하여(37-42절)

이 작은 단위의 말씀은 서로 밀접하지 않게 얽어진 가르침들로 구성되었다. 이 사실은 본문 자체뿐만 아니라 마태복음이 이 말씀들을 여러 상황에 분산시켜 놓은 것(마 7 : 1-5, 15 : 14, 10 : 24-25)을 보아도 분명하다. 설교자들과 교사들은 이와 비슷한 말씀 집단들이 모든 복음서 안에 있음을 지적함으로써 듣는 이들을 도와줄 수 있을 것이다. 그리고 이 사실을 인식하는 것은 말씀의 맥락에서 본문들을 찢어 낸다는 인상이 없이 개별 단위들과 작은 단위들을 다루는 첫걸음이다. 특별히 길게 읽도록 권하는 성구집들을 사용하는 이들은 단일 설화로 된 길게 읽을 것과 교훈들의 모음으로 구성되어 있는 것들 사이의 구별을 해야 할 필요를 느낀다. 그렇게 하기 위한 열쇠는 본문의 구성, 즉 그 본문이 한 절이든 50절이든 그것의 내적 단위를 알아내는 데 민감해야 한다. 본론의 구절들에는 두 개의 영상(影像)이 말씀들을 끌어 모으는 자석 역할을 하고 있다. 37~38절의 지배적인 영상은 양을 측정하기 위해서 담는 그릇이며, 39~42절의 영상은 사람의 눈이다.

27~36절의 말씀으로부터 예수를 따르는 자들은 비판하거나 정죄하지 말아야 하는 것이 자연스러운 논리임을 알게 된다. 누가는 글자 그대로 "비판치 말라.", 그리고 "정죄하지 말라."고 말한다(37절). 이 말씀은 하나님께서 형벌을 면제해 주시는 것으로 보이는 자들을 비판하고 정죄함으로써 생(生)의 불공평과 부정을 저지른 자들이 청중 속에 있었음을 시사한다. 분명히 타인들을 은혜와 용서로 대하라는 하나님의 말씀은 비판에 관심을 갖지 말라는 것이다. 그러므로 우리는 이 비판을 조심해야 한다. 그런가 하면 탕자들을 위한 잔치가 있고, 세리와 죄인들이 식탁에 초대되는 그런 나라 안에서 마음이 편안하지 못한 많은 사람들이 그처럼 비판하고 있는 것 같다. 궁극적으로 많은 이들이 논쟁하는 것은 용서가 정의를 파괴하지 않는가에 기인한다.

자비와 정의는 언제나 그래 왔듯이 긴장관계에 있다. 그리고 정의는 예수를 따르는 자들 사이에서의 특유한 화제이다. 37~38절이 이 사실을 분명케 한다. 정의와 공평이 없으면 은혜가 묵인으로 변질되는데, 그것은 은혜가 없는 정의가 잔혹함으로 무자비해지는 것과 꼭 같다. 예수께서는 27~36절에서 보았듯이 친절과 자비에 관하여 가르치신 다음에 이제 공평, 헤아림에 대한 헤아림, 보상과 형벌에 관하여 말씀하신다. 여기에서도 "……너희의 헤아리는 그 헤아림으로 너희도 헤아림을 도로 받을 것이니라"(38절)는 공평성은 주는 자의 품안에 풍부한 관대함으로 부어 주신다는 영상에 의해 깨진다. "너의 옷자락 안쪽에"(into your lap, 개역한글판에는 "안겨"로 번역되었다.-역자주)라는 말은 허리띠에 걸쳐진 큰 호주머니와 허리띠 위쪽에 위치한 겉옷의 큰 주름(fold)을 가리킨다. 그러나 이 커다란 호주머니도 관대한 자들에게 주시는, 내리누르고 흔들고 넘치게 하시는 복을 담기에는 충분한 자루가 되지 못할 것이다.

39~42절의 중심은 눈의 영상(影像)에 있다. 39~40절은 소경을 말하며, 41~42절은 보는 것을 방해하는 눈의 티를 말한다. 첫째 부분은 비유라고 기록되었다. 그러나 5 : 36에서처럼, 여기의 비유는 단순한 유비(類比) 또는 언어의 수사임을 보여 준다. 우리는 이 문학적 양식에 관해 논하기 위하여 씨 뿌리는 비유와 같은 더욱 광범위한 비유를 다룰 때까지 기다리겠다. 만일 39~40절을 함께 해석한다면(이 두 마디 말씀은 한때 별도로 있었고, 각각의 맥락 속에서 각각의 의미를 가졌을 가능성이 있다.), 이 메시지는 어떤 지도력에 대한 경고이다. 지도자가 이해하지 못하고 믿지도 못하고 자기 것으로 소화하지도 못한 일에 다른 사람들을 안내하겠다고 감히 나서는 지도력을 말한다. 그러한 소경이요, 위선자 같은 지도자를 따르는 제자들은 전혀 달라지기를 기대할 수 없다. 우리의 문화 속에서는 지도자의 사생활이 직무와는 별도라고 주장하곤 한다. 그러나 누가복음의 문화 속에서는, 특히 교사에 의한 모범적 행위는 기본적 의무였다. 모범은 교육에 있어서 주요 요소이다. 그리고 교사를 모방하는 것은 학습의 기본 형식이다. 신약성경의 본문은 교사와 제자의 관계에 대한 이러한 이해를 밑받침한다(행 20 : 17-35, 고전 4 : 15-17, 11 : 1, 빌 3 : 17, 딛 2 : 7). 그리고 대부분의 회중들이 지도자의 행위와 지도력의 기술을 별개로 보지 않는다고 말하는 것은 공정하다. 누가복음은 완전치 못하다 하여 그 지도자를 무자격자라고 말하지 않는다. 반대로 누가복음의 요점은 무자격의 요소가 결점이 아니라 자기의 결점을 보지 못하고 자기 비평을 싫어하며, 자신에게 정직하기를 싫어하는 것이다.

이것이 희비극적(喜悲劇的) 요점이다. 자기 눈 속에 들보를 갖고 있으면서 눈 속에 티를 갖고 있는 사람의 상태를 개선하려는 사람의 모습이 그것이다(41-42절). 문제는 도덕적 우월감으로, 자기 비평의 기능을 갖지 못한 사람에게 있는 자질이다. 이 문제는 종종 신실하고 그릇된 동기에서가 아닌 사람들 속에 있다. 모든 유형의 협력자들이 그들의 이타적인 노력에 의해 자기도 모르게 속을 수 있다("형님, 눈 속에 있는 티를 제거해 드리지요."). 언제나 타인들만 바라보는 행위가 결코 자신을 보지 못하게 한다는 사회적으로, 종교적으로 입증된 사실을 그들은 모르고 있다.

4. 진정성에 관하여(43–45절)

앞 절에서 누가는 '외식하는 자'(hypocrite)라는 말을 사용했다. 다시 말해서 가장하고, 연극하고, 가면을 쓴 사람이다. 이 말은 극장에서 나온 말이다. 누가는 지금 예수를 따르는 자들에 대한 설명으로는 전적으로 합당치 않을 만큼 비하(卑下)시켜 말한다. 그의 사람됨과 그 사람의 행위, 그리고 그 사람의 말은 나무와 그 나무의 열매가 그런 것처럼 분리할 수 없도록 연합되어 있다. 더욱 상세히 말하면, 이 가르침의 강조점은 사람의 언사(言辭)이다. 그 사람의 언사는 분명히 열매의 겉모습이 그 나무의 본질을 알게 하듯이 그 사람의 사람됨을 보여 준다. "……이는 마음의 가득한 것을 입으로 말함이니라"(45절). 사람이 하는 말의 중요함에 주의를 기울이는 사람은 누가만이 아니다(마 12 : 33–35, 약 3 : 1–12). 사실상 신약성경 전체가 이 흔하게 쓰는 말("중요한 건 당신의 말이 아니라 당신의 행동이다.")에 반대한다. 누가복음과 사도행전을 통틀어 예수 탄생 이전의 영감에 의한 노래로부터 그리스도인 선교사들의 설교에 이르기까지 성령께서 함께하신다는 가장 일반적인 증거는 성령에 충만한 사람들의 말 가운데 있다. 우리의 언사는 우리가 누구인지, 그리고 성령께서 함께하시는지를 보여 준다.

5. 듣고 실천함에 관하여(46–49절)

누가복음에서 우리가 만났고, 또 만나게 될 형식은 예수의 제자들 속에서 발견되어야 하는 자질에 관한 뚜렷한 진술과 그 진술에 이어 나오는 수식어이다. 하나님의 백성은 자애로워야 한다. 그러나 자애로움은 우리의 일상 중에 정의의 필요를 배격하지는 않는다. 다른 사람들을 돕는 것은 칭찬받을 만하다. 그러나 이타심은 자신을 향한 비판적 관심의 필요를 대신하지는 않는다. 그리고 누가는 사람의 인격 중에 행위와 말은 불가분이라고 말하고 나서 우리가 이 사실을 명심하게 한다. 예수께서 친히 알아내신 바로는 자기를 따르는 자들 중에 말만 하고 행하지 않는 자들이 있다는 사실이다. 예수를 주(主)로 고백하는 것은 마땅하며, 기독교 신조의 가장 초기 형식의 하나이다(롬 10 : 9, 빌 2 : 9–11). 그러나 이 고백이 아무리 힘이 있다 하더라도 순종이 함께하지 않을 때 거센 저항을 만나면 그 생명을 유지할 수 없게 될 것이다. 관심 있게 듣는 자들과 순종하는 제자들의 분간이 분명하게 나타나는 것은 이 저항의 폭풍이 불 때이다. 그리고 신실한 자들은 어느 누구보다도 많은 폭풍을 만나는 것 같다. 폭풍에 대한 누가복음의 영상(影像)은 흐르는 물이 불어남이다. 마태복음의 바람, 비, 그리고 홍수(마 7 : 24-27)와 똑같지 않다. 이 차이는 이 두 기자가 있던 곳의 기후와 일기를 반영할 것이다. 그러나 물이 빠져나간 다음에 아직도 서 있는 집으로 돌아왔거나 진흙 속에 넘어져 있는 집으로 돌아온 사람에게는 그 폭풍에 대한 각각 다른 설명은 기본적인 관심사가 되지 못할 것이다.

백부장의 종을 치료하심(7 : 1-10)

마 8 : 5-13, 요 4 : 46-53

이 이야기는 누가복음에서 간혹 '단편들의 삽입'이라 불려지는 부분(7 : 1-8 : 3)을 시작한다. 그렇게 불리는 이유는 이 부분이 여기서 마가의 골격 속으로 끼어드는 자료(여섯 단위들)를 구성하고 있기 때문이다. 이 내용 중 약간은 마태복음에도 있으나 마가복음에는 없다. 누가는 8 : 4에서 마가의 구조(전반적으로 누가복음의 골격을 만들어 준다.) 속으로 되돌아갈 것이다.

누가는 이 부분을 문학적인 전환(평지에서의 설교가 끝남.)과 지리적인 이동(예수께서 가버나움으로 가심.)으로 시작한다. 마태복음과 요한복음도 이 치유의 장소에 일치한다. 마태복음과 누가복음은 이 이야기를 60개 이상의 동일한 단어로 전한다. 그러나 세 복음서는 자체의 신학과 목적에 따라 이 사건의 윤곽을 그리고 있다. 여기서 우리는 단지 누가복음에 주의를 기울일 것이다.

이 백부장은 이방인으로 갈릴리의 분봉왕인 헤롯 안디바(Herod Antipas)이거나 가이사랴에 본부를 둔 유대의 행정관(procurator) 본디오 빌라도(Pontius Pilate)의 부하였을 것이다. 그는 유대인의 땅에 살면서 신앙을 가졌던 이방인이었음을 보여 준다. 누가는 여기서 예수의 생활과 교회의 생활 중에 있었던 유사한 사건들을 연결짓고 있음이 분명하다. 7 : 1~10과 사도행전 10장은 눈에 띄게 유사하다. 사도행전의 기록은 이렇게 시작한다. "가이사랴에 고넬료라 하는 사람이 있으니 이달리야대라 하는 군대의 백부장이라 그가 경건하여 온 집으로 더불어 하나님을 경외하며 백성을 많이 구제하고 하나님께 항상 기도하더니"(행 10 : 1-2). 이 유사한 기록들의 중요함은 7 : 1~10이 사도행전에서 보이게 될 이방인을 향한 선교의 예시가 되고 있으며, 그 선교에 대한 예수 자신의 사역 중에 있었던 권위 있는 선례를 제공한다는 점이다.

이 백부장은 칭찬할 만한 자질을 가진 사람이다. 그에게는 그의 종이 심하게 병들어 있는 것이 관심사였으며, 예수께서 그를 치료하실 수 있음을 확고하게 믿었다(3, 7, 10절). 유대인 동네의 지도자들에 의하면 이 백부장은 훌륭하다. 그가 유대인을 사랑했고 그들을 위하여 회당을 지었었다(3-5절). 이방인들로 여겨지는 그의 친구들에 의하면 백부장은 예수께서 자기 집에 오시는 것을 황송해 했다(6-7a절). 이에 더하여 그는 예수의 말씀에 권세가 있음을 믿었다. 결국, 그는 군대의 장교로서 내리고 또 받는 명령의 권세를 알고 있었다(7b-8절). 예수께서는 이스라엘 안에서 그 사람의 믿음에 견줄 만한 믿음이 없다고 그를 칭찬하셨고, 그 종은 나음을 얻었다.

이 백부장 자신은 예수를 만나 뵙지 못했다. 이러한 사실은 이 이야기에 있어서 최소한 두 가지 면에서 중요하다. 첫째는, 이 백부장이 예수를 뵙지는 않았으나 예수의 말씀에는 예수께서 함께하시는 권세가 있음을 믿는 모든 신앙인들을 염두에 두고 있다는 점이다(7절, 요 20 : 29). 이러한 신앙은 마치 그 신앙이 간접적이고 거리를 두고 있는 신앙인 양, 이득이 없는 그러한 신앙이 아니다. 그리고 다른 시대, 다른 장소에서 예수 그리스도를 믿는 우리로서는 매우 중요하게 생각해야 할 문제이다. 그리스도의 말씀은 어느 때, 어느 장소에서나 믿음에 효력을 주고 믿음과 함께하는데, 이 말씀이 교회를 조성하고 지탱한다. 이 말씀을 과거만 있고 현재는 없는 말씀으로, 또는 예수께서 한때 말씀하시고 행하셨던 즐거운 추억쯤으로 폄하한다면 교회는 생존할 수가 없다.

둘째는, 누가의 목적에 더욱 직접적인 것인데, 백부장이 예수께 접촉할 수 있었던 것은 두 부류의 중재자들, 즉 몇 사람의 유대인들과 이방인들을 통해서였다는 사실이다. 이 장교 자신은 새내기 개종자(proselyte-at-the-gate)로 유대교의 신앙을 받아들이기는 했으나, 이방인이 유대인이 되는 의식에는 아직 나가지 않은 사람이었던 것 같다. 이 두 부류의 사람들은 유대인과 이방인 세계를 이어 주는 다리와 같은 그의 믿음의 상태를 극적으로 보여 준다. 그의 믿음은 이 두 세계에 하나님이신 그 하나님을 믿고, 예수의 말씀은 이 두 세계 중간의 어떤 장벽이라도 넘는 권세를 가졌음을 믿는 믿음이었다. 선교사들이 그 말씀을 이방인들의 세계로 가지고 갈 때가 올 것이다(행 1 : 8). 시몬 베드로는 마지못해 하면서, 그러나 성령의 감동을 받아 한 백부장의 집으로 들어가서 설교하고 세례를 베풀고, 그 이방인들과 함께 떡을 뗐다(행 10장). 그러나 그 이야기는 아직 꺼내지 않고 있다. 누가는 독자를 그쪽으로 안내해 간다. 백부장의 종을 치료하신 것은 그 이야기를 염두에 두고 있을 뿐만 아니라 이미 시작하고 있다. 사실상 이 사건은 그리스도께서 이 병을 고치시면서 하신 그 말씀으로 이러한 주장을 입증하고 있다.

나인 성 과부의 아들을 살리심(7 : 11-17)

다른 복음서들에는 유사한 기록이 없는 이 이야기는 엘리야(왕상 17 : 17-24)와 엘리사(왕하 4 : 32-37)의 이야기와 연결된다. 그들은 누가가 좋아하는 두 명의 선지자들로서 이 연결은 이전부터였다(4 : 25-27). 형식에 있어서 누가복음 7 : 11~17은 헬라 문화 안에 알려져 있는 기적 이야기들과 매우 유사하다. 그러나 여기 이 이야기는 누가가 전하는 이야기이다. 그리고 우리는 누가의 문학적, 신학적 강조점들을 알아보려고 한다. 이 기록의 세부사항들은 우리가 알고 있는 당시 팔레스타인의 장례행사와 일치한다. 들것(stretcher)의 사용(누가는 헬라식으로 '관'〈棺, bier〉이라 했다.)했고, 관을 옮기는 사람들과 우는 자들은 행렬을 이루었고, 그리고 장지(葬地)는 성 밖에 있었다. 이 특별한 성읍 나인은 나사렛의 동남쪽에 있는 성읍의 옛 이름일지 모르나 의문으로 남는다. 우리는 이 이야기의 네 가지 요소(누가의 엘리야에 의한 선례 사용, 예수의 행동, 군중의 반응, 그리고 본 복음서 안에서 이 이야기의 위치)에 주의를 기울일 것이다.

엘리야와 엘리사는 모두 어린이들의 생명을 되살렸다. 엘리야의 경우 누가복음과의 유사성이 두드러진다. 어머니가 과부, 선지자가 그 어머니를 성문에서 만남이 그러하고 생명의 회생 후에 "……그를 어미에게 주신대" (7 : 15)는 누가가 헬라어역본(Septuagint)의 열왕기상 17 : 23을 정확히 그대로 인용했다. 우리는 앞에서도 그렇게 했거니와, 누가의 구약성경의 문학적 활용방식을 무엇이라 불러야 할 것인지를 알기 위해 그것을 다시 한번 눈여겨볼 것이다. 다시 말하면, 논증의 증거를 제시하기 위해서나 예언과 성취의 형식을 확실히 하기 위해서가 아니라 구약성경이 이야기를 어떻게 전달하고 있는지를 알아보기 위하여 눈여겨보겠다는 것이다. 누가는 독자가 열왕기상 17장에 유의하도록 하지 않는다. 그 말씀은 표면 아래 머문다. 만일 독자가 구약성경을 모른다면 엘리야의 이야기는 전혀 생각나지 않을 것이다. 그렇다면 누가는 무엇을 하고 있는가? 단순히 모방을 하고 있거나 널리 사용되고 널리 중요시되었던 그 문화 속에서의 문학적 기술을 보여주는 원칙을 제시하고 있다고 볼 수 있다. 사회가 아니고 개인의 소유권을 당연시하는 저작권법을 지지하면서 생겨난 오늘날 우리의 표절(剽竊)에 대한 민감함은 여기에 속하지 않는다. 영어성경이 의식적이건 무의식적이건 시인과 소설가의 개인교사가 되어 왔던 것처럼 헬라어성경은 누가에게 문학적인 영향을 미쳤을 것이다. 만일 누가의 독자가 헬라어 구약성경을 알고 있다면 7 : 11~17과 같은 말씀은 연속성과 친근한 느낌, 그리고 유력한 인식(認識)의 수준에서 진리를 아는 감각을 줄 것이다. 모든 훌륭한 교사와 설교자들은 반복의 교육적 가치뿐만 아니라 의사전달 처리에 있어서 인식의 효과도 알 것이다.

둘째로, 이 이야기는 긍휼에 연관된 예수 사역의 극적 실례를 제공한다. 예수께서 베푸시는 긍휼의 대상은 그 어머니이다. 예수의 전적 관심의 대상은 과부이고, 유일한 가족일 뿐 아니라 생계 지원의 유일한 수단이었던 독자와 사별한 이 여자에게 있다. 자녀들이 부모를 장사(葬事)할 때 슬픔은 더할 나위가 없다. 그러나 그 슬픔은 부모가 자녀를 매장하는 비순리적 슬픔에는 미치지 못한다. 예수의 전적인 관심은 이 여자에게 있다. 이 이야기의 전달자는 제자들과 군중과 관을 맨 자들, 그리고 우는 자들을 눈여겨보고 있지 않는 것처럼 보인다. 예수께서는 어떤 극적 행동이나 의식(儀式)이나 기도도 없이 행동하신다. 멀리서 백부장의 종을 치료했던 바로 그 예수의 말씀(7절)이 여기서는 죽은 자를 살리는 권세를 나타낸다.

셋째로, 군중이 이 이야기에 등장할 때(16절) 하나님을 향한 경외와 찬양을 표정과 말로 나타냈는데, 그것은 거의 합창이었다. 그러한 사건에는 당연한 모습이다. 그러나 그들이 보여 준 주요 역할은 예수께서 죽은 자를 살리심을 볼 때 생겨난 믿음을 소리로 표현한 것이다. 그들의 그 같은 신앙의 표현은 두 가지였다. "큰 선지자가 우리 가운데 일어나셨다", 그리고 "하나님께서 자기 백성을 돌아보셨다"이다(16절). 군중이 예수를 선지자로 여긴 것이 예수의 위상을 떨어뜨린 말인 것처럼 그들을 경멸한다면 잘못이다. 유감스럽게도 유대교가 예수를 '단지 한 분의 선지자'라는 견해를 갖고 있다고 스스로 단정하는 일에 열심인 기독교의 어떤 전통이나 자유주의적 개신교인들이 예수를 '단지 한 분의 선지자'라고 주장하는 것은 선지자의 위상을 축소시키는 처사이다. 누가는 선지자라는 말을 예수의 사역이 선지자들의, 특별히 엘리야와 엘리사의 사역을 회상하게 하는 점에 있어서 예수를 묘사하는 말로 받아들이고 있다(4 : 24, 7 : 39, 13 : 33, 24 : 19). 누가는 초대교회가 예수를 모세와 같은 선지자로 설교했다고 말한다(행 3 : 22-23, 7 : 35-37). 예수께서 "하나님과 모든 백성 앞에서 말과 일에 능하신 선지자"란 말씀(24 : 19)은 분명히 누가나 우리가 나사렛 예수에 관하여 믿는 모든 것을 말한 것은 아니다. 그러나 때때로 그분께서 선지자보다 얼마나 더하신 분인가를 성급하게 주장하는 것은 이스라엘의 전통 속에서 알고 있는 선지자의 역할에 대한 풍부한 의미를 잘 헤아리지 못하는 결과를 가져온다. 선지자는 하나님을 위하여 말하며 백성의 생활에 관계있는 말씀을 말과 행위로 전달했다. 만약 예수 시대의 사람들 중 어떤 이들이 선지자의 시대가 끝났다고 가르쳤다면 예수 주변의 군중은 하나님께서 그 시대를 다시 여셨다고 말했을 것이다. "우리 가운데 일어나셨다"라는 말은 예수의 부활에 대한 약한 암시가 될 수 있다. 그러나 더욱 그럴듯한 것은 신명기 18 : 18의 "내가 그들의 형제 중에 너와 같은 선지자 하나를 그들을 위하여 일으키고……"라는 말씀에서 끌어온 것 같다.

두 번째 표현인 "하나님께서 자기 백성을 돌아보셨다" 역시 누가가 좋아하는 말씀이다(1 : 68, 19 : 44, 행 15 : 14). 하나님의 방문은 진노 중에(출 20 : 5) 또는 자비 중에(시 106 : 4) 있게 된다. 그러나 누가에게 있어서는 언제나 은혜의 행위이다. 예수께서는 19 : 41~44에서 하나님의 이러한 방문이 아닌 예루살렘의 멸망을 예고하실 것이다. 그러나 멸망이 오게 되는 것은 그 성이 "권고 받는 날을…… 알지 못함을 인함이니라"고 하셨다(19 : 44).

마지막으로 7 : 11~17의 문학적 위치에 주의를 기울여 보자. 본문의 말씀은 자체의 메시지에 덧붙여 세례 요한을 향한 예수의 메시지에 관한 다음

이야기를 두 가지 방법으로 예상하고 있다. 첫째로, 나인 성 과부의 독자를 살리심은 요한을 향하신 예수의 말씀, "죽은 자가 살아나며"(22절)에 대한 구체적인 근거를 제공한다. 마태가 요한을 향한 예수의 메시지를 기록할 때(마 11 : 2-6) 그는 직전에 예수께서 회당장의 딸을 살리신 것을 말했었다(마 9 : 18-26). 누가는 이 이야기를 아직 말하지 않았다. 이 이야기는 뒤에 전달될 것이다(8 : 40-56). 그러므로 나인 성에서 죽은 자를 살리심은 요한에게 보내신 예수의 활동에 관한 요약된 진술을 위한 준비로서 누가에게 도움을 준다. 그 진술에 죽은 자를 살리심이 포함되었던 것이다. 둘째로, 본문의 이 말씀은 "예수께 대한 이 소문이 온 유대와 사방에 두루 퍼지니라"(17절)에서 유대를 언급함으로써 요한에 관한 다음 이야기를 예상한다. 기대했던 '갈릴리'보다 유대에 대한 언급은 예수의 사역에 대한 소문이 유대에서 사역했던 요한에게 미쳤음을 알게 한다.

우리는 자료들의 위치와 배열에 의한 문학적 기능으로 다가올 사건의 예상을 생각해 보았다. 이 점에 있어서 설교자와 교사들은 설교자인 누가로부터 배울 수 있다. 말하고 싶고 더욱 상세히 말해야 하겠는데, 누가복음 7 : 11~17을 읽는 모든 그리스도인들은 그들의 마음을 복음의 절정, 하나님께서 예수를 죽음에서 일으키시는 절정을 향해 달려가게 한다는 사실이다. 누가는 이와 유사한 생각을 했음이 틀림없다. 결국 예수에 관한 전체 이야기는 빈 무덤을 통해 뒤돌아보는 사람의 시각으로부터 전해진다. 그러나 누가는 우리의 생각을 시정할 것이다. 예수의 부활이 절정이기는 하지만 그 사건 역시 또다른 것을 예상케 한다. 예수께 권능을 입혀 주셨던 성령께서 지금 교회의 생명과 선교를 위하여, 그 교회로 보내신 바 되고 있다는 의미에 있어서 그렇다. 누가의 주요 이야기가 예수의 사역을 그 이야기의 끝이 아닌 중앙에 위치한 이야기로 말하고 있다는 사실은 이해가 된다(Conzelmann, *The Theology of St. Luke*).

요한과 예수에 대한 재론(7 : 18-35)

마 11 : 2-19

요한과 예수의 생애는 출생부터, 아니 출생 이전부터 얽혔다. 그러므로 이 단원에의 접근은 누가가 지금까지 이 두 사람과 그들의 관계에 대하여 한 말들을 다시 살펴보는 것으로 시작하는 것이 좋을 것 같다. 1~2장은 이 두 분이 성인이 되어 하게 될 생활을 예언한 그 두 분의 이야기를 병행하여 말해 주었다. 그리고 중요한 것은 누가가 아직 말해 주지 않은 것을 알아야 한다는 것이다. 예를 들면, 요한은 자기보다 더 능력 있는 분이 오고 계신다고 설교했다(3 : 16-17). 그러나 누가는 요한이 그 능력 있는 분을 예수로 확인하는 단서를 아직 주지 않았다. 마태는 예수께서 세례를 받으실 때 요한이 예수를 더 크신 분으로 인식했음을 보여 준다. 그리고 두 사람의 역할이 바뀌어, 도리어 예수께서 요한에게 세례를 베푸셔야 함(마 3 : 13-15)을 보여 준다. 그러나 누가는 예수의 세례에 관한 간략한 기록 이전에 요한이 감옥에 갇히게 되었음을 말했다(3 : 19-22). 사실은 단지 제4복음서에만 요한이 오실 메시야가 예수시라는 계시를 받았다고 했다(요 1 : 24-34). 이러한 관찰은 우리의 본문을 해석하는 데 중요하다. 예를 들면, 누가복음 7 : 18~23에 관한 설교를 우리는 자주 듣는다. 이 설교들 속에서 요한은 예수에 관한 다른 생각들과 더해 가는 의심으로 기가 죽고 풀이 죽어 있는 것으로 묘사된다. "요한이 그 제자 중 둘을 불러 주께 보내어 가로되 오실 그 이가 당신이오니이까 우리가 다른 이를 기다리오리이까"(19절). 한때 예수를 메시야로 설교했던 사람의 질문이 이러했었다. 그러나 그는 지금 예수께서 메시야의 권세를 나타내지 않으시고 요한 자신은 감방에서 고독과 학대를 당하고 돌봐주는 사람도 없으므로 예수에 관하여, 그리고 하나님의 통치가 다가오고 있다는 자신이 했었던 그 장중(莊重)한 선포에 관하여 비관적으로 되고 있다는 것이다. 행운이 뒤집힌 감옥살이와 절망이 신앙을 침식시킨다는 사실은 경험으로 잘 입증된다. 그러나 본문은 그러한 해석을 지지하지 않는다. 누가복음에서는 이번이 요한이 (세례 이후에-역자주) 예수와 가진 첫 번째 접촉이다. 그리고 예수의 사역에 관한 보고들이 그에게 용기를 주어 묻게 한다. "당신이 제가 말해 왔던 그분이시옵니까? 저의 제자들이 그런 결론을 내리게 하는 보고들을 해 왔나이다."

본 단원(18-35절)은 두 부분(요한의 제자들과 예수의 대화〈18-23절〉, 그리고 요한에 관한 예수의 말씀〈24-35절〉)으로 되어 있다. 첫째 부분에서 우리는 요한이 옥중에 있다고 추정한다. 요한이 감옥에서 예수께 말씀을 전해 드리게 했다는 마태복음(마 11 : 2)과는 다르게 누가는 그런 말을 하고 있지 않다. 우리는 3 : 19~20을 회상하면서 요한이 아직 거기에 있다고 추정한다. 마태와 마가는 모두 요한이 처형당할 때까지 감옥에 있었다고 말한다. 이 사실에 있어서 이 두 복음서는 상세한 부분까지 일치한다(마 14 : 1-12, 막 6 : 14-29). 누가는 단지 헤롯이 요한의 목을 베었다고 간략하게 말할 것이다(9 : 7-9). 우리는 누가가 마가복음에 있는 기록을 충분히 알고 있었음을 안다. 그리하여 우리는 그 사실이 자기 요점에 중요하지 않다고 간주했거나 그의 순교자로서의 영웅적 죽음보다는 그의 사역에 대하여 요한을 칭송(稱頌)하기로 결정했을 것이라고 추측할 뿐이다. 우리는 신약성경에서 요한이 어디에 갇혀 있었는지 알지 못한다. 그가 헤롯 안디바에 의해 붙들렸으므로 갈릴리 지역 안에 있었거나 마태복음, 마가복음, 요한복음에 확인되어 있는 (요한의 활동-역자주) 지역은 요단 강의 동편 언덕을 따라 놓여 있는 회랑지대(corridor)인데, 베뢰아 지방이다. 유대인 역사가 요세푸스(Josephus)는 요한이 남부 베뢰아 지방, 사해의 위쪽에 위치한 고지대 산속의 요새였던 마카레스(Machaerus)라는 곳의 감옥에 있었고, 거기서 죽임을 당했다고 말한다.

왜 요한은 "오실 그이가 당신이오니이까? 우리가 다른 이를 기다리오리이까?"라고 물어 왔을까? 이런 해석은 지금까지 수용되지 못했다. 즉, 왜 요한은 예수께서 자신이 누구신지를 공공연하게 선언하시도록 자극을 드리려 하지 않았을까 하는 점이다. 판단을 하려 함에 있어, 우리는 이 기록 중에서 두 가지 요소를 간과해서는 안 된다. 그 하나는 요한이 가졌던 신앙의 강인성(强靭性)이다. 그는 "당신이 메시야입니까? 아니면 우리가 포기할까요?"라고 묻지 않는다. 오히려 그는 말한다. "하나님께서 그 사역이 성령과 불로 표시되는 오실 한 분을 약속하셨습니다. 우리는 그 약속을 확신합니다.

만일 당신께서 그분이 아니시라면 우리는 계속 지켜보겠습니다." 두 번째 요소는 이 질문을 하게 했던 것이 무엇인지에 있다. 그가 질문하게 했던 것은 그의 감옥생활 때문은 아니었다. 누가는 감옥을 언급하지도 않는다. 오히려 이 질문은 예수께서 하고 계시는 사역에 대한 반응이다. 요한의 제자들 중 두 사람이 살펴보기 위하여 예수께 와서 충분히 오래 머물러 있었다. 그들은 보고 들은 것을 요한에게 보고한다. 소경이 보고, 앉은뱅이가 걷고, 한센병자가 깨끗해지고, 귀머거리가 들으며, 죽은 자가 살아나고, 가난한 자들이 좋은 소식을 듣고 있다(22절). 다른 말로 하면, 예수께서는 나사렛의 회당에서 자기의 계획이라고 발표하신 그것을 수행하고 계셨던 것이다. 이사야 61 : 1~2을 성취하고 계시는 것이다. 그러한 사역은 "예수께서 메시야이신가?"에 대한 질문을 하도록 하기에 충분한 징표(徵表)가 된다. 그러나 그러한 사역은 "예수께서 메시야이신가?"에 대한 의문을 해결하는 데에는 충분한 증거가 되지 못한다. 문제는 예수께서 실제로 이런 일들을 하고 계신다는 사실을 믿고 안 믿고가 아니다. 이런 일들이 메시야께서 하시는 일들인가 하는 점이다. 조정이 필요할지도 모르는 것은 예수에 관한 견해가 아니고 메시야에 대한 견해이다. '메시야께서 오실 때'라는 말은 온갖 종류의 소원, 꿈, 그리고 희망에 대한 서론이다. 그러나 하나님의 메시야는 무엇을 하실 것인가? 그는 어떻게 지도자들과 하나님에 대한 신앙을 보전하기 위하여 바쳐진 단체들과 관계를 가지실 것인가? 그는 정치적으로 활약하실까?

그리고 지금은 가장 예리한 질문을 하게 된다. 죽은 자, 가난한 자, 쫓겨난 자, 율법을 고의적으로 범한 자, 그리고 병든 자에게 시간을 쓰고 관심을 갖는 어떤 분이 있다면 그분이 하나님의 메시야인가? 요한은 목격자들이 보고 들은 것을 자기에게 보고하는 그 증거들을 근거로 우리 모두가 결정하는 방법과 동일한 방법으로 결정해야 한다. 만약 믿음이 주춤거린다면 그것은 또 다른 증거를 갖다 줄 증인을 기다리기 때문이 아니다. 그 길은 예수께서 기적을 행사할 수 있으셨는가, 없으셨는가에 관한 또 하나의 의문을 추적해 가는 우회로이다. 이 토론을 하느라 오후마다 모여 여러 통의 차를 마셨다. 그러나 "예."라고 말하는 자들과 "아니오."라고 말하는 자들의 대답이 그들의 생활 또는 타인의 생활에 관계가 없는 것을 발견할 때 결과는 실망스럽다. 하지만 만일 어떤 사람이 예수께서 메시야라고 말한다면, 그는 우리가 예수의 사역 중에서 하나님이 이 세상에서 역사하고 계시는 것과 하나님의 다스리심이 참으로 무엇인가를 보고 있다는 의미로 말하는 것이다. 그리고 그 말은 물론 우리가 예수를 하나님의 메시야라고 고백한다면 세상에서 무엇을 해야 하는지도 말해 준다. 요한의 질문은 그에 의해 제기된 중대한 질문이다. 그리고 예수께서는 스스로 그것에 답하실 수 없었다. 단지 하실 수 있는 말씀은 "누구든지 나를 인하여 실족하지 아니하는 자는 복이 있도다"(23절)였다.

18~35절로 된 이 단원의 두 번째 부분은 요한에 관한 예수의 말씀과 요한

에 대한 사람들의 반응으로 이루어져 있다(24-35절). 예수의 청중은 전에 요한의 청중이었다("너희가 무엇을 보려고 광야에 나갔더냐", 24절). 그러므로 그들은 이 두 선지자를 비교하고 대조할 수 있었다. 그리고 예수께서는 요한이 하나님의 선지자라고 말씀하신다. 선지자로서 요한은 여론을 반영하는 목소리도 아니고, 부자와 권세 있는 자들을 위한 대변자도 아니다. 사실상 요한은 한 사람의 선지자일 뿐만 아니라 말라기 3 : 1의 "만군의 여호와가 이르노라 보라 내가 내 사자를 보내리니 그가 내 앞에서 길을 예비할 것……" 이라는 선지자이다. 다른 말로 하면, 요한은 메시야의 앞장을 서는 선지자라는 것이다. 말라기는 주님이 오시도록 길을 예비해야 하는 이 사람을 엘리야로 말했었다(말 4 : 5). 그리고 마태는 요한을 엘리야로 부르는 것을 정당하게 여긴다(마 11 : 14). 누가는 그러한 동일시하는 말을 하지 않는다. 왜냐하면 우리가 이미 보았듯이, 요한과 예수 모두가 엘리야를 닮았기 때문이다.

요한이 훌륭한 것은 사실이다. 그러나 그 연로한 부모의 아들이었던 그는 새것이 온다고 알리고 있었지만 옛 시대에 속한다. 그의 위대함은 하나님의 통치를 가리키고 준비하는 이 독특한 사명에 있다. 하지만 요한이 가리켰던 그 나라를 지금 세우는 것을 사역으로 실행하는 이는 젊은 처녀의 아들이었던 예수이시다. 예수의 말씀 "……극히 작은 자라도 저보다 크니라"(28절)는 앞에서 하셨던 칭찬의 의미와 중요성을 제하고 있지는 않다. 이 말씀은 요한 자신이 인식했던 것을 반영한다. 그는 자신의 사역 및 암시적으로 자기를 따르던 자들의 사역과 예수 및 그의 제자들의 사역 사이에는 큰 차이가 있음을 인식했었다. "요한이 모든 사람에게 대답하여 가로되 나는 물로 너희에게 세례를 주거니와 나보다 능력이 많으신 이가 오시나니…… 그는 성령과 불로 너희에게 세례를 주실 것이요"(3 : 16).

끼워 넣은 설명(29-30절)에서 누가는 청중이 나뉘었다고 말한다. 개역표준판 영어성경(RSV)에는 29~30절이 괄호 안에 있다. 그리하여 예수에 관한 논평들 속에 끼워진 전달자의 논평임을 보여 준다. 예수의 말씀은 28절에서 중단되고, 31절에서 다시 나타난다. 마태는 29~30절의 내용을 더욱 선명하게 예수께서 하시는 말씀으로 기록했다(마 21 : 32). 누가의 설명에는 청중이 둘로 나누어지고 있다. '모든 백성과 세리들'(어색한 표현이다. 마태는 '세리들과 창기들'이라 했다.), 그리고 '바리새인과 율법사들'로 나누어진다.

나누어진 이유는 어떤 자들은 요한을, 다른 자들은 예수를 따른 것이 아니고 요한의 세례를 받고 안 받음이었다. 누가의 말에 의하면, 요한의 세례를 받거나 거절하는 것은 하나님의 뜻을 받아들임과 거절함이었다. 요한의 세례를 받은 자들은 하나님을 '의롭다'고 했다. 즉, 그들은 세례를 받음으로써 자신들을 위한 하나님의 뜻이 적극적으로 함께하고 있다고 확신했다. 이 두 선지자의 제자들 사이에 있었던 어떤 지역의 혼란과 경쟁에도 불구하고 모든 복음서 기자들은 요한이 하나님의 선지자이며, 그가 베푼 세례는 '하늘로부터'였다는 사실에 일치한다.

요한에 관한 예수의 말씀은 31~35절로 끝난다. 이 말씀은 요한과 예수께 반응을 보였던 '이 세대(시대)' 사람들의 태도에 관한 논평을 제공한다. 이 말씀 중에 있는 부정적인 어조는 분명히 그 앞 절에 나오고 있다. 앞 절은 바리새인들과 율법사들이 요한을 배척한 데 대한 논평을 하고 있다. '이 세대'의 사람들은 분명히 하나님의 통치 시대인 종말론적 시대의 사람들은 아니다. 그렇다면 이 구절들의 말씀은 그 무리를 향하여 하시는 것이 아니다(29절). 이 무리의 사람들은 일반적으로 요한과 예수께 호의적이었다. 이 구절들 중에 있는 예수의 말씀은 두 개의 격언들로 골격을 이룬다. 이 두 격언들은 어린이들에게 관련된 것들이다(32, 35절). 청중 가운데 요한과 예수를 배척했던 자들은 만족하기를 거부하는 어린이들에게 비교되고 있다. 이 어린이들은 결혼 놀이를 싫어하고 장례식 놀이도 안 한다. 춤도 안 추고 울지도 않는다. 모든 부모들은 예수께서 하시는 말씀을 안다. 정상적으로 행복한 어린이들이라도 어떤 놀이에도 재미를 못 느끼고, 어떤 음식이라도 맛을 못 느끼고, 어떤 여행도 흥미 없어하고, 어떤 책에도 좋은 이야기들이 없는 것처럼 느껴지게 되는 날이 있다. 그러나 예수께서는 지금 아이들이 아닌 어른들에게 말씀하고 계신다. 그리고 이 어른들은 요한이 너무 근엄하고 예수께서는 너무 사교적이라고 보고 있다. 이 불행한 사람들은 그 두 분의 사역자로부터 먼 거리에 서 있다. 이 두 선지자의 생활양식에 대하여 공격하면서 비평하고 자기들이 그러한 생활에 동참하지 않음을 정당화하려고 그렇게 서 있다.

요한과 예수에 대한 비난의 초점은 그들의 식사 관습에 있었다. 우리는 그 문화 속에, 예수의 사역 중에, 그리고 초대교회의 생활 중에 있었던 식탁

교제에 관한 중요성은 아무리 강조해도 지나치지 않다. 그리고 신약성경의 기자들 중 누가가 가장 특별하게 이 사실을 강조한다. 우리는 이전에 5 : 27~32을 주석할 때 이 사실을 숙고했었다. 그러나 본론에서는 문제가 더욱 첨예하다. 왜냐하면 두 선지자가 많은 현대인들에게는 하찮게 보이는 것 때문에 단숨에 배척당하고 있기 때문이다. 어떤 정치의 요직에 나갈 사람에게도, 가르치는 위치에 설 사람에게도, 강단에 설 사람에게도 우리는 그 사람의 식사 관습이 어떠냐고 묻지 않는다. 우리가 명심해야 할 것은 식탁에서의 교제와 안식일 성수가 그들의 신분상의 표시였다는 사실이다. 수다한 외래적이고 적대적인 영향 속에서 자신들의 정체성을 유지하고자 몸부림치는 한 공동체에게 그러했던 것이다. 무엇을 먹고 누구와 함께 먹었느냐는 중대한 질문이었다. 누가는 앞으로 우리에게 말할 것이다.

시몬 베드로가 가이사랴의 이방인 고넬료의 집에 들어간 다음, 그는 예루살렘 교회의 어떤 사람들에 의해 소환되어 추궁을 받았다. 그들의 관심사는 시몬이 이방인에게 설교한 것이나 이방인에게 세례를 베푼 것이 아니었다. "네가 무할례자의 집에 들어가 함께 먹었다"였다(행 11 : 3). 시몬의 행위는 그리스도인의 교제에 허용되는 자들과 허용되지 않는 자들에 관한 그들의 견해에 어긋났었다. 시몬은 이방인들과 식사함으로써 교회의 정체성을 근본적으로 새롭게 정의했다. 그러므로 요한을 비평하는 자들이, 그가 아무하고도 먹지 않는다고 말한 것은 그가 하나님 백성의 언약에 따른 교제에서 자신을 스스로 제외시켰다는 말이었다. 예수를 비평하는 자들이, 그가 아무와도 식사하신다고 말한 것은 그가 언약에 준하는 교제에 허용되는 자들과 허용되지 않는 자들에 관한 신성한 구별의 원칙을 침해하셨다는 말이 된다. 오늘날 우리는 신앙공동체 안에서 이 식탁 관습을 무엇에 비교할까? 우리는 우리의 신분을 나타내는 분명한 표시를 갖고 있는가? 아니면 우리가 배제된 자들로 보이지 않기 위해서 그러한 모든 일에는 되는 대로 행동하는가? 어떤 신조를 받아들이는 것이 합리적인 비교가 될까? 아니면 세례나 성찬을 받아들이는 것이 이것과 비교가 될까? 처음에 우리들과는 거리가 아주 멀고 비정상적인 관습으로 보였던 이 본문이 우리를 향하면서 우리를 어색하게 만든다.

결론적인 격언 "지혜는 자기의 모든 자녀로 인하여 옳다 함을 얻느니라"(35절)는 잠언 8 : 3과 전도서 4 : 11을 회상하게 한다. 지혜(Sophia)는 하나님께서 그것으로 세계를 창조하시고 지속시키시는 영원한 원리 또는 진리이다. 그리고 그 지혜를 따르고 자신의 생활 속에서 활용하는 사람은 지혜자가 되고 지혜자의 자녀가 된다. 요한의 세례에 관한 말씀 중에서 표명된 것처럼(29-30절) 누가는 앞에서, 하나님이 하나님의 뜻을 받아들이는 자들에 의해 의롭게 되신다고 말했었다. 이와 같이 여기서는 요한과 예수를 받아들이는 자들에 의해 지혜가 옳은 것으로 인정된다. 이 지혜 또는 진리는 그것을 받아들이는 자들에 의하지 않고는 다른 데서 확인되지 않는다. 어떤 유형의 인식은 결정이나 행동을 하기 전에는 되지 않다가 결정하면서 또는 행동하면서 되어진다. 누가복음 7 : 35에서 말씀하는 '원리의 진리'(the truth of the principle)는 제4복음서에는 이렇게 설명되었다. "사람이 하나님의 뜻을 행하려 하면 이 교훈이 하나님께로서 왔는지 내가 스스로 말함인지 알리라"(요 7 : 17, "*If anyone wills to do God's will, that person will know* the teaching, whether it is from God or I am speaking on my own." / 본 인용문의 영문은 저자에 의한 영역임).

요한에 관한 예수의 말씀(24-35절) 중에 주요 인물들은 예수, 바리새인, 그리고 죄인이다. 그리고 주요 주제들 중 하나는 식탁에서의 교제이다. 이제 누가는 식사 중에 생겨난 사건 중에 예수, 바리새인, 그리고 한 죄인을 참여시키고 있다. 누가는 뛰어난 이야기 전달자이다. 그는 한 문제의 토론에서 그 문제를 극화(劇化)하는 이야기로 옮겨 간다. 마치 누가는 '이를테면' 이라고 말하는 것 같다.

예수께서 한 죄인 여자에 의해 기름 부음을 받으심(7 : 36-50)

이 말씀을 해설함에 있어서 제일 먼저 해야 할 일은 이 이야기를 마태복음 26 : 6~13, 마가복음 14 : 3~9, 그리고 요한복음 12 : 1~8에 있는 기름 부음의 이야기들로부터 분리시키는 것이다. 그렇게 하지 않으면 그 이야기들이 누가복음으로 스며들어 이 본문에 바르게 귀를 기울이는 데 방해가 될 것 같다. 분명히 누가의 이야기는 저 이야기들과 꼭 같은 것은 아니다. 그러나 마음에 자극을 주기에 충분한 암시와 유사점들이 있다. 예를 들면, 마태복음과 마가복음은 주인의 이름이 시몬이었다는 점에 있어서 누가복음과 일치한다. 그러나 그 복음서들은 그를 한센병자라고 밝히고 있다. 요한복음은 그 여자가 예수의 머리가 아닌 발에 기름을 부었다는 점에 있어서 누가복음과 일치한다. 요한복음은 그 기름 부음이 베다니에서 있었다는 점에 있어서 다른 복음서들과 일치한다. 반면에 누가복음의 이야기는 장소를 분명히 갈릴리로 하고 있다. 마태복음과 마가복음은 그 여자의 이름을 밝히지 않는데 누가복음과 일치한다. 요한복음은 그 여자가 나사로의 누이동생 마리아였다고 말하고, 그 나사로의 집에서 이 사건이 있었다고 말한다. 다른 세 복음서들은 이 사건을 예수 사역의 뒤편에 위치시키고, 그의 죽으심에 연관짓는다. 누가의 이야기는 사랑과 용서에 관한 이야기이다. 이 모든 것에 관하여 우리는 무엇이라고 말할 수 있을까? 복음서들은 한 번, 두 번, 심지어 세 번의 기름 부음에 관하여 말했던 구두(口頭) 혹은 기록된 자료들을 반영하고 있다. 하지만 우리는 전통적인 견해를 받아들여 누가복음의 이야기를 장소, 시간, 목적에 있어서 다른 복음서들과 아주 거리가 먼 것으로 이해해야 하겠다. 그리하여 전적으로 그것 자체만을 살펴보도록 해야 하겠다.

바리새인이 예수께 식사초대를 한 사실을 의아스럽다거나 놀라움으로 대해서는 안 된다. 의아해할 필요가 없다. 왜냐하면 (이 바리새인이 예수께서 걸려드시도록-역자주) 덫을 놓고 있었다는 흔적이 없기 때문이다. 놀랄 필요도 없다. 왜냐하면 예수께서는 모세의 율법을 애호하고, 회당의 지도자인 그들과 많은 공통점을 갖고 계셨기 때문이다. 이 경우는 예수께서 바리새인의 집에서 식사하신 유일한 경우가 아니다(11 : 37, 14 : 1). 그런가 하면 바리새인들에 대한 일반적인 이미지 중에 그 어느 것도 이들에게 꼭 꼬집어서 부합되고 있지 않다. 더군다나 예수께서 세리와 죄인들과는 함께 잡수시면서 바리새인들과는 식사 교제를 거절하신다면 이는 역편견(逆偏見)을 가지는 잘못을 저지르시는 결과가 될 것이다. 이는 우리 중에 어떤 이들이 잘못을 바로잡으려는 열심 중에 편견에 역행하여 다른 편견을 만들어 내는 것을 보게 되는 것과 같다. 이러한 상황은 하나님께서 세상을 다스리시는 것을 방해한다고 우리가 비난하는 그들의 과장된 입장에 우리 자신을 세우는 결과가 된다. 우리는 이 이야기로부터 이 바리새인의 이름이 시몬임을 안다(40절). 그리고 이 여자가 막달라 마리아임을 한사코 확인할 이유는 없다(8 : 2). 그 문화 속에서의 집들은 여자들이 자유롭게 출입할 수 있게 건축되어 있었다. 그리고 식사는 비스

듬히 누운 자세였기 때문에 예수의 발에 기름을 붓기 위해서는 여자가 식탁 밑으로 기어들어갔다고 상상해서는 안 된다.

이 기록을 한 작은 드라마로 생각하자. 배경은 한 바리새인의 가정이다. 여기에 주인 시몬과 예수와 다른 이들이(49절) 식사 중이다. 사건의 상황은, 특별히 29~30, 34절은 우리로 하여금 긴장을 예상케 한다. 그러나 아무것도 그것의 발단이 되지 않는다. 우리는 나중에야 시몬이 어떤 이유로 관습적인 대접의 예의(발을 씻고 기름을 발라 드리고 입 맞추는 예의, 44-46절)를 갖추지 않았음을 알게 된다. 이 드라마의 위기는 '그 동네에 죄인인 한 여자'가 들어옴으로써 조성된다. 예수께서 이 여자를 내보내지 않으신 것이 시몬에게는 예수께서 선지자가 아니라는 증거로 보였다. 만일 예수께서 선지자라면 이 여자가 죄인인 것을 아셨을 것이다. 시몬은 이렇게 생각했으나 그것을 말하지는 않는다. 그러나 예수께서는 시몬의 생각을 아셨다. 그리하여 이 생각은 시몬 자신의 기준으로 예수께서 선지자인가 아닌가 하는 근거였다.

이 위기의 해소는 약간 놀랍다(40-47절). 독자는 이 이야기 속에서 예리한 대조를 보게 된다. 시몬과 예수 사이에서 분명하게 보이는 대조이다. 여기에 두 사람의 종교 지도자들이 별안간 죄 있는 여자 앞에 서게 되었다. 한 사람은 의를 알고 있는데, 이 의가 그로 하여금 그 여자로부터 멀리 가게 한다. 다른 한 사람도 의를 아는데, 그 의가 용서와 평화의 복을 갖고 그 여자에게로 가도록 하는 의로 알고 계신다. 그러나 우리는 이 사건의 맥락을 통하여 누가가 심중에 두고 있는 대조를 알아차렸어야 했다(29-30절). 그 대조는 예수께 보여 드리는 태도인데, 시몬과 그 여자 사이에 있다. 이 두 사람은 요한과 예수에 의해 제시된 하나님의 뜻을 죄인들은 받아들이고 바리새인들은 배격한다는 앞에서 하셨던 말씀을 구체화하고 있다. 여기서 보이는 반어적 현상은 예수께서 시몬 집의 손님이신데 대접을 해 드리고 있는 사람은 한 죄인이란 사실이다. 어떤 주석가들은 예수께 해 드린 이 여자의 행위(그의 발에 눈물을 떨어뜨리고, 머리털로 그 발을 닦고, 그 발에 입맞추고, 향유를 발에 부은 것)가 육적(肉的) 사랑의 암시였다고 말한다. 그러나 누가의 이야기 속에서 그 여자는 시몬이 하지 않았던 대접을 했다는 사실이 분명해진다. 그 여자의 행위에 대하여 예수께서 내리신 해석은 이렇다 : 그날 뜨거운 날씨에 노출된 채로 여행에서 돌아온 사람을 위하여 발에는 물(눈물), 환영의 입맞춤, 그리고 기름 부음이다. 두 사람의 빚진 자에 관한 짧은 비유는 시몬으로 하여금 예수를 향한 자기의 행위와 그 여자의 행위 사이에 있는 차이를 알아차리게 한다. 그 여자의 행위는 용서받은 사람의 그것이다. 47절은 좀 어색하다. 그 여자의 사랑이 용서를 받게 하신 것처럼 보이게 한다. 그 반대 현상이 더욱 그럴 듯하다. 그 여자는 많은 것을 용서받았으므로 많은 사랑을 보인 것이다. 새영어성경(NEB)에는 이렇게 번역되어 있다. "그리하여 내가 너희에게 말하노니 그 여자의 큰 사랑은 그 여자의 많은 죄가 용서받았음을 입증한다".

이 드라마는 기독론적 논쟁으로 끝난다(48-50절). 예수의 정체성과 죄를 사하시는 권세에 관하여 예리하게 집중적으로 질문이 나오게 된다. 다른 손님들 중에 있었던 수근거림은 5 : 17~26에 있었던 논쟁을 회상하게 한다. 그 여자에게 하신 마지막 말씀은 "네 믿음이 너를 구원하였으니 평안히 가라" 였다(50절). 이 말씀은 잘 어울리지 않는 것 같으며, 한때 있었던 다른 사건의 종결과 함께 하셨던 말씀처럼 보인다. 이야기들을 잘 끝내기 위하여 이러한 자주 쓰이던 말씀들을 사용하는 것은 복음서들 안에서 드문 일이 아니다(마 19 : 30과 20 : 16을 비교하라). 그리고 지금 이 경우가 그런 경우들 중에 하나일 것이다. 결국 이 이야기 중에서 이 여자가 가진 칭찬할 만한 자질은 그 여자의 믿음이 아니라 사랑이다. 이 상황에 따른 질문은 별도로 하고 예수께서 하신 말씀, "평안히 가라."는 이 사건에 상당한 애처로움을 더한다. 그리스도로부터 "평안히 가라."는 말씀을 들었을 때 어디로 가야 하는가? 이 동네에서 이 여자가 살아왔던 생활방식의 대가로 이 여자는 자기를 회복시켜 줄 힘을 갖고 있는 기관들로부터 단절되었다. 이 여자가 환영받는 장소는 길가이다. 이 여자와 같은 처지에 있는 사람들이 있는 곳이다. 이 여자에게 필요한 것은 용서받은 자들의 공동체와 죄인들을 용서함이다. 이 이야기는 교회의 필요를 소리 높여 말한다. 아무 교회가 아니라 "우리 교회는 당신을 환영합니다."라고 말하는 교회이다.

여인들이 예수의 사역에 동참함(8 : 1-3)

누가는 예수의 갈릴리에서의 사역에 관한 이 기록으로 마가복음의 골격에 끼워 넣은 내용을 끝내고 있다. 이 내용은 7 : 1에서 시작되었었다. 8 : 4에서 누가는 마가복음이 갖는 구조로 되돌아간다. 이 작은 단위는 누가복음에만 있다. 그리고 다른 목적들과 함께 죄인 여자에 관한 직전의 이야기와 대조를 이루는 역할을 한다. 여기에 기록된 여자들은 제자들이며 예수의 선교에 동참하는 자들이다. 누가는 자료들을 예리한 대조를 이루도록 배열하기를 좋아하는 것 같다. 예를 들면, 택하신 자들을 옹호하시는 하나님에 관한 비유(18 : 1-8) 다음에 하나님께서 세리의 기도를 들으시는 비유(18 : 9-14)를, 그리고 예수께서 소경 거지에게 은혜를 베푸시는 기록과 부자 삭개오의 기록을 연이어 위치시키고 있다(18 : 35-19 : 10). 이것은 문학적 선호(先好) 이상인 것 같다. 누가는 하나님께서 '둘 중의 하나'(either/or)가 아니고 '둘 다'(both/and)의 하나님이심을 우리가 인상 깊게 여기도록 하는 것 같다.

갈릴리 일대의 선교여행에 관한 이 요약된 기록 중에서 가장 눈에 띄는 특징은 12제자와 함께 예수의 사역에 동참한 여인들의 존재이다. 요안나(Joanna)는 본문과 24 : 10에 언급되어 있다. 수산나(Susanna)는 다른 데는 기록되지 않았다. 막달라 마리아(Mary of Magdala)는 부활 이야기 중에 눈에 띄게 나타나는데, 일곱 귀신들에게서 놓임을 받았었다. 많이 알려진 전설에는 전에 창기였었다고 한다. 복음서의 기록에 의하면 귀신에게 붙들리면 몸과 정신에 어떤 병을 앓게 되지만 도덕 또는 윤리적 타락과는 상관이 없다. 이 여자들은 병 고침도 받고, 예수와 12제자와 함께 있었으며, 재정적 도움을 드렸다고 한다. 요안나는 헤롯의 내무 행정관의 아내였고, 다른 여자들도 재산을 가진 사람들이었다고 추정된다. 금전과 권력을 가졌으므로 유혹을 받기도 하고, 또 그들에게는 올무(trap)도 있었을 뻔한데 그들이 복음에 복종하여 금전과 권력을 바치는 것을 보면 칭찬할 만하며 괄목할 만하다. 의심의 여지가 없이 그들의 봉사에는 사회적 정치적 대가도 치러야 했을 것이다. 더욱 눈에 띄는 사실은 여자들로서 그들은 제자직을 수행함에 있어서 많은 위험들이 있었을 것이란 점이다. 그러나 그들은 멀리서 돈만 보내는 숨은 자들이 아니었다. 그들은 예수와 제자들과 함께했다. 누가가 호의를 보이는 여자들에 관한 보고는 엘리사벳과 마리아로 시작하여 사도행전 전반에서 계속된다. 사도행전에서 누가는 데살로니가 교회의 "적지 않은 귀부인"(17 : 4)과 베뢰아에서의 "헬라의 귀부인"들과 적지 않은 남자들(17 : 12)

에 관하여 말할 것이다.

씨 뿌리는 비유(8 : 4-18)

마 13 : 1-23, 막 4 : 25

누가가 앞에서 '비유'라는 말을 사용했고(5 : 36, 6 : 39) 그렇게 부르지는 않았어도 하나의 간략한 비유를 말했는데(7 : 41-42), 이 문학적 형식이 처음으로 무대의 중앙에 오르기는 여기 씨 뿌리는 비유에서이다. 실제로 이 단원에서는 비유(4-8절), 예수께서 비유로 말씀하시는 이유(9-10절), 그 비유의 해석(11-15절), 그리고 비유의 목적에 관한 일반적 진술(16-18절)을 우리에게 전해 준다. 이 비유는 예수께서 가장 일반적으로 사용하신 가르침의 형식이다. 실제로 마가복음은 예수께서 무리에게 비유가 아니면 말씀하지 않으셨다고 말한다(막 4 : 34). 그리고 마태복음은 마가복음과 이 점에 일치하고 있고(마 13 : 34), 예수의 이 교육방법은 예언의 성취라고 말한다. "이는 선지자로 말씀하신 바 내가 입을 열어 비유로 말하고 창세부터 감추인 것들을 드러내리라 함을 이루려 하심이니라"(마 13 : 35, 시 78 : 2 참조). 그러므로 우리는 비유의 본질과 기능에 관하여 논하는 것을 더 이상 지체해서는 안 되는 시점에 이르렀다. 우리는 씨 뿌리는 비유에 앞서서 그 일을 할 것이다. 왜냐하면 여기서 논하는 것이 이 비유뿐만 아니라 우리가 누가복음에서 만나게 될 많은 다른 비유들에도 관계가 있기 때문이다. 불필요한 반복을 피하기 위하여, 독자는 다음의 비유들이 논의될 때 본론으로 돌아와 참고하게 될 것이다.

헬라어 '파라볼레'(parabolē)라는 말에서 유래된 '비유'(parable)라는 말은 글자 그대로 '나란히 밀어 올려진 것'(that which is tossed alongside)을 의미한다. 그리고 이 말은 비교, 유추, 정교한 설명 또는 예증을 암암리에 의미한다. 비유에 대하여 가장 잘 알려져 있고 가장 도움이 되는 정의는 도드(C. H. Dodd)가 내린 것일 것이다. "가장 단순하게 말하면, 비유는 자연이나 일상생활에서 끌어온 은유 또는 직유이다. 그것의 생생함과 기묘(奇妙)함으로 듣는 자를 사로잡고 그것을 적극 생각하도록 그것의 꼼꼼한 적용에 관하여 충분히 의심해 보는 마음을 갖게 한다"(*The Parables of the Kingdom,*

1961년 개정판의 16쪽). 이 정의는 역시 비유라고 불려지는 한 문장 또는 한마디로 된 비교(5 : 36, 6 : 39, 막 7 : 17)보다는 더욱 광범위하거나 이야기식 비유(씨 뿌리는 비유, 과부와 재판관, 바리새인과 세리 등)에 적합하다. 사실상 성경 속에서 '비유'라는 말은 광범위하게 사용된다. 격언(proverb), 속담(byword), 풍유(諷喩, allegory), 수수께끼(riddle), 비사(比辭, figurative speech), 그리고 이야기(story) 등에 사용된다. 그러나 누가복음에는 매우 많은 이야기식 비유들이 있기 때문에 도드의 정의가 조명될 것이다. 그의 정의는 이것을 생각하게 한다 : 이러한 이야기들의 자료는 자연(겨자씨)과 일반적인 경험(탕자)이다 ; 그리고 이 이야기들의 기능은 직유(그는 불도그〈bulldog〉처럼 생겼어!) 또는 은유(그는 불도그야!)라 불리는 더 강력하고 암시적인 비교를 한다. 또한 비유 속에 주의를 끄는 본질과 함께 듣는 이에게 쉽게 다가오는 의미를 갖지 못하게 하는 성질도 함께 있음을 지적한다. 다른 말로 하면 비유는 모든 사람들, 어린이들까지라도 예수께서 말씀하신 모든 것을 이해할 수 있는 단순하고 간략한 이야기들이 아니라는 것이다. 물론 어떤 수준에서 보면 이 이야기들은 모든 사람이 알 수 있는 범위 안에 있다. 우리가 곧 살펴보겠지만 씨 뿌리는 비유는 생활 속에서 알려져 있고 관찰된 것이어서 그 자체 안에 알기 어려운 것을 갖고 있지 않다. 그러나 그 비유가 그렇게 선명하다면 예수께서는 왜 그 비유를 말씀하셨을까?

비유는 듣는 이에게 지식적인 것이 아닌 어떤 짐을 지운다. 마음속으로 적극적으로 생각하도록 조른다. 듣는 사람은 극히 잘 알고 있는 그 이야기 속에서 이상한 감정을 갖는다. 그리고 해석을 필요로 할 뿐만 아니라 강력하게 요망한다. 그리하여 듣는 사람은 의사전달에 능동적으로 참여하고 해석을 제시하기 시작한다. 비유가 듣는 사람이 그것에 책임을 지게 하는 의미를 만들어 내기 때문에 비유는 복음을 전달하는 데 특별히 적합한 문학적 형식이다. 왜냐하면 듣는 사람 각자는 자신의 믿음에 대하여 책임을 져야 하기 때문이다. 그러므로 비유가 듣는 자들로 하여금 정확하게 무엇을 생각하고 무엇을 할 것인가를 말해 줌으로써 듣는 자들을 지배하려는 사람에 의해서는 사용되지 않는 이유를 쉽게 알 수가 있다. 그리고 비유가 무엇을 생각하고 믿고 행동할 것인지를 직접적으로 듣기를 원하는 사람들에 의해서 잘 받아들여지지 않는 이유도 알 수가 있다. 비유를 사용하게 되면 지배는 안 되고 참여는 하게 된다. 왜냐하면 비유는 해석을 해야 하기 때문이다. 비유는 재미가 있다. 그리고 대부분의 이야기에 있어서 그렇듯이 비유는 자유를 주면서 참여하게 한다. 그러면서도 해석되어야 한다. 이런 의미에 있어서 비유는 시와 같다. 불분명과 명확 중간에 있으면서 의미와 감정을 불러일으킨다. 그러나 비유는 때때로 격언과 같은 기능도 행사한다. 그리하여 어떤 무시했던 전통적인 지혜로 듣는 이를 감동하게 한다. 그런데 비유의 기능들 중 어떤 것도 그것의 예언적인 힘을 발휘하는 기능을 능가할 수 없다. 다윗 왕이 그의 죄를 깨닫게 했던 나단의 비유를 회상해 보라(삼하 12 : 1-10). 다른 말로 하면 비유는 약간 알기가 어렵고 계시적이면서도 감추는 식이다. 단일 형태나 기능을 갖지 않고 언제나 듣는 이에게서 뭔가를 끌어내고 해석을 요청한다.

교회는 복음서들 안에 있는 예수의 비유들로 언제나 그 어떤 어려움을 겪어 왔다(제4복음서에는 비유가 없다. 요한은 예수께서 '비사'로 말씀하신다고 말하기를 선호했다 ; 요 10 : 6〈개역한글판에는 '비유'로 번역되었다.-역자주〉, 16 : 25, 29). 해석은 일찍부터 시작되었었다. 어떤 비유는 성경본문 자체 안에 해석을 갖고 있다. 수 세기 동안 비유 해석에 가장 많이 사용되었던 방법은 풍유적 해석 방법에 의한 것이었다. 예수에 의한 약간의 비유들이 복음서들 자체 안에서 해석된 방법이 이것이었기 때문이다. 풍유에 있어서는 이야기 안에 있는 모든 주요 항목이 의미를 갖게 된다. 예를 들면, 풍유적으로 해석되는 탕자의 비유에서는 아버지는 이것을, 큰 아들은 저것을, 작은 아들은 이것을, 유산은 저것을, 먼 나라는 이것을, 돼지는 저것을, 잔치는 이것을, 살진 송아지는 저것을 의미한다는 식이다. 어떤 풍유적 해석은 억제가 있고 어떤 것은 무절제하고 과장되었다. 그리하여 성경본문이 모든 형태의 교리와 듣는 자들을 향한 터무니없는 강요를 권위 있게 하는 데 쓰였다. 지난 세기 후반에 독일의 학자 아돌프 쥘리허(Adolph Jülicher)가 비유들이 해석되는 방법을 혁신적으로 바꾸었다. 풍유적 해석 방법을 제거하면서 하나의 비유에는 많은 요점들이 있지 않고 하나의 요점만 있다고 했다. 쥘리허 이후의 해석자들은 그의 주장에 동의하지 않았다. 그리고 한 비유의 단일 요점에 있어서도 서로 달랐다. 그러나 그들은 하나의 비유에는 하나의 의미가 있다는 원칙에는 일치했다.

쥘리허의 해석 원리는 상당히 최근까지 학자들 사이에서 성행했다. 하버드 신학부의 신약학 교수 에이머스 와일더(Amos Wilder)는 큰 영향력을 끼치고 있는, 「복음의 언어 : 초기 기독교의 수사학」(*The Language of the Gospel : Early Christian Rhetoric*)에서 비유의 형식과 기능을 검토했다. 그리고 비유의 형식을 보존하되 그것이 말하는 것은 물론 그것이 무엇을 하는가가 필수적인 것으로 보존해야 한다고 요청했다. 마치 하나의 시의 의미를 하나의 산문으로 축소시키는 것이 충분하지 못하듯이 하나의 비유를 주제가 되는 문장 속으로 증류(蒸溜)시키는 것은 충분하지 못하다. 비유는 말할 뿐만 아니라 무언가를 한다. 그러므로 적절한 해석을 하려면 비유가 듣는 자들의 마음과 심령에 무엇을 하는가에 주의를 기울여야 한다. 결국, 하나의 문장이 의미를 말해 준다면 비유로 말할 이유가 무엇인가? 미국의 대부분의 해설자들은 와일더에 의해 강한 영향을 받아 왔다. 그러나 비유를 문학적 기술로 보는 견해는 비유가 무엇을 말하고, 또 무엇을 하는가가 듣는 자들에 의해서 크게 결정된다는 사실을 의미한다. 마치 예술 작품들이 다르게 보는 자들에게 다른 의미를 주는 것과 같다. 그 결과 풍유 시대에 있었던 옛 의문들이 다시 나오고 있다. 어떤 비유의 의미에 경계와 한계가 있는가? 아니면 그 비유의 의미는 독자나 듣는 자들만큼이나 여러 가지인가? 비유가 갖는 자치권(自治權)과 무한계(無限界)한 메시지 전달의 자유를 축하하던 기간이 지난 다음에 지금 학자들은 비유의 의미에 있어서의 지침(指針)을 논하고 있다.

비유 해석에 있어서 함부로 해석하지 않도록 해 주는 가장 유력한 사항들은 예수의 생애와 선교의 성격, 그 복음서 안에서 그 비유의 맥락, 듣는 자가 속해 있는 믿음의 공동체, 그리고 해설자가 비유 안에서 청중이 듣는 것에 대한 책임을 져야 한다는 진지한 인식 등이다. 하지만 이 지침들 역시 비유를 듣는 데 많은 자유를 허용하고 있다. 사실상 많은 이들이 받아들이기를 원하는 그 이상의 자유이다. 이 사람들은 예수의 제자들과 함께하고 있다. 제자들이 예수께서 혼자 계실 때 말씀하신 비유에 대하여 "그 비유의 의미는 무엇입니까?"라고 자주 질문했던 사실에 있어서 그러하다.

비유들에 관하여 더 읽기를 원하는 사람에게는 이 자료들이 도움이 될 것이다. 「하퍼의 성경사전」(*Harper's Bible Dictionary*)에 있는 '비유들'(parables), 크로선(John D. Crossan)의 「비유론」(*In Parables*), 퍼킨스(Pheme Perkins)의 「예수의 비유 설교」(*Hearing the Parables of Jesus*), 스

테인(Robert H. Stein)의 「예수 비유의 서설」(*An Introduction to the Parables of Jesus*), 그리고 도네이휴(John R. Donahue)의 「비유 속의 복음」(*The Gospel in Parable*).

이제 우리는 씨 뿌리는 자의 비유로 돌아간다. 우리는 이 비유를 씨앗의 비유, 혹은 토양(土壤)의 비유라고 불러야 할 것이다. 제목이 독자로 하여금 어떤 해석을 미리 단정하게 할 수 있다. 그리하여 그 비유의 해석을 제한할 수 있다. 마태복음만이 이 비유를 씨 뿌리는 자의 비유로 부르고 있다(마 13 : 18). 이 비유를 전해 주는 세 명의 복음서 기자들 중에 누가가 그것을 가장 간략하게 전하고 있으며, 이 비유를 가장 일반적인 상황에 두고 있다. 청중은 큰 무리이며 이야기 자체는 말투에 있어서 너무도 분명하다. 장면은 그들 모두가 매년 관찰하는 것이다. 씨뿌리기는 흙을 손질하기 이전이었다는 사실을 아는 것이 오늘 독자들의 이해에 도움이 될 것이다(저자는 현대의 영농과 다른 당시 팔레스타인의 영농 관습을 말하는 것 같다.-역자주). 그러므로 씨가 길이나 잡초들 사이에 떨어졌다. 그러나 이 이야기가 끝났을 때 무슨 말씀을 하셨던가? 이 이야기는 어떤 해석을 요청한다. "그래서 어떻다는 말씀입니까?"라는 의문이 생긴다. 예수께서 하신 말씀, "들을 귀 있는 자는 들을지어다"(8절)는 그 이야기의 외면적이고 알고 있는 의미보다 다른 무엇을 암시한다. 실제로 예수께서는 누구이고 무엇을 하고, 또 말씀해 오셨으며, 그리고 이 무리가 모인 이유 등은 씨를 뿌리는 것과 같은 평범한 이야기, 군중 속에 있는 모든 어린이들도 알 수 있다고 생각하는 그런 이야기, 속에 숨어 있는 매우 중대한 무엇인가를 말씀하고 계심을 말해 주고 있다.

군중은 예수께서 왜 자기들이 이미 알고 있는 것을 말씀하시는지 궁금해 한다. 또는 자기들이 알고 있다고 생각하는 것을 왜 자기들은 참으로 알지 못할까? 또는 더 깊은 통찰력에 이르는 단서는 무엇일까—파종자일까, 씨앗일까, 땅일까, 추수일까, 궁금해 하고 있다. 그들 중에서 제자들이 손을 든다. "선생님, 이 비유(마태복음과 마가복음에서는 그들이 모든 비유들에 관하여 묻고 있다.)는 무엇을 의미합니까?"(9절) 그들이 질문했다는 사실은 매우 중요하다. 참된 이해—가치와 관계에 관한 것들에 있어서 중요한 학습과 의사소통—는 주고받음이다. 반응이 없으면 불가능하다. 비유는 듣는 사람이 자기가 들은 것에 대하여 어떤 책임을 지도록 하는 의사소통의 한 형태이다. 그리고 그렇게 하지 않는 사람들은 구경꾼들이 되게 내버려 둔다. 앞으로 나와서 손을 들고 "당신이 하고 계시는 말씀을 이해하는 것이 저에게 중요합니다."라고 말할 만큼 호기심을 갖지 않는 구경꾼이 되게 내버려 둔다. 어떤 진리는 그냥 지나가는 사람에게는 아무런 유익을 주지 못한다. 결국 하나님의 말씀은 말하는 사람의 입에만 있지 않고 듣는 사람의 귀에도 있는 것이다. 예수께서 제자들에게 응답하심에 있어서(10절), 누가는 마가복음의 말씀(막 4 : 10-12)을 현저하게 누그러뜨리고 있다. 누가는 두 부류의 사람들('제자들'과 '다른 사람들')을 염두에 두고 있다. 제자들은 질문했었고, 그들에게는 그 나라의 비밀이 주어졌다. 그들은 그 어떤 이해력을 갖게 될 것이다. 다른 사람들에 대해서, 누가는 마가복음의 "이는 저희로…… 돌이켜 죄 사함을 얻지 못하게 하려 함이니라"(막 4 : 12)를 생략했다. 이 말씀은 이사야 6 : 9~10에 근거하는데, 마태는 이 말씀을 인용했다(마 13 : 14-15).

마태복음과 마가복음은 옛 성서 기자의 견해에 동조하려는 것 같다. 그 견해는 어떤 사람들은 귀 기울여 듣고, 또 어떤 사람들은 안 듣는 이유가 하나님의 목적 안에 숨어 있다는 것이다. 어떤 사람은 부드럽게 되고, 또 어떤 사람은 강퍅하게 된다는 말씀도 같은 의미의 말씀이다. 한 사람에게는 디딤돌이 다른 사람에게는 장애물이 된다. 히브리인들 중에 어떤 사상가들은 하나님께서 어떤 사람은 장애를 가로질러 가게 하시고, 어떤 사람은 실족하게 하신다고 말하면서 만족해했다. 다시 말하면, 행동의 '결과'가 그 행동의 '목적'이 되어 온 것으로 말했다. 이러한 시각으로는 자칫하면 예수의 가르치심의 결과(다른 사람들은 이해하지 못했음.)를 그의 가르치심의 목적(그들이 이해하지 못하도록)으로 말할 수 있게 될 것이다.

다시 말하거니와 누가는 여기서 마가복음의 말씀을 누그러뜨린다. 그러나 10절은 누가가 모든 교사와 설교자가 대면하는 문제와 씨름하고 있음을 보여 준다. 동일한 청중 가운데서 왜 어떤 사람은 귀 기울여 듣고, 또 어떤 사람은 듣지 않는가? 그 이유는 지성 때문인가, 죄 때문인가, 예정 때문인가, 하나님의 은혜 때문인가? 결론이 어떻게 내려지든지, 그 결론에 대한 신학적 토대가 무엇이든지, 본문 안에서 한 가지는 분명하다. 청중의 무리 중에서 어떤 제자들은 알게 해 주시도록 도우심을 요청했다는 사실이다. 그들은 예수와 그의 사역에 많은 투자를 했다. 그리고 예수께서는 그들이 빈손으로, 그리고 혼동 중에 떠나가도록 하지 않으실 것이다.

해석에 있어서(11-15절), 이 비유는 풍유가 되고 있다. 즉, 이 이야기 중에 있는 각 항목은 각각 다른 그 무엇을 의미한다. 대부분의 학자들은 이 해석이 다양한 상황을 향하여 선교사들이 설교했던 초대교회의 상황을 의미한다고 받아들인다. 그러나 이 해석은 본 비유에 대한 설명으로는 선명하지 못하다. 예를 들면, 씨는 하나님의 말씀과 같다고 하셨다. 그렇다면 그 각양의 땅은 각양의 듣는 자들이라고 생각하게 된다. 하지만 본문의 경우는 그렇지 않다(개역한글판에는 '땅'이 말씀을 듣는 자인 것처럼 번역되었으나 일부 영문성경은 '씨'가 말씀을 듣는 자로 번역되었다.-역자주). 본문의 해석은 길에 떨어진 자들은 마귀가 그 말씀을 가져가 버린 것으로, 바위 위에 떨어진 자들은 뿌리가 없는 것으로, 가시덤불 속에 떨어진 자들은 말씀이 숨이 막혀 버린 것으로, 좋은 땅에 떨어진 자들은 말씀을 받아서 결실하는 자들로 말한다. 하나님의 말씀이 뿌려진다는 것과 여러 유형의 듣는 자들 역시 뿌려진다는 말은 설명이 불가능하다. 본 비유에 대한 대부분의 해석자들은 이 어색하고 혼란스러운 요소를 무시해 버리는 쪽을 택하고, 듣는 자들을 씨앗이 아닌 땅으로 말한다. 어떤 사람은 해석 없이 비유만 전해 주었으면 하고 바랄 수도 있다. 그렇게 하더라도 비유 자체가 예수를 따르는 자들에게 효과적으로 말해 줄 수 있음을 어렵지 않게 이해한다. 이 비유는 모든 가르침과 설교가 다 결실하지는 않을 것을 말한다. 이 비유는 사역 중에 실패를 경험한 자들을 격려하고 있다. 어떤 씨앗은 풍성하게 결실할 것이라는 사실을 생각하게 함으로써 그렇게 하고 있다. 이 비유는 하나님의 말씀이 충분히 결실하는 것은 정직하고 선량하고 인내하는 심령 속에서라고 모두를 향하여 말해 준다.

이 단원은 분리된 세 개의 말씀들(16-18절)로 끝난다. 이런 말씀들을 때로는 '유동(流動)의 말씀들'이라고 부른다. 왜냐하면 이 말씀들이 서로 동떨어져 있고, 각각 다른 맥락의 말씀들 속에서 발견되기 때문이다(마 5 : 15, 10 : 26, 25 : 29, 눅 11 : 33, 12 : 2, 19 : 26). 이 세 가지 말씀은 여기에 함께 위치해 있어서 비유적 의사전달에 어울린다. 첫 번째 말씀은 이 맥락 속에서 독자로 하여금 생각하게 한다. 비유가 듣는 자들에게 스스로 무언가를 하려는 마음과 책임감을 요청하지만, 예수의 목적은 감추시려는 것이 아니고 나타내 보이시려는 것이었음을 생각하게 한다. 두 번째 역시 예수께서는 무엇을 감추려고 오신 것이 아니요, 전에는 알려지지 않았던 것을 밝히 나타내려고 오셨다는 확신을 강조한다. 전에 알려지지 않았던 것이란 하나님의 다스리심과 그 다스리심 안에서의 생(生)의 성격이다. 세 번째 말씀은 예수의 비유가 분별없이 누구에게나 똑같이 은혜를 주지 않는다는 사실을 독자들에게 생각하게 한다. 들으려고 몸을 앞으로 굽히는 사람들, 신뢰하고 맡기는 사람들, 말씀의 제단으로 와서 구하고, 요청하고, 굶주려 하는 사람들은 '더 받을' 자들이다. 자기들은 이미 알고 있다고 생각하는 사람들, 자신의 눈먼 것을 인정하지 않는 사람들, 좋아하고 싫어하는 표정만 보이는 태도로 듣는 사람들, 팔짱을 끼고 확신이 오기를, 즐거워지기를 기다리는 사람들, 의무는 생각지 않고 지식만 얻으려는 사람들은 자기들이 가졌었다고 생각했던 것까지 빼앗겨 버린 것을 허탈하게 알아차리게 될 자들이다.

예수의 참가족(8 : 19-21)

마 12 : 46-50, 막 3 : 31-35

중간에 끼어든 이 이야기는 말씀의 맥락이 말씀의 의미에 미치는 영향을 관찰할 수 있는 대단히 좋은 기회를 우리에게 제공한다. 마가는 이 이야기를 심한 논쟁의 배경 속에서 전하고 있다. 이 논쟁 속에서 예수와 그를 비평하는 사람들 사이에 있었던 긴장은 예수와 그의 가족으로 확대되고 있다. 마가는 또한 이 이야기를 씨 뿌리는 비유 이전에 위치시키고 있다. 누가는 씨 뿌리는 비유 직후에 위치시킴으로써 이 이야기가 이 비유의 진리를 예증해 준다. 하나님의 말씀을 듣고 행하는 것은 예수께서 조성하시는 교제 안으로 들어가는 길이라는 것이다. 그리고 이 사건을 논쟁의 분위기로부터 옮기고 ,그 논쟁을 축소시킴으로써 누가는 예수의 모친과 동생들의 방문이 예수의 가르침의 기회가 되도록 한다. 가르침이란 하나님의 가족은 하나님의 뜻을 듣고 행하는 모든 사람을 포함한다는 것이다. 누가복음을 읽으면서 마가복음의 기록을 기억하지 않는다면 예수께서 하신 논평이 예수께서 모친과 동생들과 거리를 두고 계셨거나 이 가족 내부에 긴장이 있었음을 반영하고 있다고 볼 이유는 없게 된다. 누가는 예수의 모친이 하나님의 말씀을 듣고 순종했다는(1 : 38, 45) 사실과 이 가족이 신실함에 있어서 모범이 되고 있었다는(2 : 21-51) 사실을 처음부터 분명히 했었다. 그러므로 누가는 하나님의 가족이 말씀을 듣고 행함으로써 생겨나며, 이 사실은 예수의 나사렛 가족도 포함한다고 말하고 있다. 누가복음에 연이어 나오는 말씀 속에서 하나님의 가족의 일원이 되는 이 기준은 어떤 육적 가족들 안에서는 심한 긴장을 조성할 수도 있음을 매우 분명히 할 것이다.

예수께서 폭풍을 잔잔케 하심(8 : 22-25)

마 8 : 23-27, 막 4 : 35-41

이 이야기는 예수께서 연이어 기이한 일을 행하신 네 번의 실례들 가운데 첫 번째이다. 폭풍을 잔잔케 하시고, 마귀 들린 자를 고치시고, 병든 여자를 치료하시고, 그리고 죽은 소녀를 일으키셨다. 순서는 마가복음의 그대로이다. 그러나 직전의 사건과 연관은 있다 하더라도 조금밖에 없는 것으로 보인다. 누가는 단순히 '하루는'(글자 그대로는 '여러 날 중 하루')이라고 말한다. 열두 제자들에게 하셨던 전도위탁(傳道委託)이 이 사건들 직후에 있다. 그러므로 이 선택된 네 가지 사건들은 제자들을 준비시키시는 기간 중에 있었던 예수의 사역의 실례들로 보는 것이 마땅할 것이다. 이 네 사건들은 넓은 지리적 범위 안에서 서로 연관되고 있다. 갈릴리 바다(누가는 '호수'라고 말한다. 팔레스타인 사람이 아니므로 '바다'는 지중해를 의미했다.)를 건너던 중 배 안에서, 마귀 추방은 이 바다의 동편에서, 그리고 나서 바다 서편으로 돌아왔는데, 여기서 병 고치심과 죽은 자를 일으키시는 일을 하셨다.

본론의 네 가지의 기적 이야기들 중에 폭풍을 잔잔케 하심은 비길 데 없는 사건이다. 이것은 예수께서 자연에 대하여 보여 주신 권세에 대한 첫 번째 경우라고는 말하고 있지 않다. 병 고치심이나 나인 성 과부의 아들을 살리신 것이 '자연'에 대한 권세의 행사가 아니듯이 이것 또한 그러하다. '자연'에 대한 개념은 자연의 법칙을 말하는 과학의 시대에 속한다. 그리고 이 시대에는 "비가 왔다.", "바람이 심하게 불었다."라고 말하는 것이 편하고 "하나님께서 비를 보내셨다." 또는 "하나님께서 나무들 사이에서 바람을 일으키셨다."는 편하지 않다. 폭풍을 잔잔케 하신 방법은 뒤이어 있게 되는 마귀 추방과 같다. 마귀 추방 때에 하셨던 통상적인 말씀을 눈여겨보라. "예수께서

…… 잠을 깨사 바람과 물결을 꾸짖으시니"(24절, 4 : 35, 39, 41 참고). 사람들은 고대로부터 여러 문화 속에서 많은 물이 고인 곳에는 악령이 살고 있다고 믿었다. 그리고 이 악령이 선원들을 향하여 폭풍을 일으킨다고 믿었다. 이러한 믿음은 근동의 홍수 이야기만큼 오래전부터이다. 이 홍수 때 물이 넘쳐 그 땅을 파멸하려 했다고 한다. 요한계시록에는 "……바다도 다시 있지 않더라"(21 : 1)는 하나님의 최후 승리가 묘사된 가운데 그 믿음이 반영되고 있다.

이 사건이 흔하지 않은 사건이라고 말할 수 있다면 예수께서 군중과 비평자들을 떠나 혼자서 제자들과 함께 계셨는데, 예수께서 제자들을 위하여 사역하셨다고도 말할 수 있다. 제자들이 예수의 권세에 의하여 은혜를 받은 자들이 되는 경우는 복음서 안에서 드문 일이다. 통상적으로 그들은 예수께서 다른 이들을 위하여 사역하실 때 옆에 있거나 그 사역에 동참하는 정도였다. 교회의 통상적인 자세는 예수의 이름으로 다른 이들에게 봉사하는 것이다. 그러나 교회 역시 그리스도의 사역을 받는 자이다. 그렇지 않으면 오랜 기간 동안 교회 자체는 스스로 유지해 나가지 못한다. 그리스도 혹은 성령의 임재에 대한 어떤 믿음과 경험이 없으면 교회는 제도존중주의(institutionalism)의 무게 아래 붕괴되거나 자체 증진계획(self-promoting programs)으로 방황하게 된다.

이 이야기의 또다른 두 가지 눈에 띄는 특징은 두 가지의 질문이다. 이 질문으로 이야기는 끝난다. 예수께서는 제자들에게 물으신다. "너희 믿음이 어디 있느냐"(25절). 예수께서는 그들에게 무엇을 묻고 계시는가? 만일 그들에게 믿음이 있었다면 폭풍은 없었을 것이라고 말씀하시는 것은 결코 아니다. 결국 예수께서도 배에 계셨기 때문이다. 그리고 예수께서는 그들이 믿음으로 그들 스스로 폭풍을 가라앉힐 수 있었을 것이라고 말씀하지도 아니하신 것 같다. 귀신 추방이나 병 고치는 능력과 권세는 아직 그들에게 주어지지 않았다(9 : 1-2). 예수께서는 질문하심으로써 그들이 폭풍 중에 무서워하고 있음을 말씀하시는 것 같다—의심이 아닌 두려움도 믿음과는 상반되기 때문이다. 그들은 하나님과 하나님의 권세에 가까이 계시는 예수를 신뢰할 만한 역량을 가질 만큼 충분한 시간 동안 예수와 함께 있었다. 예수께서 폭풍을 잔잔케 하심으로써 그들이 예수를 향하여 두려워하였다 하였고,

아마 더욱 두려워하였으리라는 사실에 유의하라. 그들은 폭풍보다 더 큰 능력을 목격했으니 왜 두려워하지 않았겠는가? 예수와 함께 있는 것이 전적으로 위로가 된다고 상상하는 것은 순전한 감상주의이다. "너희 믿음이 어디 있느냐?"라는 질문은 그 안에 예수께 새로운 단계의 기대를 갖도록 신호하는 부가적인 설득력이 담겨 있다. 그들은 이전에 그와 같은 어떤 것도 요청받은 적이 없다. 그러나 그들은 곧 설교하고 치료하고 마귀들을 제압하기 위하여 보내심을 받게 되어 있다. 그리고 머지않아 그들은 이 질문의 형태가 약간 달라진 또 하나의 질문을 받게 된다. 너희가 가진 믿음은 무엇인가? "너희는 나를 누구라 하느냐"(9 : 18-22).

이 이야기는 우리를 두 번째 질문으로 이끈다. 그 질문은 제자들이 서로 물었던 질문이다. "저가 뉘기에"(25절). 분명히 이 질문은 그들이 예수와 함께 있으면서도 그들의 마음속에서 저절로 생겨나고 있었다. 그러나 지금 이 질문은 분명해졌다. 그리고 밖으로 표현되었다. 예수는 누구신가? 물론 누가는 독자를 심중에 두고 있다. 물음에 있어서 뿐만 아니라 대답을 예상하면서 그렇게 하고 있다. 이 질문은 나와야 한다. 그러나 누가 묻고 누가 대답할 것인가? 그들이 예수께 "선생님은 누구시옵니까?"라고 묻게 될까? 아니면 예수께서 그들에게 "너희는 나를 누구로 아느냐?"라고 물으실까? 만일 그들이 마치 요한이 옥중에서 그렇게 했던 것처럼 묻는다면, 우리는 그분의 대답이 동일할 것이라고 상상할 수 있다(7 : 22). 그러나 예수께서 그들에게 물으신다면 그들은 무엇이라고 말하게 될까?

거라사의 마귀들린 자를 치료하심(8 : 26-39)

마 8 : 28-34, 막 5 : 1-20

개역표준판영어성경(RSV)의 8 : 26은 이 마귀 추방이 거라사 지방에서 있었다고 말한다. 새영어성경(NEB)과 현대영어성경(TEV)은 '게르게세네스'(Gergesenes)에서라고 말하고, 마태복음에는 이상의 세 가지 성경 모두가 '가다라'(Gadarenes)에서라고 말한다. 이 세 영어성경들은 헬라어 사본에 있는 표현상의 차이를 보이고 있는데, 철자 이상의 차이점을 갖고 있다. 만일 이 사건이 거라사 지방에서 있었다면 예수께서는 거라사의 안쪽이나 가까이로 가셨을 것이다. 갈릴리 바다의 동남쪽 32마일 되는 곳, 길르앗(Gilead)의 산지에 있는 곳이다. 거라사는 알렉산더 대왕(Alexander the Great)에 의해 처음 세워진 거대하고 장엄한 로마의 도시였다. 오늘에도 성문, 개선문, 광장, 경기장, 극장, 그리고 이교의 신전 등의 유적을 볼 수가 있다. 마태복음이 정확하다면 예수께서는 가다라(Gadara, 갈릴리 바다의 동남방 6마일 지점에 있으며 가이사 아구스도가 헤롯에게 준 성) 가까이 또는 안으로 가셨다. 약간의 유대인 거주자들과 함께 대체로 이방인들이 그곳의 주민들이다. 가다라가 더욱 그곳이었던 것 같다. 이 사건은 기본적으로 이방인의 땅에서 사역하신 예수에 관한 누가의 유일한 기록이다.

기록 자체는 마귀 추방에 관한 것이다. 마귀 들린 상태는 최악이었지만 마귀 추방의 정상적인 형식이 적용되고 있다(4 : 31-37). 무저갱(無底坑)은 지하의 세계이며 영적 군대의 처소이다(빌 2 : 9-11). 죽은 자(롬 10 : 7), 감옥에 갇힌 영들(벧전 3 : 19), 그리고 사단을 가둘 처소(계 20 : 3)이다. 마귀들은 무저갱으로 되돌려 보내지는 것을 원하지 않았다. 왜냐하면 그곳은 그들을 위한 감옥이며, 그리스도의 권세 밖에 있지 않음을 그들이 알고 있었기 때문이다(빌 2 : 9-11, 롬 8 : 38-39, 벧전 3 : 18-22). 만일 그들이 불결한 짐승들 속으로 들어가서 그것들로 하여금 바다 속으로 들어가게 하는 것이 예수의 권세로부터 도피하는 것이라고 생각한다면 그들은 잘못 생각하고 있다. 이 사건의 직전에 있었던 이야기에서는 바다에서 행하신 예수의 권세를 보여 주었다. 그런가 하면 이 이야기는 백부장의 종을 치료하신 것(7 : 1-10)보다 훨씬 힘 있게 이방인 선교를 예시한다. 왜냐하면 그 백부장은 유대인의 땅 안에 있었고, 하나님을 경외했으며, 회당을 지은 사람이었기 때문이다. 이제 예수께서는 이방인들로부터, 돼지를 치는 자들(15 : 11-32, 탕자의 이야기 중에 나오는 그 먼 나라에 있는 돼지를 참고하라.)로부터 나오셨다. 그의 능력은 마귀들의 수가 매우 많고, 또 위협적인 지역에서도 결코 그 효력을 덜 나타내지 않았다. 누가는 기독교 선교사들이 이방인 나라로 가서 악의 세력과 마주치게 될 때 이 사실을 기억하기를 원한다(행 16 : 16-34, 19 : 11-20). 마귀들은 예수께서 능력과 권세를 주어 내보내신(9 : 1), 설교하고 가르치고 예수의 이름으로 치료하는 자들에게 저항할 수 없다.

그러나 이 이야기에는 부정적인 면이 없지 않다. 마귀 들린 자와 돼지 떼에게 생긴 일을 듣자마자 그 지역의 사람들은 예수께서 떠나시기를 요청했다(34-37절). 누가는 두 번씩 반복해서 알리는 그의 특징적인 방법으로 사도행전 16 : 16~39에서 바울의 빌립보 경험을 기록했다. 그는 노예 소녀로부터 한 영을 쫓아냈다. 이 사건의 결론은 바울이 그 성에서 떠나도록 요청받는 것으로 되어 있다. 이 두 경우에 있어서 이 부정적인 반응의 이유는 두 가지이다 : 두려움과 경제적 손실이다. 두려움은 악령들의 권세보다 더 큰 능력이 나타난 것을 알아차림으로써 생겼다. 악령보다 더 큰 힘이 나타난 사실에 대하여 모두 함께 기뻐하지 않은 것은 놀랄 만한 일이었다. 그러나 조금만 생각하면 그 놀라움은 없어진다. 가다라의 귀신들린 사람의 경우 사람들은 그 악령의 거처(居處)를 알고 있었다. 그 사람이 살고 있었던 곳을 알고 있었던 것이다. 그리고 그를 지키고 억제하기 위하여 상당한 시간과 비용도 들이고 있었다(29절). 이 동네 사람들은 그처럼 마귀들을 격리시키고, 한편으로는 억제함으로써 그것들과 그냥 그렇게 살아가는 방법에 익숙해져 있었다. 온전하지는 못하지만 참아내는 것이나 그 마귀들을 취급하는 일에 그런대로 잘하고 있다고 여기면서 그들은 자신들의 생활에 별다른 주의를 기울이지 않게 되었다. 이 이야기를 그만큼 철저하게 '영적으로 해석'하지 않을 경우 그렇다고 본다. 그러나 지금 하나님의 선한 능력이 그들의 마을에 나타났다. 이 능력으로 인하여 그들이 스스로 인정하고 있었던 그 생활태도는 혼란스럽게 되었다. 그 능력이 선한 목적을 위한 것임에도 불구하고 경이롭게 받아들여지지도 않고, 그렇게 취급되지도 않고 있다. 이제 하나님께서 우리의 마을에서는 어떤 일을 하실까? 이런 외경의 마음을 갖는 사람들이 있다면 이러한 사람들이야말로 부활절에 느끼게 되는 외경의 마음을 잘 이해할 마음의 준비가 되어 있는 사람들이다.

물론 경제적으로 손해를 입은 이유도 있었다. 예수 그리스도께서 나타내시는 능력이 경제적인 문제에 미치게 될 때 사람들은 큰 관심을 보인다. 이 사실은 오늘도 마찬가지이다. 복음은 분명히 경제를 움직인다. 왜냐하면 병고침이나 개종, 그리고 기독교 윤리를 받아들임에는 기본적으로 경제적인 수입과 지출에 영향이 있기 때문이다. 거라사의 사람들은 사람이 고침을 받은 사실에 대하여 하나님을 찬양하지 않고 있다. 그들은 경제적 대가를 계산하고 그것이 심히 크다고 알고 있다. 이와 동일한 사건이 빌립보와 에베소에서(행 19 : 18-34) 바울의 사역 중에도 있었다. 경제문제에 연관되자 좋은 소식에 대한 거센 저항이 있었던 것이다. 하나님의 다스리심에는 적대자들이 있다. 그러한 대적들은 우리를 대적한다. 그뿐만이 아니다. 이러한 대적들은 우리 각자의 내부에, 그리고 우리의 모임 가운데도 있다. 그리하여 이 싸움에 다치지 않은 사람은 없다. 이러한 사실을 알게 될 때 젊은 사역자들을 교육할 때면 줄곧 고통스러움을 느끼게 된다. 도움을 주고자 하는 그 사람들로부터 떠나라는 요청을 받는 것은 무엇보다 마음이 상하는 일이다.

"귀신 나간 사람이 옷을 입고 정신이 온전하여"(35절) 예수와 함께 있기를 원했다. 자연스런 상황이다. 그가 예수로 말미암아 얻게 된 경험은 잠시였으나 극적인 것이었다. 이 경험은 증언의 자료가 되기에 충분했다. 그리고 그가 살던 지역의 사람들이 보여 준 행위는 분명히 그들에게 그러한 증언이 필요했었음을 보여 준다. 예수께서는 그가 할 수 있는 한 가지 일을 명하신다. "집으로 돌아가 하나님이 네게 어떻게 큰 일 행하신 것을 일일이 고하라……"(39절). 그는 그렇게 했다. 예수께서 자기에게 무엇을 해 주셨는지를 전파했다. 그의 경험은 예수와 함께함으로써 얻은 것이었다. 분명히 그는 예수 안에 있었던 하나님의 능력을 예수를 떠나서는 생각할 수 없었던 것 같다. 예수께서는 여기서, 그리고 다른 데서도 자기의 말씀을 듣는 자들에게 자신이 아닌 하나님을 가리키고 계셨다. 누가의 이야기를 읽는 사람들은 이 사실을 주시해야 한다. 하나님은 아담으로부터 종말에 이르기까지 전체 이야기의 주체이시다. 그리고 누가가 그의 복음서와 사도행전 속에서 취급하고 있는 이야기의 주체이시다.

야이로의 딸을 살리심/혈루증을 가진 여자를 고치심(8 : 40-56)

마 9 : 18-26, 막 5 : 21-43

지리적으로 이 두 사건은 갈릴리 바다의 서편에서 있었다. 예수께서는 갈릴리의 동편으로부터 돌아와 계셨던 것이다. 이 장소를 아는 것은 중요하다. 왜냐하면 예수의 이 두 가지 사역은 유대인의 율법과 관련이 있기 때문이다. 누가는 마가복음에서 이 이야기들이 연결되어 있는 것을 알고 있었다. 마가는 종종 하나의 이야기 안에 또 하나의 이야기를 끼워 넣었다. 우리는

4 : 31~37과 5 : 17~26에서 좀 덜 극적인 형식으로 이러한 문학적 배열을 보았었다. 야이로의 딸을 살려 내신 것은 틀을 이루는 이야기이며(40-42, 49-56절), 혈루증(血漏症)을 가진 여자를 고치신 이야기를 끼워 놓은 것이다(43-48절). 누가는 이러한 이야기 속의 이야기를 마가복음으로부터 옮겨와서 이 문학형식을 그대로 두고 있다. 그리하여 우리는 누가가 왜 이러한 구조를 유지시키고 있는지 그에게 물어보아야 할 것이다. 우리는 단지 그가 역사적으로 기록했다고 추측할 뿐이다. 이 기록은 그 사건들이 일어난 순서대로라는 의미이다. 또 하나의 해석은 논리적일 것이라는 것이다. 삽입된 이야기는 병든 소녀가 죽게 되기까지의 시간을 끈다는 의미이다. 세 번째 가능한 해석은 문학적인 기록이라는 것이다. 삽입된 이야기는 야이로가 예수께서 자기에게 해 주시기를 바랐던 행동을 지연시킨다. 그리하여 기대감을 갖게 하여 관심을 고조시킨다.

하나의 이야기에 다른 이야기를 삽입시킨 이유가 무엇이든 간에 이 두 이야기는 분명히 여러 면에서 서로 연결되고 있다. 실제로 먼저 말해 두어야 할 사실은 이 이야기들이 어떤 점에 있어서 거라사의 귀신들린 사람의 이야기와 연결되고 있다는 사실이다. 예수께서는 돼지를 치는 이방인들 가운데서 사역하시고 잠시 전에 돌아오셨다. 이 이방인들은 받아들이기 어려운 '저 멀리'의 사람들이었다. 지금 예수께서는 두 사람에게 하나님의 은혜를 내려 주고 계신다. 이 두 사람은 분명히 유대교를 신봉하는 자들이다. 그러나 율법의 규례에 의하면 외인(外人)들이다. 이스라엘의 상징인 열둘이라는 수를 거듭해서 사용함으로써 (이 여자가 열두 해 동안 병들어 있었고, 소녀는 열두 살) 누가는 이 두 사람이 유대교의 입장에서 보면 외인들임을 생각하게 하는 것 같다. 왜냐하면 이 여자는 줄곧 피를 흘리고 있는 병자였고 그리하여 불결하기 때문이다. 이 여자가 만지는 모든 것도 불결하다. 그리고 이 여자를 만지는 사람도 누구나 불결하다(레 15 : 25-30). 율법으로는 분명히 이 여자가 가정에서, 사회에서, 그리고 회당에서 소외된 사람이었다. 또한 이 소녀는 일단 죽으면 그녀와 접촉하는 사람을 부정하게 한다. 시체에 관한 법 때문이다(민 19 : 11-19). 그리하여 군중은 예수를 매우 진지하게 환영했다. 그러나 그 부정한 여자에 관하여는 알고 있지 못했다. 그리고 그들은 예수께서 죽어 가는 소녀를 치료하시는 데는 관심을 가졌으나 죽은 자를 살리시는 데는 관심을 두지 않는다. 이 여자가 무리 가운데로 들어와서 예수를 만짐으로써 규례의 한계를 넘은 것이나 예수께서 이 여자를 고치고 칭찬까지 하신 사실은 율법을 무시한 행위들이라고 보아서는 안 된다. 예수께서 시신을 만지신 사실도 그러하다. 분명히 누가가 말해 주는 예수께서는 결코 그렇게 하지 않으신다. 어느 사회에나 사회적, 의학적, 종교적 특성은 있기 마련이다. 또한 자기들이 옳다는 주장은 끊임없이 계속된다. 이 사건에 있어서의 요점은 하나님의 치료하심과 도우심의 능력에는 어떤 장벽도 없다는 것이다. 이 말은 단순히 예수의 사역만을 설명하려는 것이 아니다. 교회가 받들고 실천해야 하는 그 명령도 생각하게 하려는 것이다.

혈루증을 앓았던 여자를 고치심에 있어서 본문의 기록 중에 보이는 세 가지가 우리의 주의를 끌 만하다. 첫째로, 이 여자가 고치심을 받은 것은 만짐으로써 된 것인바, 이 만짐은 이 복음서 안에서 예외적인 것이 아니라는 사실이다. 6 : 19에서 누가는 말한다. “온 무리가 예수를 만지려고 힘쓰니 이는 능력이 예수께로 나서 모든 사람을 낫게 함이러라” 여기서 우리는 어떤 의미에서든 마법의 개입을 용납하지 않는다. 그 만짐은 개인적인 것이었다. 예수께서는 자기를 만진 사람이 있었고, 능력이 자기로부터 나간 것을 알고 계셨다. 그리고 자기로부터 고침을 받은 그 사람을 만나 보고 싶으셨다. 또한 그 만짐은 믿음으로부터 나온 행위였다. “예수께서 이르시되 딸아 네 믿음이 너를 구원하였으니 평안히 가라 하시더라”(48절). 이 은혜의 말씀은 예수께서 자기에게 향유를 부었던 그 죄 많은 여자를 향하여 하신 말씀과 같은 것이다(7 : 50). 둘째로, 이 군중이 예수께 접근하기 위하여 밀고 당기고 있었던 사실이다. 누가복음에서 보이는 군중들은 예수께 호감을 갖는 자들이었다. 그리고 그들은 그의 치료의 능력을 구하고 있었다. 그러나 여기서는 그들이 야이로의 딸에게 마음이 쏠려 있는 것 같다. 그리하여 그들은 대부분 구경꾼들이 되고 있다. 또한 예수께서 누가 자기를 만졌느냐고 물으셨을 때 그들은 만지지 않았다고 말한다. 마치 예수께서 그들이 무례하게 행동했다고 책망하시는 것처럼 말이다. 시몬 베드로(어떤 사본에는 “예수와 함께한 사람들이”라고 되어 있는데, NEB〈새영어성경〉를 참고)마저도 “큰 무리가 에워싸고 혼잡합니다. 물론 누군가가 스쳤겠지요.”라고 말하고 있다. 그러나 예수께서는 단순히 함께하고 있는 것과 믿음을 갖고 있는 것을 구분하고 계셨다. 끝으로, 예수와 이 여자의 관계는 사적인 것이 아니라는 점이다. 실제로 군중은 이 여자가 예수를 만져서 고침을 받은 사실을 모르고 있었다. 하지만 예수께서는 군중 속에서 한 사람이 하나님의 은혜를 받은 이 사실을, 그 여자의 사적 비밀의 한 사건으로 숨겨 두려 하지 않으셨다. 예수께서는 그 여자를 불러내셨다. 그리고 이 여자는 모든 사람들 앞에서 자기에게 무슨 일이 있었는지를 말했고, 예수께서는 그들 앞에서 이 여자의 믿음을 인정하시고 칭찬하셨다. 이 여자는 사람들에게 증언하게 되었을 뿐만 아니라 이제는 이 사람들이 이 여자의 이야기와 이 여자에 관하여 말해야 했다. 이 여자는 정해진 의식(레 15 : 25-30)을 행한 뒤에 자기 동네로 돌아가게 될 것이다. 그리하여 12년이 지난 지금 그들은 이 여자를 받아들이게 될 것이다. 이 여자의 이야기를 믿을 수 없는 사람들이라도 이 여자를 믿을 수 있고 이 여자가 공동체와 회당으로 복귀하는 것을 용납할 것이다. 아니면 그들이 이 여자를 치료하신 그분을 환영했던 것같이(40절) 이 여자를 환영할 수도 있을 것이다. 믿음은 진실로 개인적인 것이지만 분명히 사적인 것은 아니다.

야이로의 딸을 살리심은 예수의 발 앞에 엎드리는 한 회당장(president, NEB)의 모습으로 시작된다. 이 사람의 태도는 앞에서 있었던 이야기에 나오는 이방(異邦)의 귀신들린 사람의 태도와 동일하다(28, 35절). 종교 지도자라고 해서 사적 비극을 면제받는 것은 아니다. 그리고 예수께서 주시는 긍휼을 못 받는 것도 아니다. 높은 위치의 신분증도 별 소용이 없었다. 그는 절망적이었다. 그의 딸이 죽어 가고 있다. 그리고 그 딸은 그의 무남독녀이다. 이번이 누가복음에서 하나뿐인 자녀를 살려 내시는 두 번째 경우이다(7 : 11-17). 소녀가 죽었다는 말을 전한 사람은 이 소녀는 죽었으므로 예수의 능력 밖에 있다고 여겼다. 그리고 이제는 예수께 그만 간청하라고 충고하고 있다. 예수께서는 유족에게 두려움을 버리고 하나님을 신뢰하라고 하신다. 집에 있던 울음꾼들은 예수를 비웃었다. 그 문화 속에서 여유가 있는 사람들은 이런 경우에 울음꾼들을 고용했다. 이 울음꾼들은 직업적인 사람들이었을 것이다. 그리고 그들은 죽음의 상태와 그 죽음의 결국을 알고 있었다.

소녀는 죽어 있다. 그리고 지금은 울어야 하는 시간이다. 이 소녀를 살리는 것은 믿음을 강요하려는 뜻에서 사람들에게 보여 주고자 하시는 행위가 될 수 없다. 소녀의 부모와 예수의 친근한 사람들(여기서 처음으로 누가가 소개하고 있다.)만이 참석했다. 기적은 신앙을 만들어 내지는 않는다. 그러나 기적은 믿음으로부터 나온다. 소녀를 살려 내는 행위에는 예수의 만지심과 분명히 큰 소리로 불러내심이 있었다(54절). 영(spirit)이 떠나고 돌아옴(55절)은 죽음과 회생이라는 말과 공통된 말이다. 유대교에서도 그렇고(왕상 17 : 17-22) 그리스-로마의 문화 속에서도 그렇다.

이 기록 중에서 두 가지는 하나님께서 예수를 죽음에서 살리시는 누가의 차후 기록 중에서 다시 상세하게 보여질 것이다. 죽었었던 사람을 위한 음식(24 : 41-43), 그리고 죽은 사람이 살아난 것은 사람들의 구경거리가 아니라는 두 사실이 그렇다. 예수의 경우에서 그러했듯이 여기서도 그러하다. 이미 믿음을 갖고 있는 사람들은 하나님께서 죽은 자들에게 생명을 주시는 것을 경험한다. 실제로, 우리가 말하고 있는 이 이야기 속에서 예수는 그 가족들이 지금 일어난 일을 말하지 못하게 하고 계신다. 거라사의 귀신들렸던 사람에게는 하나님께서 그에게 해 주신 일을 모든 사람들에게 말하라고 하셨다(39절). 그러나 그러한 전파는 지금 이 상황에는 적합하지 않다. 왜 그런가? 지리적으로 서로 다른 점이 그 이유가 될 것이다. 이 사건은 호기심을 일으키는 사람들을 향한 이야깃거리라기보다는 신앙에 더 밀접하게 연관되어 있다고 본다. 죽음에서의 부활을 이야기하기에는 너무 이른 것 같다. 예수는 지금 예루살렘과 죽음을 향하여 나가시기에는 너무 이르지 않은가! 그리고 예수의 죽으심은 그가 자기 죽음의 시간에 자신의 능력을 어떻게 사용하시는가에 대하여 지금의 제자들은 물론 차후의 제자들을 어리둥절하게 만들 것이다. "백성은 서서 구경하며 관원들도 비웃어 가로되 저가 남을 구원하였으니 만일 하나님의 택하신 자 그리스도여든 자기도 구원할지어다"(23 : 35)라는 조롱이 곧 나올 것이기 때문이다.

열두 제자 파송(9 : 1-6)

마 10 : 1, 9-11, 14, 막 6 : 7-13

그 열둘은 사도로 택하심을 받은 당시부터(6 : 12-16) 예수께 주목하고 귀를 기울여 왔다. 지금 준비 중에 있는 사도들은 실제로 사도들('보내심을 받은 자들')이 되고 있다. 그들은 사역을 위하여 권세와 능력을 받았다. 이것

없이는 귀신과 질병 앞에서 아무것도 할 수 없었다. 그들의 과제는 세 가지였다. 귀신을 쫓아내고 병을 고치고 하나님의 통치를 전하는 것이었다. 그리고 그들은 지금, 그리고 다가오는 하나님의 나라를 능력 있는 행동으로 증거하고 보여 줄 것이다. 그들은 둘씩(막 6 : 7) 나가지 않는다. 누가는 70인이 나갈 때(10 : 1–12)까지 이 말을 유보한다. 그들은 여행을 위하여 전적으로 하나님께 의존해야 한다. 그리고 레위인들처럼 대접받기와 도움을 기대해야 한다(민 18 : 31, 고전 9 : 3–14). 신약적 용어로 이 대접하기(hospitality)는 '나그네 사랑'을 의미했으며, '형제와 자매 사랑'과는 구별되었다(히 13 : 1–2). 이 대접받음은 일반적으로 당시 문화 속에서 기대할 수 있었고, 특히 그리스도인들 사이에서는 그러했다(행 17 : 7, 21 : 17, 28 : 7, 롬 12 : 13, 16 : 23, 벧전 4 : 9). 방문자가 그 공동체에 위협이 된다고 생각될 때에는 대접 전에 확인을 하기도 했다(요이, 요삼). 예수께서는 자기 제자들을 대접하는 자들에게 특별한 복을 선언하셨다(마 10 : 40–42). 손님으로서 방문자는 대접을 받고 제공되는 음식을 먹는 것이 예사였다. 영접하는 집에서 머물라(4절)는 명령은 이 사실에 준한다. 다른 말로 하면, 가장 편한 숙소를 찾아 두리번거림으로써 그 집 주인을 모욕하지 말라는 것이다. 푸대접에는 보응이 아니라 심판의 의식을 간략히 행사하도록 하셨다(5절, 행 13 : 51).

그 열둘은 예수께서 명하신 대로 실천하기 위해 '만일의 경우'가 예상됨에도 불구하고 안전장비도 없이 출발하고 있다. 만일 그들이 돈과 기타 준비물을 가지고 나갔었다면 그들의 증언사역은 하나님을 향한 신앙의 결핍과 사람들의 접대에 대한 신뢰 부족으로 인해 근본적으로 어렵게 되고 말았을 것이다. (참으로 많은 교회에서 행해지고 있는 설교들이 예산이나 자기 방어와 안전을 위한 계획들에 의해 모순이 되고 있지 않는가!) 그들은 '곳곳에서' 설교하고 병을 치료했다(6절). 본문의 '각 촌'은 유대인들의 땅 내부라고 추정할 수 있다. 그러나 누가는 그렇게 말하지 않는다. 그는 '곳곳에서'라는 말을 사용한다. 그는 장차 사도행전에서 설명하게 될 이 사도들에 의한 선교를 염두에 두고 있기 때문이다. 만일 이 열두 명이 당시에 유대인의 경계를 넘었다면 단지 최근에 유대인과 이방인 가운데서 봉사하셨던 예수를 따르고 있었을 뿐이다.

누가복음 9 : 7~50
수난의 전조와 예고

이 부분의 내용이 간략하다고 해서 독자는 이 부분이 누가복음의 전반적 진행의 요점을 반영만 한다고 보아서는 결코 안 된다. 9 : 7~50의 내용은 요약이라기보다는 '압축'이라고 말해야 한다. 누가는 마가복음 6 : 45~8 : 26(마 14 : 22-16 : 12)에 있는 자료들의 많은 부분을 생략했다. 이 자료들을 신중히 검토해 보면 이 자료가 누가의 목적에 적합하지 않다는 분명한 이유들을 많이 찾아낼 것이다. 그가 그렇게 했던 이유가 무엇이든 간에 이 자료들이 생략됨으로써 독특한 주제를 갖는 치밀하고 강렬한 문단(文段)을 만들어 내는 효과를 내고 있다. 이 부분의 기록은 독자의 주의력을 인기가 매우 높았던 예수의 갈릴리 사역으로부터 예루살렘과 죽으심으로 신속하게 전환하도록 움직여 나가고 있다(9 : 51). 문맥상으로 9 : 7~50은 예수의 갈릴리 사역을 종결하고 예루살렘을 향한 여행을 준비한다. 내용상으로 이 부분의 기록은 "예수께서는 누구신가?"라는 질문으로 시작된다. 이 질문은 당시에 예수께서 자기의 제자들에게 하신 것이었다. 그리고 이 질문에 대한 답변들은 본 기록의 뒷부분에 나오고 있다. 그러므로 우리는 누가가 전해 주는 이야기의 주요 전환점인 9 : 7로 가고자 한다.

헤롯이 예수에 관하여 듣고 당황함(9 : 7-9)
마 14 : 1-2, 막 6 : 14-16

누가복음과 사도행전에는 네 사람의 헤롯이 나타나고 있다. 우리는 본문의 헤롯을 규명하기 위하여 잠시 틈을 내야 할 것 같다. 여기 헤롯은 헤롯 안디바(Herod Antipas)로 헤롯 대왕의 아들이며 갈릴리의 분봉왕이다. 이 헤롯은 복음서들에서 자주 나타난다. 요한과 예수의 사역이 그의 통치기간 중에 있었기 때문이다. 헤롯 왕국의 수도는 갈릴리 바다에 접한 디베랴였다. 그리하여 예수에 관한 소문들은 그에게 전해질 수밖에 없었다. 누가는 단순하게 헤롯이 "이 모든 일을 듣고"(7절)라고 말하고 있다. 그가 알아낸 것인지, 자연스럽게 들린 소식이나 소문에 의한 것인지는 분명치 않다. 그 열두 명이 파송되어 예수의 사역이 어떤 운동의 모습으로 비쳐져 감시되었는지도 분명치 않다. 분명한 것은 예수께서 거대한 군중을 이끌고 계셨고, 이 군중들은 행정 당국자들의 관심사였다는 사실이다.

헤롯은 예수의 신분에 관한 세 가지 보고를 받고 당황했다. 이 보고들은 예수에 관한 민중의 견해를 반영한 것으로 9 : 18~22에 열거되어 있다. 여기서 그들이 의미했던 것이 무엇이며, 당시의 갈릴리 사람들의 눈에 보인 예수는 누구였는지를 살펴보겠다. 어떤 이들은 예수께서 다시 살아난 요한이라고 생각했다. 이 생각은 몇 가지를 암시한다. 요한은 평판이 매우 좋았다. 그리하여 많은 사람들은 그가 죽었다고 믿지 못했다(이런 현상은 영웅숭배자들 사이에 흔히 있었다). 요한의 죽음의 정황(情況)에는 의문이 너무도 많았다. 그리하여 그가 되살아났다는 생각에 불을 붙일 만큼 혼란스러웠다. 요한과 예수의 사역은 너무도 유사했다. 그리하여 예수를 관찰하고 "역시 요한이야!"라고 생각하게 되었다. 예수를 옛 선지자 중 하나인 엘리야가 다시 나타난 인물이라고도 했다. 이 소문은 18~22절에서 논하겠지만, 메시야의 시대와 주님의 날에 관한 견해와 연관되어 있다. 눈치 빠른 정치가라면 이러한 이야기들이 무시해도 되는 하찮은 종교적 이야깃거리가 아님을 알았을 것이다. 그들은 외국의 지배와 무거운 세금으로 오래전부터 편안하지 못했던 사람들이다. 그들에게는 예수께서 이스라엘을 위한 하나님께서 미래에 관하여 말씀하신 예언들과 관련되어 있다는 이야기들은 사회적으로, 정치적으로 흥분을 자아낼 수 있었다. 헤롯은 일시적인 관심을 기울이는 그 이상이었다. 결국 그는 요한을 죽였었다. 여기에 관하여 누가는 단지 한마디만을 언급한다(상세한 기록으로는 마가복음 6 : 17-29을 보라). 헤롯의 호기심은 예수를 죽이려는 욕망으로 나빠져 갔을 것이다(13 : 31). 이 욕망은 예루살렘에 있는 본디오 빌라도와 협동함으로써 채워질 수 있었을 것이다(23 : 6-12). "……저를 보고자 하더라"(9절)로 끝나는 문장은 독자로 하여금 누가의 이야기 중에 헤롯이 다시 나타날 것을 예상하게 한다.

우리는 이 구절들로부터 최소한 두 가지 요점을 더 말해야 한다. 첫째, 이 구절들은 예수의 죽으심에 관한 선명한 예언을 전한다. "예수를 어떻게 처치할 것인가?"를 의논했던 종교 지도자들의 분노는 공연한 것이 아니었다(6 : 11). 예수의 사역은 지금 정치권력의 중심부에 미치고 있다. 그리고 이미한 선지자를 죽인 한 사람을 혼란케 하고 있다. 둘째, 헤롯은 질문을 하고 있다. "이런 일이 들리니 이 사람이 누군가"(9절). 이 질문은 이 문단(7-50절) 전체의 실질적인 중심을 이루고 있다. 이 질문은 이전에 폭풍을 잔잔케 하신 뒤에 제자들이 했던 그 질문이다. "저가 뉘기에"(8 : 25). 지금 이 질문은 매우 다른 이유에서 예수를 알기 원하는 사람의 입에서 나오고 있다. 이제 곧 예수께서는 이 질문에 답하시기 위하여 제자들에게 질문하실 것이다.

예수께서 군중을 먹이심(9 : 10-17)

마 14 : 13-21, 막 6 : 30-44, 요 6 : 1-13

예수께서 군중을 먹이신 이 사건은 네 사람의 복음서 기자들 모두가 전하고 있다. 그런데 이 사건은 왜 복음서 안에서뿐만 아니라 교회 안에서의 가르침과 설교, 그리고 예배에서도 많은 관심을 끌고 있을까? 그 이유들을 찾아내기 위하여 오랜 시간과 수고를 하지 않아도 된다. 광야(12절에 쓰인 '빈 들'은 글자 그대로 '황야')에서 사람들을 먹이신 사건은 모세 시대에 광야에서 이스라엘의 자손들을 먹이신 사실을 연상시킨다. 그리고 그 추억으로 인하여 의미는 풍성해진다. 이 먹이심은 예수의 긍휼과, 특히 가련하고 굶주린 사람들에 대한 그의 관심을 돋보이게 한다. 뿐만 아니라 교회는 이 사건 속에서 사역의 본보기를 발견한다. 예수께서는 제자들을 통하여 일하신다는 사실이다. 이 이야기가 교회의 추억 속에 중심을 이루고 있는 기본적인 이유는 이 사건이 주의 만찬을 예시한다는 사실이다(22 : 19, 24 : 30). 성만찬에 사용되는 그 언어(16절)와 '남은 조각'(broken pieces)으로 번역된 그 단어에 있어서 그렇다. 이 단어는 성만찬의 떡을 지칭하는 용어가 된 것이다(*Didache* 9 : 3-4). 그리고 끝으로, 이 이야기는 성만찬식으로 전달되고 있다. 그리하여 독자들의 관심은 복음의 심장부인 예수의 수난으로 이끌려 가고 있다. 바로 앞선 말씀(7-9절)이 그러했듯이, 본 구절들은 매우 다른 형식이긴 하지만 독자를 준비시킨다. 다음 말씀(18-22절)에서 시작되는, 예수께서 자신의 죽음에 관하여 말씀하시는 것을 듣도록 준비시킨다.

사람들을 먹이신 이 사건은 매우 괄목할 만하다. 그리하여 본질적으로 그 사건을 알게 해 주고, 예수에 관해서도 많은 것을 알게 해 주는 이 사건의 앞뒤 상황을 그냥 지나쳐 버리게 한다. 복음서 기자들 중에 누가만이 그 장소를 '벳새다'로 밝히고 있다. 요한복음에 의하면 '벳새다'는 베드로와 안드레와 빌립의 고향이다(요 1 : 44). 예수께서는 제자들로부터 그들의 선교에 대한 보고를 받으셨다(1-6절). 그러고 나서 그들을 군중으로부터 데리고 쉴 만한 곳으로 가셨다. 그렇게 하신 것은 자신이 군중으로부터 호의적인 환대를 받던 그 바쁜 시간들 직후에 서둘러 쉴 곳을 찾아가셨던 것과 동일한 이유에서였을 것이다. 또한 대중의 찬사 한가운데에 언제나 도사리고 있는 유혹에 대처할 뿐만 아니라 기도와 재충전을 위해서였다. 마가는 쉬기 위한 물러나셨음이었다고 말한다(막 6 : 31). 목적이 무엇이었든지 모여 온 군중은 그 막간(幕間)의 시간을 단축시켰다. 이 군중이 제자들을 방해했다는 사실은 사도들의 보고에 관한 기록이 짧아진 것을 보아도 알 수가 있다.

그들의 선교는, 이를 위하여 그들이 선택되고 준비되고 있었는데, "사도들이 돌아와 자기들의 모든 행한 것을 예수께 고한대……"(10절)라는 단 한 문장보다 더 많이 기록되어야 했다. 그러나 모든 독자가 읽을 수 있는 것은 그것뿐이다. 그리고 누가는 18절에서 예수께서 열두 명과 함께 갖는 사적인 시간을 다시 기록한다. 그렇게 함으로써 군중이 방해를 하게 된 성격을 우리에게 알리려는 인상을 준다. 11~17절을 빼고 10절에서 18절로 옮겨 가서 읽을 수도 있다. 그러면 그 연결은 자연스럽다. 열두 제자들은 이러한 방해를 받음으로써 무엇을 배우는가? 긴박한 필요를 갖고 찾아온 그들은 방해자들이 아니다. 사역은 계속되고, 계획된 선교에서와 마찬가지로 쉬는 시간에도 선교가 효과적일 때가 있다. 예수께서는 자기를 따르는 자들과 함께 야이로의 집으로 가고 계셨을 때 '끼어든' 혈루증을 가진 여자에게 봉사하셨다(8 : 43-48). 피곤해진 사도들은 선교하고 돌아왔다. 그리고 그들은 자신들이 다시 선교 중에 있음을 발견한다. 예수께서는 군중을 맞아 주신다(11절). 군중을 먹이신 일은 계획된 휴식 중에 있게 되었다. 그리고 이 휴식시간은 설교와 병 고침을 시행한 충실한 사역의 시간이었다.

누가는 우리가 열두 제자에 대하여 이런 생각(제자들이 예수께 사람들을 가까운 마을로 보내서 유하며〈'유하며'는 누가복음에만〉 음식을 얻도록 요청했을 때 그들은 지금 이 사역을 하고 싶어하지 않고 있었다.)을 하도록 하지는 않는다. 제자들은 상황이 한계에 이르렀다고 생각하여 그 사람들에 대한 순수한 배려를 표명하고 있었던 것이다. 그렇다. 제자들은 예수께서 귀신들을 쫓아내고, 병자를 고치며, 죽은 자를 살리시는 것을 보아 왔다. 그렇다고 해서 예수의 능력이 필요한 어떤 모든 경우에 통용될 수 있다고 거침없이 생각할 수 있었던 것은 아니었다. 굶주린 군중은 집에서 멀리 떨어진 광야에서 해가 지고 있을 때 떠나보내야 했다. 다시 말해서, 예수께서 병 고치심과 말씀 전하심을 멈추신다면 그들은 집으로 갈 것이다. 그렇긴 했어도 예수께서 사람들을 먹이시게 되자 사도들은 돕는 자들이 되었고, 사역에 동참한다. 그 열둘에 대한 누가의 묘사는 대체적으로 긍정적이다. 만일 우리가 유의하지 않는다면 우리는 여기서 누가의 이야기에, 마가가 간간이 그렇게 했던 것처럼, 제자들에 대한 비판적 설명을 섞어 넣으려 할 것이다.

그렇다면 이것을 명심하는 것이 중요하다. 군중을 먹이신 것은 인간의 제반 필요에 대한 총체적 사역에서 이탈되지 않는 범위 안에서의 행사였다는 사실이다. 교회가 이 이야기를 성찬예식에 전용(轉用)한다면, 떡과 물고기가 상징하는 것과 성찬식 용어(들고, 축사하고, 떼어, 주셨다)가 성찬예식을 암시하는 대로 그렇게 한다면 그 예식은 인간의 다른 필요들에 대한 더 폭넓은 사역으로부터 분리되지 않는다. 주님의 만찬은 참여했던 자들과 참여하지 않았던 자들이 함께 먹는 하나의 정식(定食)과 연관되어 있었다. 굶주린 자들 먹이기와 분리된 성만찬은 생명과는 단절된 하나의 의식일 뿐이다. 마치 성만찬과 관련이 없는 굶주린 자들 먹이기가 참으로 만족스럽지 않은 것과 같다. 사람은 떡으로 산다. 그러나 떡만으로는 살 수 없다. 인간의 육적, 영적 필요들에 대한 반응에 관련된 이 확신은 이 이야기에서뿐만 아니라 초대교회의 생활에 관한 누가의 설명(행 2 : 43-47)에서도 나타난다.

베드로의 신앙고백과 수난에 관한 첫 번째 예고(9 : 18-22)

마 16 : 13-23, 막 8 : 27-33

누가는 요한과 같이(요 6 : 1-69) 군중을 먹이심과 베드로의 신앙고백을 연결짓는다. 그리고 마가복음 6 : 45~8 : 26에 있는 자료를 생략하고 있다. 마가와 마태는 가이사랴 빌립보 지역을 이 이야기의 현장으로 하고 있다. 그러나 누가는 지리적 언급을 하지 않는다. 기록한 마지막 장소는 '벳새다'

였고(10절), '빈 들'(12절)에서 일어난 사건을 끼워 넣었다. 그러나 누가는 여기서 장소에는 관심이 없는 것처럼 보인다. 그의 관심은 이 사건을 예수의 기도생활에 연결짓는 것이었다. 누가에 의하면 예수의 사역 중에 기도가 중심 역할을 했음을 아무리 강조해도 지나치지 않는다. 예수께서 세례를 받으시면서 하나님의 총애를 체험하고 성령의 능력을 받은 것은 기도하실 때였다(3 : 21). 밤새워 기도하신 후에 열두 사도들을 선택하셨다(6 : 12). 예수께서는 기도의 생활을 통하여 자신을 하나님의 뜻에 조화시켰고, 그 뜻을 수행하기 위한 능력을 부여받으셨다. 사도행전의 교회도 이와 같았다고 말해야 할 것이다. "예수께서 따로 기도하실 때에 제자들이 주와 함께 있더니 물어 가라사대 무리가 나를 누구라고 하느냐"(18절)는 표현은 예수께서 말과 행동에 있어서 어떻게 하나님의 도구가 되셨는지를 우리에게 알려 준다. 뿐만 아니라 이 표현은 독자로 하여금 지금 곧 일어나게 될 일의 매우 중요한 부분을 알아차리게 해 준다. 묻고 대답했던 그 시간은 결코 신학적 토론이나 호기심에서 나온 내용을 취급하는 시간이 아니었다.

"예수는 누구신가?"라는 질문은 두 번 있었다(8 : 25, 9 : 9). 그러나 답변은 없었다. 지금은 예수께서 이 질문을 하고 계신다. 제자들은 들은 대로, 각자의 인식대로 대답해야 했다. 대중의 의견으로는 예수는 메시야의 선구자이다. 메시야의 시대가 오리라는 희망을 포기하지 않은 사람들 중에는 의견이 달랐다. 하나님의 통치의 시대는 엘리야가 친히 옴으로써 시작된다는 견해와 엘리야의 심령을 지닌 한 선지자가 옴으로써 시작된다는 견해에 있어서 그러했다. 이 희망을 북돋는 중심 본문은 말라기 4 : 5~6이었다(우리는 마치 모든 유대인이 메시야를 기다렸다거나 메시야 없는 하나님의 통치를 기다렸다는 식으로 잘라 말하면 안 된다).

> "보라 여호와의 크고 두려운 날이 이르기 전에 내가 선지 엘리야를 너희에게 보내리니 그가 아비의 마음을 자녀에게로 돌이키게 하고 자녀들의 마음을 그들의 아비에게로 돌이키게 하리라 돌이키지 아니하면 두렵건대 내가 와서 저주로 그 땅을 칠까 하노라 하시니라"

대중이 가졌던 이 견해에서 가장 눈에 띄는 점이 있다. 그것은 그들이 예수께 대하여 생각했던 것이 우리가 요한의 역할로 여기는 그것이었다는 점이다. 다시 말하면, 예수는 메시야의 오심을 알리는 사자로 여겨지셨다. 이 사실은 그의 인기를 말해 주는지도 모른다. 메시야의 오심은 언제나 신나고 환영받는 메시지라는 것이다. 누구나 "메시야가 오실 때"라는 제목으로 설교를 한다. 이것은 모든 소망, 온갖 꿈, 마음에서 소원하는 모든 이상적 상태를 포함하는 메시지이다. 메시야가 오셨다는 것과 그가 예수라는 교회의 메시지가 인기가 별로 없다는 사실은 결코 이상하지 않다. 메시야가 오셨다는 믿음은 우리가 더 이상 그를 우리의 꿈에 맞도록 그분의 모습을 바꿀 수 없음을 의미한다. 오히려 그분이 우리를 하나님의 뜻에 맞도록 우리의 모습을 바꾸심을 의미한다. 이는 어려운 조정(調整)이다. 메시야가 오실 것이라는 메시지를 믿게 하기에 세상에는 불행이 많다. 그리고 메시야가 오셨음을 믿을 수 없게 하기에도 세상에는 역시 불행이 많다. 메시야의 첫 번째이며, 주요한 업무는 사람들의 메시야 기다림을 그만두게 하는 것이다.

예수께서는 제자들을 향하여 자신이 누구인가를 물으셨다. 이때 베드로의 답변은 실제로 "당신은 메시야의 선구자가 아닙니다. 당신이 메시야(그리스도)이십니다."였다. 복음서 기자들은 이 고백을 서로 다르게 썼다. 누가의 '하나님의 그리스도'는 마가의 '당신이 그리스도'라는 표현에 대한 단순한 정성들인 표현이 아니다. 그리스도는 하나님께로부터 오신다. 성령께서 하나님께로부터 오심과 같다. 누가는 종종 우리에게 상기시킨다. 아담으로부터 종말까지의 이야기는 하나님의 이야기이며, 그 목적도 하나님의 것이고, 그 행위도 하나님에 의한 것이다. 그러므로 예수는 하나님의 그리스도이시다(2 : 26, 23 : 35, 행 4 : 26). 오순절 이후에 사도들이 설교했던 것과 같다. "그런즉 이스라엘 온 집이 정녕 알지니 너희가 십자가에 못 박은 이 예수를 하나님이 주와 그리스도가 되게 하셨느니라"(행 2 : 36).

누가복음에 있는, 예수께서 응답하시면서 침묵을 명하신 내용은 마태와 마가의 그것과는 다르다. 마태와 마가에게 있어서 비밀을 지키라는 명령은 메시야로서의 자신의 신분에 관한 것이었다. 다가올 수난에 관한 교훈들을 아무에게도 알리지 말라는 명령은 별개의 것이었다. 누가에게 있어서 침묵하라는 명령은 종교 지도자들에 의한 고난과 배척, 죽음, 그리고 부활에 관한 예수의 예언과 직접적으로 연관되어 있다. '경계하사'(saying)라는 분사(分詞, 개역한글판 성경에는 분사형이 아님. -역자주)는 21, 22절과 연결되어 있다. 그들이 침묵해야 하는 내용의 주제는 예수께서 고난을 받으셔야 하는 메시야이다. 사람들은—실제로 제자들도—'메시야'라는 용어를 그것에 연결되어 있는 모든 의미들, 고난, 배척, 죽음의 관념들과 결합시킬 수 없었다. 그런 결합에는 시간이 걸릴 것이고, 지금까지도 그렇다. 오늘날 어떤 기독교 단체에서는 부활절이 성금요일(Good Friday)의 성역(聖域) 없이 지켜지고 있다. 그리고 다시 오실 부활하신 주님은 이미 오신 고난을 당하신 분보다 우선되고 있다.

마태복음 16 : 21과는 다르게 누가는 다른 사람들과 대제사장에 의한 배척이 분명히 그쪽 방향을 가리키고 있으면서도 예수의 수난이 예루살렘에서 있게 될 것을 암시하지 않는다. '인자'(Son of man, 22절)라는 호칭은 여러 의미를 가진 복합적 용어이다. 이 호칭은 하늘로부터 오는 종말론적 존재(단 7 : 13-14, 마 25 : 31-46)를 가리킬 수 있고, 에스겔(겔 2 : 1)처럼 어떤 선지자를, 또는 인간(시 8 : 4)이라는 말과 동의어로 어느 누구라도 가리킬 수 있다. 여기서 쓰여진 이 칭호 '인자'는 자기호칭의 한 방법이다. 그리하여 '나'와 동등어이다. 마태는 이미 독자들을 위하여 이 두 칭호를 연결시켰다(마 16 : 21). 누가복음에는 눈에 띄게 생략된 것이 있다. 마태복음과 마가복음에는 있는 예수께서 베드로와 주고받은 활발한 대화이다. 많은 누가복음 연구자들은 이 생략의 의도 속에는 베드로와 열두 제자들을 더 높이 보는 견해가 숨어 있다고 보고 있다. 또한 예수의 사명을 계승할 자들로서 사도들에 대한 누가의 높은 평가의 일관성이 유지되고 있다는 것이다. 이러한 견해는 실제로 이 생략에 대한 적절한 설명이 될 수도 있을 것이다. 그러나 누가복음에는 전반적 상황이 더욱 간략하게 전달되고, 더욱 압축되었으며, 기도 속에 감싸여 있다고 말할 수도 있을 것이다. 예수께서 자신이 고난을 받아야 함을 인식하게 된 것은 다름 아닌 그의 기도생활 중에서였을 것이다. 본문과 다른 성구(13 : 33, 17 : 25, 22 : 37, 24 : 7, 26, 44)에서 '하여야 하리라'는 하나님의 뜻을 가리킨다.

죽으심의 명제(命題)와 방법이 예수의 마음속에 언제 처음 들어왔는지를 헤아리는 것은 별로 가치가 없을 것이다. 일반적으로 말하면, 성경은 그들의 말과 행위를 통하여 인물들을 우리에게 제시한다. 그러면서도 표출되지 않는 그들의 생각은 우리의 관찰에도 보이지 않고 숨겨진 채로 남겨진다.

물론 전반적인 이야기를 돌이켜 볼 때, 본 복음서 기자는 예수의 생애에 하나의 긴 그림자를 드리우면서 죽음을 암시한다. 나신 지 6주가 되었을 때 시므온은 마리아에게 말했다. "또 칼이 네 마음을 찌르듯 하리라……"(2 : 35). 나사렛에서 하신 설교 후에 그의 생명에 대한 어떤 시도가 있었다(4 : 29). 또한 분노한 비평자들은 그를 어떻게 처치할 것인가를 논의하였다(6 : 11). 최근에는 헤롯이 혼란스런 호기심 중에 그 이야기 내내 전전긍긍하고 있다. 그는 요한을 죽였었다. 그리고 지금은 예수를 보고자 했다(9 : 9).

물론 이런 사건들이 예수 주위에 소용돌이를 일으킬 때 예수께서 알아차리지 못하신 것은 아니었다. 그러나 우리는 그분으로부터 그의 죽음에 관한 말씀을 전혀 듣지 못했다. 그는 5 : 35에 말씀했다. "그러나 그날에 이르러 저희가 신랑을 빼앗기리니 그날에는 금식할 것이니라" 이 말씀을 하셨을 때, 논쟁 이야기들을 모아 기록해 놓은 본문에서 어떤 독자가 그 말씀대로 그런 일이 있을 것을 알 수 있겠는가? 교회는 심사숙고한 후에야 신랑을 빼앗긴다는 말씀이 그가 십자가에서의 죽으실 것임을 예견한다는 것을 알아냈다. 그러면 예수께서는 그 말씀을 하시면서 무엇을 염두에 두고 계셨을까? 지금은 예수께서 자기가 받을 고난의 내용을 선명하게 소개하고 계심을 충분히 알 수가 있다. 그분께서는 기도를 통하여 순간순간 자신이 '하여야' 할 것을 알기에 이르셨다.

제자 됨의 대가(9 : 23-27)

마 16 : 24-28, 막 8 : 34-9 : 1

집필상 본문의 위치는 복음이 어떻게 조성되었는지를 눈여겨볼 수 있게 하는 한 분명한 근거를 제공한다. 예수께서 자신의 고난과 죽음을 말씀하신 직후야말로 자기를 따르는 자들이 그 같은 자기희생에 동참하기를 요청할 적절한 시간이었다. 그 같은 요청은 열두 제자만을 향한 것이 아니라 모든 제자들을 향한 것이었다. 그러나 예수께서는 지금 열두 제자들과만 함께하고 계신다. 그리하여 단지 그들만이 고난에 관한 그의 말씀을 알고 있다. 역사적으로, 당시에 '아무나'(23절)를 향하여 자기 고난의 길을 따르도록 말씀하시는 것은 의미가 없었다. 왜냐하면 그 '누구나' 들은 수난을 듣지 못하고 있었기 때문이다. 그들은 마지막 격려의 말씀의 자리에는 참여했으나 지금 이 말씀의 현장에는 없었다. 누가(그에 앞서서 마가)가 지금 무엇을 하고 있는지를 알기 위해서 이 복음서 기자가 독자들을 향해 말하고 있다는 사실을 아는 것이 필요하다. 독자들은 예수께서 자기의 수난에 관하여 말씀하신 것을 알고 있는 자들이다. 또한 독자들은 예수를 따르는 자들이 자기를 부정해야 함을 전해 들은 위치에 있는 자들이다. 실제로 23~27절의 의미를 터득할 수 있는 사람은 독자들뿐이다. 제자들은 십자가를 진다는 것이 무엇인지 알 수가 없었다. 왜냐하면 예수께서는 자신이 십자가에서 죽으실 것을 아직 말씀하지 아니하셨기 때문이다. 그리고 23절의 말씀 이전에는 그 '누구나' 들은 예수께서 죽음의 길로 가고 계심을 알지 못했다. 하지만 본문의 독자들은 예수께서 자신의 수난을 예고하신 것을 알고 있다. 또한 예수께서 이미 십자가에서 돌아가신 사실도 알고 있는 자들이다. 18~22절과 23~27절의 말씀은 원래 시간과 장소에 있어서 매우 동떨어져 있었던 것 같다. 그러나 독자들에게 제자직에 관하여 말하기 위해 함께 연결되고 있다. 물론 십자가는 로마인들이 사용했던 일반적인 사형틀이었으므로 예수의 말씀은 갈릴리인 청중에게 잘 이해될 수 있었을 것이다. 그러나 그 방법은 말할 것도 없고, 그의 죽으심은 당시까지 비밀이었고, 전혀 있을 수 없는 일로 여겨졌었다. 독자들인 우리는 예수의 십자가를 본받아 우리의 십자가가 무엇인지를 이해하도록 요구받고 있는 자들이다.

우리가 져야 할 십자가란 무엇인가? 누가만이 '날마다'(23절)라는 수식어를 쓰고 있다. 이 말은 강조점을 순교에서 희생적 생활로 옮겨 간다. 십자가를 지는 생활방식이라고 부를 수 있는 생활이란 '자원(自願)함', 즉 스스로 선택하여 하는 생활일 것이다. 관절염, 빈곤계층, 불행한 결혼생활, 마약복용의 자녀 등은 십자가라고 말할 수 없을 것이다. 이러한 어려움이나 다른 어려움들이 때로는 '우리가 져야 하는 십자가들'이라고 말들 하지만 그렇다. 이런 것들과 인간적으로 느끼는 다른 모든 아픔은 우리의 온갖 약점들에 대한 우리의 감정(히 4 : 14-16)에 의해 감동을 받은 사람의 동정일 뿐 그 이상은 아니다. 이런 것들은 여기서 말하는 십자가들이 아니다. 십자가를 진다고 말할 수 있는 생활방식은 하나님을 섬김에 있어서 자신을 부정함과 연관되어 있다고 본다. 십자가는 추구하거나 좇아가는 대상이 아니다. 하나님을 섬기면서 예수를 따르는 것, 이것이 이전에도 지금도 십자가를 지는 것이다. 예수를 따르면서 사람들의 필요를 채워 주고, 장애물들이 있는 길을 계속 나아가며, 대가를 지불하고, 고통과 아픔을 용납하는 생활이다. 우리는 여기서 죽음을 자원하는 것을 말하고 있지 않다. 오히려 하나님의 다스리심에 순응함을 말하고 있다. 하나님의 다스리심이 무엇인가를 알고자 하는 사람은 예수의 사역에 주목한다.

본문의 주요 내용은 세 가지 병행되는 어구로 되어 있다. 모두가 같은 어법으로 시작되고(24-26절), 하나로 귀결된다. 왜냐하면 그 세 가지가 십자가를 지는 제자의 도리를 말하고 있기 때문이다. 이 말씀들은 각각 격언다운 특성을 지니고 있다. 경험과 관찰에서 연유된 일종의 진리를 함축한다. 이런 진리는 지혜로서 어떤 문화 속에서도 유포(流布)될 수 있다. 24절은 총괄적 진리를 전한다. 자기 본위는 마침내 반생산적이고, 파멸적이며, 생명을 주는 원천에서 단절되고 만다. 25절의 말씀은 통제되지 않은 탐욕으로 인한 모든 불운의 경우에서 고통 중에 확증되어 왔고, 또 확증되고 있다. 그 탐욕은 젊은 시절의 야망 속에서 불타다가 인생의 장대한 희망이 달성되지 못하거나, 화려하게 은퇴하지만 휴양지를 전전하는 것을 보게 되면서 확증된다. 26절의 말씀은 "오늘 당신이 부끄럽게 여기는 그 사람이 내일에는 너의 재판관이 될 수도 있다."는 우리 모두가 잘 알고 있는 말을 생각나게 한다. 이 말씀은 옛 격언("무엇을 심든지 그것을 거둔다.")의 변용이다. 여하간 이 세 가지 말씀은 지금의 상황에서는 예수 자신의 수난의 긴박감과 제자 됨의 도리라는 명제 아래서 해석되어야 한다. 그러므로 생명을 잃음으로써 생명을 보존함은 성공적인 삶의 전략이 아니다. 다만 제자 됨의 조건일 뿐이다. "누구든지 나를 위하여 제 목숨을 잃으면"이다. 권력을 잡으려는 수단이나 불안에서 생겨나는 공포에서 비롯된 온 세상을 얻으려는 시도는 하나님의 성령이 주시는 권세 있는 삶과 '꼭 그 경우에' 필요한 것들 없이 보내심을 받는 생활(1-6절)과는 정반대의 것이다. 만약 어떤 교회가 예수께서 매혹적인 영웅이라고만 알고 있는 교회에게 예수의 십자가 죽으심을 수치와 낭패의 근원이라고 받아들인다면 고난의 인자(人子, 22절)로부터 돌아서는 이 교회야말로 마지막 심판 때(26절)에 그 인자를 대면해야 할 것이다.

본문은 하나의 진술로 끝난다(27절). 누가복음이 마가복음(막 9 : 1), 마태복음(마 16 : 28)과 어떻게 다른가를 눈여겨본다면 이 진술은 그 차이점을 가장 분명하게 보여 줄 수 있다. 마태복음의 '인자가 그 왕권을 가지고 오는 것'과 마가복음의 '하나님의 나라가 권능으로 임하는 것'이란 말씀은 모두 종말을 지향하고 있다. 즉, 장차 인자가 오심과 마지막 때에 하나님의 통치가 시작됨을 지향한다. 누가는 '오심'이란 말을 쓰지 않고 하나님의 나라를 보는 것을 말한다. 학자들은 예수께서 자기의 모습이 변화될 것에 관하여 또는 부활에 관하여 말씀하고 계셨다고 논한다. 이런 학자들은 예수의 말씀을 듣고 있던 청중의 생전에 있게 될 어떤 특별한 계시적 사건을 내다보면서 그렇게 주장한다. 누가에게 있어서 그 나라는 예수의 인격과 사역의 현재와 하나님의 목적이 성취되는 미래에 연관되어 있다. 여기서 그의 강조점은 어느 쪽인가? 만일 누가가 마가복음을 알고 있었다는 가정이 옳다면, 그렇다면 누가는 이 진술의 강력한 미래적 요소를 약화시키기 위해서 마가복음의 말씀을 분명히 완화시키고 있다. 종말론적 본질이 제거된 것은 아니다. 오히려 이 종말론적 본질을 현재 체험이 가능한 하나님 앞에서의 생활의 본질로 또는 조건으로 말씀을 듣고 있던 자들의 앞에 제시하고 계셨다. 하나님의 전반적 역사하심을 현재에만 국한시키기 위하여 이 본문을 사용하는 설교자는 누가복음을 단지 부분적으로 이해하고 있다고 본다. 미래의 성취는 결코 포기되지 않았다. 반면에 현세의 온갖 책임져야 하는 일들을 무기한 연기하도록 하기 위하여 본문을 해석하는 설교자들 역시 누가복음을 단지 부분적으로 이해하고 있다. 누가복음에 맨 첫 번째로 기록된 예수의 설교 중에 첫 번째 말씀이 "……이 글이 오늘날 너희 귀에 응하였느니라"(4 : 21)가 아닌가?

예수의 용모 변화(9 : 28-36)

마 17 : 1-8, 막 9 : 2-8

자주 듣는 설교나 공부를 통하여 익숙해졌거나 들은 적이 있는 성구들이 읽기나 듣기에 가장 어려운 경우가 간혹 있다. 예수의 용모 변화에 관한 기록이 그러한 본문일 것이다. 예컨대 '봉사의 골짜기로 내려오도록' 하는 권고가 뒤따르는 '산꼭대기의 체험'을 말해 주었던, 병 고침의 이야기가 결부된, 용모 변화에 관한 해설들을 안 들어 본 사람이 있을까? 하나님의 임재 안에서 영감을 받는 경우와 그 뒤를 잇는 일상적이고 하찮은 의무를 수행하는 생활로 이루어지는 생활 리듬을 분석하면 진리를 발견한다는 말은 부정할 수 없다. 목사는 종교를 총체적인 것으로 경험한 자들이나 그렇지 못한 자들 모두를 시정하고 격려하는 말을 해 줄 필요가 있다는 사실은 폭넓게 인정되고 있다. 그러나 본문과 예수의 용모 변화의 상황은 본문을 그러한 용도로 사용해서는 안 된다고 힘주어 반대한다. 성경에는 예수의 체험에 관한 기록들과 하나님이 목적하신 바를 위하여 봉사하는 사람들의 기록들이 있다. 이 두 가지가 우리의 일상적인 경험들 속에 유사하게 있게 되는 경우는 거의 없다. 사람들은 이 기록들을 읽고 공부한다. 그리고 얻는 경험은 경이로움이나 경탄이나 숭배 중 하나이다. "무엇이 우리의 생활 중에 적합한 유사성을 갖는가?"라는 질문 자체가 마땅하지 않는 것 같다. 적용과 권면은 무의미하다.

아브라함이 그의 아들 이삭을 제물로 바친 사실을 무엇과 비교해야 하는가? 루터(M. Luther)마저도 설교를 목적으로 모리아 산을 오르지 않을 것이다. 예수의 세례는 수많은 세례에 영감을 주고 지식을 제공해 온다. 그러나 그 세례들 중 어느 하나 또는 전체적으로도 예수의 세례와 같지 않다. 하늘이 갈라지고 비둘기가 내려앉고 하나님의 음성이 예수께서 절대권을 가진 아들이면서 고난의 종이심을 확언한, 세례 직후의 사실들 말고도 그렇다. 예수의 세례는 복음서 기자들의 말에 의하면, 하나님의 출현(epiphany), 하나님 아들 되심의 계시 사건이었다. 그렇다면 예수의 용모 변화는 무엇에 비교해야 할까? 이 역시 하나님의 출현이기 때문이다. 분명히 이와 같은 본문들은 피해 가야 한다고 말해서는 안 된다. 오히려 설교자들이나 교사들은 이러한 본문을 우리 경험의 윤곽에 맞추려고 축소시키기보다는 본문 자체의 특유함 그대로를 듣는 자들 앞에 제시하는 것이 좋을 것이다. 지각 있고 사려 깊은 목사의 인도를 받아 용모가 변화되셨던 그 산 아래로 가라. 그리고 예수와 그 세 명의 사도들에게 큰 의미가 있었던 그것을 느낄 수 있게 되라. 그러고 나서 그 신비함과 권능을 경이롭게 여기며, 잠시나마 움직일 줄 모르게 될 때 마침내 우리의 생활은 감화를 받게 될 것이다. "오늘날 우리를 위한 생활방식은 이것이다."라고 추정하고 본문을 낮은 교훈으로 끌어내리는 해석을 하는 것보다 더욱 다양하고 더욱 심오하게 우리의 생활에 감화를 줄 것이다.

누가복음 9 : 28~36을 읽고, 그것의 의미를 음미하려면 출애굽기 24 : 12~18을 읽음으로써 시작함이 좋을 것이다. 출애굽기에서 하나님의 나타나심은 예수의 용모 변화 이야기와 여러 가지 면에서 서로 일치함을 보여 준다. 산, 구름, 제6일(막 9 : 2 ; 누가는 8일, 이것은 차후에 논하겠다.), 모세, 음성, 영광 등이다. 뿐만 아니라 하나님의 임재 앞에 있었던 모세의 얼굴에 광채가 있었던 사실(출 34 : 29-35)은 분명히 우리의 본문에 반영되어 있고, 용모 변화의 사건을 계시적 사건들의 맥락에 위치시키는 데 도움을 준다.

해석상의 두 번째 단계는 누가의 이야기 중에 이 사건의 위치에 유의하는 것이다. 이 이야기를 수난에 관한 제1차 예고 직후에 위치시키는 점에 있어서 누가는 마태, 마가와 함께한다. 이 위치는 예수의 세례 받으심(3 : 21-22)과 병행을 이루어 용모 변화 사건이 의도적으로 중요하게 한다. 사역 준비의 세례에 응하신 후에, 공적 사역을 시작하시기 전에 예수께서는 하나님의 아들이라는 하늘의 확증을 받으셨다. 여기서 다가오는 수난을 말씀하신 후에, 예루살렘으로 향하시기 전에 예수께서는 다시 하늘의 확증을 받으신다. 그런데 이번의 경우에 세 명의 사도들은 음성을 듣고 있었다. 그 음성은 그들이 최근에 들었던 예수의 죽으심에 관련된 것이었는데, 이는 예수의 메시야 되심을 파기하거나 서로 상충되는 것이 아니었다. 자기는 고난을 받고 죽고 살아나야 한다고 말씀하셨는데, 그는 참으로 하나님의 아들이며, 사도들은 그분께 순종해야 했다. 우리는 그들이 즉시 고난과 죽음에 동참하여 하나님의 아들이며 주(主)이신 그분께 연합할 수 있었다고 기대할 수는 없다. 그러나 그들은 지금 복음 선포를 위한 믿음의 두 가지 중요한 요소인 분명한 증거와 확신을 갖게 되었다.

이제 우리는 이 이야기 속에서 누가가 강조하는 점들을 눈여겨볼 준비가 되었다. 첫째로, 예수는 기도하기 위하여 산으로 가셨고 '기도하실 때에'(29절) 용모가 변화되셨다. 이 말씀은 특별히 예수의 세례(3 : 21), 그리고 일반적으로는 그의 지속적인 기도의 생활(5, 16, 6 : 12, 9 : 18)을 상기시킨다. 그의 사역은 이 기도생활을 통하여 하나님의 뜻 안에서 지속되었다. 누가는 이 사건이 앞선 사건 후 '팔 일쯤 되어' 있었다고 말한다(28절). 이 말은 용모 변화를 안식일 다음날인 제8일에 있었던 부활과 연관짓고 있다고도 볼 수 있을 것이다. 아니면 제8일에 있게 되는 기독교의 예배를 위하여 이 이야기를 사용하게 될 신호를 하고 있는지도 모른다. "문득 두 사람이"(30절)라는 구절은 이 이야기를 부활(24 : 4) 및 승천(행 1 : 10)에 잡아맨다. 용모가 변화된 예수의 눈부신 광채는 누가가 두 번째 책에서 사울의 체험을 설명할 때 부활하신 예수께서 '하늘로서 해보다 더 밝은 빛'(행 26 : 13) 속에서 나타나셨다는 말씀을 연상시킬 것이다.

누가만이 예수와 모세 및 엘리야가 나누었던 대화의 내용을 제시한다(31-33절). 그들은 예루살렘에서 있게 될 예수께 다가오는 죽음에 관하여 말했다. 글자 그대로 말하면 유력한 상징적 용어인 '떠나심'(exodus)에 관하여 말했다. 예수의 고난과 죽으심과 부활에 관한 율법(모세)과 선지자들(엘리야)의 증거는 누가복음에 있어서 주요 주제이다(24 : 25-27, 44-46). 그 세 명의 사도들은 그 대화에 끼어들지 않았었다. 그들은 깊은 잠에 빠져 있었기 때문이다. 이 체험은 밤에 있었던 것이 분명하다. 그들은 그 시간에 깨어 일어나게 되었다(개역표준판영어성경〈RSV〉의 1971년 판은 1946년 판의 "줄곧 깨어 있던 중"으로 잘못 번역된 부분을 시정하고 있다). 그 세 분의 영광스런 모습을 보기 위해서였다. 당시의 시간과 장소를 기념하고자 했던 베드로의 자발적이지만 매우 사려 깊지 못한 말은 구름이 덮이면서 중단되었다. 그 구름은 사도들을 놀라게 했다. 왜냐하면 그 구름은 하나님의 두려운 임재와 연관되었기 때문이다(출 24 : 15-16, 행 1 : 9). 예수께는 이 용모 변화가 예수 자신이 누구인가를 확인하는 사건이었다. 그리고 이미 알려 주신 대로 그가 가셔야 하는 길은 율법과 선지자들의 말씀을 따르는 것일 뿐만 아니라 그를 향한 하나님의 뜻임을 확실하게 했다. 사도들에게 이 체험은 예수께서 하나님의 아들이시며, 그들이 순종해야 할 분이심을 알게 했다. 예루살렘과 죽음을 향하여 가던 길에서 그들에게 교훈하신 내용과 같다. 유대교와 그리스도의 공동체 간의 연속성에 관한 누가의 주장이 있기는 하지만 예수께서는 선지자 계열에 속하는 한 인물이 아니라 특출한 분이시다. 그의 말씀은 모세나 선지자들과의 대조로서가 아니라 성경 속에 보전되어 온 것들에 대한 바른 해석과 성취로서 들어야 한다.

누가의 기록은 간략하고 신비롭기는 하지만 그날 밤 산 위에서 있었던 것에 관하여 많은 것을 독자에게 제시한다. '그때에', 다시 말해, 부활 이전에 아홉 사도들이나 그 누군가가 알고 있었던 것보다 더 많은 것을 제시한다. 베드로와 야고보, 그리고 요한은 아무 말도 못했었다. 당연히 그러했을 것이다. 그들은 그 사건에 관하여 말할 준비가 되어 있지 않았다. 그리고 그 말을 들을 준비가 된 사람 또한 누구겠는가? 그 후에 있었던 일들이 그 사실을 밝혀 주고 있듯이 그들은 전혀 알아차리지 못했다. 그리고 말할 것도 없이 우리는 이 체험의 신비를 몹시도 꿰뚫어 보고 싶어하지만 할 수가 없다. 마태는 그것을 하나의 환상이라고 불렀다(마 17 : 9). 한 가지만은 분명하다 : 예수와 그의 세 제자들이 하나님을 체험했다. 그 체험의 의미는 예수와 그들에게 각각 달랐다. 그러나 이 사건의 유일한 행위자는 하나님이시다. 예수께서는 행위자라기보다는 피동적이셨다.

모세와 엘리야의 하나님께서는 그들이 예수와 연합되어 있음을 확인해 주셨다. 하지만 예수의 궁극성(finality)을 주장하셨다. 아들을 고난으로부터 구출하실 수 있었던 하나님은 십자가의 길을 예수께 승인해 주셨다. 이 하나님은 제자들에게 알리고 계셨다. 이들은 소망을 예수께 두지 않을 때 탈선할 수도 있는 상황들을 곧 만나게 될 것이다. 그러한 매우 고통스런 상황들이 하나님의 목적을 이루기 위한 길을 '가로질러서'가 아니라 그 '길 위'에 있게 될 것을 알리고 계셨다. 이것은 산꼭대기에서의 체험이다. 사람들이 해 돋음, 감미로운 미풍, 온정의 친구, 음악, 그리고 고요의 시간 등에 관하여 선명하게 기록하는 유형의 체험은 아니다. 이 산 위에서는 주제가 죽음이다. 그리고 하나님의 두려운 임재는 함께 있던 자들을 말도 못하게 위축시켰다. 때가 되어서, 부활 이후에 그들은 기억해 내고 알아차리고 감당하기 어렵다고 느끼지 않게 될 것이다. 실제로 그들은 이것을 복음으로 널리 알리게 될 것이다.

아직은 미비한 제자들(9 : 37-50)

마 17 : 14-23, 18 : 1-5, 막 9 : 14-41

제목을 이렇게 붙인 의도는 관심을 잠시 예수로부터 다른 데로 향한다거나 마음 내키지는 않지만 카메라를 제자들에게 맞춘다는 것을 암시하려는 것이 아니다. 누가는 지속적으로 열두 제자를 매우 존중히 여겨 왔다. 그들은 하룻밤의 기도 이후에 사도들로 선택되었다(6 : 12-16). 준비되고 능력과 권세를 받고 파송되었다(9 : 1-6). 그러나 그들은 예수의 수난에 관한 예고와 제자 됨의 길이 십자가의 길이라는 의무를 요청하는 말씀 때문에 크게 동요되고 있다. 그 말씀이 그들에게 어떤 영향을 미쳤을까? 행위나 태도에 변화를 주었을까? 본론에서 그들은 언제나 예수와 연관하여 관찰되고 경청될 것이다. 그들을 예수로부터 분리한다면 그들은 여전히 어부들이기 때문이다. 우리 중에 누구에게도 그러하거니와 예수와 연관되어 관찰되고 경청된다면 각자의 결점들이 현저하게 나타난다. 그리고 고통스런 생각이 들게 된다. 교회를 구성하고 있는 사람들뿐만 아니라 지도자로 봉사하는 자들까지도 은혜를 입어야 할 필요가 얼마나 많은가 하고 말이다. 실제로 독자들이 제자들과 같은 입장에 서지 않는다면 본문의 구절들을 탐구하는 가치는 급격히 줄고 만다. 때로 독자가 설교자나 교사인 경우 이 같은 일은 고의적인 의도 하에 발생된다. 본문을 다른 이들과 주고받을 때 우리는 예수의 위치에 서고 듣는 사람들은 제자들의 역할을 맡게 하는 경향이 나타난다. 다시 말해서 우리는 제자들의 역할을 맡아 상대편의 말을 듣기보다 시정(是正), 책망, 격려, 교훈하는 예수의 말씀을 하게 된다.

누가복음 9 : 37~50은 죽으시겠다는 말씀과 9 : 51의 예루살렘으로 돌아가시겠다는 말씀의 중간에 끼인, 어쩌면 과도기적인 말씀이다. 그 여행은 그러한 여행에 뒤따르는 긴장과 혼동과 번민이 특징을 이루고 있다고 말할 수 있을 것이다. 그리고 예수께서 제자들을 교육하시면서 점점 더 많은 시간을 들여 그들과 함께하시며 그들을 준비시키시는 것 또한 특징일 것이다. 이 구절들은 예수의 수난과 제자들 교육이 네 편의 짤막한 일화들의 주요 내용이라는 것을 보여 주고 있다. 이 네 개의 일화들은 제자들이 권세(37-43a절), 인식(43b-45절), 겸손(46-48절), 그리고 긍휼(49-50절)에 있어서 모자란 상태임을 보여 주는 네 편의 삽화이다. 누가가 예루살렘을 향하신 여행에 9장 이상을 할애하는 것은 놀랄 일이 아니다. 왜냐하면 (독자를 포함하여) 제자들을 준비시키는 데는 시간이 걸리기 때문이다.

제1화(37-43a절)는 용모가 변화되신 다음날에 있었다. 무리가 모여 있었고, 제자들이 가지고 있어야 할 것을 갖고 있지 못한 것을 보여 주는 사건이 발생했다. 그들은 귀신을 몰아내지 못했던 것이다. 예수께서는 믿음이 부족한 그들을 책망하시고, 그 소년을 고치셨다(소년은 독자〈獨子〉였는데, 누가복음의 특징이기도 하다 ; 7 : 12, 8 : 42). 그리고 모든 사람들은 하나님의 위대하심에 놀라게 된다. 귀신에 들려 있고, 또 쫓아내심은 이전에 있었던 경우들과 다르지 않다(4 : 31-37의 해설을 참고하라). 새로운 요점은 제자들의 무능력이다. 예수께서는 그들에게 귀신과 질병을 이기는 능력과 권세를 주신 바 있다(9 : 1-6). 그리고 그들은 그 권능을 효과적으로 활용했었다. 그러나 지금은 그 권능을 갖고 있지 않다. 제자들은 성공 때문에 오만에 빠져 이 권능의 원천과 관계를 끊고 만 것인가? 기도로 그 권능을 유지하는 데 실패했는가? 예수께서 고난을 받고 죽으시게 된다는 그 선언이 그들에게서 믿음과 확고한 의존을 앗아 가게 했는가? 아니면 예수께서 죽음을 향하여 나가신다고 해서 그의 능력과 권세가 약해지지 않았음을 보이기 위하여 제자들이 일부러 실수를 한 것인가? 예수께서는 결코 이런 일에 희생자도 아니요, 희생자가 되시려 하지도 않을 것이다. 예수께서는 하나님의 권세와 뜻 안에서 예루살렘을 향하여 가기로 결정하셨다. 악한 영들에 대한 그의 권세는 움츠러들지 않았다. 하나님의 위대하심은 그분 안에서 여전히 건재(健在)하다.

제2화(43b-45절)는 제자들의 인식의 부족을 보여 준다. 제자들의 혼동은 예리하게 대조를 이루고 있는 두 가지 말을 들음으로써 생겼다. 그 하나는 최근에 보인, 지금도 놀라워하고 있는 예수의 권능에 대한 군중의 외침이다. 그리고 다른 하나는 예수께서 다시 해 주신 말씀이다. 자신이 다른 사람들의 손에 넘겨질 것에 대한 예고의 말씀이다. 다시 말하면 제자들은 난처한 입장에 있다는 사실이다. 동시에 떠오르는 예수께 대한 두 가지 모습, 즉 권능과 무력(無力)의 모습을 그려 보는 입장이다. 부활을 염두에 두지 않음으로써 죽으심이 부각되었다. 예수께서는 주의하도록 힘주어 말씀하셨으나 그들은 무엇이 선명한 구별인지를 알아차리지 못하고 있었다. 어떻게, 그리고 왜 권능과 권위를 가진 이가 다른 이들에 의해 삶과 죽음이 결정되는 위치에서 있게 될까? 그분은 권능을 잃게 되는 것인가, 포기하시는 것인가? 아니면 그가 받게 되는 고난은 신통하게 역설적으로 권세 있는 행위가 될 것인가? 그들이 갖고 있던 메시야에 대한 견해가 어떤 것이었다 하더라도 그들의 견해는 분명히 예수의 말씀과는 어울리지 않는다. 제자들은 오직 계시로만 알 수 있는 그것(마 16 : 17, 고전 2 : 14, 12 : 3)을 인식할 수 없었다. 45절에는 성경에 흔히 있는 사람의 불신앙과 하나님의 고의적인 숨기심이 뒤섞여 있다. 그럴지라도 부활하신 그리스도께서 그들의 눈과 마음을 열어 주시는 때가 올 것이다(24 : 31, 45).

제3화(46-48절)는 제자들 중에 겸손이 부족했음을 들추어낸다. 제자들 가운데 있었던 누가 크냐에 관한 논쟁은 추하고 적절하지도 않은 것이었다. 이 논쟁은 그들의 연합을 상당히, 그리고 경쟁적으로 파괴하고 있었기에 그렇다. 또한 이 논쟁은 하나님을 향한 칭송을 자신들에게로 돌리고 있었다. 그리고 하나님의 다스리심에는 전혀 맞지 않는 훌륭함의 기준을 예수를 따르는 무리 속에 끌어들이고 있었다. 그 말다툼의 이유에 대해서는 그저 추정만 할 뿐이다. 베드로와 야고보와 요한에게만 주어졌던 특별 경험 때문인지, 최근에 전도하러 나갔을 때 거둔 성공들이나 귀신들린 소년에 대한 실패 때문에 들게 된 책망 때문이었는지, 아니면 소명을 받는 것과 신임을 받는 것은 다르다는 사실을 망각하고 있었기 때문이었는지도 모른다. 이유가 무엇이었든 간에 그들의 이러한 모습은 제자들이 고난에 관한 말씀을 이해하지 못한 이유를 분명하게 아는 데 도움을 주고 있다. 예수께서는 어린이를 내세워 낮춤의 정신을 가르치신다. 그러나 그의 가르치심은 마태복음 18 : 3에서 볼 수 있는 그런 의미의 어린이가 될 것을 명하고 계시지 않음을 분명히 하고 있다. 오히려 여기서 가르치시는 겸손은 친절을 실행하는 수단이다. “누구든지 내 이름으로 이 어린아이를 영접하면”이란 말씀은 가장 비천한 사람을 환영하는 사람은 그 나라에 합당한 겸손을 보이는 것을 의미한다. 사람들은 훌륭한 사람들에게 친절을 더욱 베풀고자 애쓴다. 그러나 예수의 제자들은 어린이에게라도 친절을 베풀려는 마음을 갖는다. 이렇게 하는 것이 예수를 영접함이다. 그리고 예수를 영접함으로써 하나님을 영접한다. 하나님의 다스림 아래에서는 선택적 친절이란 없다.

끝으로 49~50절에서 누가는 제자들이 예수의 긍휼과 포용의 정신을 포착하지 못하고 있음을 보여 준다. 예수께서는 열두 명을 선택하여 사도가 되게 하셨다. 그렇게 하신 것은 그들 말고는 예수께서 가르치신 대로 하나님을 믿고 예수의 사역에 참여할 수 없음을 의미하지는 않는다. 그 열두 명은 많은 제자들 중에서 선택되었다. 예수께서는 그 제자들이 사도적 반열에 속하지 않았다는 이유 때문에 이미 가정으로 돌려보내신 것은 아니었다. 귀신들 내쫓기는 유대인들 중에서 시행되고 있었다(11 : 19). 그리고 예수께로 이끌려 온 사람들은 악령들을 이겨 내고자 예수의 이름을 부르는 것은 필연이었다. (그러나 예수의 이름은 마법의 이름이 아니었다. 누가는 차후에 ‘바울이 전파하는 예수'의 이름을 빙자한 귀신 추방자들에 관하여 말해 줄 것이다. 그들의 의식〈儀式〉은 부끄럽게 실패로 돌아갔다 ; 행 19 : 13-16) 왜 아니겠는가? 인간의 고통을 덜기 위한 특권을 어느 누구만 갖고 있어야 하는가? 그 열두 명은 예수의 영향력이 널리 퍼지고 있다는 사실을 축하해야 할 것이다. 그런데도 그들은, 특히 최근에 있었던 자신들의 실패(40절)를 생각하면서, 배타심을 내보이고 있다. 분명히 그러한 정신은 상당히 초기에 교회 안에 들어왔고, 늦게까지 머물렀다. 그러나 그것은 그렇게 놀랍지 않다. 제자들은 줄곧 스스로 야심과 경쟁심을 보이고 있었다(46절). 지도자들이 경쟁심을 가지게 되면 그들은 자신이 이끄는 공동체의 사람들에게 지배력을 행사하려 할 것이다. 기독교 사역자들의 모임에는 물론 받아들임에 대한 표준과 지침이 있어야 할 것이다. 그렇지만 단순히 '우리와 함께 따르지 아니하므로'는 받아들임이나 거부의 자격 기준이 되기 어렵다.

예루살렘으로의 여행

누가복음 9 : 51~19 : 28

교회에서 가르치거나 설교를 할 때, 한 사건이나 교훈을 그것 자체에 유의하면서도 해당 본문을 단위별로 취급하는 것은 흔한 일이다. 이러한 방법을 쓰는 경우에 문맥은 기본적으로 취급하고 있는 구절의 직전이나 직후의 문단에 걸려 있게 된다. 그렇게 인식함으로써 전달자나 듣는 이들은 많은 것을 얻을 수가 있다. 특히 성경의 한 책을 지속적으로 또는 거의 그런 형식으로 읽어 나갈 경우 그러하다. 그렇긴 하지만 때로는 그것의 각 부분들을 주의 깊게 살피기 전에 덩어리째 살펴야 하는 주된 큰 부분에 부딪치기도 한다.

지금 우리가 논하려는 부분의 성격이 그렇다. "예수께서 승천하실 기약이 차 가매 예루살렘을 향하여 올라가기로 굳게 결심하시고"(9 : 51)는 이전의 것들을 중단하고 앞으로의 내용에 대한 분위기를 조성하는 성격의 표현이다. 특히 우리는 지금까지의 이야기가 여전히 9장에서 계속되고 있고, 예수께서는 19 : 29 이전에는 예루살렘에 도착하지 않으신다는 인상을 받는다. 그리하여 첫 번째 반응은 9 : 51이 곧 있게 될 내용에 대한 소개말일 뿐이라는 것이다. 예루살렘까지 상당히 먼 길 중에 있게 될 사건들이나 말씀들과 연관된 어떤 논제와는 상관이 없다는 것이다. 그러나 면밀히 살펴보면 그렇지 않음을 알 수가 있다. 누가는 독자들에게 거듭 상기시킨다. 9 : 51~19 : 28 사이에 있었던 내용은 예루살렘을 향한 예수의 여행 중에 있었던 사실들로 이해해야 하고,

이 여행 자체는 예수께서 말씀하시고 행동하신 것을 해석하는 데 영향을 끼친다는 것이다(9 : 51, 53, 13 : 22, 33, 17 : 11, 18 : 31, 19 : 11, 28).

그런데 본문 중에는 독자들이 의문을 갖지 않을 수 없게 만드는 암시들이 있다. 어떠한 의미에서 본문은 여행 이야기인가? 어떤 유형의 여행인가? 지리적 고찰로는 당황스럽다. 그리하여 갈릴리로부터 예루살렘으로 옮겨 가심을 뒷받침해 주지 못한다. 9 : 51~53에서 예수께서는 사마리아를 통과하고 계신다. 10 : 38~42에서는 (요 12 : 1-3이 지리적으로 옳다면) 예루살렘이 가까운 베다니에 계시는 것 같다. 13 : 31에서는 갈릴리에 계시고, 17 : 11에서는 갈릴리와 사마리아 변경에 계신다. 18 : 35~19 : 10에는 여리고에 계시고, 19 : 11에서는 예루살렘 가까이에 계신다. 이 지역들의 표시로는 예루살렘으로 여행하고 계신다는 지도를 그려 낼 수가 없다. 예수께서 "예루살렘을 향하여 올라가기로" 결심하셨다면 말이다(9 : 51). 오늘날 누가복음 연구자들은 전반적으로 이 여행은 지리적인 것이 아니고 누가에 의해 조성된 편집상의 구조라는 결론을 내린다. 누가는 예수와 교회의 이야기를 알리는 데 도움이 될 만한 여행상의 요점들을 바닥에 깔고 있음이 분명한데 본문과 사도행전에서 똑같이 그렇게 하고 있다. 사도행전에서는 바울의 선교여행뿐만 아니라 예루살렘과 로마로 가는 긴 여정에서도 그렇게 하고 있다. 실제로 그 두 여행들은 예수의 이야기를 반영한다. 자신이 예루살렘으로 가는 것이 하나님의 뜻이라고(9 : 22, 31) 예수께서 알고 계셨듯이 바울 역시 말했다. "……내가 거기 갔다가 후에 로마도 보아야 하리라"(행 19 : 21). 예루살렘에 관해서는 말했다. "……나는 주 예수의 이름을 위하여 결박 받을 뿐 아니라 예루살렘에서 죽을 것도 각오하였노라"(행 21 : 13).

만약 여행을 주제로 하는 것이 누가의 구성이라면 그의 조직상의 원칙은 무엇인가? 그 원칙이 지리적인 것이 아니라면 그 여행은 어떻게 된 것인가? 이 부분의 자료 중 대부분이 누가복음 특유의 것이다. 9 : 51~19 : 28에 관하여 누가복음서의 다수 연구자들은 9 : 51~18 : 14이 누가복음 특유의 부분이라고 말한다. 그것의 내용은 서로 다르게 배열되긴 했지만, 누가복음의 독특한 이야기들과 마태복음과 공통으로 취급되어 있는 이야기들로 섞여 있다. 18 : 15에서 누가는 마가의 이야기와 다시 만난다. 그러나 말씀과 사건들에 대한 누가가 쓰고 있는 배열의 요점을 알아내기란 쉽지 않다. 그것들의 연결이 때로는 매우 느슨하게 보인다. 그 안에 있는 어떤 단위들은 선명한 주제별로 결합되어 있긴 하지만 그렇다. 그뿐 아니라 예수의 행동과 말씀에 있어서의 강도 또한 크게 다르다. 9 : 51~62부터는 이러한 인상을 받는다. 즉, 이 순간부터는 멈춤이나 느슨함이나 용납할 만한 중단이 허용되지 않는다. 갈 길은 정해졌고, 죽으심은 확정되었으며, 모든 행보는 십자가로 향해 있다. 그런데도 이 몇 장들 속에서 예수께서는 친구들을 방문하시고, 몇 가정에서 자주 찾아가는 손님이 되시며, 식탁에서 많은 가르침을 베푸신다. 말할 필요도 없이 본 복음서의 많은 진지한 연구자들은 누가의 조직과 배열의 원칙을 알아내려는 노력을 포기하고 만다. 그리고 누가는 활용이 가능한 그의 자료들로 일단의 특정 상황이 없는 사건들을 집결시키기 위하여 하나의 틀(여행)을 조성했다고 말함으로써 만족해야 한다. 결과적으로 어떤 이들은 말한다. 예수께서는 예루살렘에서의 위기에 대처할 뿐만 아니라 자신의 사역을 계속해 나가도록 자기의 제자들을 준비시키고 계신다. 그리고 그 교훈들의 대부분은 가능한 순간마다 그때그때 주어졌을 것이다.

두 사람의 누가복음 학자는 9 : 51~19 : 28의 구조에 대한 열쇠가 된다고 믿는 것을 제시했다. 탤버트(Charles Talbert)는 이 부분의 말씀이 교차대구법(交叉對句法, Chiasm)이라 불려지는, 성경에 흔히 있는 문학적 형식 위에 짜여져 있다고 확신한다. 교차대구법이란 일련의 관념이나 주제들이 또다른 병행의 관념이나 주제들로, 뒤바뀐 순서로 제시되거나 반복되는 형식이다. 예컨대 ABCD, DCBA와 같다. 이런 형식은 간략한 형태로 신약성경에서 자주 발견된다. 예를 들어, 바울의 진술 가운데 그리스도는 부(富)하셨다(A). 그러나 가난하게 되셨다(B). 그가 가난하게 되심으로써(B) 우리를 부하게 하려 하심이었다(A)(고후 8 : 9). 탤버트의 분석은 그 상세함에도 불구하고 매우 방대한 자료를 취급함으로써 억지처럼 여겨지기도 하고 지나친 주장으로 기대에 못 미치기도 한다. 탤버트는 본 이론을 더 알고 싶은 이들을 위하여 그의 양식을 「누가복음 독해」(*Reading Luke*) 111~113쪽에서 전개하고 해설했다. 이 여행 이야기에 보이는 누가복음의 구조에 관한 광범위하게 논의되고 있는 다른 이론은 드러리(John Drury)에 의한 것이다. 드러리는 이 부분의 자료를 그리스도인의 신명기라 부르고 있다. 신명기에서 누가복음식 배열의 근원을 발견할 수 있다고 확신하면서 그렇게 부르고 있다. 신명기에는 연결이 되는 자료들과 상당히 마구잡이식의 자료들이 함께 있다. 이는 드러리에 의하면, 누가복음의 여행 이야기와 짝을 이루고 있다는 것이다. 신명기가 예루살렘이 그 중심이 되는 약속의 땅으로 가는 여행을 제시하면서 경건한 유대인들을 위한 안내서였던 것처럼 누가복음이 이 부분에서 예루살렘으로 가는 여정 속에서 제자의 도리에 관한 안내서가 되고 있다는 것이다(*Tradition and Design in Luke's Gospel,* pp. 138-140). 누가복음이 그것의 언어, 연관성, 그리고 신학에 있어서 신명기를 반영하고 있다는 사실에는 의문이 없다. 누가가 헬라어 구약성경을 좋아했었고, 누가가 예수에 관한 이야기를 구약성경의 이야기식으로 전달했다는 주장은 놀랄 만큼 이상하지 않다. 그러나 누가복음의 이 부분은 근원을 따져 보면 신명기적 요소뿐만이 아니다. 그리하여 드러리의 주장은, 그렇게 짜맞추기에는 무리하고 강제적이다.

9 : 51~19 : 28의 숨은 논리의 요점을 찾아내는 데 학자들의 능력은 모자란다. 그러나 이 무능력함은 해설자들과 예수를 이해하고 예수를 따르는 생활을 알기 위해 말씀을 읽는 교회에 치명적이지는 않다. 그 논리의 요점은 신명기와 같은 책을 그 배경으로 연구하는 것보다 사도행전을 미리 보면서 연구할 때 떠오르게 될 것이다. 그렇지 않다면 누가가 마음에 두고 있는 참 여행은 독자들의 여행일 것이다. 누가가 제시하는 예루살렘을 향한 예수의 여행을 통하여 예수와 함께 수난뿐만 아니라 하나님의 나라를 향한 순례의 길을 터득하고 심오한 방법으로 그 길로 이끌려 가는 독자들의 여행일 것이다.

누가복음 9 : 51~62

예수께서 여행의 성격을 분명히 하시다

이 간략한 단락은 두 부분으로 되어 있다(51-56절과 57-62절). 각 부분은 독자성을 가졌으나 하나로 귀속한다. 51~56절은 57~62절에 나타난 예수와 만나기 위한 분위기를 조성하기 때문이다. 확고하고 강렬하며 하나님의 뜻에 근거하여 예루살렘으로 가시는 예수의 감정은 독자들이 예수께서 자원하여 따르는 자들에게 요청하시는 협상할 수 없는 명령을 이해하는 데 핵심이 된다. 이 내용은 우리가 앞에서 본 내용(9 : 18-27)의 연속이다. 예수께서는 자신이 받을 고난과 죽음을 예고하시고 제자들을 매일 십자가를 지는 생활로 불러들이신다.

사마리아를 통과하심(9 : 51-56)

51절은 독자들을 향한 이야기 전달자의 설명이다. 그리하여 독자들은 예수와 함께하고 있던 자들이 아직 알지 못하고 있었던 그것을 알게 된다. 그렇다면 우리는 이 51절로부터 무엇을 알고 있는가? 첫째로 예수께서는 자기의 사역이 끝을 향하여 신속하게 진행되어 가고 있음을 알고 계셨다는 사실이다. 둘째로 예수께서는 '올리우시게' 되어 있었다는 사실인데, 이 표현은 누가가 차후에 승천을 말하면서 사용했던 표현이다(행 1 : 2, 딤전 3 : 16). 올라가심은 승천은 물론이거니와 십자가에서의 죽으심과 부활을 포함한 전체 사건을 의미한다. 끝으로 51절은 독자에게 말한다. 예수께서는 그 목적을 향하여 "자기 얼굴을 예루살렘 쪽으로 고정시키셨다."는 것이다. "그의 얼굴을 고정시키셨다."는 말은 이사야 50 : 7의 고난 받는 종의 노래를 반영한다. "주 여호와께서 나를 도우시므로 내가 부끄러워 아니하고 내 얼굴을 부싯돌같이 굳게 하였은즉 내가 수치를 당치 아니할 줄 아노라" 본 절은 앞으로 있게 될 완강한 반발을 암시한다. 그리고 독자들로 하여금 그 반발을 예상하도록 유도한다.

예루살렘을 향한 이 여행은 배척을 받으시는 사건으로 시작되고 있다. 예수께서는 세례를 받으시고 나사렛으로 가셔서 배척을 받으셨다. 이와 똑같이 지금, 예수께서는 세례와 대비되는 사건인 용모 변화 직후에 사마리아에서 배척을 받으신다. 사마리아인들에 의한 배척은 일단 유대인들과 사마리아인들 사이의 긴장을 말해 준다. 그러나 그들의 불친절은 또 한 가지를 의미한다. 그들은 고난과 죽음을 향하는 길에 선 그분을 따르고 싶지 않다는 것이다. 더욱더 의미 깊은 사실이 있다. 예수께서는 두 제자를 사마리아인의 마을로 보내셨다. 숙소와 음식을 준비시키시기 위해서였다. 예수께서는 이 소외된 자들, 멸시받으며 반만 유대인인 믿음이 변질된 자들 중에서 사역하고자 계획하고 계셨다는 사실이다. 예수께서는 유대인들과 이방인들에게, 사회적·관습적·정치적 소외자들에게, 그리고 지금 여기 끝없이 멀게 보이지만 그 땅 안에 있는 사마리아에서 사역해 오셨다. 후에 예수께서는 제자들에게 힘주어 말씀하셨다. "오직 성령이 너희에게 임하시면 너희가 권능을 받고 예루살렘과 온 유대와 사마리아와 땅 끝까지 이르러 내 증인이 되리라"(행 1 : 8). 사도행전 8 : 5~25에 의하면 기독교 선교는 사마리아에서 성공적이었다. 이 성공은 부분적으로는 예수께서 그 지역을 방문하심으로써, 그 선교를 하게 하신 근거에 의할 것이다(요 4 : 1-42 참고).

어떤 이들은 예수 영접을 거부함에 대한 야고보와 요한의 분노를 이해할 수도 있을 것이다. 그들은 예수의 보호 아래 있었으니 배척을 당할 때 어떻게 처신해야 할지 잘 모를 수도 있었다고 생각할 것이다. 이 두 제자는 다른 세대의 지나친 열정의 전도자들—군중에게 하나님의 은혜를 제시하다가 그 은혜를 거절하는 자들에게는 지옥불의 저주를 내렸던 전도자들—을 생각하고 있었던 것 같다. 예수의 제자들은 하늘의 불을 불러 내렸던 성경의 사례를 잘 기억하고 있었다(왕하 1 : 9-10). 그러나 그들은 예수께서 하신 최근의 말씀들을 잊어버렸다. 전도 중에 누가 대접을 하려 하면 그 대접을 받으라고 하셨고, 만일 전도를 거부할 경우에는 발에 묻은 먼지를 떨어 버리고 다른 곳으로 가라고 하셨다(9 : 1-6). 사람의 마음이란 참으로 흥미롭지 않은가? 자신들의 추악한 행위에 복이 되는 성경말씀은 잘 알아듣고 기억하면서 사랑, 용서, 자비를 명하는 말씀들은 성소의 문을 나가면서 마음에 두지 못하니 말이다. 예수께서는 그들의 보복과 앙갚음의 태도에 대하여 야고보와 요한을 책망하고 계신다. 이런 태도는 예수와 제자들의 사역에 전혀 어울리지 않는다. 어떤 서기관들은 55절에 설명을 붙여 놓았다(개역표준판 영어성경 〈RSV〉 난하주 참고). 이 부록의 취지는 적절하다고 본다. 그러나 최상의 사본들에는 이 부록이 없다. 예수의 사역은 예루살렘을 향하여 계속 진행되고 있다.

제자 됨의 대가(代價)를 강조하심(9 : 57-62)

마 8 : 19-22

"날마다 자기 십자가를 지라."는 예수의 말씀이 구체적으로 분명하게 없었더라면 그들은 오르간의 배경음악이 갖는 효과를 지닌(비현실적-역자주) 천상(天上)의 이상(理想) 중에 머물러 있었을 것이다. 아니면 그들은 사순절 기간에 구두 속에 못을 박아 신고 직장으로 걷는 것 같은 어떤 무의미한 스스로 당하는 고통의 행위자로 전락할 수밖에 없었을 것이다. 여기서 예수의 말씀은 특이한 상황 속에서 해석되었다. 그 문화 속에서 이야기 전달에 흔하게 사용했던 삼중형식(三重形式)을 취하고 있다. '따르겠나이다', '나를 따르라', 그리고 '따르겠나이다'로 되어 있다. 우리는 그 세 가지 경우들이 각각 별개로 있었는지 알지 못한다. 마태복음 8 : 19~22에는 처음 두 가지 경우들이 있다. 그 말씀의 상황은 예수의 수난에 관한 어떤 말씀도 있기 전이었으므로 마태복음에서는 그 취지가 다르다. 여기 누가복음에서는 상황이 해설에 도움을 주고 있다. 예루살렘을 향하여 견고한 바위처럼 자기의 시선을 고정시킨 분이 제시하고자 하는 어떤 협상은 없다. "나는 다른 이들의 취급에 전적으로 내맡긴 상태이다. 너도 기꺼이 그렇게 하겠는가?"라고 그 첫 번째 지원자에게 말씀하고 계신다. "나를 향한 충성은 기본적인 효도의 책무보다 앞선다."라고 두 번째 제자 후보에게 말씀하고 계신다. "나는 엘리야가 엘리사에게 요청했던 것(왕상 19 : 19-21)보다 더한 것을 당신에게 기대한다."는 자원자였던 세 번째 사람에게 하신 말씀이다. 본문을 설교할 때 그 세 사람의 동기를 비난함으로써 잘못을 찾는다거나 두 번째 사람의 아버지가 아직 죽지 않았고 수년을 더 살 것이라고 억지 가정을 함으로써 어떤 잘못을 찾으려 한다면 본문의 의미를 떨어뜨리게 된다. 예수께서 하신 말씀의 강조점은 인간관계에 있어서 그가 요구하시는 것이 결코 최악이 아닌 최선보다도 우선이었다는 데에 있다. 예수께서는 마귀보다 자기를 선택하라고 말씀하지 않으시고 가족보다도 자기를 선택하라고 말씀하셨다. 그리고 괄목할 만한 사실이 있다. 그렇게 하는 자들은 소유로부터, 가족숭배로부터 자유로워진다는 것이다. 그리고 소유와 가족을 사랑하는 데 있어서 일정한 거리를 두어야 함도 알아낸다는 사실이다.

누가복음 10 : 1~24

칠십 인의 전도

이 기록은 누가복음 특유의 것이다. 마태복음(마 9 : 35-10 : 16)과 마가복음(막 6 : 7-11)의 기록에는 열두 명이 파송되고 있다. 그리고 그들에게 주신 지시사항들 중 약간은 본 장의 그것들과 유사하다. 그러나 눈에 띄게 다른 점들도 있다. 본 단원의 말씀은 다섯 개의 소단위로 되어 있다. 칠십 인을 향한 지시사항, 사역자들을 배척하는 자들에게 내리시는 화(禍), 칠십 인의 귀환, 감사의 기도, 그리고 복이다.

칠십 인에게 지시하심(10 : 1-12)

누가는 모세가 자신에게 협력자가 되도록 칠십 장로들을 선택했었음(민 11 : 16-25)을 머리 속에 두고 있었던 것 같다. 그러나 그에게 더 강한 영향을 준 것은 창세기 10장에 있는 칠십 민족(히브리어 본문에는 칠십 민족, 헬라어 본문에는 칠십이 민족)에 관한 기록인 것 같다. 결과적으로 누가는 부활절 후 오순절에 시작된 여러 민족들을 향한 선교를 예상하고 있다. 이 오순절에 사람들은 '천하 각국으로부터' 모였었다(행 2 : 5). 실제로 "……너희 앞에 차려 놓는 것을 먹고"(8절)라는 지시사항 속에 이방인들이 이미 염두에 들어 있다. 음식은 복음의 확산 중에 논란의 문제였다(행 11 : 1-18, 갈 2 : 11-21). 예수께서 가시고자 했던 그곳으로 두 명씩의 사자들을 보내신 것은 예루살렘으로 향하셨던 초기부터였는데(9 : 51-52), 여기서도 그렇게 하시고 예루살렘으로 들어갈 때도 다시 그렇게 하실 것이다(19 : 28-34). 그리스도께서 오심을 알게 하기 위하여 미리 달려가는 것은 준비시키려는 것뿐만 아니라 선교에 위엄이나 장엄한 기풍을 부여하심을 암시한다. 그러나 이 말씀에서는 종말론적 의미가 강하게, 어쩌면 더욱 강하게 풍겨난다. 추수(종말)라는 비유적 표현, 가벼운 차림으로 여행하라는 지시, 사교적 예의를 갖추는 시간적 여유를 갖지 말라는 명령(4절은 왕하 4 : 29을 반영할 것이다.)에 유의하라. 종말론적 그림자가 드리워진 분위기 속에서의 사역은 분명히 9 : 51~62에 설정되어 있는 내용에 강하게 집착되고 있는 분위기를 따라가고 있다.

전도자들은 대접해 주는 그 집의 주인들에게 전적으로 의존해야 했다. 바울과 그의 동역자들의 선교를 포함하여 초기 그리스도인들의 모임 중에서 통상적으로 그렇게 했던 것과 거의 같다. 더 나은 숙식(宿食)을 위한 처소를 찾아 나서는 행위는 있을 수 없었다(7절). 영접해 주지 않는 자들에게 불행을 말해서도 안 되었다. 예수께서는 사마리아의 한 마을에서 배척을 당하셨다. 그러나 불을 불러 내리지 아니하셨고, 다른 마을로 옮겨 가셨다(9 : 52-56). 하나님의 나라가 가까이 왔음을 무시함으로써 심판을 받게 될 사람들을 떠날 때 출발의례 또한 간소화해야 했다(10-11절). 그들에게는 심판이 있게 될 것이다. 그러나 심판의 말씀은 예수께서 하실 것이다. 12절은 전도자들을 향한 예수의 말씀이지 그들이 전할 메시지의 한 부분이 아님을 눈여겨보라. 설교자들은 심판의 권세를 받은 자들이 아니다. 받아들이는 자들과 배척하는 자들을 향한 메시지는 동일하다는 사실 역시 눈여겨보라. "……하나님의 나라가 너희에게 가까이 왔다 하라"(9, 11절). 설교자들은 설교를 준비하기 전에 자신들이 어떻게 취급당할 것인지를 알아보려고 해서는 안 된다. 설교에 있어서 적절성은 중요하다. 그러나 기본적인 메시지는 반응에 따라 좌우될 수 없다.

회개하지 않는 자들에게 화(10 : 13-16)

마 11 : 21-23, 10 : 40

고라신, 벳새다, 그리고 가버나움에 화가 선포되었다. 이 사실은 예수께서 또는 그의 제자들이 거기에서 사역하였음을 추정케 한다(우리는 예수께서 가버나움의 북쪽에 있는 고라신에 계셨던 기록을 갖고 있지 못하다). 그리고 거기에서 큰 기적들이 있었으며, 그들이 전반적으로 회개하지 않았었음도 추정케 한다. 우리는 이 추정에 대하여 의문을 가질 이유를 갖지 않는다. 그러나 사역을 위탁하시는 말씀 중에 이러한 화가 기록되어 있음에 의문이 있다. 마태복음에는 다른 경우에 기록되어 있다. 누가복음에는 여기에 기록되었는데, 그 화들은 그러한 성읍에서 배척이 있었음에 대한 예수의 예언으로 설명될 수 있다. 그리고 이 예언이 여기에 있게 된 것은 앞에 있는 10~12절에 들어맞기 때문이다. 그렇지 않다면 사도행전을 볼 때 그러한 성읍들에서 있게 될 복음의 결말로서 설명될 수 있을 것이다. 놀랍게도 오순절 이후 복음의 확산에 있어서 이 갈릴리 지방은 별로 중요시되지 않은 것 같다. 아니면 누가는 최소한 이 지역에 대하여는 관심을 갖지 않았다(행 9 : 31). 여하간

화에 관한 강렬함만은 분명하다. 많이 맡긴 자에게는 많이 요구하실 것이다. 이 성읍들은 이방인들에게는 주어지지 않았던 특전을 누렸었다. 그러므로 그들이 받을 벌은 더 클 것이다. 하나님의 호의를 받는다는 것은 어쩌면 두려운 일이다. 16절은 제자들을 받아들임과 배척함의 심각성을 분명하게 한다. 그들을 대하는 것이 곧 예수를 대하는 것이며 하나님을 대함이다.

칠십 인이 돌아오다(10 : 17-20)

칠십 인이 돌아왔다. 그들은 성공했다고 보고 드렸다. 그러자 예수께서는 계시에 관한 말씀을 하시게 된다. 그리고 21~22절에 있는 감사의 기도로 이어진다. 실제로 누가는 칠십 인의 기쁨과 예수의 기뻐하심을 한사코 대조하고 있는 것 같다. 그들은 성공하여 기뻐하고 예수께서는 성령으로 기뻐하셨다(21절). 그러고 나서 본문은 숨기심과 나타내심의 중간에 걸쳐 있는 것 같다. (숨기심이란 제자들이 아직은 이해하지 못하지만 그들에게 나타내 주실 때 이해하게 될 것을 말한다 ; 24 : 16, 31-32, 45) 나타내심이란 예수께서 성령 안에서 경험하시게 되는 것을 말한다. 칠십 인의 보고는 귀신 추방에 집중되고 있다. 그들에게 주신 지시사항들 중 귀신 추방에 관한 말씀이 없었는데도 그러했다(1-12절). 그렇다면 초점은 예수께서 악의 세력을 이기는 권세를 갖고 계신다는 증거에 모아진다. 예수께서는 그들의 보고에 대한 반응으로 요한계시록에서 우리에게 친근한 계시적 용어로 전달되는 환상을 말씀하고 계신다. 사탄은 최초에 하늘나라에 있었다고 성경의 다른 곳에 기록되었다(욥 1 : 6, 2 : 1, 요 12 : 31, 계 12 : 7). 그리고 사탄이 떨어졌다는 누가복음의 묘사는 이사야 14 : 12~15에 근거하고 있는 것 같다. 시편 91 : 13은 의인들이 악하고 적대적인 세력에 저항할 힘을 갖고, 또 승리할 것을 오래전에 약속하고 있다.

그런데 주요 의문점은 예수께서 보신 환상이 이 성공적인 전도사역 중에 생겨났던 것에 대한 설명인가, 아니면 제자들이 눈을 뜨게 되고(24 : 31), 지금은 예수 안에 거하시는 그 성령을 받고(행 1 : 5, 8), 예수의 선교를 전세계로 이끌고 나갈 것(행 1 : 8)에 대한 설명인가 하는 점이다. 의심의 여지가 없이 칠십 인의 성공적 사역은 예수께서 이 응답을 하시게 되는 계기가 되었다. 그러나 이 응답은 그들이 시행했던 전도사역에만 국한된 것은 아니었다. 여러 시제로 말씀하신 것을 눈여겨보라. "귀신들도 우리에게 항복하더이다"(영역 성경에는 '항복합니다'로 되어 있다.-역자주, 현재). "사단이 …… 떨어지는 것을 내가 보았노라"(직역하면 '보고 있었노라', 과거진행). "……너희를 해할 자가 결단코 없으리라"(미래). 예수의 사역 중에서 있어 왔고, 지금도 진행되고 있으며, 그들의 사역은 미래에 온전한 성취를 향해 진행될 것이라는 의미이다. 그가 종종 그렇게 하듯이 누가는 여기서 교회가 성령의 능력을 받은 이후에 수행하게 될 사역을 생각하고 있음에 틀림이 없다. 귀신을 축출하고(행 8 : 7), 교회 중에 있는 사탄의 역사를 근절하며(행 5 : 3), 마술사 시몬에게 성령의 권세가 나타나고(행 8 : 18-24), 교회에 사납게 굴었던 헤롯 아그립바(Herod Agrippa)가 형벌을 받으며(행 12 : 20-24), 바울이 거짓 선지자 엘루마(Elymas)를 타도하고(행 13 : 4-12), 심지어 뱀에게 물려도 아무런 해를 입지 않게 되었던 것이다(행 28 : 3-6). 그러므로 예수께서 보신 환상은 칠십 인의 성공을 과도하게 혹은 과소하게 말씀하고 계신 내용이 아니었다. 오히려 그 성공을 하나님의 통치라는 더 큰 틀 속에 위치시키고 계시는 내용이었다.

그런 중에서도 예수께서는 칠십 인에게 경고하셨다. 승리도취주의는 제자들에게 적절하지 않은 정신이란 것이다. 우리의 큰 기쁨은 우리가 어떤 은사나 권세를 받아서가 아니라 하나님께서 우리를 받으시고 영접해 주셨음과 우리의 이름이 '하늘에 기록된 것' 때문이어야 한다(단 12 : 1, 빌 4 : 3, 계 3 : 5, 13 : 8, 20 : 15). 이 자제심을 갖게 하심은 마태복음에 기록된 예수의 말씀을 생각하게 한다. "그날에 많은 사람이 나더러 이르되 주여 주여 우리가 주의 이름으로 선지자 노릇하며 주의 이름으로 귀신을 쫓아내며 주의 이름으로 많은 권능을 행치 아니하였나이까 하리니 그때에 내가 저희에게 밝히 말하되 내가 너희를 도무지 알지 못하니 불법을 행하는 자들아 내게서 떠나가라 하리라"(마 7 : 22-23).

감사의 기도, 그리고 복(10 : 21-24)

마 11 : 25-27, 13 : 16-17

이 두 개의 소단위들은 (마태복음에서처럼) 누가의 자료 속에서 별개로 되어 있는 것 같기도 하다. 그리고 기도와 복에 관련된 사람들이 다르다. 그럴지라도 이 두 단위를 동시에 고찰하고자 한다. 기도와 복은 예배 중에 상호 관련된다. 그리고 우리는 여기서 초기 기독교 기도예식으로부터 두 가지를 얻고 있다고 말해도 좋을 것이다. 전체 단원의 진행상황을 고려해 보라(10 : 1-24). 칠십 인의 사역자들이 지시를 받고 파송되었다. 그들은 성공의 기쁨을 갖고 돌아왔다. 예수께서 스스로 보신 환상, 즉 지금 시작되어 최후에 승리하게 될 환상을 칠십 인에게 말씀하심, 예수께서 그들로 하여금 승리에 도취함과 자축(自祝)을 경계하게 하심, 예수께서 하나님께 감사하는 영감에 찬 말씀을 하심, 그리고는 제자들을 향하여 그들에게 내리신 하나님의 호의를 생각하게 하는 복의 말씀을 하셨다. 만일 그들이 13~15절에 있는, 예수의 말씀을 들을 수 있는 현장에 있었다면 그들은 하나님이 주신 그 호의에 합당한 사명감 역시 알아차릴 수 있었을 것이다.

우리는 1~2장에서 스가랴, 마리아, 시므온, 그리고 안나의 영감에 의한 노래들 속에서 알게 되었다 : 누가복음에 있어서 성령께서는 기본적으로 말씀 중에 나타나신다는 사실이다. 성령으로 '가라사대'라고 기록되었다. 예수께서는 어린아이들에게 알게 하신 '이것'을 인하여 성령으로 기뻐하셨다(21절). 이러한 맥락에서 누가는 '이것'이란 칠십 인이 보고했던 악령들을 하나님께서 지배하심을 의미하고 있는 것 같다. 그렇게 함으로써 예루살렘을 향하신 예수의 여행은 체념이 아니라 능력에 감싸여 있으며, 그의 '승천'(9 : 51)은 패퇴(敗退)가 아니라 최고의 보좌에 앉으심을 의미하게 될 것이다. 그리고 제자들은 무엇이 실제로 진행되고 있는지를 파악하기 시작했으며 그들 역시 계시에 동참하기에 이르렀다는 것이다. 계시에 대한 더욱 온전한 이해는 부활 이후에 있게 될 것이다(24 : 31-32, 45). '지혜롭고 슬기 있는 자들'은 이러한 것들을 이해하지 못하고 있다. 왜냐하면 진정한 영적 분별력은 관찰에 의하여 얻어지지 않고(마 16 : 17) 성령의 계시에 의하여 가능하기 때문이다(고전 2 : 14-16, 12 : 3). 그러므로 이 기도는 우리가 누가복음에서 자주 보게 되는 역설적 의미를 갖는다. 본문에서는 "슬기 있는 자들에게는 숨기시고 어린아이들에게는 나타내심"으로 표현되었다.

22절의 기독론은 고대의 소피아(Sophia, 철학), 지혜(Wisdom), 혹은 그것의 남성형인 로고스(Logos, 말씀)를 본떠 말하고 있다. 인격화된 지혜는 하나님과 세계 중간에서의 매개자였다. 창조, 보전, 그리고 세계를 향하여 메시지를 전달하는 하나님의 대행자가 되어서 그러했다(욥 28 : 12-28, 잠 8 : 22-36, 집회서 24 : 1-24). 성경을 대충 읽는 사람이라도 초기 그리스도인들이 예수 안에서 하나님의 영원한 지혜가 구체화되어 있음을 보고 있었다는 사실은 안다. 바울은 고린도전서 1 : 20, 26~29에서 이 사실을 말하고 있다. 그러나 신약성경 중에서는 이 관점을 갖는 데 가장 대표적인 기여자는 요한이다(요 1 : 18, 6 : 35-59, 7 : 25-30). 누가복음 10 : 22(마 11 : 27 역시)은 요한복음에 있는 여러 본문들과 매우 유사하다. 그리하여 독일 신학자 하세(K. A. von Hase)는 요한복음의 이 구절들을 "요한의 하늘에서 떨어져 내린 운석(隕石)"이라 불렀다. 본 절의 출처가 어디였든지 누가가 이 말씀을 여기에 사용함으로써 본 절은 23~24절의 복과 함께 위임식 또는 그 나라의 사역자들을 세우는 예배의 아름다운 영광송이 되고 있다.

누가복음 10 : 25~42

말씀 듣기에 관한 두 가지 이야기

예수께서는 제자들의 보고 들음이 복이 있다고 말씀하시고(23-24절) 지금 두 사람을 만나신다. 이 두 사람은 예수께서 무엇을 하시려는지, 하나님의 다스리심이 무엇을 의미하는지 그 요점을 전혀 알지 못하는 사람들이다. 그 한 사람은 율법사, 즉 모세의 율법에 전문가였던 사람이고, 다른 한 사람은 '마르다'라는 여자였다. 그들의 상황과 그들이 말씀을 듣는 데 대한 장애물, 그리고 그들에 대한 예수의 반응 역시 상당히 달랐다. 하지만 이 두 이야기를 함께 고찰하려고 한다. 누가가 이 두 이야기를 함께 기록해 놓은 공통된 이유 때문이다. 서로 대조적인 필요와 처방이 그것이다. 한 사람은 '가서 그와 같이 해야' 했고 다른 사람은 '앉아서 들어야' 했다. 예수의 말씀은 개별적인 필요를 갖는 각 사람에게 동일하지 않다. 예수께서는 약을 주시기보다는 처방전을 써 주신다. 이 사실은 교사와 설교자들에게 새로운 상황들을 성급하게 총괄하고 예수의 말씀을 분석 없이 전달하는 데 대한 주의를 주고 있다.

예수와 율법사(10 : 25-37)
마 22 : 34-40, 막 12 : 28-31

예수께서는 어린아이들이 이해하는 것을 지혜자들과 슬기로운 자들이 알지 못한다고 말씀하셨다. 본문의 이야기(선한 사마리아인의 이야기-역자주)는 바로 그 말씀(21절)을 예화로 설명한다. 마태복음과 마가복음에는 본문에 해당되는 내용의 일부만 기록되었다. 두 복음서는 이 사건을 예루살렘에, 예수 사역의 마지막 며칠 동안에 일련의 논쟁들 중에 끼워 놓았다. 누가복음에서는 질문이 영생에 관한 것이었고, 큰 계명에 관한 것이 아니었다. 그리고 예수께서는 율법사로 하여금 자기의 물음에 답하게 하신다. 정확히 말하면 누가복음에만 비유가 있다. 비유로 된 그 이야기는 모범을 보이는 이야기, 즉 도움을 실천하는 사마리아인의 비유이다. 이 사마리아인의 이야기는 예수와 율법사 사이에 진행된 대화 속에 면밀하게 짜여져 있다. 또한 전달에 있어서 대칭을 이루고 있다. 본문의 앞부분에서(25-28절) 율법사가 질문하고 예수께서도 물으신다. 그리고 율법사가 답변하자 예수께서도 대답하신다. 뒷부분에서도(29-37절) 율법사는 질문을 하고 예수께서도 이야기를 하신 다음에 그에게 물으신다. 그러자 율법사가 대답하고 예수께서도 응답하신다. 이 질문과 대답들은 매우 중요하다. 율법사는 자기가 묻고 있는 질문에 대한 답을 알고 있었다. 또한 두 경우에 예수께서는 온전히 동의(同意)를 표명하셨다.

이 대화에 있어서 잘못은 없는가? 우리는 두 차례의 좋은 질문과 두 차례의 좋은 답변을 듣는다. 그리고 두 분은 서로 동의하고 있다. 그렇다면 어떤 의문이 있을 수 있을까? 몇 가지 잘못이 보인다. 자신이 타인보다 우월함을 나타내고자 질문을 하는 행위는 고결한 행위가 아니다. 답변을 존중히 여기려는 의도가 없이 질문을 하는 행위 역시 그러하다. 말씀 증언이나 신학적 대화의 목적은 다른 사람의 허점을 잡으려는 것이 아니다. 또한 설교자는 예수께서 얼마나 총명하셨는가를 보여 주기 위하여 본문을 사용해서는 안 된다. 바른 대답을 얻었다고 해서 그 사람이 하나님을 알게 되었음을 의미하지는 않는다. 학생들은 성경에서 여러 개의 요점을 잡는다고 해도 참 요점은 놓칠 수 있다. 예수께서는 율법사에게 "굉장한 대답이군요! 당신이 나의 최고의 생도요."라고 말씀하지 않으셨다. 오히려 "가서 그렇게 실천하세요." 라고 말씀하셨다.

일반적으로 알려지기로는 두 계명인 하나님 사랑(신 6 : 5)과 이웃 사랑(레 19 : 18)은 예수께서 오시기 이전부터 짝지어 논의되고 있었다. 예수보다 율법사가 이렇게 대답한 사실은(마태복음과 마가복음에는 예수께서 답변) 이 견해를 밑받침한다. 그런데 본문의 나머지 부분에서 유일한 초점은 이웃 사랑의 문제였다. 이것은 무엇을 생략한 기록이 아니다. 율법 전체는 이웃 사랑으로 요약된다고 바울은 두 번이나 썼다(롬 13 : 8-9, 갈 5 : 14). 예수께서는 이웃 사랑에 관한 율법사의 질문형식을 적절한 것으로 여기지 않으셨다. "누가 나의 이웃입니까?"라는 질문은 선택을 암시하고 있다고 볼 수 있다. 어떤 사람들은 이웃이고, 또 어떤 사람들은 이웃이 아니라는 의미이다. 그리하여 "내가 사랑할 사람들은 누구입니까?"라는 질문이 된다. 비유를 말씀하신 다음에 예수께서는 고쳐 질문하신다. "누가 이웃으로 증명되었는가?" 이렇게 고쳐 물으셨다고 해서 원래는 다른 목적으로 말씀하신 비유의 기능을 바꾸어 말씀하신다고 볼 수는 없다.

이 비유는 분명히 누가의 자료로부터였다. 그리고 예수께서는 그 문화 속에서 들어 보신 적이 있는 그것을 소재로 하셨음이 분명하다. 또 추정되는 사실은 말씀을 듣고 있던 사람들이 제사장, 레위인(성전 사역의 보조자들), 사마리아인들을 잘 알고 있었으며, 유대인과 사마리아인 사이에 심한 갈등이 있었음(요 4 : 9)도 알고 있었다. 사마리아인들은 기원전 722년 앗수르(Assyria)의 정복 이후에 그 땅에 거주한 이방인의 피가 섞인 사람들의 후손이다. 그들은 성전과 예루살렘의 재건을 반대했었고(스 4 : 2-5, 느 2 : 19), 그리심 산(Mt. Gerizim)에 자기네 예배처를 건축했었다. 제례(祭禮)에 있어서 부정했고, 사회적으로는 밀려난 자들이며, 신앙적으로는 이단자들이었다. 사마리아인들은 제사장들과 레위인들은 물론이고 율법사들과도 매우 적대적인 관계에 있었다. 이 이야기는 당시의 청중에게는 분명히 충격이었을 것이다. 그리고 누가 하나님의 백성이고 누가 아닌가에 대한 그들의 선입견을 질타하였을 것이다. 당시 누가복음의 어법에서 보면, 이 이야기는 편애나 편파가 아닌, 그리고 아무런 보답도 기대하지 않는 그러한 사랑의 실천에 대한 모범을 제시하고 있다.

설교자들에게 말하고자 한다. 이 선한 사마리아인의 이야기는 이 부분(30-35절)만 잘라내어 다른 배경에 옮겨 놓을 수 있다. 만약 비유가 갖는 역동적인 힘을 주어진 상황과 청중에게 활용함에 있어서 무리가 없다면 그렇게 할 수 있을 것이다(8 : 4-8의 비유에 관한 해설을 참고하라). 사회적, 종교적, 경제적, 또는 민족적 장벽에 의해 고질적으로 병들어 있는 사회상황에는 이 이야기를 그렇게 사용하는 것이 좋다고 여겨진다. 듣는 사람들로 하여금 이웃 사랑에 대한 새로운 관점을 갖도록 하면서 말이다. 그렇지 않은 상황에서는 누가가 그것을 활용하고 있는 것과 동일한 기능을 잘 발휘할 수 있을 것이다. 이웃이 된다는 것은 실제로 무엇을 해야 하는지에 대한 모범을 제시함에 있어서 그러할 것이다. 어느 경우가 되었든지 두 가지를 참고해야 하겠다.

첫째, 제사장과 레위인을 불필요하게 매력 없는 모습으로 그려 내는 것은 이 이야기를 크게 약화시킨다. 이 비유의 힘은 본 비유의 현실성과 비유에 등장하는 인물들과 같아지도록 사람들을 끌어당기는 능력에 크게 좌우된다. 만약 제사장과 레위인이 윤리적으로 전혀 감각이 없었다거나 인간애가 전혀 없는 자들로 제시된다면 듣는 사람 중 그 누구도 "나 역시 그렇게 행동하고 있다."고 말하지 않을 것이다. 분명히 그들의 행위는 책망 받아야 마땅하다. 그러나 그렇게 행동하게 된 데에는 이유 또한 없지 않았을 것이다. 길가에 있는 사람의 몸은 여행자들이 함정에 걸려들도록 하는 강도들의 속임수가 되었을 수도 있다. 그리고 분명히 시신과의 접촉은 제사장과 레위인들을 부정하게 하여 성전 직무를 수행하지 못하게 할 수 있었다. 그들이 이 희생자를 봤을 때 그들은 이 의무와 저 의무 중 한쪽을 선택했어야 했다. 이런 식으로 이해된다면 듣고 있는 많은 사람들은 이와 유사한 자신들의 상황을 생각해 낼 것이다.

둘째, 우리 문화 속에서 이 사마리아인을 유추(類推)할 경우에는 매우 신중해야 하겠다. 그와의 유사성을 잘 찾아내지 못할 때 본문을 무의미하게 만들고 만다. 자신의 여행을 지연시키고 큰 노력을 기울이고 스스로 위험을 무릅쓰고 이틀간의 품삯(두 데나리온은 당시 품꾼의 이틀 품삯-역자주)을 주면서 더 들면 더 주겠다고 확실하게 약속하며 자기 행위에 끝까지 철저했던 이 사람은 율법의식으로는 부정했고, 사회적으로는 소외되었으며, 신앙적으로는 이단자였던 점을 명심해야 한다. 쉽게 조화가 안 되는 면모를 보이고 있다.

예수 그리고 마르다와 마리아(10 : 38-42)

예수께서는 성경에 익숙한, 그러나 하나님의 말씀을 듣는 데에는 문제를 갖고 있는 한 사람을 방금 만나셨다. 예수께서는 그에게 한 모범자를 보여 주셨으니 사마리아인이었다. 이제 예수께서는 음식 준비에 매우 바쁘고, 하나님의 말씀을 듣지 않고 있는 한 여자를 방문하신다. 그리고 이 여자에게 이 여자의 자매인 한 모범자를 보이신다. 저 사람에게는 가서 실행하라고 말씀하시고, 이 여자에게는 앉아서 듣고 배우라고 말씀하신다.

누가만이 이 사실을 말해 준다. 그러나 요한이 마르다와 마리아를 알게 하는 데 누가에게 동조한다. 요한은 그들이 나사로의 자매들이며, 그들의 가정은 예루살렘에서 가까운 베다니에 있었다고 장소를 알려 준다(요 11 : 1, 12 : 1-3). 요한은 두 군데 이야기 속에서 두 자매의 행동이 누가의 기술(記述)에 일치한다고 말한다. 마르다는 예수를 뵙기 위해 나간다. 그러나 마리아는 집 안에 앉아 있다(요 11 : 20). 식사 때에 마르다는 대접하는 일을 하는데, 마리아는 예수의 발에 기름을 붓고 있다(요 12 : 1-3). 누가복음에는 그 집이 마르다의 집이며, 마르다가 예수를 집 안으로 영접해 들이고, 이야기는 마르다와 예수께 집중되고 있다. 자매인 마리아에 대해서도 기술되고 있지만, 마리아는 말하거나 별도의 행동을 하지 않고 있다. 이야기의 긴박성을 놓쳐서는 안 된다. 예수께서는 한 여자의 집으로 영접을 받으신다(형제에 관한 말은 없다). 그리고 예수께서는 여자를 가르치신다. 랍비들은 여자들이 '발아래 앉아' 있는 것을 허락하지 않았었다. 다시 말해서 제자를 삼지 않았었다. 그런데도 이 이야기는 8 : 1~3과 일치하게 기록되었다. 누가는 여자들이 제자들의 수에 끼어드는 것을 문제 삼지 않는다.

마르다는 대접을 하고 있었고, 예수나 그의 제자들을 영접하는 자들에게 주어지는 복을 받는 위치에 있었다(9 : 48). 마르다의 불평은 이치에 어긋나지 않았다. 그러나 그녀의 안타까움에 대한 예수의 반응은 충분히 납득하기 어렵다. 42절에 관한 사본들의 기록은 좀 다르다. 어떤 사본에는 "한 가지가 필요하다"(One thing is needful). 다른 사본에는 "필요한 것은 거의 없다. 있다면 꼭 한 가지이다"(Few things are needful, or only one). 예수께서는 마르다가 너무 많은 음식을 준비하고 있으며, 두세 가지만, 실제로 한 가지만 필요하다고 말씀하고 계시는가? 무엇을 말씀하셨는지 분명하지 않다. 그러나 상징성은 충분히 분명하다고 본다. 음식이 아니고 하나님의 말씀이 필요한 그 한 가지라는 것이다. 왜냐하면 우리는 떡으로만이 아니라 여호와의 입으로부터의 모든 말씀으로 살기 때문이다(신 8 : 3, 눅 4 : 4, 요 6 : 27). 이것이 마리아가 선택한 부분 또는 음식이었다. 그러나 우리는 이 장면을 만화처럼 그려 내서는 안 된다 : 마르다는 눈언저리에 비누거품이 흠뻑 묻어 있고, 마리아는 생각에 잠겨 누추한 방의 발판 위에 걸터앉아 있으며, 예수께서는 접시들을 싱크대 안에 높이 쌓아 두고라도 말씀 듣는 것이 옳다고 성경 말씀으로 증거를 하고 계신다는 식으로 말이다. 만일 우리가 마르다를 너무 엄하게 비난한다면 마르다는 봉사를 아예 포기할 것이고, 마리아를 지나치게 칭찬한다면 마리아는 그곳에 영구히 앉아 있게 될 것이다. 가서 행동해야 하는 때가 있다. 듣고 곰곰이 생각해야 하는 때도 있다. 언제, 어떤 것을 해야 하는지 아는 것은 영적 분별의 과제이다. 만약 우리가 사마리아인과 마리아 중에서 어느 쪽이 우리에게 적용되는가를 예수께 묻는다면 예수께서는 '둘 다'라고 응답하실 것이다.

누가복음 11 : 1~13

기도에 관한 교훈

독자들은 예수께서 이 모든 내용들을 어떤 한 경우에 말씀하셨다고 미루어 생각할 근거는 없다. 기적, 논쟁, 비유, 기도, 그리고 다른 주제나 형식에 관한 자료들을 서로 조화가 될 만한 단원 안에 모아 놓는 사례는 복음서들 안에서 흔하다. 다음의 말씀들은 원래는 각각 다른 배경을 갖고 있었다고 본다. 누가복음 11 : 2~4이 마태복음 6 : 9~13과 병행을 이루고, 누가복음 11 : 9~13이 마태복음 7 : 7~11과 그러하다는 사실이 이를 밑받침한다. 누가복음의 밤중에 찾아온 친구 비유(5-8절)는 다른 어디에도 없다. 전반적으로 누가는 서론을 두 부분으로 하고 있다 : 예수의 모범과 제자들의 질문(1절). 기도 중에 계신 예수의 모습은 본 복음서에서 자주 보여지며 매우 중요한 모습이다. 세례받으실 때(3 : 21), 열두 명을 택하시기 전에(6 : 12), 수난을 맨 처음 예고하시기 전에(9 : 18), 그리고 외모가 변화되셨을 때(9 : 28) 등이다. 지금은 예수의 기도생활이 제자들로 하여금 질문을 하게 한다. 아마 요한은 자기 제자들에게 기도의 형식을 말했던 것 같다. 바로 이 기도의 형식이 그들을 요한의 제자들로 보이게 했던 표(mark)가 되었던 것 같다. 우리는 그의 제자들이 금식하며 기도했었음을 알고 있다(5 : 33). 랍비들이 그 어떤 기도들을 가르친다는 사실은 이상한 일이 아니었다. 본문은 단순히 느낌들의 표출이 아닌, 학습하여 얻어지는 경험으로서의 기도를 다루고 있다. 이 점을 눈여겨보라.

본문은 선명하게 세 단락으로 되어 있어 구별되는 세 단원을 이루고 있다 : 2~4절, 5~8절, 그리고 9~13절이다. 누가가 전해 주는 주기도문(2-4절)의 형식은 우리에게 더 익숙하고 예배학적으로 확장된 내용인 마태복음 6 : 9~13보다 간결하다. 마태의 주기도문은 두 가지 간략한 찬양과 함께 간구와 기도자들의 세 가지 간구로 구성되었다. 이 기도는 공동체(우리가, 우리에게)의 기도이지, 사적이고 개인적인 기도가 아니다. 그리고 공동체의 기본적인 바람은 하나님의 나라와 그의 다스림의 임재이다. 그러므로 이 기도는 종말론적 기도이며 "아버지의 나라가 오게 하시오며"와 같은 짧은 구절로 돋보이는 특성을 가진다. 3절에는 '오늘을 위한' 양식인지 '내일을 위한' 양식인지 좀 분명하지 않은 말이 있다. 만약 그 말이 '내일을 위한 양식'을 의미한다면 이 간구는 아마 종말에 그 나라가 임할 때 하늘로부터 얻게 되는 양식을 가리킬 것이다. 그런데 "우리에게…… 주시옵고"라는 현재 시제로 되어 있어 '우리에게 줄곧 끊임없이'를 의미하고 있는데, '날마다'라는 말과 연결시킬 경우에는 매일의 음식을 공급해 주시라는 간구가 된다는 주장이 나오게 된다. 때가 되면 제자들은 여분의 양식을 갖지 않고 전도여행을 한다(10 : 4-7). 그리고 다른 이들의 대접에 의존한다. 기도자가 "우리에게 빚을 진 모든 사람을 우리가 용서하는 것처럼 우리의 죄를 용서해 주시도록" 하나님께 간구하는 것은 누가의 관심을 반영하고 있다고 볼 수 있다. 그의 관심은 소유가 공동체의 교제에 장애물이 되지 않는다(6 : 30, 행 4 : 32, 5 : 1-11)는 것이었다. 마지막 간구는 아마 종말론적인 기원일 것이다 : 우리를 심문, 즉 종말 직전에 악으로 인하여 받게 될 고통과 번민의 심문장(審問場)으로 이끌지 마옵소서.

밤중에 찾아온 친구에 관한 비유(5-7절, 8절은 해설)는 몇 가지 이유로 어색하고 난해하다. 이 비유는 셈족의 언어형식인데, 접속어로 여러 구절을 연결시킨 하나의 긴 질문으로 되어 있다. 그것만이 아니다. 처음에 나오는 '너희 중에 누가'는 떡을 빌리기 위하여 밤중에 찾아가는 사람의 신원을 독자에게 묻고 있다. 그러나 관심은 온통 잠자리에서 나중에 일어나는 친구에게로 옮겨 가게 된다. 그리고 마지막으로, 대개 비유들은 "여러분 중에 누가?"라는 질문으로 시작된다. 일반적인 원칙으로 "누구라도 그렇지 않아요."라는 대답을 기대하면서 그렇게 한다. 이러한 비정상적 특징 때문에 이 비유는 좀더 확대해서 보면, 깊은 밤에 오는 신랑이란 마태의 비유(마 25 : 1-13)가 그러하듯이, 마지막 때를 말하는 상황을 다루고 있는 것이 아닌가 의심하게 된다. 여하튼 이 비유의 현실적 설정 속에서는, 메시지는 기도에 관한 것이다. 그러나 하나님께서 독촉에 의해서만 반응을 보이는 이 친구에 비유되는 점에 있어서 그러한 메시지는 찾기가 어렵다. 오히려 요점은 만약 우리들의 친구가 끈질기게 졸라 대는(체면 불구하고, 새영어성경〈NEB〉) 간청에 응답한다면 우리에게 그 나라를 주고 싶어하시는 하나님은(12 : 32) 얼마나 더 잘 응답하시겠는가 하는 것이다.

본문의 마지막 단위(9-13절)는 별로 가치 없는 것에서 큰 가치에로, 또는 '하물며' 하나님께서는 너희에게 더욱 응답하시지 않겠는가를 생각하게 하는 그 이상이다. 유추(類推)는 친구로부터 부모로 옮겨 간다. 만약 부모가 좋은 선물을 준다면 하나님은 얼마나 더 그리하시지 않겠는가. 누가는 마태의 떡과 돌(마 7 : 9) 대신에 알과 전갈을 말한다. 의미는 다르지 않다. 기도는 지속적인 구함과 찾음과 두드림(현재 명령형)이어야 하지만, 그렇다 하더라도 이 끈질긴 행위는 좋은 선물을 보장해 주는 부모-자녀 관계 안에서이다. 누가복음에서 하나님의 선물이란 성령이다(마태복음에는 '좋은 것'). 성령의 선물은 누가복음에서는 예수(3 : 21)와 교회(24 : 49, 행 1 : 4, 5, 8, 2 : 38)를 아는 데 중심이 되고 있다. 성령은 예수를 인도하고 능력을 주고 계신다. 그리고 성령이 예수를 따르던 자들에게 임할 때(행 1 : 8) 그들은 예수께서 승천하시기 전에 시작하고 가르치셨던 것을 계속해 나가기 위해 인도받고 능력을 부여받게 될 것이다. 성령이 임하시지 않는다면 교회는 이전에도 현재에도 존재하지 않는다.

누가복음 11 : 14~12 : 1
충돌과 논쟁

이야기의 전달자로서 누가가 사용하는 형식의 일반적인 특징은 예리하게 대조가 되고 있는 자료들을 연이어 붙여 놓고 있다는 점이다 : 죄 많은 여인이 예수께 기름을 부어 드리는 이야기에는 예수의 사역에 동참하는 여자들의 기록이 이어져 있다(7 : 38-8 : 3), 율법사에게 주신 좋은 이웃이 되어 주는 것에 관한 예수의 가르침에는 마르다에게 주신 서로 대조가 되는 가르침이 뒤따르고 있다(10 : 25-42). 이제 누가는 약속하신 성령의 은사(13절) 이야기에서 벙어리가 되게 한 귀신을 몰아내는 이야기가 시작되는 본문으로 옮겨 간다. 누가는 마태복음과 마가복음의 여러 곳에 위치하고 있는 몇몇 자료들을 한 군데로 모아 놓고 있다. 독자들은 본문에서 줄거리를 따라가기에 좀 어려운 점을 발견한다. 주제의 핵심이 흐려져 있기 때문이다. 분위기가 전반적으로 충돌과 논쟁적이지만 매우 짧은 긍정적인 순간들도 있다. 더욱 면밀하게 살펴보면 전체의 요지는 처음 14~16절에서 보인다. 예수께서는 귀신을 쫓아내시고, 세 가지 반응이 뒤따른다 : 무리는 경탄하고, 어떤 비평자들은 예수 권세의 근원에 의문을 가지며, 어떤 자들은 증거로 표적을 요청한다. 꼭 이 순서를 따르지는 않았지만 예수께서는 자기 사역에 대한 그들의 이 세 가지 태도 전반에 대하여 응답하실 것이다. 그의 답변은 이야기의 형식으로 짜여져 있다. 그리고 이 응답은 전반적으로 예수 비평자들의 위선과 오류를 길게 폭로하는 데 근거로 사용되어질 것이다. 우리는 14~28절, 29~36절, 37절부터 12 : 1까지로 나누어 세 부분으로 고찰함으로써 전체 내용을 공평하게 논의하고자 한다.

마귀를 추방한 예수의 권능에 관하여(11 : 14-28)
마 12 : 22-30, 막 3 : 22-27

14절에서 누가는 귀신 추방에 관하여 충분한 설명을 하지 않고 요약하여 보고한다. 마치 "다음에 있게 될 여러 상황은 벙어리가 되게 한 귀신을 추방함으로써 생겨나게 되었다."라고 말하는 것과 같다. 반응들(군중은 경탄했고, 어떤 이들은 하늘로부터의 표적을 요구했으며, 다른 이들은 그의 권세의 근원에 의문을 가졌다.)에 대하여 요약된 보고를 하고 난 후, 누가는 예수께서 사탄의 권세로 일하신다는 비난으로 시작하는, 그 반응들을 설명한다. 그들의 적대행위를 알고자 한다면, 자기의 대적이 무엇을 할 때, 그것이 선량하고 도움을 주는 행위일지라도, 비이성적인 분노를 갖고 있던 예수 비평자들을 그저 비난하는 것만으로는 충분하지 않다. 그 사람이 벙어리 귀신에게서 자유로워졌음을 누구도 부정하지 않는다 ; 그 증거는 분명하다. 의문은 예수께서 어떤 권세로 그 일을 하시느냐이다. 우리에게는 이상하게 보일지라도, 성경에서는 선한 일을 행한(사람이 고침을 받았다.) 사실이 반드시 하나님께서 일하심을 의미하지는 않는다. 실제로, 그 사람이 벙어리였다는 사실 역시 자동적으로 악령이 작용했음을 의미하지도 않는다. 스가랴(세례 요한의 아버지-역자주)가 벙어리가 되었지만 그것은 하나님의 역사하심이었고(1 : 20), 지금 이 사람이 벙어리가 된 것은 마귀 때문이었음을 잘 생각해 보라. 이런 권세도 있고, 저런 권세도 있다. 애굽의 마술사들은 모세와 기적을 행하는 경기를 몇 차례나 했다. 누가는 마술사들의 존재를 매우 잘 알고 있다. 그리고 그들과 종종 마주쳤던 성령의 권세로 일했던 그리스도인들도 잘 알고 있다. 예컨대, 사마리아에는 "이 사람은 크다 일컫는 하나님의 능력"이라고 말할 만큼 사람들을 크게 놀라게 했던 사람이 있었다(행 8 : 9-13). 당시에 전도자들도 마술사들이었던가? 예수께서도 마술사이셨던가? 이러한 의문들은 우리에게는 불손한 것처럼 보여지지만, 그 당시 사람들에게는 대답들이 명확하지 않았다. 현대인들은 그러한 흔하지 않은 사건들에 대해서는 생각을 거듭하면서 묻는다. "참으로 그런 일이 있었나?" 누가복음의 군중은 그 특이한 사건에 대하여 깊이 생각하고, 누가 그것을 했는지 물었다.

예수를 향한 비난은 그가 바알세불(왕 바알 ; 헬라어 원문에는 '파리들의 임금'이라는 바알세붑〈왕하 1 : 2〉이라고 호칭하고 있지 않다.)의 권세를 행사하고 계신다는 것이다. 예수께서는 이 비난에 대하여 세 가지 방법으로 답변하신다 : 논리적으로(사탄은 스스로 분쟁하지 않는다.) ; 대조적으로(너희 중에서 귀신 쫓는 자들은 어떤 권세로 하느냐?) ; 그리고 도전적으로(만일 내가 하나님의 손으로 일한다면, 그 나라는 이미 임하였다 ; 출 8 : 19). 실제로 예수께서 말씀하신 대로 사탄은 완강하다. 그러나 이제 그는 더욱 강력한 권세에 의해 전복되고 있다(21-22절, 10 : 17-18 참고). 예수께서는 자신과 제자들의 사역이 악의 세력을 끝내는 사역의 시작이라고 말씀하고 계신다. 충돌은 있어 왔고, 계속되어질 것이다 ; 사람들을 위한 좋은 소식은 언제나 강력하게 참호를 파고 포위해 오는 적들을 만난다. 그러나 예수와 그를 따르는 자들은 예수께서 보신 비전으로 용기를 얻고 있다 : "사단이 하늘로서 번개같이 떨어지는 것을 내가 보았노라"(10 : 18). 여하간 예수께서는 다른 '표적'을 보여 주지 아니하신다. 그의 말씀을 듣는 자들은 지금까지 보고 들었다 ; 이제 그들이 선택해야 한다. 상하고 불구가 되게 하고 이간질하는 영들과 성령은 함께 행동하지 않는다 ; "나와 함께 아니하는 자는 나를 반대하는 자요"(23절). 제자가 되는 데는 분명히 결단이 있어야 하나, 이번 논쟁을 볼 때 제자 됨에는 그 영들이 하나님께 속하였는지를 알아보는 분별력도 요청된다.

사실인즉, 악한 영들을 추방함에 관하여, 예수께서는 너무 지나친 기대는 하지 말아야 한다고 말씀하신다(24-26절, 마 12 : 43-45). 악령이 떠나간 다음에 선량한 생활로 채워지지 않으면 더욱 악한 영이 와서 그 사람의 나중 형편이 처음보다 나빠지게 된다. 공허한 삶은 비어 있는 집처럼 침입자들을 불러들인다. 누구에게 어떤 잘못을 하겠다는 의도가 없는 어린 소년들이라도 사는 사람이 없는 집의 유리창 안으로 돌을 던지고자 하는 마음을 억제하기는 어렵다. 악령이 떠나가고 다른 영으로 그 자리를 채우지 않는 자들에게 가장 심각한 위험은 잘못된 안심 또는 오만한 마음일 것이다. 바울은 골로새 교회 안에 있던 그릇된 경건과 자기숭배를 하는 사람들에게 마치 표어처럼, "붙잡지도 말고 맛보지도 말고 만지지도 말라"(골 2 : 21)고 경고했다. 그런 사람들은 대개 쫓겨나간 마귀—자기보다 더욱 추악한 친구 일곱을 데리고 되돌아올—를 다시 환영한다.

누가는 14절에서 예수를 향한 어떤 반응은 호의적이었다고 말했다. 무리 중에 있었던 한 여자의 돌출 발언을 호의적으로 기록한다(27-28절). 예수의 어머니에 대한 이 축복은 마가의 영향을 받아 누가가 지금 이 위치에 놓고 있는 것 같다. 마가는 바알세불 논쟁 후에 예수의 어머니와 형제들의 방문을 기록하고 있다(막 3 : 20-35). 예수에 대한 반응은 예수의 어머니와 형제들의 방문에 관한 누가의 이전 기록에서 보여진 것과 같다(8 : 19-21) : 마리아나 누구라도 말씀을 듣고 실행하면 복을 받는다.

표적을 구하고 있음에 관하여(11 : 29-36)

마 12 : 38-42, 5 : 15, 6 : 22-23, 막 8 : 11-12

본 단원의 시작에서(16절) 누가는 예수를 향한 반응의 하나로, 그들이 예수께서 하늘로부터 오신 표적을 요구했음을 말했다. 예수께서는 지금 그 요구에 답하고 계신다. 꼭 그 귀신추방에 관련지어서가 아니고 큰 군중을 향하여 그냥 말씀하고 계신다. 귀신추방 사건의 시초에 그들의 요구는 하늘로부터의 표적이었다. 다시 말하면, 단순히 예수 권세의 증거가 아니라 그 권세가 사탄으로부터가 아닌 하나님으로부터라는 사실의 확증이었다. 여기서도 우리는 단순히 증거라는 말로 하나의 기적에 대한 증언만을 논한다고 생각해서는 안 된다. 분명히 그런 의미도 함축되어 있기는 하지만, 덧붙여 지금은 그들이 그 표적을 찾아냈으나 끝내 확신은 갖지 못했다는 것이다. 믿음은 증거에 대한 반응 그 이상이며, 신뢰하지 않고자 하는 자들에게는 어떤 증거도 만족스럽지 못하게 된다. 여하튼, 이 사건 혹은 저 사건에 대한 증거로써는 답이 되지 않는, 범위가 넓은 질문은 그 어떤 욕구에서 나온 것이다. 하나님이 개입되셨고, 바로 그것은 하나님의 역사이고 예수께서 하시는 일은 세상과 사람들의 생활 속에서 하나님이 뜻하시고 행하시는 것임을 확신할 때만 충족되는 그런 욕구이다.

그러한 욕구는 어떻게 충족될 수 있을까? 설혹 충족될 수 있다 하더라도, 하늘로부터의 그런 표적은 강제성을 띠고, 그리하여 자유 결정에 의해서만 얻게 되는 믿음을 파괴하지는 않을까? 그러므로 예수께서는 표적을 구하는 것은 '악한', 즉 불순종하고 반항적인 사람들이 추구하는 것이라고 말씀하신다. 이런 이유 때문에 기적이 믿음을 갖게 하는 경우는 드물다. 오히려 기적은 호기심, 논쟁, 그리고 기적에 대한 더한 욕구를 만들어 낸다. 누가는 마태가 그러했던 것처럼, 이 반응이 서기관들과 바리새인들에게서만 보여지고 있었다고 말하고 있지 않다. 마가는 예수께서 어떤 표적도 주지 아니하시겠다고 말씀하셨음을 전하고 있으나(막 8 : 12) 누가와 마태는 꼭 하나의 표적이 요나의 표적이라는 데 일치한다. 마태복음에서는 요나의 고래(whale) 속에서의 삼일 밤낮이 예수의 죽음과 부활하심의 표적이다(마 12 : 40). 그러나 누가복음에서는 요나의 설교가 그 표적이다. 니느웨 사람들은 회개함으로 요나를 받아들였고, 남방의 여왕은 솔로몬의 지혜를 받아들였다. 그리하여 니느웨 사람들과 남방의 여왕은 예수의 청중을 심판할 것이다. 요나보다 더 위대한 선지자나 솔로몬보다 더 지혜로운 분을 받아들이지 않기 때문이다. 사도행전은 이스라엘이 점점 덜 우호적으로 되는 것만큼 이방인이 점점 더 복음을 받아들이고 있는 이야기를 전개하게 될 것이다.

이 단원의 끝 부분은 일반적인 '빛'을 생각하게 하는 세 개의 동떨어진, 다른 복음서에서는 서로 연관이 없는(마태복음과 비교하라.) 말씀들이 누가에 의해 연결되어 있다(33, 34-35, 36절). 분명하게 말하고 있는 것은 예수의 메시지가 충분히 명확하며 온전하고 (건강한 눈이) 떠 있는 사람들에게 하나님의 빛을 줄 수 있다는 것이다. 그러나 보려고 하지 않는 자들은 볼 수 없다.

비평자들을 책망하심(11 : 37-12 : 1)

마 23 : 1-36

마태는 이 자료의 대부분을 좀 다른 순서로, 예수 사역의 끝부분이 되는 예루살렘에서 있었던 강렬한 논쟁과 질문들 중에 놓고 있다. 누가는 이 자료를 미리 취급함으로써 이 비평자들과의 대면(對面)을 죽으심 직전에 두지 않고 이곳으로 끌어오고 있다. 53~54절이 예수의 운명을 독자가 생각하도록 하고 있지만 그렇다. 뿐만 아니라 누가는 예수께서 점심 초대를 받은 손님으로 한 바리새인의 집에서 있었던 충돌을 말하고 있다(37절). 예수와 바리새인들이 많은 공통점을 가지고 있었다는 것을 우리가 생각하더라도 충돌을 그렇게 많이 완화시키지는 못한다. 예수와 바리새인들은 안식일마다 회당에서 함께 예배했다 ; 예수께서는 종종 바리새인들과 함께하는 식사에 초대되셨다(7 : 36, 14 : 1) ; 그리고 헤롯이 죽이려 한다고 예수께 귀띔했던 자들 또한 바리새인들이었다(13 : 31). 다른 말로 하면, 예수께서는 제도화된 종교 안에 있는 자들이 일방적으로 욕을 하도록 부추기고 있었던 문외한(門外漢)은 아니셨다. 오히려 예수는 이런 종교 자체에 대하여 날카롭게 비평하신다. 영속적으로 지속적이고, 숨이 막히게 하고, 정죄를 일삼는 규범들 속에서 평생 지켜야 하는 굳어 버린 원칙들을 가지고, 본질은 상실한 채 분량만 헤아리는 경건을 가지며, 요컨대 자기 비평의 능력을 상실한 종교를 향하여 날카롭게 비평하신다. 끊임없는 자기 평가와 시정이 없다면 종교의 모든 구조는 부패하여 우상숭배로 전락한다. 누가가 순전히 역사적 관심이나 반대자들의 약점을 지적하는 비뚤어진 오만으로 이 자료를 취급, 보존하고 있다고 생각할 이유는 없다. 누가 시대의 교회가 이들 해묵은 오류에 벌써부터 희생되고 있지 않았다면, 예수께서 바리새인들 및 율법사들과 나누셨던 이 식사 시간의 대화를 전해야 할 이유는 없었을 것이다.

이들 바리새인을 향한 화는 세 가지 문제에 모아진다 : 하나님의 정의와 사랑에는 등한하고 법적인 사소한 것들에 꼼꼼한 주의를 기울이는 행위 ; 지위에 관한 관심과 자랑 ; 그리고 보이지 않는 무덤처럼 그 민족을 숨어서 오염시키는 자들이 되는 행동 등이다. 율법사들을 향한 세 가지 화는 그들 자신들은 안 해도 된다고 주장하면서 다른 사람들에게 짐을 지우는 행위, 선지자들을 죽였던 그 구실들에 동의하고 함께한 반면에 이미 죽은 선지자들을 칭송하는 행위 ; 그리고 자신들의 생활과 가르침 사이의 심한 부조화로 백성을 혼란케 하는 행위이다. 49절에 사도들을 포함시킴으로써 누가는 단지 예수와 그의 청중만이 아니라 교회에 관하여 생각하고 있다. 49절의 "하나님의 지혜"라는 표현은 기록된 어떤 문서를 인용하고 있는 것처럼 보이지만, 틀림없이 예수 자신을 가리키고 있다. 마태복음 23 : 34은 이 사실을 직접 증명한다(고전 1 : 24 참고, 10 : 21-22의 말씀도 보라). 50절에 "이 세대가 담당하되"는 민족과 예루살렘의 멸망에 대한 예언일 것이다(21 : 20-24).

누가는 본문을 두 가지 논평으로 끝낸다. 그 하나는 예수의 말씀으로 죄의식을 갖게 된 서기관들과 바리새인들이 예수께 압력을 가하여 자신을 고발할 어떤 말씀을 하시도록 하여, 말의 책을 잡고자 자극하고 있다는 것이다. 다른 하나의 논평은 외식하는 바리새인들의 해로운 영향에 대하여 예수께서 제자들에게 경고하셨다는 것이다. 점차 많아지는 수의 군중은(12 : 1) 사람을 우쭐하게 할 수도 있고, 분별력을 앗아 갈 수도 있다.

누가복음 12 : 2~13 : 9
격려와 경고

누가는 이러한 가르침들을 그가 즐겨 기록하는 정황 가운데 모아 놓고 있다 : 제자들이 큰 군중(글자 그대로 헬라어 성경에는 1만 명)에 에워싸였다. 평소보다 갑절이 되는 이 청중은 누가복음의 평지에서의 설교(6 : 17-49) 때와 마태복음의 산 위에서의 설교(마 5-7장) 때에 함께했었다. 이 말씀들은 제자들을 위한 것이나 비밀에 속한 말씀도 아니고, 제자의 도리에 국한된 것도 아니다. 모두가 들을 수 있고 제자가 된다는 것이 무엇을 의미하는지 배우고, 원하기만 하면 예수의 발 앞에 자리를 잡을 수 있었다. 평지에서의 설교에서 그러한 것처럼 우리는 여기서 주제들을 내세우고 교훈들을 모아 놓았을 것이라고 예상할 수 있다. 만일 독자가 예수의 이 말씀들과 6장에 있는 설교의 말씀들 사이의 차이를 기대한다면 예루살렘으로 가시는 길에서 하신 말씀 중에 보이는, 그 더 큰 긴박함일 것이다.

공개적 신앙고백을 요망하심(12 : 2-12)
마 10 : 26-33, 12 : 32, 10 : 19, 막 4 : 22, 8 : 38, 3 : 28-29도 참고

누가는 마태복음과 마가복음의 다양한 배경 속에서 하셨던 말씀들을 끌어 모아 정리했다. 분명히 이들 가르침은 12 : 1의 마지막 부분인 외식(外飾)에서 연유되었다. 우리는 이 외식(무대 위에서 연기하기, 가면 쓰기)이 하나의 형태로만 있다고 생각하는 경향이 있다 : 신자가 아니면서 신자인 척, 마음과 생각은 다른 것에 비중을 두면서 제자인 척하는 것 등이다. 그러나 어떤 환경 속에서는 정반대의 외식이 문제가 될 수 있다. 실제로 예수를 따르도록 약속한 사람이 제자가 아닌 척하는 것이 그것이다. 언제, 그리고 왜 제자가 아닌 척하려 드는가? 강력한 압력이나 핍박을 받을 때와 두려움이 생겨나는 상황을 만날 때이다. 시몬 베드로는 예수께서 심문을 받고 계실 때 제자가 아닌 척하였고, 그분을 모른다고 세 번이나 부인했다(22 : 54-62). 여기 2~12절에서는, 마치 그런 것처럼 가장하는 것이 아니라 그렇지 않은 것처럼 가장하는 외식에 관하여 예수께서 말씀하고 계신다. 11~12절에서 분명

한 사실은 이 모든 말씀이 극심한 핍박 중에 보이는 행위와 관련이 있다는 것이다. 그러므로 예수 생전에 그분을 따르던 자들은 물론이고, 교회가 처하게 될 환경에 맞추어 하신 말씀이다. 실제로 이 말씀들은 당장의 제자들보다는 예수 부활 이후의 교회에 더 많이 적용되고 있다. 왜냐하면 본문의 말씀들은 그들에게 주어질 성령의 은사를 암시할 뿐만 아니라 공개적으로 진술해 주고 있기 때문이다. 누가가 이해하기로는 성령은 예수에 의하여 약속되었고, 그의 승천 이후에 허락되었다(24 : 49, 행 1 : 4-5, 8, 2 : 1-4, 38). 누가는 21장에서 예수의 종말론을 통하여 핍박 중에 믿음을 고백하고, 증언함에 관하여 더욱 상세하게 말할 것이다.

본 단원은 현재와 미래에 관하여 경고와 약속을 함께 포함하고 있다. 종말에는 모든 비밀과 신비가 드러나게(apocalypse, '계시'의 동사형) 될 것이다. 그러나 종말의 시대는 이미 시작되었고, 하나님의 통치는 예수에 의하여 알려졌다. 예수를 따르는 모든 자들은 그들 자신의 신앙고백과 증거의 말씀을 '은밀하게'가 아닌 '공개적으로' 해야만 한다. 분명히 위협받고 심문을 받는 경우도 있을 것이나 제자들은 두려워하여 침묵하지는 않는다. 몸을 죽이는 권세를 가진 자들이 그들의 영원한 운명을 손에 갖고 계신 그분과 비교되어서는 안 된다. '지옥'(5절)으로 번역되는 기헤너(Gehenna)는 혐오감을 갖게 하는 예루살렘 부근에 있는 한 골짜기의 이름이다. 오래전에 이곳에서 어린이들이 몰렉 신에게 제물로 바쳐졌고(렘 7 : 31-32), 그리하여 오물과 쓰레기 더미의 처소로 변하게 되었을 것이다(왕하 23 : 10). 그리하여 그곳은 하나님의 심판의 상징으로 쉽게 인정되었다(막 9 : 43-48, 계 14 : 7-13, 「하퍼의 성경사전」〈*Harper's Bible Dictionary*〉의 기헤너에 관한 기사를 참고하라). 최종적으로 두려움의 대상은 사람이 아닌 하나님이시다. 그러나 긍정적인 면에서 두려움의 맞은편에는 신뢰가 있다. 우리의 머리카락 수까지 알고 계시고, 참새에게까지 마음을 쓰시는 하나님께서 예수의 제자들을 돌보신다는 신뢰를 갖게 한다. 하늘의 법정(욥 1 : 6, 사 40 : 1, 슥 3장)에서 최후의 시인(是認) 또는 부인(否認)은 이미 이 땅에서 결정되어 있다.

10절에는 용서받지 못하는 죄에 대한 누가의 설명이 있다(마 12 : 32, 막 3 : 29). 마태와 마가, 두 복음서에서 성령을 거스르는 죄는 예수께서 사탄의 영으로 일하신다며 공격을 받으시는 논쟁 중에 나온다. 여기서 말하고 있는 의미는 분명하다. 성령의 사역을 사탄에게 돌리고, 하나님의 성령이 악(惡)과 연합하고 있다고 비난하며, 복을 저주라고 부르는 행위는 성령을 거스르는 신성모독이었다. 디다케의 「열두 사도의 교훈집」(*The Teaching of the Twelve Apostles*)에서 알려 주고 있듯이 일부 초기 그리스도인들은 성령을 거스르는 신성모독이란 그리스도 선지자의 영감으로 받은 말씀을 거절하는 것이라고 믿었다. 우리는 교회가 참 선지자와 거짓 선지자를 구별하는 데 왜 그렇게 주의를 기울였는지 알 수 있다. 그런데 여기서 누가는 핍박을 받는 중에 신실한 증언을 하는 정황 속에 이 말씀을 놓고 있다. 예수 안에서 하나님께서 그 백성을 만나고 계셨음을 몰랐기 때문에(19 : 41-44), 예수를 거스르는 말과 행위는 무지로 인하여 행해진 일이었다(23 : 34, 행 3 : 17, 17 : 30). 따라서 그 말과 행위는 용서 받을 것이다. 그런데 성령이 교회에 보내신 바 되고, 성령이 말할 내용을 주시며, 그것을 말할 수 있는 능력을 주실 때(11-12절, 24 : 49, 행 1 : 8) 그 성령을 향한 조롱이나 비난이나 신성모독은 교회에 치명적이다. 하나님의 영은 교회의 인증(認證)이시다. 하나님의 영에 의하여 교회는 생존하고, 예배하고, 복음을 증거한다. 그러므로 교회가 교회 자체에 생명을 주시는 영을 불경스럽게 하는 압력이나 핍박에 본의 아니게 굴복한다면, 생명을 얻을 수 있는 그 어떤 방안도 있을 수가 없다.

소유에 관하여(12 : 13-34)

마 6 : 25-33, 6 : 19-21

침묵하게 하고 부인하게 하는 두려움과 위협의 이야기에서, 탐욕과 자신의 미래에 대한 보장 수단으로 무엇인가 붙잡게 하는 염려와 두려움의 더 큰 논란의 이야기로 옮겨 가는 것이 너무 동떨어진 진전은 아니다. 물론 누가가 의식적으로 그렇게 진전시키고 있는지는 확실하지 않다. 그러나 교훈들을 광범위하게 모아 놓은 본문에서 독자는 상호 관련성과 대표적인 주제들을 찾지 않을 수 없다. 13~34절에서는 물질적인 재물이 주제가 되어 내적 통일을 이루고 있고, 세 가지 소주제들을 다루고 있다 : 탐심(13-21절), 염려(22-32절), 그리고 소박한 생활을 할 것(33-34절) 등이다.

정경 복음서들 중에 누가복음만이 다루는 형제와 어리석은 부자에 대한 비유와 직설적인 가르침을 모두 사용한 예수의 대답하심을 전하고 있다. 그런데 「도마의 복음」(*The Gospel of Thomas*)이라는 비정경 복음서가 있다. 이 복음서에는 전후 문맥이나 상세한 내용은 없으나 누가복음 13~14절의 대화가 있고(말씀 72), 더 간단한 형태이긴 하지만 어리석은 부자 비유도 별도로 있다(말씀 63). 누가복음에서 탐욕에 관한 주제는 무리 가운데 어떤 사람이 요청을 해옴으로써 시작되었다. 분명히 이 사람은 유산에 대한 논쟁을 해결하기 위하여 자신의 자격을 인정하는 공정의 정신이 예수께 있다고 느낀 것으로 보인다. 그러한 경우에 해당되는 규정이 있었지만(민 27 : 1-11, 신 21 : 15-17) 동생이었던 이 사람의 견해로는 최소한 그 법들이 지켜지지 않고 있었다. 그 누추한 논쟁은 너무도 흔한 것이다 : 죽은 이가 남기고 간 가구들, 그릇들, 은제품, 주택, 토지, 저축금 등에 관한 논쟁이 그러하다. 예수께서는 심판자가 되어 주도록 요청을 받고 계신다. 그러나 거절하신다. 아무튼 누구의 욕심이 정당한지 누가 판단할 수 있겠는가? 재판자로 행동하시는 대신에 예수께서는 마치 잠언과 같은 진리를 말씀하시고(15b절), 하나의 비유로 설명하신다(16-20절). 21절은 이 비유에 대한 주석이다. 이 비유를 당시 정황에 결합시키는 데 어려운 점은 없다. 대부분의 비유들처럼 다른 정황에도 맞을 수 있다. 하지만 13~15절은 이 비유를 듣는 방법에 큰 영향을 미친다(이와 같은 비유에 관한 해설은 8 : 4-8의 주석을 보라).

이 비유는 탐심을 어리석다고 말한다. 탐심은 모세의 율법(출 20 : 17)과 선지자들의 가르침(미 2 : 2)을 범한 행위라고 말할 수도 있다. 그런데 이것이 교회 안에 널리 퍼져 있는 문제로 보인다(롬 1 : 29, 막 7 : 22, 골 3 : 5, 엡 5 : 5, 딤전 6 : 10). 쌓아 놓고자 하는 열망은 재산으로 하나님을 대치하려는 행위이며(바울의 신학에서 탐욕은 우상숭배이다. 롬 1 : 25, 골 3 : 5), 다른 사람의 필요를 전적으로 무시하는 행위이다. 설교자들은 조심하여 농부를 풍자적으로 설명하지 아니함으로써, 이 이야기에서 사실성(事實性)을 잃지 않고자 할 것이다. 이 이야기 속에는 빼돌리기나 도둑질, 일꾼들이 부당한 취급을 받는 경우나 그 어떤 범죄행위도 없다. 태양과 토양과 비는 결합하여 그를 부자로 만든다. 그는 조심성 있고 수수하게 사는 사람이다. 만약 그가 정의롭지 못한 사람이 아니라면 그는 어떤 사람인가? 이 비유는 그가 어리석은 사람이라고 말한다. 그는 철저하게 자신을 위하여 살고 있으며, 자신을 향하여 말하고, 자신을 위해 계획을 세우며, 자신을 기쁘게 하고 있다. 그의 갑작스런 죽음은 그가 바보로 살았음을 입증한다. "사람이 만일 온 천하를 얻고도 자기를 잃든지 빼앗기든지 하면 무엇이 유익하리요"(9 : 25).

우리는 마리아가 부자와 가난한 사람들의 처지가 서로 바뀌게 될 것을 노래한(1 : 53) 이래 누가가 사람의 마음을 끌고, 어려운 주제인 소유에 대해 거듭해서 제시하고 있음을 알고 있다. 그는 제자 된 자들의 표준이 자신의 소유를 스스로 다른 이들과 나누는 것이라고 내세울 것이다. 이것이 세례 요한(3 : 10-14)과 예수(6 : 30, 16 : 19-31)의 메시지였으며, 초기 그리스도인들의 실천이었다(행 4 : 34-37)고 누가는 말한다.

소유와 관련된 이 단원의 두 번째 주제는 염려에 관한 것이다(22-32절). 염려를 금지하시는 이 명령은 보편적인 것이 아니다. 신약성경에서 때때로 이 염려는 적극적인 관심을 갖는 돌봄의 형태를 가리킨다. 예컨대, 교회에 대한 바울의 염려(고후 11 : 28)와 빌립보인들의 복리를 위한 디모데의 염려(빌 2 : 20) 등이다. 본문에서 문제로 삼는 것은 물질적인 것에 몰두하고 있다는 점이다. 모든 사람들은 물론, 모자라지 않기를 원할 뿐이라고 주장한다. 그러나 너무 많이 갖게 될 때까지 누구도 얼마나 많은 것이 충분한 것인지 알지 못한다. 사실 이러한 염려는 하나님에 대한 신뢰의 부족, 그 나라에 대한 관심의 부족과 궁핍한 사람들을 향한 관대함의 부족을 반영한다고 예수께서는 말씀하신다. 그리고 그러한 염려는 생산적인 것이 아니다 : 수명(키? RSV〈개역표준판〉 성경의 주를 참고하라.)을 1휘트(whit, 18인치)도 더해 주지 못한다. 이 표현은 1규빗이 인생행로의 한 걸음을 의미하고 있는 시편 39 : 5을 반영하고 있는 것 같다. 염려를 계속하는 것은 하나님께서 자기와 자기의 필요한 것을 알고 계신다는 사실을 모르는, 어둠 속에 살고 있는 사람들이 추구하고 있는 행위이다. 하나님께 의존하고 살아가는 새들과 꽃들이 우리의 선생이 될 수 있다. 그 나라의 일들을 우선으로 하는 사람들은 필요한 것들을 공급받을 수 있을 뿐만 아니라 그 나라 또한 얻게 될 것이다. 하나님의 나라를 추구하라. 그렇게 하라. 그러나 염려하는 것들의 명세표에 그 나라를 포함시키지는 말 것이다. 그렇게 하는 것은 역효과이며, 불신앙을 조장할 뿐이다. 반대로, 하나님께서는 주기를 기뻐하신다는 확고한 믿음으로 그 나라를 추구할 것이다(32절).

소유에 관한 말씀은 33~34절에 있는 적극적인 말씀으로 끝난다. 탐욕과 염려에 관한 엄중한 경고에서 돌이켜, 예수께서는 후하게 나누어 줌으로써 탐욕과 염려로부터 자유롭게 되라고 하신다. 구제는 기도와 금식과 함께 유대적 경건의 기반이고, 그리스도인 공동체도 궁핍한 자들을 향한 이 책무를 계속했다. 때로는 혁신적으로 다른 사람을 배려하는 행동으로 그렇게 했다(16 : 9, 18 : 22, 19 : 8, 행 2 : 44-45, 4 : 32-37, 9 : 36, 11 : 27-30). 유대인의 교회나 이방인의 교회 모두 가난한 자들에 대한 배려는 우선 할 일이었고(갈 2 : 10), 예수의 제자 된 자들의 생활 중에 전적으로 일관된 가치 체계였다. 그리고 실제로 아무것도 갖지 않고 선교여행을 했던 자들(10 : 4)이 집에서는 쓰고 남는 것들 때문에 마음에 부담을 느낀다는 것은 이치에 맞지 않는다. 돈이라는 주제에 대하여 주저하거나 분명한 태도를 취하지 않는 교회가 마음이 있는 곳에 보물이 있을 것이라는 가정 하에, 듣는 이들의 마음에 호소하면서 34절을 뒤집어서 가르치고 설교해 왔다는 사실은 놀라운 일이다. 영혼들을 추수했으나 예산에는 도움이 되지 않게 되자 어떤 이들은 예수 말씀의 현실성을 이렇게 인식하기에 이르렀다 : 소유물이 있는 곳에 마음이 있게 될 것이다.

예비하기와 충성에 관하여(12 : 35-48)

마 24 : 43-51

이 단원은 두 부분으로 되어 있다 : 모든 제자들을 향하여 주신 말씀(35-40절)과 그리스도인 지도자들을 위한 말씀(41-48절)이다. 여기서 독자는 예수께서 예루살렘으로 가시는 도중이라는 사실과 주의 재림을 염두에 두게 된다. 이 두 가지를 예상하게 되면 말씀하시는 교훈들이 더욱 엄숙하고 절박하게 들려진다.

모든 사람들을 향한 말씀은 두 가지 모습과 두 가지 비유가 중심을 이룬다. 두 가지 모습은 허리에 띠를 맨 모습(느슨해진 겉옷을 일이나 여행할 때 거추장스럽지 않도록 허리 부근에 모아 동이는 모습)과 켜 놓은 등불이다. 이 모습들은 준비되었음과 깨어 있음을 말해 준다. 첫 번째의 비유는 혼인잔치로부터 돌아오는 주인에 관한 것이며, 마태복음 25 : 1~13을 연상케 하는 비유다. 이 비유는 매우 긍정적이다. 주인이 제3시(유대인들은 밤을 3시로 나눴다.)까지 돌아오지 않았는데도 하인들은 준비하고 깨어 있다. 암시하는 내용은 누가의 시대에도 주인(주님)은 재림하시지 않았지만 준비와 경각심은 느슨해지지 않았다는 것이다. 결국 주님의 재림 시간을 계산하는 것은 그리스도인의 행위로는 합당하지 않고, 적절하지도 않는 의욕이다. 예비하고 깨어 있는 하인들은 주인이 칭찬할 뿐만 아니라(37, 38절) 매우 특이한 보상으로 대접을 받는다. 주인이 식탁에서 수종을 들어 준다. 두 번째 비유는 집주인과 도적에 관한 것이다(39-40절). 밤도둑은 혼란스런 사건의 불안정을 청중에게 인상 깊게 하려는 데 사용했던 일반적인 주제어였다(살전 5 : 2-11, 벧후 3 : 10, 계 3 : 3). 집주인은 도적이 언제 올지 모른다. 시종 깨어 있지 못하는 것도 사실이다. 하지만 언제나 깨어 있지 못한다 하더라도 준비는 할 수 있다. 인자는 예상하지 못한 때에 오실 것이다. 이때는 깜짝 놀랄 때일 뿐만 아니라, 밤도둑이 올 때 그러한 것처럼 혼란스럽기도 할 것이다(이 혼란스러움의 성격은 21장에서 보여질 것이다). 하지만 만반의 준비는 가능하다. 이 준비란 자기 의무에 대한 지속적인 성실로 되는 것이기 때문이다. 그렇게만 된다면 확실하지 않은 그 무엇이라도 결코 놀람과 근심의 이유가 되지 않는다.

본 단원의 두 번째 부분(41-48절)은 주인의 소유와 종들을 '맡은', 그리고 '주인의 뜻을 아는' 지도자들을 향하여 하신 말씀이다. 시몬 베드로의 질문으로 예수의 이 교훈들이 시작되고 있다. 이 교훈들은 모두 주인의 모습, 일을 맡은 하인(교회 지도자들), 그리고 집안 살림살이와 연관되어 나오고 있다. 지도자의 자리에 앉으면 전에 없었던 유혹을 받게 된다. 다른 사람들을 욕보이거나 권력을 잘못 사용하게 되는 유혹이다. 그리고 교회 지도자의 위치에서도 이러한 유혹은 면제되지 않는다. 신약성경은 그 문제들을 폭넓게 알게 해 준다(행 20 : 28-33, 롬 16 : 17-18, 고후 11 : 19-20, 딤전 4 : 12-16, 벧전 5 : 1-6, 벧후 2 : 1-2). 주의 재림과 관련하여 타산적이지 않고, 충성스러움에 기초한 행위를 보이는 지도자는 복될 것이다. 권위를 행사함에 있어 불충스럽고 오만한 자들은 그들 행위의 성격과 주의 뜻을 아는 정도, 그리고 권위와 누리고 있는 특권의 수준에 따라 벌을 받게 될 것이다. 유대인의 법은 의도적인 잘못과 비의도적 잘못을 구분한다(민 15 : 27-31, 신 17 : 12). 분명히 이들 경고 속에는 형벌의 경중이 인식과 권세의 유무에 따라 중형(46절)으로부터 가벼운 매질의 범위까지 여러 가지가 있다. 하나님을 향한 책임은 지위와 영향력의 수준이 균형을 이룬다. 말씀을 마치면서 해 주신 잠언 같은 이 말씀(48절)은 인생의 제반 활동에 적용된다.

예수의 사역으로 조성되는 위기(12 : 49-59)

마 10 : 34-36, 16 : 2-3, 5 : 25-26, 막 10 : 38

• 마태복음에 분산되어 있는 유사한 말씀들이 암시해 주고 있듯이 49~53절, 54~56절, 그리고 57~59절은 원래 각각 다른 상황 중에 있었던 것으로 봐야 할 것이다. 그러나 이 말씀들은 여기서 두 가지 양식으로 연결되고 있다. 첫째로, 예루살렘에서 있게 될 수난을 향하여 예수께서 가고 계신 상황은 이러한 긴박한 말씀이 하나의 구조에 어울리도록 해 준다. 둘째로, 예수께서 위기를 조성하시는 현상은 모든 사람의 패하고 흥함(2 : 34)의 이유가 되고 두려움과 믿음을 갈라놓아 사람들을 여러 갈래로 나누고 있는데, 세 개의 소단원에서 결정적 고려의 대상이 되고 있다. 요한복음이 그렇게 표명하듯이 예수께서는 세상의 위기(危機)이시다(요 12 : 31). 이 위기란 응급 상태를 의미하는 것이 아니라 진리에 대한 위기의 순간 혹은 기회이며, 생명에 관한 결정이다. 이에 대한 적절한 모습은 집의 박공(牔栱)이다. 양편에서 내리는 빗물이 박공에 부딪히면 그 순간 빗물의 방향을 결정짓는다. 결정해야 하는 상황에 놓이면 위기에 처한 것이다. 어떤 인물이나 목표나 가치를 지향한다는 것은 다른 것들로부터 돌아선다는 의미가 되기 때문이다. 본문의 말씀들에 따르면 하나님은 나사렛의 예수 안에서 세상을 향하여 위기가 조성되도록 하고 계신다. 다시 말하면, 예수는 심지어 가족들 가운데서도 '차이가 있게' 하신다. 일상적 의미의 평화는 이제 교란되고 있다. 역사적으로 이 상황은 사실로 증명되어 왔고, 종말에는 끝내 사실로 나타날 것이다.

49~53절에는 두 개의 두드러진 모습이 있다 : 예수께서 곧 자신을 내주어 받으시게 될 수난을 가리키는 세례(막 10 : 38)와 불이다. 이 불은 심판, 정화(말 3 : 2-3), 그리고 하나님의 영(3 : 16, 행 2 : 1-4)을 상징한다. 그의 수난과 연이은 성령을 보내시기까지 예수께서는 억압을 받고 온갖 제재를 참고 계셨다. 54~56절은 군중을 향한 말씀이다. 마태복음에 잘 알려져 있

듯이(마 16 : 1-3) 종교지도자들만을 향한 말씀은 아니다. 예수께서는 말씀하신다. 사람들이 날씨의 징조들에는 상당히 영리하면서도 하나님으로부터의 표징에는 우맹이라고 : 이 표징이란 그들 중에서 진행되는 예수의 사역이다. 사실상 하나님의 때는 바로 지금이며, 그 의미나 중대함에 있어서 매우 긴박하다. 그리하여 보편적 지혜만으로도 누구나 하나님과의 관계에 즉시 주의를 기울여야 함을 자각하게 된다. 지혜로운 사람들은 재판정과 판사들에게 가기 전에 문제를 해결한다. 일단 판사가 사건을 취급하게 되면 어떤 방법으로도 너무 늦게 된다(57-59절). 다른 말로 하면, 종말까지 지체할 경우 남은 거라곤 형을 사는 것뿐이므로 지금 하나님 앞에서 자신의 생명에 주의를 기울이라는 것이다. 마태(마 5 : 25-26)는 법정으로 가는 경우의 모습을 불화중인 형제(또는 자매)와 당장 화해할 것을 강권하는 데 적용하고 있다. 누가와 마태 사이의 차이는 우선 겉으로 보기에 그렇게 크지 않을 것이다. 하나님과의 관계에 유의하는 것과 공동체 동료와의 관계에 유의하는 것은 경험상 종종 동일하다. 예수께서는 하나님의 사랑과 이웃 사랑을 연결시키셨다. 결코 떼어놓을 수 없을 만큼 그렇게 하셨다(10 : 25-37).

회개를 촉구하심(13 : 1-9)

본문은 누가복음만의 특징을 가질 뿐만 아니라 다른 복음서들에는 이와 유사한 내용이 없다. 본문이 누가적이라고 말함은 본문의 내용과 문맥을 두고 하는 말이다. 주된 내용은 회개며, 이는 신약성경의 다른 기록자들보다 누가에게서 더욱 빈번하게 보여지는 주제이다. 실제로 누가에게 있어서 복음은 죄를 회개하고, 또 용서하라는 제안이다(24 : 47). 문맥에 있어서는 두 가지로 살펴보게 되어 있다. 첫째로 누가는 이 회개를 촉구하면서 바로 앞에 나온 심판의 상념을 따르고 있다. 그는 하나님의 참으심에 관한 비유(6-9절)와 함께 회개를 촉구한다(1-5절). 대조가 되는 관념을 연이어 붙이는 형식은 전형적으로 누가적이다. 대조적인 단위들은 복음의 역설을 이루고 있다. 예를 들면, 12 : 57~13 : 9에서 독자는 이렇게 생각해야 한다 : 하나님은 우리의 행위에 대한 심판자이시면서 동시에 우리 모두에게 회개의 기회를 제공하신다. 하나님과의 관계에 유의하는 것은 지금 매우 긴박한 일이면서 하나님은 아직 열매를 맺지 않은 무화과나무에 대하여 참고 계신다. 누가는 은총을 주입함으로써 엄격함을 파괴하지 않고, 엄격함을 주입함으로써 은총을 파괴하지도 않는다. 신학자로서 그는 엄격과 은혜를 어떻게 혼합하든지, 이 두 가지의 평균치를 내고자 시도하든지, 결과는 엄격도 아니고 은혜도 아닌 그 어떤 것이 되고 만다는 사실을 알고 있다. 누가복음을 설교하는 사람들 모두가 이 사실을 인식하고 있다고 볼 수는 없다. 문맥에 관하여 두 번째 살펴봐야 할 것은 비유의 끝보다는 시작에서(경우에 따라서는 그 두 군데서 그렇게 하고 있지만) 그 비유를 해석할 수 있는 단서를 제공하는 것이 전형적인 누가의 방식이라는 사실이다. 본문뿐만 아니라, 이러한 실례는 10 : 29, 12 : 15, 15 : 1~2, 그리고 18 : 1, 9에서도 발견된다.

본문은 서로 다른, 그러나 서로 연관된 두 부분으로 되어 있다. 1~5절과 6~9절이다. 첫째 부분은 우리가 역사적으로 추적이 불가능한 두 가지 비극적 사건들을 생각하게 한다 : 예루살렘에서 제사를 드리는 중에 본디오 빌라도에 의해 저질러진 유혈의 보복 행위와 실로암 못 근처에서 망대가 무너진 사건이다. 우리는 이 두 가지 참사에 관하여 더 알고 싶은 호기심과 관심을 갖게 될 것이다. 그러나 본문은 예수께서 곧장 두 가지 말씀을 하시기에 충분한 진술을 하고 있다. 각각 이 선언으로 끝나고 있다 ; "아니라 너희도 만일 회개치 아니하면 다 이와 같이 망하리라"(3, 5절). 하나는 인간악의 행위요 다른 하나는 소위 자연의 악으로 갈릴리 사람들과 예루살렘 사람들에게 똑같이 안 좋은 영향을 미쳤다고 해서, 이 두 참사들이 분명히 우연의 일치는 아니다. 예수께서는 그 문제가 보편적인 만큼 논평에 있어서도 포괄적이시다. 어찌하여 이들 참사가 이 사람들을 덮치게 되었을까?

이 질문은 인류의 시작만큼이나 오래된 욥기와 시편 37편, 그리고 73편에서 볼 수 있는 전형적인 표현이다. 요한복음 9 : 2에 의하면 예수의 제자들이 예수께 질문한다 : "랍비여 이 사람이 소경으로 난 것이 뉘 죄로 인함이오니이까 자기오니이까 그 부모오니이까". 이 질문은 고통과 죄의 직접적 상호 관련을 당연시하고 있다. 이 상호 관련은 어떤 경우에는 틀림없이 자명하다. 그러나 이 연관은 선량한 사람들이 번성하고 강건하며, 반대로 악한 자들은 빈궁하고 병들게 된다고 장담할 수 있을 만큼 보편적인 성격의 것일까? 성경의 어떤 기자는 그렇다고 말한다. 예컨대, 시편 1편의 저자이며 많은 사람들이 그와 생각을 같이해 왔다. 이 관념은 매우 영향력이 있어 다수의 사람들은 자신들이 성공하지 못하고 손실을 당할 때 이는 하나님의 벌이라고 여겨 왔다. 실제로 어떤 이들은 그러한 사람들에 대한 자선(慈善)을 반대한다고 주장해 왔다. 그러한 행위는 하나님의 형벌을 방해하게 된다는 이유 때문이다. 다른 한편으로, 예수께서는 가난한 자들, 불구자들, 소경들, 신체장애자들에 대한 하나님의 호의를 전파하셨다. 이 사실은 본질적으로 자신의 경제적, 사회적 또는 육체적 조건이 언제나 자신의 영적 상태에 대한 직접적인 반영이라는 주장을 깨뜨려 버렸어야 할 것이다. 때로는 악한 자들이 번성하고 때로는 성도가 고난을 당하고 있는 것을 흔하게 보는데, 이 사실은 그 해묵은 독단을 진작 부숴 버려야 함을 의미할 것이다. 실제로 주이시며, 하나님의 그리스도이신 나사렛 예수께서 법 없는 자들의 손에 의해 고난을 당하신 사실은 고난을 당하는 사람들이 최악의 죄인들이라는 주장을 영원히 매장해 버렸어야 할 것이다. 그러나 그렇게 되지 않고 있다. 그 어떤 사람도 윌더(Thornton Wilder)가 그의 단편 소설 「쌘 루이스 레이의 다리」(*The Bridge of San Luis Rey*)에서 한 것보다 더욱 날카롭게 그 '어찌하여'라는 질문에 알기 쉬운 대답을 찾아내거나 보여 주지 못한 것 같다.

그리하여 그들은 예수께로 왔다. 그리고 폭력과 고통이 그냥 닥치는지 아니면 하나님의 법에 따른 것인지 알고 싶어했다. 예수께서는 그러한 의도된 시도를 물리치셨다. 왜냐하면 그런 시도는 무익할 뿐만 아니라 기본적인 논점으로부터 주의를 빗나가게 하기 때문이다. 그 기본적인 논점이란 사람은 누구나 하나님 앞에서 참회와 신뢰의 생활을 해야 하는 의무가 있고, 그 참회와 신뢰는 생의 슬픔이나 기쁨과 연결지어져서는 안 된다는 것이다. 그 나라 안에서의 삶은 특혜를 얻고 손실을 모면하는 어떤 고상한 유희(遊戱)가 아니다. 그러나 회개가 없으면 무엇이든 간에 모든 것이 상실되고 만다.

누가의 열매 맺지 않는 무화과나무의 비유는 무화과나무 저주에 얽힌 이야기를 다르게 전하는 것일 수 있다(마 21 : 18-19, 막 11 : 12-14, 혹은 마태와 마가가 이 비유를 다르게 전하는 것일 수 있다). 누가의 이야기는 열매 맺음의 가능성을 열어 놓고 있다. 한 선지자의 간청으로 하나님의 심판이 연기되는 것은 구약성경 안에서는 비정상적인 것이 아니다. 회개하는 것을 보시고 하나님께서 심판을 철회하시는 것 역시 그러하다(요나서). 베드로후서 3 : 8~9에 따르면, 하나님은 더 많은 사람들이 회개하고 종말의 공포를 피하기 위한 기회를 얻도록 주의 날을 지연시키셨다. 이 비유는 이 말의 의미와 일맥상통하고 있다 : 아직 시간이 있다. 하나님의 자비는 여전히 하나님의 심판과 진지하게 대화 중이다.

누가복음 13 : 10~35

수난에 대한 긴장과 예조(豫兆)

다가오는 예루살렘에서의 수난은 본문 위에 그 그림자를 드리운다. 이 간략한 단원은 회당에서의 논쟁으로 시작된다. 예수의 회당에서 가르치심으로는 누가의 마지막 언급이다. 본 단원은 헤롯 안디바의 재등장으로 끝이 나고 있다. 예수에 대한 그의 혼란스런 호기심(9 : 7-9)은 예수를 처형하려는 생각으로 변질되었다. 본 단원의 중간에서 누가는 말한다. "예수께서 각 성 각 촌으로 다니사 가르치시며 예루살렘으로 여행하시더니"(22절). 앞에서 말했거니와 지리적 추적은 그 내용이 불규칙적이거나 아주 빠져 버려서 이 여정을 재구성하려는 시도를 포기하게 한다. 이 여정은 그 배열에 있어서 신학적이고 교육학적이다 ; 제자들이 예루살렘과 예루살렘 이후의 사건들을 위해 준비되고, 특히 독자들이 그렇게 되고 있다.

안식일 병고침에 관한 논쟁(13 : 10-17)

이 이야기는 누가복음에서만 보이는데, 6 : 6~11에 있는 유사한 사건을 생각하게 한다. 그리고 그보다 이전에 나사렛의 회당에서 있었던 긴장(4 : 16-30)을 생각하게 한다. 회당과 회당의 지도자, 그리고 회당의 봉사에 관한 기억을 새롭게 하기 위하여 그 두 본문의 주석을 다시 본다면 도움이 될 것이다. 예수의 습관처럼(4 : 16), 안식일에 회당에 간다는 것은 유대교의 핵심 사항이었다. 가장 일반적으로 행해지고 있었고, 여러 면에 유대교의 가장 강력한 형식으로써 그러했다. 누가의 시대에는 예루살렘과 성전은 이미 파괴되었으나 성읍마다 회당은 있었다(행 15 : 21). 회당장이 안식일에 병고침 받기 위하여 오는 것에 관하여 무리를 향하여 말했지만(14절) 구부러진 몸을 가진 여자는 예배하기 위하여 온 것이 분명하다. 여하튼 그 여자는 예수께 접근하지 않았고, 간청도 하지 않았으며, 그 여자의 믿음에 관해서 언급된 것이 없다. 고침을 받고 나자 하나님을 찬양했다(13절). 이 점에서 이 이야기는 요한복음에서 전해 주는 병 고치심과 유사하다. 요한복음에는 예수께서 스스로 치료하고 계신다. 그리고 병 고치심은 더 큰 진리에 대한 증거 또는 표적이 되고 있다(요 5 : 1-18, 9장).

회당장은 안식일에 병 고치심에 대하여 분개하며 사람들에게 호소한다. 주간에 고침을 받기 위한 육일이 있으니 안식일에는 고침 받지 말라는 것이다. 그의 말은 예수를 향한 간접적인 공격이며, 겸하여 사람들을 향한 강력한 질책이다. 왜냐하면 그들은 고침 받기 위하여 안식일에 왔기 때문이다. 예수께서는 사람들을 향하여 간접적으로 말씀하심으로써 자신의 반응을 감추려 하지 아니하셨다. 오히려 회당장에게 직접 말씀하시기를, 복수형으로 '외식하는 자들아'라고 하시며, 이 논쟁에서 회당장의 모든 동료들을 고발하는 것처럼 하신다. 이 논쟁에는 '매다', '풀다'라는 말의 수사가 나타난다. 예수께서는 사탄이 매어 놓았던 그 질환으로부터 이 여자를 풀어 주셨다. 만약 그들의 법이 안식일에 매인(고삐로 묶인) 짐승을 물 먹이기 위하여 풀도록 허용한다면, 동물이 아닌 자유인으로 태어나서 몇 시간 동안 고삐로 묶인 것이 아니고 18년간 속박된 아브라함의 딸을 안식일에 사탄의 구속으로부터 풀려나도록 허용하여야 하지 않겠는가? 작은 것에서 큰 것으로 전개하신 예수의 이론은 반박의 여지가 없었다. 청중은 나뉘었다 : 대적들은 부끄러워하고 모든 백성은 기뻐하고 있다. 예수의 임재 효과가 바로 그런 것이었으며, 사탄의 세력에 대해 하나님께서 다스리신다는 표적 또한 그런 것이었다. 이 사건은 12 : 49~53을 극적으로 보여 준다. 언제나 있어 왔던 그냥 그대로의 평화는 예수의 말씀과 행위로 온전히 깨졌다. 구부러진 여자를 도움으로써 위기가 조성된다면, 그러한 위기는 있어야 한다.

그 나라에 관한 비유(13 : 18-21)

마 13 : 31-33, 막 4 : 30-32

다시 우리는 이 두 비유들의 경우에 있어서, 그것의 위치에 의해 해석이 가능한 매우 좋은 실례를 갖는다. 이 위치 설정은 설교자들과 교사들이 누가로부터 잘 배울 수 있는 방법이다. 마가복음에는 겨자씨 비유가 있고, 마태복음에는 두 비유가 다 있다. 하지만 마태와 마가는 비유들을 모아 놓은 가운데에 이 비유들을 놓았다. 어떤 비유라도 그렇듯이, 모아 놓은 데다 함께해 두면 이러한 문학 유형의 독자적 특성을 보여 주는 긍정적인 효과를 갖게 된다. 즉, 비유들은 자체의 진정성을 갖고 스스로 자체의 의미를 전해 주는 경향이 있다. 문맥이 의미에 영향을 미치기는 하지만 어떤 특정 문맥이 의미에 필수적인 것은 아니다. 그런가 하면 비유가 어떠한 목록에 포함될 경우 부정적 영향도 있다. 문맥이 없을 경우 비유들은 독자를 위한 제어수단이나 지침이 없어 서로 다른 것들을 의미하게 되기가 쉽기 때문에 비유들이 더욱 비밀스러워진다. 그리고 독자는 그 숨은 것을 알아보려고 애를 쓰다가 하나님의 말씀은 듣지 못하게 된다. 누가는 이들 비유를 예루살렘을 향한 긴장이 팽팽한 여정에다 놓고 있다. 안식일 병 고치심과 논쟁 바로 뒤에, 그리고 "주여 구원을 얻는 자가 적으니이까"(23절)라는 질문을 받기 직전이다. 그러므로 우리는 이들 비유를 말씀하신 예수 생애 당시의 상황을 복구할 수 없다 하더라도 누가가 이런 상황을 배경으로 하여 무엇을 말하고 있는가는 확인할 수 있다.

이 두 비유는 두 개의 매우 일반적인 경험을 소재로 하고 있다 : 한 사람이('자기 채 전에'는 팔레스타인식이 아니며 누가 문학의 전후관계를 반영하는 듯하다.) 겨자씨를 심고 한 여자는 밀가루에 누룩을 넣는다. 이 남자와 여자는 외견상 별다른 느낌을 갖고 있지 않다. 두 사람 다 큰 결과를 가져오게 될 작은 행동을 한다. 이것이 하나님 나라의 방법이라고 예수는 말씀하신다. 사탄에게 매여 있던 한 여자가 풀려났다. 크거나 소란스런 사건은 아니었지만 그 하나의 행위 속에 지상에서의 하나님 통치의 시작과 사탄의 파괴적 권세의 종말이 시작되고 있다. 그러므로 성공하지 못하는 것으로 보이는 것에 실망하지 말 것이다. 하나님은 일하고 계신다. 마치 씨앗과 누룩이 그 안에 미래를 담고 있듯이 할 일을 분별하고, 반대나 할 일이 많음으로 인하여 위축되지 말아야 한다. 예루살렘과 죽음이 앞에 있는 것은 사실이지만 하나님께서 일하고 계신다. 겨자씨와 누룩을 깊이 생각하고 희망을 가져라. 이 시대와 장소를 멀리 넘어선 그 나라의 삶에 영향을 주게 될, 그 조그마한 일들에 참여하고 있기 때문이다.

그 나라를 위한 엄중한 요청들(13 : 22-30)

누가는 지금 독자가 이 사실을 다시 기억해야 한다고 느끼고 있다 : "예수께서 각 성 각 촌으로 다니사 가르치시며 예루살렘으로 여행하시더니"(22절). 겉으로 보기에 이 말씀은 반드시 기억해야 될 것처럼 보이지 않는다. 예수의 말씀들은 자체의 엄숙함과 긴박성으로 그만큼의 암시를 주고 있기 때문이다. 그렇긴 하나 "주여 구원을 얻는 자가 적으니이까"(23절)라는 무리 중 어떤 사람의 질문과 함께 해 주신 말씀은 누가로 하여금 그 나라에 가까이 가기 위한 요구사항을 요약된 형식으로 모아 놓게 하는 기회를 가지게 한다. 누가가 이들 교훈을 한 군데로 모았다는 것은 마태복음에 있는 이와 유사한 말씀들이 서로 떨어진 여섯 군데에 있다는 사실로 알 수 있다. 각각 다른 모습으로 말씀하셨지만, 여기서 하시는 말씀을 이미 하셨다. 그러므로 본 단원은 하나의 요약이라고 부를 수 있다.

청중 가운데 누군가가 질문을 하는 것은 누가복음 안에서 자료를 전개해 가는 잘 알려진 방법이다(11 : 1, 12 : 13, 12 : 41, 13 : 1). 그 사람이 9 : 51의 상황부터 줄곧 예수를 따르는 자가 아니라면 그 질문은 그 사람 혼자만의 것이 아니다. 더욱 실제적으로, 그 질문은 예수께서 처음 예루살렘으로 향하신 때로부터 예수의 가르침들이 점점 무게를 더하고 있음을 느껴 온 독자들의 질문이다. "주여 구원을 얻는 자가 적으니이까?"라는 질문에 대한 복합적인 대답은 내적 분리와 전환으로 선명하게 보여 준다. 예컨대, 24절은 좁은 문을 말하고 있는데, 들어가기 위한 훈련이 필수적이라는 상상을 하게 한다(마 7 : 14은 이 말씀에 관한 더욱 친근한 형식이다). 그러나 다음 절에서 '문'은 매우 다른 메시지를 전한다. 여기서 문은 닫힌 문인데, 기회의 시간이 끝나 버린 종말의 순간이다(25-27절은 마 25 : 1-13을 반영한다). 두 번째로 생각의 전환은 이스라엘의 신실한 자들과 외인들, 즉 이방인의 신실한 자들로 이루어진 큰 무리가 추수되어 그 나라에 들어가게 된다는 사실이다. 끝으로, 30절은 많은 교훈 덩어리의 마지막에 붙여지는 유동적인 말씀이다(막

10 : 31, 마 19 : 30, 20 : 16).

그렇다면 22~30절은 어떤 구절에도 상충되지 않게 한 초점으로 모아질 수 있을까? 아마 다음 설명이 도움이 될 것이다. 예수를 향한 질문은 적은 수의 사람들만 구원을 얻느냐는 내용이었다. 예수께서는 이렇게 대답하신다. 초청은 누구나 받지만 그 나라로 들어가는 길은 좁으며, 건성으로 갖는 관심 그 이상을 요구한다는 것이다. 그리고 사실상 그 기회의 문은 영구히 열려 있지 않을 것이다. 하나님의 의도는 종말을 향하여 움직여 가고 문이 닫히면 종말도 끝이다. 예수께서 한때 자기네 동네를 방문하셨다거나, 자기네 거리에서 설교하셨다거나, 무리 중에서 한 번 예수를 봤다거나, 예수의 가족을 알고 있었다고 주장하는 등의 사람들을 위하여 그 문은 결코 다시 열리지 않을 것이다. 이 같은 호소들은 헛될 뿐만 아니라 도리어 자신의 죄를 입증한다. 왜냐하면 그들이 가졌던 기회에는 의무도 딸려 있었기 때문이다 ("많이 맡은 자들에게"처럼). 그리고 들어간 수많은 사람들의 광경은 닫힌 문 앞에 앉아 있는 자들의 고통을 가중시킬 것이다. 예상했던 옛 이스라엘의 신실한 자들뿐만 아니라 예상치 못한 (복음을-역자주) 듣고 믿은 이방인들까지의 광경이 그러할 것이다. 이 요약된 내용은 이스라엘과 누가의 독자들과 우리에게, 하나님의 통치와 관련하여 자신이 어디에 서 있는지를 스스로 평가하는 계기를 만들어 주고 있다.

헤롯 관련 경고, 그리고 탄식(13 : 31-35)

마 23 : 37-39

문학적 견해로 경고와 탄식은 매우 다른 구조이다. 그러나 이 둘은 여기서 '예루살렘'이라는 말로 결합되고 있다. 이 '예루살렘'은 경고를 끝내고 탄식을 시작하게 한다. 주제상으로 이 둘은 조화를 이룬다. 헤롯이 위협하고 있는 죽음은 예루살렘이 만들어 낼 그 죽음이라는 점에 있어서 그러하다. 이 두 편의 자료를 누가가 전통적으로 이렇게 위치시키고 배열한 이유는 말한 바 있다. 그리하여 지금 우리는 더욱 상세히 검토하기 위해 이 둘을 분리시킨다.

31~33절은 누가복음에만 있다. 갈릴리의 분봉 왕 헤롯 아그립바의 재출현은 누가의 이야기 전달에 지속성과 진전, 그리고 예상을 제공한다. 헤롯

은 요한을 참수하였다. 그리고 예수가 살아난 요한이라는 소문이 한창일 때 예수에 관하여 듣자, 헤롯은 당황하고 호기심을 가지며 예수를 보고 싶어 하기까지 하였다(9 : 7-9). 이제 헤롯은 자신의 당황스러움을 진정시키고 싶었고, 예수 역시 죽임으로써 혼란스런 선지자들이 처리되기를 바랐다. 독자들은 "헤롯이 당신을 죽이고자 하나이다"를 읽으면서 우리는 헤롯이 그 후에 어떻게 했는지 듣지 못했다고 생각하게 된다. 아직은 듣지 못했다(23 : 6-12). 그러면서 예상을 해 보도록 독자들을 더욱 사로잡는 하나의 의문이 생기게 한다 : 헤롯의 관할 밖이었던 예루살렘에서 예수께서 죽으신다면 헤롯은 어떻게 예수의 죽으심에 관여할 수 있었던가? 그리고 여기서 바리새인들이 올무를 놓기 위한 어떤 계획을 갖고 있던 자들이 아닌가 하는 의심을 하게 된다. 그러나 그럴 만한 이유는 없다. 어떤 바리새인들은 율법 해석에 있어 예수와 크게 달랐지만 어떤 자들은 예수를 잘 받아들였던 것으로 보인다(7 : 36, 11 : 36, 14 : 1). 누가는 분명히 그들을 완전히 비우호적인 모습으로 그려내고 있지는 않다. 한 바리새인은 유대교의 모임이 초대교회를 논하고 있었을 때 조정하는 말을 했으며(행 5 : 34), 교회의 교인들 중 얼마는 바리새인이었다(행 15 : 5). 실제로, 누가에 의하면 바울 자신도 그의 성역(聖役)의 거의 마지막에 "나는 바리새인이었고"가 아니라 "나는 바리새인이요"(행 23 : 6)라고 자인하였다. 누가는 어떤 교회들 안에 있는 매우 일반화된, 그리고 간혹 알지 못하여서 생긴 바리새인들에 대한 편견을 시정하기 위한 기회를 설교자들과 교사들에게 제공해 주고 있다.

헤롯을 '저 여우'라고 말씀하셨는데, 이 말이 담고 있는 의미를 알기란 쉽지 않다. 구약성경에서 여우는 파괴적이고, 헬라 문학에서는 영리함을 의미한다. 하여간 예수께서는 하나님의 명령에 따라서 일하시기 때문에 그 위협에 의해 위압을 느끼거나 단념하지 아니하신다 : "내가 갈 길을 가야 하리니"(33절), "제 삼 일에는 내 갈 길을 마치리니"(개역한글판에는 "제 삼 일에는 완전하여지리라"-역자주, 32절)는 직접적으로 그의 성역의 완성을 위하여 짧게 제한된 시간을 말하심이며, 간접적으로는 하나님의 목적 안에서 스스로 가는 길을 마치시는 죽음과 부활을 말씀하심이다(요 5 : 36, 17 : 4, 19 : 28, 히 2 : 10을 참고하라). 이러한 일들이 예루살렘에서 있게 된 것은 다름 아닌 하나님의 뜻이다. 누가에게 예루살렘은 누가복음과 사도행전의 중심지이다. 누가는 예루살렘을 90번 말한다. 신약성경의 나머지 전체에서는 49회 언급되었다. 동일한 맥락에서 33절에서도 예루살렘을 언급하는데, 34~35절에 있는 예루살렘을 향한 탄식의 이유를 부분적으로 제시한다.

그런데 누가가 정해 놓은 탄식 기록의 위치는 제기되는 연대기적 의문을 문맥상으로 충족시키지 못하고 있다. "모으려 한 일이 몇 번이냐? …… 너희가 원치 아니하였도다", 그리고 "너희 집이…… 버린 바 되리라"라는 표현은 예수의 예루살렘에서의 사역을 암시하고 있다. 그러나 그는 아직 거기 가시지 않았다. 이 사실은 어떻게 이해되어야 할까? 마태는 이 말씀을 예수의 예루살렘 사역의 끝 부분에 위치시킨다(23 : 37-39). 자연스러운 위치이다. 마태복음에서는 예수께서 "나를 보지 못하리라."고 말씀하실 때 '이제부터'를 덧붙였는데, 이는 인자가 종말에 오심을 가리킨다. 그러나 누가복음에서는 예수께서 이 성으로 가시는 중에 계신다. 그리하여 "이제부터 너희는 …… 나를 보지 못하리라"가 아니라 "……할 때까지는 나를 보지 못하리라"이다. 이러한 말씀은 분명히 곧 있게 될 "찬송하리로다 주의 이름으로 오시는 왕이여"(19 : 38)라고 사람들이 소리치는 중에 진행될 13 : 35의 말씀과 흡사한, 그의 예루살렘 입성을 가리킨다. 예수의 탄식은 예수께서 예루살렘에서 이미 사역하셨고 배척당하셨음을 추정하게 하고, 그가 곧 그 성으로 들어가시게 될 것도 추정하게 하므로 분명히 앞뒤가 안 맞고 있음을 보여 준다. 해석자들은 몇 가지 방안을 제시한다. 어떤 이들은 단순하게 이렇게 말한다. 누가의 견지에서, 누가가 예수의 죽으심과 부활을 그 사건들 이전에 성취된 사실들로 취급하듯이, 예루살렘에서의 사역과 배척당하심도 이미 성취된 사실들로 보고 미리 그렇게 묘사할 수 있다는 것이다. 또는 예수께서 여기에 동사의 과거시제를 사용하심으로써 확신을 가지고 예언하고 계신다는 것이다.

또다른 가능한 해석은 예수께서 이전에 예루살렘에서 사역하셨는데, 그 사역을 누가가 기록하지 않았으나, 예수께서 말씀하고 계시다는 것이다. 제4복음서에는 예수 사역의 대부분이 예루살렘과 그 주변에서 있었다. 네 번째 해석은 예수께서 탄식하심에 있어 자신을 말씀하지 않고, 하나님을 가리키고 계신다는 것이다. 이 탄식은 원래 이 도성에 대한 하나님의 탄식이라는 것이다. 에스드라후서(Ⅱ Esdras) 1 : 28~30에는 하나님께서 이스라엘을 향하여 말씀하시는데, 아버지가 아들들을 대함같이, 어머니가 딸들을 대함같이, 암탉이 병아리들을 날개 아래 모음같이 그들을 대한다 하셨다. 끝으로 다섯 번째로 가능한 해석은 호의와 깊이 관련된다. 즉, 누가는 탄식을 이처럼 '때 이르게' 위치시킴으로써 회개와 죄의 용서를 받음과 하나님의 다스리심을 받아들일 시간이 아직도 남아 있음을 말하고 있다는 것이다. 이러한 권고는 사실상 예수의 죽으심, 부활, 그리고 승천 이후에도 계속될 것이며, 예루살렘뿐만 아니라 전 세계를 향한 권고이기도 하다(24 : 47, 행 1 : 8).

누가복음 14 : 1~24

식탁에서의 담화

누가는 여기서 식사라는 상황을 매개로 하여 서로 다른 네 개의 자료를 모아 놓고 있다. 이 네 가지 이야기들은 그 의미에 있어서 서로 의존관계가 아니다. 그러나 그것들 전부가 '식사 중에' 생겨났다는 사실이 중요하다. 식탁에서의 담화는 일련의 논제에 관한 토론 내용을 수집하고 유포하는 상당히 일반화된 문학적 수법이다. 뿐만 아니라, 실제로 잔치는 철학자들과 스승들이 지혜를 전해 주는 기회로 제공되기도 한다. 유대교에게나 예수께나 초대교회에서 식탁에서의 교제는 매우 중요한 의미를 지녔다. 종교적, 사교적, 그리고 경제적 의미였다. 식탁 교제에 관한 주석은 5 : 29~32과 7 : 31~35에서 있었다. 지금 그 해설을 다시 살펴보면 유익할 것이다.

여기서 중요하게 여겨야 할 사실은 독자가 14 : 1~24을 9 : 51에서 시작된 예루살렘을 향한 대단히 엄숙한 여행에 어떤 행동을 끼워 넣거나 우연한 막간의 사건으로 봐서는 안 된다는 것이다. 이 여행은 여전히 누가와 독자의 마음속에 있다. 그리고 식사 중에 생겨나는 사건이나 교훈들은 그 여행의 지속적인 진행이나 하나님의 명령으로부터 그 방향을 결코 다른 데로 돌리고 있지 않다. 누가에게 있어서 음식을 나누는 식탁은 매우 중요하다. 성찬과 부활하신 그리스도의 자기 계시도 식탁에서 있었다(24 : 28-32). 그리스도께서 그의 제자들에게 성령의 약속과 그들을 향한 분부(행 1 : 4-8)도 함께 먹고 있을 때(문자적으로는 '소금을 나누어 먹을 때') 하셨다. 그리고 유대인들과 이방인들이 교회로 구성될 수 있었던 사실 역시 식탁교제에 의해서였다(행 10 : 9-16, 11 : 1-18).

안식일 병고침에 관한 논쟁(14 : 1-6)

1절은 본 사건과 7~11, 12~14, 그리고 15~24절에 있는 교훈의 환경을 만들고 있다. 누가복음의 독자들은 이 시점에서 예수께서 바리새인의 초대받은 손님으로 식사하시는 사실에 놀라지 않는다. 예수는 이전에도 그렇게 하셨다. 예수께서는 세리들과 죄인들을 받아들이기 위하여 반드시 경건한 자들을 배척해야 된다고 여기시지 않았다. 예수의 정신은 가능한 최대 범위로 포용적이었다. 예수께서 감시를 받고 계셨다는 사실 역시 놀라운 일이 아니었다. 긴장은 더해졌고, 그들 중 어떤 이들은 위선자로 책망을 받기도 했다. 예수는 율법을 어기고 있다고 비난을 받으셨고, 율법 해석에 있어서 그들과 다르셨던 사실은 그냥 넘겨서 되는 일이 아니었다.

안식일 병 고침에 대한 논쟁은 6 : 6~11과 13 : 10~17에서 있었던 내용들을 생각하게 한다. 병 고침은 반대하지 않으면서도 위급한 상황의 법적 용인에 관한 주장이 서로 달랐을 뿐이다. 그리하여 누가가 서로 근소하게 다른 논쟁의 이야기들을 전하는 이유가 무엇이냐고 누군가 물을 것이다. 그런 이야기들이 자주 나오고 있는 것은 유대교 내부에 안식일 준수가 논란거리가 되었음을 반영하는 것 같다. 그리고 이 문제에 관하여 교회와 회당뿐만 아니라 교회 내부의 유대인 무리와 이방인 무리 사이에 계속되고 있는 긴장도 반영하는 것 같다. 누가가 사도행전 15장에서 보고하고 있듯이, 예루살렘 총회의 결의에 따라 우상숭배, 음행, 그리고 음식의 문제에 있어서만 유대교와 다르다는 것을 보여 주라고 이방인 교회들에게 요청한 사실은 의미심장하다(행 15 : 20). 안식일에 관해서는 어떤 언급도 없다. 이 문제가 이미 해결이 되었거나 논란의 문제가 아니었거나 안식일을 지키든지 안 지키든지 각각의 크리스천 공동체의 신앙에 맡겨졌든지 하는 것이었다. 그렇더라도 의아스럽다. 누가의 시대와 그 지역 안에서 크리스천 공동체들은 서로 그렇게 하지 않았다 하더라도, 교회와 회당 사이에서는 안식일 준수의 문제가 여전히 커다란 긴장을 조성하고 있지 않았을까?

손님들을 위한 교훈(14 : 7-11)

1절에 의하면 예수께서는 한 바리새인의 집에서 식사 중이시다. 그런 중에 손님들과 주인 모두의 사교적 모습을 보고 계신다. 가정과 저잣거리, 밭과 고기잡이배에서의 매일의 활동은 예수께서 자기의 말씀을 듣고 있던 자들의 인격의 참 모습을 아실 수 있게 해 주었다. 뿐만 아니라 인생을 하나님의 다스림 안에 두는 길을 그들에게 보여 주시는 기회도 제공했다. 플루타크(Plutarch)는 작고 분명히 사소한 행동 중에서 인격이 가장 정확하게 보인다고 말했다. 예수의 말씀은 이 진술을 밑받침한다. 만일 성육신(成育身)이 우리에게 뭔가를 교훈해 준다면, 하나님 앞에서 인생을 말함에 있어, 우리는 우리에게 빈번하고 친숙한 것들을 무시해서는 안 된다. 그러므로 7~11절과 12~14절을 예수께서 말씀하신 한마디 사교상의 논평이라고 가볍게 취급하는 주석가들은 '천국 담화'(kingdom talk)의 참된 본질을 놓쳐 버리고 있다. 실제로 누가는 본문의 주제가 하나님의 나라라는 충분한 증거를 제시하고 있다. 그는 7절에서 하나의 비유를 말씀하고 계신다고 말한다. 예절, 그 이상의 것을 말씀하신다는 단서를 제공한다. 마치 씨 뿌리는 자의 비유(8 : 4-8) 속에 씨 뿌림 그 이상의 의미가 함축되어 있는 것과 같다. 그리고 예수께서는 11절에서 하나의 선언으로 말씀을 끝내신다. 이 선언은 기도하러 간 두 사람의 비유를 끝내실 때(18 : 14), 그리고 듣는 자들에게 자기 멋대로의 교만에 대한 경고를 하실 때 말씀하셨던 동일한 선언이다(마 23 : 12).

설교자들과 교사들은 손님들을 향한 예수의 교훈이 얼마나 효력이 있을지 알고 싶을 것이다. 인간의 이기심은 상당히 영리하게 나타난다. 낮은 자리에 앉는 것이 수치를 피할 뿐만 아니라 상좌로 오르도록 한다는 사실을 듣는 즉시, 겸비에 관한 명령을 자기 승진의 새로운 전략으로 바꿀 수 있다. 예수께서는 사람이 자기가 원하는 것을 얻는, 하나님이 인정하시는 방법을 제시하고 계시지 않다. 겸손하기 때문에 낮은 자리에 앉는 것과 윗자리에 앉기 위해 낮은 자리에 앉는 것은 전혀 다른 문제이다. 주인을 향하여 귀를 열고 올라 앉으라는 요청을 기다리면서 미친 듯이 경쟁적으로 가장 낮은 자리로 달려간다면 본문의 전반적인 메시지는 풍자만화가 되고 만다.

주인들을 위한 교훈(14 : 12-14)

주인이 된다는 말 속에는 유쾌, 솔선과 같은 여러 의미가 들어 있다. 예컨대 친절, 관대, 정중, 그리고 타인의 편안함에 대한 관심 등이다. 그리고 여러 경우에 이러한 말들은 적합한 묘사가 된다. 그런데 예수께서는 한 경우를 목격하셨다. 주인으로서 다른 사람들에게 세도를 부리고, 그들이 자기에게 신세를 지도록 하는 행위와 별로 다르지 않은 그런 경우다. 우리는 누구나 부담을 주고, 되돌려 받고자 선물을 주는 악마 같은 성격을 가진, 거짓으로 관대한 얼굴을 알고 있다. 자기가 베푼 것이 되돌아오기를 기대하는 주인은 되갚을 수 없는 사람들에게는 봉사나 음식을 제공하지 않을 것이다. 그리하여 손님 명단은 그의 호의에 보답할 수 있는 사람들로 채워진다. 그러나 하나님이 주인이신 천국에서는 누가 하나님께 보답할 수 있겠는가? 그러므로 예수께서는 그 나라에 어울리는 행동, 다시 말하면 재산이나 사회적 지위가 없는 사람들을 초청하라고 하신다. 하나님은 우리 모두의 주인이시므로 우리가 주인이 되는 경우라도 우리는 사실상 손님으로 행동하고 있다. 어떤 요구나 조건의 제시나 되돌려 받겠다는 기대도 해서는 안 된다. 가난한 자들과 병신들과 저는 자들과 소경들(13절)이라는 누가의 네 가지 열거는 독자들에게 결코 생소하지 않다. 마리아의 노래(1 : 46-55)와 예수의 취임 설교(4 : 16-30) 이래 지금까지 이런 사람들이 그 나라의 백성이었음을 알고 있기 때문이다.

본문이 철저하게 말하고 있음을 간과해서는 안 된다. 가난한 자들과 장애인들을 돌보는 일은 회당과 교회 쌍방에 똑같이 위임되었다. 실행해야 하는 어떤 과정도 선택 사항이 아니고 본문의 말씀은 그 명령들 가운데 하나이다. 그런데 여기서 예수께서는 그리스도인들에게 가난한 자들과 장애인들의 필요한 것들을 제공하라고 요청하고 계시지 않는다 ; 그들을 식사에 초대하라고 말씀하신다. 이것이 손님 대접에 대한 신약성경의 인식이다. '손님 대접'(hospitality)으로 번역된 그 말은 문자 그대로 '나그네 사랑'(love of a stranger)이다. 히브리서 13 : 1~2을 상기하라. "형제 사랑하기를 계속하고 손님 대접하기를 잊지 말라"(저자의 사역). 그렇다면 손님 대접은 금요일 저녁에 교대로 초대하는 식이 아니라 우리에게 답례로 대접할 처지에 있지 않은 사람들을 초대하는 것이다. 본문은 누구에게 음식을 보내 주는 것을 말하지도 않는다. 오히려 주인과 손님이 식탁에 함께 앉는 것을 말해 준다. 영접하고 다른 이들을 자신과 동등한 사람으로 인식하고 친목을 확고하게 하는 분명한 태도는 함께 떡을 나누는 것이다. 그리스도인 공동체 안에서는 그 누구도 '주객'이 아니다. 교회의 별관이나 가정을 이런 방식으로 개방하는 데 대하여 예수께서 진지하셨음을 상상하는가?

잔치에 관한 비유(14 : 15-24)

마 22 : 1-14

이 비유는 12~14절에서 소개하고 있는 손님 대접의 개념을 반복하고 확대한다. 식사 손님 중 한 사람이 말을 하게 한 것(15절)은 부활에 관한 말씀(14절)이었던 것 같다. 이 사람의 말이 이번에는 비유를 말씀하시게 했다. 이 비유는 바리새인의 집(1절)의 식탁에서 있었던 마지막 네 번째 단락의 말씀이다. 이 비유에 대한 마태의 형식(마 22 : 1-14)은 더욱 극적이고, 확대되었고, 풍유화(諷諭化)되었다. 그리고 예수께서 예루살렘에서 마지막 날을 보내시며 종교지도자들과 하셨던 논쟁 중에 위치하고 있다. 누가복음에서 예수는 예루살렘으로 가는 도중에 계신다. 이 비유에 관한 한 기록은 「도마의 복음」(*The Gospel of Thomas*, 말씀 64)에서도 발견된다. 그리고 이 복음의 기록은 설교자들에게 도움이 될 것이다(도마의 복음은 대여섯 종의 영문 번역판에서 볼 수 있고, 「하퍼의 성경사전」〈*Harper's Bible Dictionary*〉에 수록된 이 위경에 관한 기사도 추천하고 싶다).

마태의 기록과는 다르게 누가의 비유는 단순하고 실제적이다. 한 사람이 잔치를 벌이고 많은 이들을 초대한다. 이 비유는 미리 초청하는 사회적 관습을 따르고 있다. 그리고 첫 번째 초청을 받아들인 자들의 식사 시간에 맞춘 초청이다. 그런데 첫 번째와 두 번째 초대받은 자들의 상황은 다르다. 설교자와 교사들은 마치 그들의 사양이 경망스러웠던 것인 양 이 사람들을 향하여 분노하면 안 된다. 그들은 그러지 않았다. 거절했던 자들은 신의를 저버리고 있다는 느낌을 줄 만큼의 그 어떤 생각에 사로잡혀 있지 않다는 것이다. 우리는 여기서 고장난 괘종시계, 교통체증, 수면을 방해하는 소란스런 이웃들, 날짜가 틀린 달력, 또는 시간을 안 지키는 당번 승용차(car pools) 등에 관한 짜증나는 이야기들을 듣고 있는 것이 아니다. 사양하는 첫 번째와 두 번째에서는 경제적 압박을 느끼게 되고, 세 번째 사람에게서는 근대 결혼식의 정황을 느낄 수 있다(도마의 복음에는 네 번째 거절이 있다. 그러나 이 세 가지로의 형식은 이야기 전달의 통상적 유형이었다). 이런 내용의 사양들은 대부분의 사회에서 용인되는 것들이다. 실제로, 이스라엘에서 결혼은 군대의 병역의무를 면제받게 했다(신 20 : 7, 24 : 5). 하나님의 호의와 대치되고 있는 그 거절들의 설득력은 합리적이고 매우 논리적이다. 그러나 하나님의 호의는 우리의 잘못 짜여진 일정표뿐만 아니라 가장 잘 짜여진 일정표에도 우선한다. 초대에 응하는 사람들은 할 일이 없어서가 아니라 그 잔치가 매력 있는 방안 중 최상의 것이었기 때문이다.

말씀을 듣고 있던 사람들 중에 그 누구도, 초대되는 사람들이 원래 초대된 사람들을 대신하게 된다는 요점의 예수 이야기에 충격을 받을 이유란 없다. 손님들이 오지 않게 되어 잔치를 계획하고 준비하고 초대한 일에 대하여 후회스럽기는 하지만 모든 것은 정상 그대로다. 비유는 자연이나 일상의 생활에서 끌어내는데, 그것이 비유의 성격이다(8 : 4-8의 주석을 참고하라). 그렇긴 하지만, 이 비유는 많은 비유들처럼 예상하지 못했던 방향 전환으로 심한 충격을 주고 있다. 원래 초대된 사람들과 동일한 사회적 부류에서 다른 사람들을 초대하는 대신, 주인은 가난한 자들과 병신들과 저는 자들과 소경들을 데려오기 위하여 성읍의 거리로 눈을 돌린다(21, 13절과 동일하다). 그리고 나서 서민들이 다니는 길의 나그네들에게로 향한다(23절). 이들 마지막으로 초대된 자들이 강요와 강권함을 받았다는 사실은 지나가는 나그네들을 제한을 두지 않고 차별 없이 대접했다는 것이다. 이 나그네들은 그같이 놀라운 초대에 어색해 할 사람들이다. 엠마오로 가던 두 제자는 자기들의 대접에 응하도록 그 나그네(예수)를 '강권'하였다(24 : 29). 잔치 자리가 새로운 손님들로 가득 차게 된 이 비유의 마지막 장면은 "하나님의 나라에서 떡을 먹는 자는 복되도다!"(15절)라는, 예수께서 이 비유를 말씀하시도록 했던, 그 경건한 말을 했던 사람에게 극히 놀라운 장면일 것이다. 분명히 그 사람은 자기 앞에 차려진 잔치를 즐길 뿐만 아니라 하나님의 나라에서 메시야와 함께하는 잔치에 하나의 좌석이 예약되어 있으리라는 확신도 갖고 있었을 것이다. 그가 예수의 이야기에 나오는 식탁의 손님들을 대강 살펴 볼 때 그들 중에서 자기나 자기 친구들 수준의 사람들 중 그 누구도 발견하지 못하고 있다.

이 이야기는 어떻게 들려질까? 비유들은 같은 사람이라도 다른 시간대에 따라 그 본래의 성격에 의해 여러 가지로 들린다. 해석은 부분적으로 그 비유가 어디에서 끝나느냐에 따라 좌우된다. 21절에서 끝난다면 누가가 익숙하게 사용하는 복음 선포의 역전이 여기서 그 전형을 이룬다 : 내부자들은 밖으로, 외부자들은 안으로이다. 만약 이 비유가 23절까지 연장된다면 하나님의 호의가 거절을 하는 자들과 이스라엘 내부의 변방에 있는 자들(성읍의 거리)에게 첫째로, 그 다음으로 이방인들(성읍 밖의 사람들)에게 전달된다고 생각하는 것이 거의 확실한 추정이다. 지금에 와서는 처음에 초대를 받았으나 거절한 자들은 너무 늦어 버린 처지일 것이다. 24절은 비유의 부분이 아닌 것이 분명하다 : 말하는 이가 잔치의 주인이 아니라 예수이시고, 말씀의 대상은 더 이상 종이 아니고 모든 사람('너희'-복수형)이다. 이 비유는 역사적 관점에서 들을 수도 있다 : 선지자들이 첫 번째 초대를 했다 ; 예수는 초대 받은 자들을 부르신다 ; 그들은 거절한다 ; 이스라엘 안에 받아들여지지 않는 자들과 이방인들이 초대되었다. 여러 집단 안에서 배척당했거나 배척당하고 있는 사람들을 받아들이고 있는 교회를 변호하거나 정당화하는 말씀으로써 이 비유는 논증법적으로 들을 수도 있다. 혹은 급속하게 '기성조직체'(the establishment)가 되어 가는 교회를 향한 예언적 말씀으로 이 비유를 들을 수 있을 것이다. 경건한 말씀(15절)을 전파하면서 자신의 구원에 대한 그릇된 확신에 안주하며 가난한 자들, 병신들, 저는 자들, 그리고 소경들을 더는 초대하지 않는 교회를 향해서이다. 여하간, 설교자나 교사의 첫 번째 임무는 본 비유를 타인을 위하여 해석하지 않고 자신을 바라보며, 그리고 제자들의 공동체의 일원으로서 듣도록 해석하는 일이다.

누가복음 14 : 25~35

제자 됨에 관한 교훈

본문과 같은 일련의 자료는 설교자와 교사들이 몇 가지 이유들에 대하여 도전하게 한다. 본문의 몇 교훈들은 누가복음의 앞 부분에서 보이는 메시지를 반복하고 있다. 본문은 분명히 내용에 있어서 통일이 잘 안 되어 있다. 그리고 실제로 마태복음과 마가복음에 있는 유사 본문은 다른 상황 중에 흩어져 있다. 뿐만 아니라 본 단원의 내용과 군중은 직전의 그것들(1-24절)로부터 돌연히 바뀌고 있다. 본문의 교훈들 중 일부는 그 자체가 완벽하여 그 의미가 상황에 좌우되지 않으며, 그 교훈들은 오류의 불안감 없이 안전하게 발췌되고 취급되었다. 그렇긴 하지만 해설자의 첫 번째 임무는 본 단원 안에서 단서를 찾는 일이다. 누가의 자료배열을 이해하는 데 도움이 될 뿐만 아니라 본 단원을 전반적으로 다루기 위한 지침을 제시하기 위한 단서를!

25절에서 누가는 다음의 말씀들이 1~24절의 군중과는 다른 이들에게 말씀하시게 될 것을 독자들로 하여금 알아차리게 하고 있다. 어떤 가정에서 소수의 사람들과 대화하시던 예수는 대중의 광장으로 되돌아오신다. 우리는 어떤 지리적 언급을 얻지는 못하지만 다시 큰 무리가 모여 있다. 예수께서는 머뭇거림이 아닌 9 : 57에서 마주치신 것과 유사한 (어떤 사람들의-역자주) 열정과 마주하고 계신 것이 분명하다. 이 사람들이 예수께로 온 것이지(26절) 예수께서 그들을 제자의 삶으로 불러들이고 계신 것이 아니다. 뒤이은 사실들을 읽어야 한다. 예루살렘과 십자가를 향하여 가고 계심을 전혀 알지 못하는 것으로 보이는 이 사람들의 열정에 대하여 예수께서 보이신 반응 그대로 읽어야 한다. 유동적 내용의 25절을 지나 26~33절은 일종의 문학적 통일을 갖추고 있다. "누구든지…… 아니하면 능히 내 제자가 되지 못하리라"는 반복된 구절로 구성된 점에 있어서 그러하다. 이러한 반복 구절은 26~27절, 그리고 33절에서도 나타난다. 동일한 표현으로 어떤 자료덩이를 열고 닫는 형식(inclusio〈포섭〉라고 호칭)은 다른 방법으로는 귀속이 불가능한 말들을 모으기 위한 문학적 수법이다. 그리고 이 모든 교훈들은 어떤 하나의 경우에 말씀해 주신 것이라고 추정할 수 없음이 분명하다. 우리가 차후에 보게 되겠지만 34~35절은 앞의 말씀과 떨어져 있는 말씀으로 보이며(같은 말씀이 마 5 : 13과 막 9 : 50에 있다.) 누가에 의해서, 사려 깊지 못한 열정에 대한 마지막 경고로, 이 위치로 옮겨져 있는 것 같다.

예수는 예루살렘을 향한 여행 중에 계시다. 그런데 그 여행의 성격은 무엇인가? 장례식 행진인가? 분명히 예수만이 자신의 죽음의 문제를 심각하게 접하고 계시고, 열두 제자는 그 사실을 아직 알아차리지 못하고 있다. 그 여행은 행진이었는가? 어떤 이들은 매우 그럴싸하게 생각할 것이다. 갈릴리 대(對) 예루살렘, 소작인들 대 권력자들, 평신도 대 성직자들, 유대인들 대 로마인들, 예수 대 종교집단 간의 계획적인 충돌을 상상하면서 격렬한 감정을 주입하여 그렇게 생각할 것이다. 그 여행은 하나의 행렬인가? 노골적으로 그 무리는 그렇게 생각하고 있다. 어떤 충돌도, 어떤 지불해야 하는 대가도, 져야 하는 십자가도 망각한 채 그렇게 생각하고 있다. 무리의 수는 늘어나고 있다. 누구나 행렬은 좋아한다. 이 극성스런 지원자들을 향하여 예수는 무엇을 말씀하셔야 할까? 요약하면 그의 말씀은 당신들이 기꺼이 나와 끝까지 동행하기를 원한다면 당신들의 지금 행동과 결심에 관하여 생각해 보라는 것이다.

십자가를 지도록 요청하심은 9 : 23에서 이미 들은 바인데, 자기 가족과 자기 생명을 미워하라(26절)는 거의 겁이 날 정도의 요구에 해당된다. 미워하라는 것은 돌아서라, 스스로 떠나라는 의미를 가진 셈어계(Semitic)의 표현이다. "난 당신을 미워한다."는 표현 속에 우리가 갖는 그러한 감정은 전혀 없다. 만약 그런 감정이라면, 26절 한 절이 특별히 자신의 가족을 사랑하라, 돌아보라, 부양하라(딤전 5 : 8), 그리고 신구약에 있는 관련된 모든 명령을 무효하게 할 것이다. 그리고 자기 생명을 미워하라는 말씀은 자기혐오나, 자신을 벌레처럼 취급하거나, 자신을 세상의 쓰레기 더미에 던지라는 요구가 아니다. 우리는 우리 자신을 심판할 권리를 부여받지 않았다. 바울은 "가혹한 헌신과 자기 비하와 육신에의 혹사"(골 2 : 23, 개역한글판에는 "자의적 숭배와 겸손과 몸을 괴롭게 하는데"-역자주)는 가치가 없다고 여겼다. 그러나 제자들에게 요구되는 것은 우리 모두가 복잡하게 얽힌 삶 속에서 충성스럽게 생활한다 하더라도 그리스도와 복음이 요구하는 것이 무엇보다 우선일 뿐만 아니라 실제로 다른 모든 것의 가치를 다시 정하는 것이다. 이렇게 함으로써 우리는 필연적으로 어떤 것들로부터는 멀리 할 수 있게 되고, 어떤 것들로부터는 돌아설 수가 있고, 또 그렇게 할 것이다.

본문(28-32절)에 구체화되어 있는 두 비유는 예수께서 앞선 여러 절에서 말씀하고 계셨던 내용을 비유적 방식으로 말해 준다. 당신이 나를 따르겠다는 말은 확실합니까? 대가는 당신이 치르고자 하는 그 이상도 괜찮은가요? 첫 번째 비유는 전원생활로부터다. 농부가 지켜 서서 도적이나, 짐승을 잡아가는지를 감시하는 포도원 안의 망대를 짓는 일에 관한 것이다. 두 번째는 전쟁과 평화와 같은 큰 문제들을 해결하는 왕의 처소의 모습을 그려 내고 있다. 부자나 가난한 자가 동일하게, 왕족이나 농사꾼이나 똑같이 시간, 소유, 그리고 인생 자체의 큰 지출을 해야 할 경우 본질적으로는 동일한 결정을 내려야 한다. 이 대가는 내가 가능해서 혹은 원해서 지불하고자 하는 것보다 더 많아도 되는가? 누군가가 제자로의 소명에 직면한다면 그 결정 또한 다르지 않다. 출발 때에는 열정이 있으나 끝낼 때까지 줄곧 수행해 갈 만한 힘이 나에게 있는가? 1960년대에 연단 받지 못한 이상주의 속에서 많은 꿈이 결국은 잘못되어졌고, 고결한 기획들이 실행에 이르지 못했다. 그러나 하나의 실행이(많은 것들 중에서) 착수되었는데, 교회를 위하여 적합하고 건전한 것이었다. 많은 교회들 안에서 사람들이 스스로 등록하려 할 때면 질문을 받았다. "당신은 당신이 하고 있는 것을 알고 계신가요? 이것이 의미하는 바를 인식하나요?" 그리고 나서 일정 기간의 교육이 이어졌다. 정확히 말하면 교리에 관해서가 아니라 제자 됨의 대가에 관한 교육이었다. 이 교육 이후에 사람들은 그 대가가 무엇인지를 계산했고, "예." 또는 "아니오."라고 대답할 기회를 가졌다. 이러한 절차를 통하여 각 사람은 누가가 말하는 '허다한 무리가 함께' 하는 상황 속에 있던 것으로 추정되는 그러한 문화환경 안에서 그리스도인이 되는 어려움을 인식했다. 안타깝게도 교인과 예산이 줄어들고 있는 교회들 안에서 많은 이들이 "등록이 예상되는 교인들에게 실망을 줄지도 모를 대가를 지불해야 한다."는 등의 말은 아주 안 하든지 뒤로 미루어야 한다고 느낀다.

34~35절의 소금에 관한 말씀은 처음 읽는 즉시 이전의 말씀과는 동떨어진 말씀으로, 이곳에 기록하는 것이 잘 맞지 않는 것으로 보여진다. 누가가 이 말씀을 이곳에 놓고 있는 이유는 뭘까? 짐작컨대, 예수께서는 열정은 있으나 자기 말씀을 잘 모르는 군중을 향하여 계속 말씀하시는 것 같다. 마치 소금이 그 맛을 잃는 것처럼 처음 시작의 헌신이 아무리 신실하다 하더라도 시간이 지남에 따라 시들어 버린다는 것이다. 주의를 집중하고 기도와 성찰과 교제와 교회활동에 함께한다 하더라도 직분을 수행하려면 심한 시련을

견디어야 할 것이다. 예루살렘은 아직도 멀리 있는 목적지가 아니고 매우 임박한 괴로운 현실이기 때문이다. 예수를 어떤 책무보다 우선에 모시는 열정이라도 "당신은 그의 제자 중 하나가 아닌가?"라는 질문을 받으면 식어진다. 그리하여 직업과 신분과 가족에 대한 다른 의무들을 우선에 두라고 연달아 마음을 흔들 것이다. 공개적이든 비공개적이든 우리 모두가 알고 있는 모든 압력 밑에서 소금이 저절로 후추가 되려 하지는 않을 것이다. 그저 서서히 자체의 맛을 잃어 갈 뿐이다. 진행은 매우 점진적일 수 있으며, 실제로 누구도 알아차리지 못한다. 그렇다. 대부분이, 그 누구라도.

누가복음 15 : 1~32

기쁨에 관한 세 가지 비유

지금 우리는 누가복음 중에서 비유들로 가득한 부분으로 들어가고 있다. 그중 대부분은 마태복음과 마가복음에 유사기록이 없다. 누가는 자연을 소재로 하는 비유들의 내용을 마태 및 마가와 공유한다. 누가복음에만 있는 비유들의 대부분은 인간의 활동 및 인간관계와 관련되고, 형식은 이야기체로 되어 있다. 이제 우리 앞에 세 편의 비유가 있다. 해설자는 우선 8 : 4~8에 있는 비유들에 관한 간략한 평론을 찾아 읽거나 거기에 인용된 글을 참고하거나 할 것이다. 15장의 세 가지 비유들은 모두가 잃어버린 것을 찾은 데 대한 기쁨을 말해 주는 3부작이다. 누가복음에서는 자료들 셋을 묶어 제시하는 방식이 특이하지 않기 때문에(9 : 57-62, 11 : 42-52, 14 : 18-20, 20 : 10-12), 이 3부작은 놀랍지 않다. 이 셋 중 처음 두 비유는 길이, 형식, 내용, 그리고 결론적 논평에 있어서도 매우 유사하여 대등하게 취급할 수 있다. 각각 "죄인 하나가 회개하면"이라는 끝내는 말은 잃어버린 양이나 잃은 은전에 맞춘 표현이라기보다 세 번째 비유를 예상하게 하는 것으로 보인다. 아마 이 구절이 하는 역할은 회개자가 돌아오게 되는 사랑하는 아버지에 관한 마지막 비유를 시작하게 하는 것이다. 잃어버린 양의 비유인 이 첫째 비유만 다른 복음서(마 18 : 12-14)에 있을 뿐 다른 비유들은 누가복음에만 있다.

누가 특유의 수법에 따라 독자들은 서론을 들음으로써 비유들을 들을 준비를 갖추게 된다. 그 서론은 말로 하는 형식으로 예수 사역의 상황을 해설하며, 여기서도 지리적 언급은 해 주지 않는다. 골격은 세 가지 진술로 이루어져 있다 : 예수께서는 세리와 죄인들이 가까이 올 정도로 매력적이셨다(1절), 바리새인들과 서기관들이 예수께서 그러한 사람들을 영접하고 식사하시는 것을 비평했다(2절). 그러자 예수는 하나의 비유로 응답하신다(3절). 그러므로 독자들은 비평자들을 향하신 예수의 반응을 듣게 된다. 여기에서 교회의 반응이 나왔다. 이 비평자들은 예수의 주위에 세리들과 죄인들이 함께 있는 것을 보면서 모순된, 부적절한, 불미스러운, 혐오스러운, 사회적으로 혼란스러운, 그리고 참 종교의 본질과 목적을 침해한다고 여겨지는 그 어떤 것을 찾아내고 있는 자들이다. 더 정확히 말하면, 이 사람들(세리와 죄인들-역자주)은 그냥 예수 앞에 있는 것이 아니라고 말해야 한다 ; 예수께서 그들을 '영접'(RSV, 개역표준판) 혹은 '환영'(NEB, 새영어성경)하고 계신다. 이 말은 예수께서 손님들인 그들에게 주인이셨음을 의미할 수도 있다. 그렇다면 문제가 되는 것은 이 거리낌 없는 영접의 표와 확증이 되고 있는, 함께 떡을 나누는 식탁의 교제이다. 우리는 지금까지 예수 배척의 후렴처럼 되어 버린, "보라 먹기를 탐하고 포도주를 즐기는 사람이요 세리와 죄인의 친구로다" (7 : 34)라는 비난의 말을 기억한다. 세리들과 죄인들이 무엇 때문에 그렇게 모욕적인 취급을 받아야 했는지, 그리고 식탁에서의 교제에 관하여 무엇이 그렇게 크게 중요했는지에 대해서는 5 : 29~32과 7 : 31~35의 주석을 다시 보면 도움이 될 것이다.

비유 자체로 옮겨 가기 전에 독자는 이야기를 받아들이면서 자신이 어떤 입장에 설 것인지를 고려하는 시간을 갖고자 할 것이다. 비평자들을 향하여 이 비유들을 말씀하시는 예수와 일행인 것처럼 예수의 옆자리를 택할 것인가, 예수께로부터 말씀을 듣고 있는 자들 사이에 끼어들 것인가? 예수께서 반대자들을 만나고 계시는 본문들에 관하여, 이 본문들을 다루고 있는 우리들은 매우 쉽게, 그러나 분명히 의도하지는 않았으면서도, 예수의 음성을 들을 필요가 있는 자들로서가 아니고 자기 말이 예수의 음성인 양 사람들에게 설교하고 가르치게 된다. 이는 우리가 자신을 바리새인들과 서기관들의 부류에 놓아야 된다는 의미는 아니다. 그러나 이들 본문이 단순히 예수 주변의 신앙공동체 내부에 있었던 역사적 관심사를 기록한 것이 아니라 기본적으로 본문은 바리새인들과 서기관들에게 결부된 문제를 가진 교회를 향하여 말하고 있으므로 여기에 기록되었음을 확실하게 의미한다. "주여, 나는 그들과 같지 않음을 감사하나이다."라고 말할 여지는 없는 것이다. 뿐만 아니라 이 이야기 속에 우리 자신을 주입시키게 되면 우리는 예수와 뜻을 같이 하지 않았던 자들(비평자들-역자주)을 더욱 잘 인식하게 될 것이다. 그들은 악한 자들과 연합함에 관한, 구약성경에 엄중하게 진술되어 있는 경고(잠 1 : 15, 시 1편, 사 52 : 11)를 주장하는 입장에 있다. 이 경고는 바울이 고린도 교회 안에 있었던 도덕적 문제(고후 6 : 14-18)를 취급할 때 자료가 되었다. 그리고 "같은 깃털을 가진 새들은 함께 무리 짓는 거야."라고 십대의 자녀에게 말하지 않는 부모가 어디에 있겠는가? 선량하고 악한 사람들을 분리하는 것은 공동체가 의(義)의 감각을 갖게 하고, 젊은이들에게 도덕적 교훈을 가르치는 데 필수적이다. 이 사실을 믿는 사람들은 바리새인들만이 아니다. 그러한 구분을 예수께서 말씀하지 아니한 사실은 공동체의 도덕적, 신앙적 성격, 그리고 불안한 급진주의 사람들에게 위험 요소가 되고 있는 것 같다. 심지어 지금도 교회 안에서조차 그렇게 인정하고 있는 사람들이 있다. 아마 우리에게 가장 적합한 입장은 예수 또는 바리새인들과 함께가 아닌, 우리들 자신이 그분에게 영접 받고, 또 용서받은 자들임을 알고 있는 세리들과 죄인들의 입장일 것이다.

찾은 양과 찾은 은전의 비유(15 : 4-10)

누가는 8절에 접속사 '또한'(개역한글판에는 생략됨.-역자주)을 사용하여 '어느 사람이', '어느 여자가'라는 말로 확실히 쌍둥이로 되어 있는 이 두 개의 비유들을 연결하고 있다. 마태복음은 되찾은 양의 이야기를 잘못을 원상으로 회복시키기 위하여 교회의 지도자들을 가르치시는 상황(18 : 1-14) 속에 놓고 있다. 마태복음에서 '길 잃은' 양을 찾고 있는데, 만일 찾는다면 (18 : 13) 거기에 기쁨이 있다. 누가복음에는 마치 예수의 말씀을 듣기 위하여 왔던 죄인들 같은, 양을 잃은 상태이며 '찾을 때까지'(4절, 개역한글판에는 '찾도록'-역자주) 찾는다. 누가복음이 보여 주는 자애로운 목자의 배경은 에

스겔 34 : 12, 이사야 40 : 11, 49 : 22에 있다. 그리고 이 구절들은 하나님을 잃은 양을 찾으시고 부드럽게 원래 모습으로 회복해 주시는 목자의 모습으로 그려 내고 있다. 잃은 양에 대한 사랑은 너무도 간절하여 찾는 일이 진행되는 동안 아흔 아홉 마리는 들(황무지)에 놓아 둔다. 아흔 아홉은 우리 안에 안전하게 보호받고 있다는 가사는 누가복음이 아니라 옛 복음송에 있다. 만약 아흔 아홉이 우리 안에 안전하게 있는 상황이라면 잃어버린 한 마리를 찾는 것은 단지 손실을 안 보려는 행동이요, 상식에서 나온 실천일 뿐이다. 손실을 당할 가능성이 전혀 없고 이득이 가능할 경우, 그것을 위해 행동하지 않는 것은 어리석은 일이다. 그러나 아흔 아홉을 들에 놔둔 목자가 찾고 있는 한 마리는 어떻게 값을 매겨야 할까? 그 목자가 어리석은 사람이거나 아니면 잃은 양을 사랑하여 그것을 찾기까지 자신의 생명을 포함한 모든 것을 걸고 모험을 하고 있는 것이다.

누가가 한 사람에 관한 비유와 한 여자에 관한 비유를 병행시키고 있는 것은 놀라운 일이 아니다 ; 우리는 앞에서 그의 포괄적 방법을 많이 접하였다. 여자의 은전(드라크마) 10개는 약 10일간의 품삯과 절약해 왔던 수개월을 말해 준다. 목자처럼 이 여자는 '그것을 찾기까지'(개역한글판에는 '찾도록'-역자주) 찾고 있다(8절). 이 두 이야기 중에 포기란 없다. 찾아냄에 대한 기쁨은 너무도 커서 억제할 수가 없다. 혼자서는 그것을 충분히 자축할 수가 없으므로 다른 이들을 초청하는 연회를 열어야 했다. 예수께서는 잃어버린 자들을 찾았음을 자축하는 일에 자기를 비평하는 자들까지도 자기와 함께 하도록 하시고, 하늘에 있는 모든 자들도 초대하고 계신다. 이 기쁨은 다음의 비유 속에서 돌아온 아들을 위한 잔치에서 더 충분히 묘사되고 있는데, 이는 복음의 핵심이다. 잃어버린 것을 찾아내고 회복시키는 것은 하나님의 사역에 종사하는 사람들은 말할 것도 없고 하나님께도 기쁨을 드리게 된다. 그러나 이 기쁨은 또한 복음을 오해할 소지가 되기도 한다. 잃어버린 양을 찾았다고 자축을 한다고? 그럴 수 있다. 잃어버린 은전을 찾았다고 축하행사를 한다고? 그럴 수 있다. 그러나 탕자를 위하여 연회를 연다고? 탕자가 결코 잊을 수 없는 교훈을 배웠다면 그것이 그에게 더 좋게 된 일이며, 이웃들에게 훌륭한 증거가 되고, 하나님의 의에 대한 실증이 되지 않을까?

사랑의 아버지에 관한 비유(15 : 11-32)

예수의 모든 비유들 가운데 가장 잘 알려져 있는 이 이야기는 극적으로 전해 주는 은혜에 역행하는 행위의 충격을 충분히 느껴 보지 못한 많은 사람들에 의해 환영을 받아 왔다. 이 비유의 초점은 아버지다 : "어떤 사람이 두 아들이 있는데……". 그런데도 이 비유는 탕자의 비유로 불려진다. 이 비유를 이런 식으로 이해하여 교회에서 설교 중에 이 비유 자체의 메시지보다는 이 비유의 적용을 더 많이 논하고 있다. 실제로 본 장의 세 비유 모두 그것들의 긍정적인 모습보다는 부정적인 모습으로 더 잘 알려져 있다 : 되찾은 양이 아닌 잃어버린 양 ; 되찾은 은전이 아니고 잃어버린 은전 ; 사랑을 가진 아버지가 아닌 탕자가 된 아들이다. 세 가지 모두가 기쁨의 잔치로 끝나고 있는데도 그러하다. 특히 미국의 교회들 안에서 매우 많은 설교가 복음 자체보다는 지나치게 많은 시간을 복음에 의해 제시된 조건들을 다루고 있다. 짙은 벨벳으로 된 배경이 모종의 조화를 이루어 금강석의 아름다움을 드러내는 데 도움을 주는 것은 사실이다. 하지만 일부 설교자들은 금강석보다 그 짙은 배경을 더 좋아하고 있다는 인상을 줄 때가 많다. 이 비유는 사랑과 용서와 기쁨의 비유다.

이 비유는 비범하다. 구성에 있어서 말을 아끼면서 진행되는 줄거리, 꼭 필요한 인물들만으로, 한 이야기 중에 두 장면만으로, 독자의 동의가 충족되기를 바라는 하나의 결단에 이르게 함에 있어서 그러하다. 아버지가 집에 있으면서 열심히 일한 아들을 위하여 잔치를 베풀어 줄 것이라고 예상했던 (또는 원했던) 독자들은 "우리가 즐거워하고 기뻐하는 것이 마땅하다."라는 간략한 선언으로 이 비유가 맥이 빠지지 않게 되는 감동을 경험한다. 은혜가 정의를 누그러뜨리고, 이 비유가 비유에 꼭 필요한 억제력을 가짐으로써 독자는 긴장감을 억제하느라 애쓰게 된다. 이 비유는 자체가 갖고 있는 가치의 틀을 지속하고 있다 : 작은 아들은 죽었다가 살아났고 잃었는데 되찾았다고 두 번 말하고 있는 점(24, 32절)에 있어서 그러하다. 독자들은 결론 부분의 강조라는 문학적 원리에 따라서 마지막 구절이 "죽었다가 살아났고"라고 되었다고 예상할 것이다. 어떤 상황도 죽음보다 더 나쁘지 않고, 어떤 상황도 살아 있는 것보다 더 좋을 수 없다는 전제 아래서 그러할 것이다.

그러나 그것은 이 비유가 말하는 가치들의 범위로 볼 때 절정은 아니다. 죽음보다 더 나쁜 상황이 잃어버린 것이며, 살아 있는 것보다 더 좋은 상황이 되찾은 것이다. 그리고 몇몇 학자들이 주장하고 있는 11~32절이 두 비유(11-24, 25-32절)의 결합이라는 판단은 두 가지 요점을 놓치고 있다. 첫째, 서두에 '어떤 사람이 두 아들이 있는데'는 이 이야기의 요소가 되는 두 아들과 아버지와의 관련을 설정하고 있다. 이 이야기는 둘째 아들의 비유도 큰 아들의 비유도 아닌 아버지의 비유이다. 단지 이 이야기를 탕자의 이야기라고 생각한다면 큰 아들의 장면이 부가된 것처럼 생각될 뿐이다. 둘째, 24절에 있는 분명한 결론이 32절에서 다시 발견된다. 그렇다 해서 두 개의 이야기라고 선을 긋고 있지는 않다. 글귀의 반복은 비유 안에서 보기 드문 사실이 아니기 때문이다(예를 들어, 마 25 : 14-30).

모든 비유들을 취급함에 있어서 교사와 설교자들은 그것을 설명하려 하지 않음이 잘하는 것이다. 비유로 하여금 듣는 이들에게 스스로 스며들어 설득해야 한다. 농담에다 설명을 곁들이는 것처럼, 비유에 설명을 가미하면 듣는 이들의 감정을 상하게 한다. 물론 최초의 청중이 처했던 시대와 장소를 무시하고 듣는 이들에게 장애가 되고 이해를 가로막는 어떠한 것들이라도 제거하고 싶을 것이다. 그러하기에 그 비유에 관한 지식의 단편들은 그 비유가 스스로 다시 말할 수 있게 해 줄 수 있다. 예컨대 유대인의 관습에 따르면, 작은 아들은 대체로 미리 나누어 놓은 유산 전체의 삼분지 일을 아버지의 사망 때 받았다(왕상 1-2장). 돼지고기를 먹으면 이방인이 되었고, 이는 언약을 이탈하는 행위였다(레 11 : 7, 사 65 : 4, 66 : 17). 말씀하신 쥐엄열매(16절)는 구주콩나무의 긴 꼬투리로 동물들이 먹었고, 때로는 매우 가난한 자들도 먹었다. 이런 것들을 제외하면 용어, 행위, 그리고 인생 이야기에 속한 관련 사항 등은 오늘의 청중이 익히 아는 것들이다.

의문의 여지 없이, 이 비유는 최초의 청중이었던 바리새인들과 서기관들에게 거리낌이 되었고, 시간이 흘러도 그 거리낌은 없어지지 않았다. 만일 무엇인가 그 이야기를 무의미하게 했다면 이 이야기를 너무 자주 한 것, 더욱 정확히 말하면, 그 이야기의 한 부분만 이야기한 점일 것이다. 우리는 집을 뛰쳐나온 재미를 즐기는 청년에 관하여, 또는 춤추기를 배워 본 적이 없는 마음이 완고한 구두쇠로 풍자되는 큰 아들에 대하여 너무 자주 듣고 있다.

만일 어떤 사람들이 이 이야기의 알려진 부분만을 자주 듣고 은혜가 공정성에 역행할 수 있다는 사실이나, 용서가 어떻게 묵인함으로 통하는지에 대한 참 인식을 갖지 못한다면, 이 이야기 속에 있는 그냥 넘겨 버리기 쉬운 두 가지 요소에 주목하는 것이 좋을 것이다. 그 하나는 잔치다. 큰 아들의 감정을 상하게 한 것은 다름 아닌 음악과 춤이었다. 물론 작은 아들을 집으로 돌아오게 해야 할 것이다. 유대교나 기독교에는 회개하고 돌아오는 자들의 복권을 위한 규정들이 있다. 그러나 그러한 규정들 중에 음악과 춤을 갖춘 잔치가 포함된다는 조항은 어디에 있단 말인가?

그렇다. 탕자는 돌아오게 해야 한다. 그러나 떡과 물이지 살진 송아지는 아니다 ; 실이 굵은 삼베옷이지 새 예복은 아니다 ; 재를 뒤집어써야지 새 가락지는 아니다 ; 눈물이어야지 흥겨움이 아니다 ; 무릎을 꿇어야지 춤은 아니다. 이 잔치는 죄와 회개의 진지함을 상쇄시켰는가? 만약 우리가 그 집의 이웃에 산다면 그 잔치에 참여했을지 신중하게 생각해야 할 것이다. 못 보고 넘길 수 있는 두 번째 요소는 이 아버지가 두 아들을 두었을 뿐만 아니라 두 아들을 사랑했다는 사실이다. 두 아들을 만나러 밖으로 나갔다(20, 28절). 그리고 두 아들 모두에게 관대했다(12, 22, 31절). 우리의 공통된 생각은 승자가 있으면 패자가 있다는 것인데, 이는 아마 우리 사회의 협동심보다는 경쟁심 때문일 것이다. 그리하여 신앙 안에서도 유대인이냐 이방인이냐, 가난한 자냐 부자냐, 성도냐 죄인이냐, 세리냐 바리새인이냐, 큰 아들이냐 작은 아들이냐라고 생각하지 않기란 매우 어렵다. 그러나 하나님의 사랑은 양쪽 다이지 둘 중 어느 하나가 아니다. 둘째 아들을 맞아들였다고 해서 큰 아들을 배척했음을 의미하지 않았고, 세리와 죄인들을 사랑한다고 해서 바리새인과 서기관들에 대한 사랑을 부정한 것이 결코 아니다. 그것이 곧 하나님의 사랑이다. 그러나 우리는 다른 사람들을 향한 하나님의 은혜로 인하여 감정이 상하게 되기 쉽다. 특별히 그 사람의 행위와 인격에 대하여 심각한 의문을 가질 때 그러하다.

누가복음 16 : 1~31

부자에 관한 비유

만약 예루살렘을 향한 여행을 예수께서 자기를 따르는 자들(독자를 포함하여)로 하여금 예수의 수난뿐만 아니라 예루살렘까지의 사건들과 그 이후의 사건들에 대한 제자의 도리를 준비시킴에 대한 누가의 기록으로 이해한다면, 우리는 소유에 관한 일련의 가르치심은 예상된 것이며 필수적인 것이라고 말할 수 있을 것이다. 누가가 예수께서 제자들에게 해 주신 교훈들을 모아서 다룸에 있어서 그에게는 이 주제가 매우 큰 관심사였다. 이 말은 신약성경의 다른 기자들이 이 내용을 등한히 했다는 의미가 아니다. 결코 그렇지 않다. 하지만 우리는 누가복음에서 마치 노래의 후렴처럼 자주 재물과 빈곤의 문제를 접해 왔다. 누가는 이 주제를 독자들 앞에 내어놓기 위하여 그가 사용할 수 있는 모든 문학적 수단을 실제로 활용하였다. 마리아의 노래(1 : 46-55), 세례 요한의 설교(3 : 10-14), 이사야 61 : 1~2의 예언(4 : 16-30), 복과 화(6 : 20-25), 어리석은 부자 비유(12 : 13-21), 염려에 관한 경고들(12 : 22-31), 손님과 주인을 향한 권고(14 : 7-14), 그리고 지금 16장의 두 비유에서 그렇다.

그러나 소유에 관한 누가의 말씀이 다양성을 갖추고 있는 것은 문학적 형식에서만은 아니다. 메시지 자체가 언제나 동일하지 않다. 부자들에게 화가 선언되지만 부자가 구원을 받는다(19 : 1-10). 전도자들은 그들의 여정에 어떤 준비물도 가져가서는 안 되지만, 그들에게 음식과 숙소를 제공한 자들은 복을 받는다. 가난한 자들에게 최상의 복을 말씀하시지만 소유물은 선을 위하여 사용될 수 있다(8 : 1-3, 10 : 29-37, 12 : 32-34). 초대교회에서 가진 자들은 그렇지 못한 자들과 자발적으로 가진 것들을 함께 썼다. 그리고 바울의 사역에는 유대에서 흉년을 만난 가난한 자들을 위한 헌금을 받고 전달하는 일도 있었다(행 2 : 44-45, 4 : 32-35, 11 : 27-30). 실제로 지금 우리가 취급하려는 두 개의 비유는 물질적인 것들에 대한 긍정 및 부정적인 활용을 대표적으로 기술하고 있다. 분명하게 우리는 물론이고 누가도 알고 있었다 : 부와 빈곤의 문제들은 복합적이며 금전에 관한 걱정은 그것을 가진 자들과 그렇지 않은 자들 모두에게 있는 하나의 병(病)이다. 그리고 자신의 소유를 관대하게 나누는 것은 물건을 가짐으로써 얽혀 있는 영혼의 위험으로부터 자신을 자유케 한다. 전반적으로 누가는 번영이 인생에 그림자를 드리우고, 하나님께서 특별하게 관심을 가지시는 대상은 가난한 자들이라고 이해하고 있다. 이 확신은 다른 어디에서보다 부자와 나사로의 비유에서 더욱 분명하다. 지금 우리 앞의 두 번째 비유가 그것이다.

16장의 논의는 두 부분으로 되어 있다 : 1~13절과 14~31절이다. 각 부분에는 그 중심부에 비유가 있다. 그리고 그 비유들은 "어떤 부자에게 청지기가 있는데"로 시작한다. 첫 부분은 제자들을 향한 말씀이다(1절). 그리고 금전의 건설적 사용을 말씀하신다. 두 번째는 바리새인들에게 하신 것이다(14절). 그리고 영적으로 중대한 결과를 가져오는 금전의 활용을 지적하신다. 첫 번째 부분의 말씀 중에는 13절만 다른 복음서에 유사 구절이 있다(마 6 : 24). 두 번째 부분의 16~18절은 마태복음 11 : 12~13, 5 : 18, 32, 19 : 9, 그리고 마가복음 10 : 11~12에 유사 구절이 있다. 누가가 하나의 길지 않은 말씀 속에 연결 지어 놓은, 이 여러 곳에서 온 유사 구절들은 우리로 하여금 주의를 기울이게 한다. 누가의 갑작스런 전환과 비연속성을 알기 위하여 누가의 문장 구성의 원리를 찾아내야 하는 필요에 대한 주의다. 우리는 다음 사실을 앎으로써 우리 스스로를 미리 위로할지도 모른다. 대부분의 누가복음 학자들이 부(富)에 관한 더 방대한 논의 안에서 다루는 16~18절의 내용은 그 기록상의 위치가 어디인지 대단한 신비로 남아 있다는 사실이다.

영리한 청지기의 비유(16 : 1-13)

이 비유는 제자들에게 말씀하신 것이다. 그리고 여기서 이 복음서의 기자는 다른 곳에서와 같이 비유뿐만 아니라 해석하는 논평도 제시한다. 누가는 모든 설교자들이 하는 것을 하고 있다. 즉, 새로운 상황 중에 있는 새로운 청중을 향하여 예수께서 말씀하신 것을 해석하고 있다. 이 비유에 대한 누가의 해석을 이해하기 위하여 비유 자체와 누가의 논평을 구별할 필요가 있다. 이 구별을 하는 것은 우리가(어떤 연구자들을 위한 일이긴 하지만) '예수께로 다가가는 복음의 배경'에 접근해 가는 하나의 방법이 아니고, 본문 권위의 수준을 분간하려는 목적도 아니다. 다시 말하면, 예수의 말씀은 누가의 말보다 더 권위를 갖는다. 그러나 우리는 모든 본문을 성경으로 받아들이고 그대로 다룰 것이다. 그러나 이 본문은 누가에 의한 복음이고, 우리는 그가 전하는 예수에 관한 것과 예수로부터의 메시지를 듣고자 할 것이다. 우리는

묻는다 : 이 비유는 어디에서 끝나고 해설은 어디에서 시작되는가? 9절의 시작에 "내가 너희에게 말하노니"는 분명히 주님의 말씀이다. 이 비유에 대한 예수 자신의 해석을 누가가 전해 주고 있는 것이다. 그렇다면, 9절은 이 비유의 의미를 이렇게 해석하고 있다 : 제자들이 천국과 미래를 확실하게 보장받기 위해서는 물질적인 것들('mammon'은 셈어인데, 돈을 의미한다.)을 취급해야 한다. 이 말은 사람이 소유를 어떻게 취급하느냐에 따라서 영원의 결과를 얻게 된다는 것이다. 그러므로 9절은 예수께서 12 : 33에서 하신 말씀을 확실하게 하고 있다 : "너희 소유를 팔아 구제하여 낡아지지 아니하는 주머니를 만들라 곧 하늘에 둔 바 다함이 없는 보물이니". 그런데 8절 하반절 역시 이 비유에 대한 해석을 총괄적으로 하고 있는 것으로 보인다. 8절 하반절에 의하면, 이 비유가 빛의 자녀들(살전 5 : 4-5)로 하여금 세상의 사람들로부터 배울 것을 권하고 있다. 그렇다면 교훈은 무엇인가? 이 비유 속의 청지기처럼 자기의 미래를 잃지 않고 얻기 위하여 소유물을 활용하라는 것이다. 만약 그렇다면, 이 비유는 8절 상반절에서 끝난다. 이 청지기는 그의 영리함(NEB〈새영어성경〉)으로 인하여 분별력 있는 사람으로 칭찬을 받고 있다.

많은 그리스도인들이 이 비유에 의해 거리낌을 받아 왔다. 그 이유는 두 가지다. 첫째는, 어떤 이들은 이 사실로 혼동을 하게 되는데, 예수께서는 부정직하게 행동하는 사람에게서 칭찬할 만한 것을 찾아내고 계시는가이다. 이 사실은 거리낌의 이유로는 선명하지 않다. 왜냐하면 모든 사람은 칭찬의 자격과 무자격에 관하여 뒤범벅이기 때문이다. 가족에 대한 사랑, 관대함, 그리고 충성은 유쾌하지 않은 방식으로 사람들 앞에서 칭송되는 특성을 가지고 있다. 예수께서 부정직을 칭찬하지 아니하셨다는 사실은 말할 필요가 없다. 그리고 이 부정직은 그에 관한 다른 모든 것을 무색하게 하는 것이 아닌 그 사람 속에 있던 한 가지 본성일 뿐이다. 어떤 주석가들은 다음과 같이 말함으로 이 청지기를 깨끗하게 보여 주고자 한다. 즉, 자기 주인에게 갚아야 할 다양한 부채를 감해 주는 것은 단순히 청지기에게 위임된 것들 중에서 공제(控除)하여 그 대가로 자기 주인의 고객들에게 장차 우호적인 대접을 받으려고 기꺼이 받아들이는 일시적인 손실이라는 것이다. 이 주장은 흥미로운 견해이다. 그러나 이것이 사실이라면, 이 청지기는 부정직한 것이 아니다. 더욱 그럴듯한 해설은 자기가 해고될 때 장차 자기를 환대해 줄 자들의 호의를 얻으려고 자기 주인에게 갚아야 할 양을 변조했다는 것이다(4절). 이 비유에 관련된 두 번째 거리낌은 그 나라의 사람들('빛의 자녀')을 설명하는 데 '약삭빠른'(개역한글판에는 '지혜 있게'-역자주), 그리고 '영리한'(개역한글판에는 '지혜로움'-역자주)과 같은 말을 사용하고 있는 점이다. 이런 말들은 윤리적으로 의심스런 행동이 아니면, 이기적인 행동과 매우 흔하게 연결되어 쓰이고 있다. 그리하여 어떤 '약삭빠른 성도'라는 표현은 앞뒤가 안 맞는다. 물론 교회 안에서 많은 이들이 단지 상상하는 그것을 천국 활동이라고 받아들이는 반지성적 경향과 그것을 마지못해 추종하는 데는 문제가 있다. 마태복음 10 : 16에 예수께서 자기 제자들에게 경각심을 주시기 위하여 "뱀같이 지혜롭고 비둘기같이 순결하라."고 말씀하셨음에도 불구하고, 분명히 어린이처럼 되는 것이 순진함으로 받아들여지고 있다.

그러므로 요약하면, 이 영리한 청지기 비유와 수반되는 해설은 예수의 제자들에게 말한다 : 소유물들에는 위험이 있다. 하지만 하나님 나라의 생활에 적합한 방법으로 그것들을 운용하는 것은 가능하다. 그런데 11 : 1~13이 기도를 주제로 하여 그러했듯이, 누가는 물질적인 것들을 내용으로 한 예수의 다른 말씀들을 모으는 데 이 비유를 활용하고 있다. 10~13절에 있는 각 절의 말씀들은 이 비유 자체의 의미와 전혀 결부되지 않는 잠언적 진리를 진술한다. 10~12절에는 논리학자들이 포르티오리(fortiori, 작은 것에서 큰 것으로의 논법) 논법이라 부르는 구조로 된 말씀들이 있다. 제자의 생활은 매일 반복되고 익숙해진 일에 성실하게 주의를 기울여야 하지만 그것들이 사소하고 중요하지 않은 것처럼 보인다. 오늘의 동전과 은전에 충성스런 사람은 많은 금액을 맡아도 신뢰받을 사람이다. 그러나 주요 업무에는 자신이 충분히 신뢰받을 만하다고 믿으면서도 사소한 의무에는 무관심하게 되기 쉽다. 이런 말씀들의 사실성은 인생이 작은 기회들의 연속으로 이루어져 있다는 것이다. 우리들 대부분은 이번 주에 함선에 이름을 지어 주거나, 책을 저술하거나, 전쟁을 종료시키거나, 내각을 임명하거나, 여왕폐하와 식사하거나, 한 민족을 개종시키거나, 기둥 위에서 화형을 당하거나 하지 않는다. 그보다 있을 법한 일은 이번 주에 물 한 잔을 베푸는 기회, 메모, 요양원 방문, 군수 선거, 주일학교 반에서 가르치기, 함께 식사하기, 꼬마에게 이야기해 주기, 찬양대 연습에 가기, 이웃집이 맡긴 고양이 돌보기와 같은 일을 할 기회를 얻게 되는 것이다. "지극히 작은 것에 충성된 자는 큰 것에도 충성되고"(10절). 13절은 문학적 형식에 있어 갑작스런 전환을 한다. 10~12절의 '작은 것에서 큰 것으로'가 '모든 것 또는 전혀 없는 것'을 선언하는 데 이른다. 어떤 하인이라도 동시에 두 주인에게 충성을 맹세할 수 없다. 그렇게 하려고 하는 사람이라도 시간이 지나면 실제로 한 쪽에만 사랑과 충성이 드려지고 있음을 알게 된다.

부자와 나사로의 비유(16 : 14-31)

본 장의 첫 번째 비유(1-8a절)에는 이 비유의 해설이 뒤따르고 전반적인 주제는 소유물이다(8b-13절). 이와는 대조적으로 두 번째 비유에는 독자가 선명하게 알 수 있는 방법은 아니지만 본 비유를 아우르는 해설이 앞서고 있다(14-18절). 듣는 사람들은 제자들이 아니고 돈에 관한 예수의 입장을 비웃고 돈을 사랑하는 자들로 그려진 바리새인들이다(14절). 이 사람들을 겉치레만 내세우는 신앙을 가진 경건치 못한 물질주의자들로 묘사할 필요는 없다. 우리의 문화 속에서 돈에 정신이 팔려 있으면, 성경을 높이 들고 하나님에 대한 우리의 믿음을 너무 쉽게 말하게 되지 않나 하는 의심을 하기에 이르렀지만 그러하다. 바리새인들은 그들의 입장을 정당화해 주는 신학적 구조 안에서 돈을 사랑한다(15절). 예수께서는 하나님과 재물을 분리하셨는데(13절), 그들은 예수의 이 견해를 비웃었다. 이 사실은 분명하게 하나님과 재물이 거리낌 없이 함께할 수 있다는 신학이 있음을 의미한다. 신명기 안에서(그러한 전통의 다른 책들 안에서) 이와 연관된 말씀이 분명하기 때문에 그러한 신학은 종종 '신명기적'이라고 불려진다. 하나님께 순종하라. 그리하면 전쟁 중에, 시장에서, 들에서, 가정에서 복을 받을 것이다(신 28장).

경건함은 부와 결속된다 ; 번영은 하나님의 호의의 분명한 표시이다. 성경 안에서, 그리고 오늘날 그리스도인들 사이에 있는 이 논쟁은 13 : 1~5에서 논한 바 있으므로 여기서 반복할 필요는 없다. 여기서는 예수와 바리새인들이 부와 가난에 대한 신학적 해석에 있어서 서로 달랐음을 말하는 것으로 충분하다. 만일 바리새인들이 그들의 풍성함으로 구제하고 자선행위를 하는 그들의 입장을 정당화한다면 예수는 말씀하신다. 하나님께서는 온갖 실상을 알고 계시며, 우리들의 노력에 대한 하나님의 평가는 우리 자신의 평가와는 종종 반대라는 것이다.

제자들로부터 바리새인들로 청중이 바뀌는 상황이 갑작스럽지만 이 신속한 전환은 돈에 관한 주제가 바뀌지 않고 그대로여서 좀 부드러워진다. 그렇긴 하나 16~18절은 문맥상 연속성에 대한 어려운 문제를 독자에게 주고 있다. 이 특이한 삽입으로 보이는 것에 대한 설명으로 여러 이론들이 제시되고 있다. 어떤 학자들은 누가가 그의 자료(이 자료는 Q로 불려지고 있는데, 마태복음과 마가복음에도 공통으로 있는 자료에 대한 명칭이다.) 속에서 함께 있는 이 말씀들을 발견했다고 주장한다. 그리하여 그는 그 자료를 있던 그대로 남겼을 뿐이라는 것이다. 누가의 문학적 형식의 기본이 되는 자료를 신명기에서 찾고 있는(9 : 51의 주석을 참고하라.) 사람들은 신명기에 있는 유사한 문학적 비연속성을 지적하면서 본론의 난제를 다룬다. 예를 들면, 18절은 결혼과 이혼에 관한 예수의 말씀을 소개하면서 주장을 펴 나간다.

신명기 24장에서는 소유물과 경제적 책임이 주요 논제로 되고 있는 문맥에서 결혼과 이혼이 논의되고 있다. 실용적이고 목회적 정신을 가진 다른 주석가들은 물질적인 것들을 논함에 있어 이혼에 관한 진술은 전혀 잘못된 것이 아니라고 생각한다. 이 두 가지 주제는 통상적으로 결합되어 있다는 것이다. 플라우버트(Gustave Flaubert)의 소설, 「보바리 부인」(*Madame Bovary*)에서 친숙한 구절의 내용은 경험에 의해 증명되고 있다 : “사랑 때문에 불어오는 온갖 바람들 중에 돈 달라는 요구야말로 가장 차갑고 극도로 파멸적이야”. 아마 이 본문을 가장 천재적이고 설득력 있게 다룬 사람은 엘리스(E. Earle Ellis)일 것이다(누가복음〈*The Gospel of Luke*〉, p. 201). 그는 그 자료들이 부자와 나사로의 비유(19-31절)를 이끌고 있는 것으로 본다. 우리가 곧 보게 되겠지만 이 비유는 두 부분으로 나누어지는 것처럼 보인다 : 부자와 나사로, 그리고 그들의 운명을 말해 주는 19~26절과 율법과 선지자들을 믿지 않음으로써 복음을 믿지 않게 됨을 말해 주는 27~31절이다. 엘리스는 14~15절에서는 이 비유의 첫 부분을 소개하고, 율법과 선지자들에 관한 말씀인 16~18절은 두 번째 부분을 소개한다고 주장한다. 이 이론은 누가복음의 독자들을 만족시키기에는 좀 난해하게 여겨질 수도 있을 것이다. 만약 바리새인들이 부에 대한 애착을 정당화하기 위해서 율법과 선지자들을 오해하고 있다면, 그리고 이 비유 속에 있는 부자가 자신과 나사로의 상황을 율법과 선지자들의 일정한 해석에 따라서 하나님의 호의와 냉대의 증거로 해석한다면, 바리새인들과 이 부자는 모두 자기들의 생활 형태를 정당화하기 위하여 활용했던 바로 그 성경말씀에 의해 심판을 받게 된다. 따라서 31절은 19절이 아닌 14절에서 소개된 것을 종결하고 있는 것이다. 우리는 그렇게 연결된 것을 전제로 하여 이 말씀들을 거론해 갈 것이지만 한 순간도 갖가지 해석을 가로막는 난점들을 몰라 하지는 않을 것이다.

바리새인들은 신명기와 함께 다른 선택된 본문들에서 일종의 부에 대한 복음을 찾아냈다. 그 복음을 부정할 수는 없다 : 의인들은 번영하고 악인들은 고통을 겪는다는 입장을 지지하는 성경말씀이 발견된다(13 : 1-5의 주석을 참고하라). 예수께서는 가난한 자들을 축복하시고 각자의 소유를 궁핍한 자들과 스스로 나누라고 강력하게 말씀하셨는데, 바리새인들의 견해를 구약성경에 대한 큰 오해로 여기셨다. 천국의 복음이 요한의 때부터 줄곧 전파되었고, 많은 사람들이 천국의 문으로 쇄도하고 있지만(16절), 이것이 율법과 선지자들이 무효가 됨을 의미하지는 않았다. 바리새인들과 예수의 논쟁은 새로운 것이 옛 것을 대신한 사례가 아니다 ; 결코 그렇지 않다. 예수의 주장은 옛 것을 바르게 알아차리라는 것이다. 율법의 한 점(필경사가 기록 중에 본문에 표시)이라도 무효가 되지 않았다(17절). 예수의 말씀하심과 행위는 정당하게 인식된 율법에 따른 것이다. 예를 들어, 신명기 24 : 1~4을 어떤 바리새인들은 하나의 혼인에서 벗어나 다른 혼인을 할 수 있다는 내용으로 해석한다. 그러나 예수께서는 결혼은 신성하고 일생에 걸친 언약이며, 혼인 파괴는 죄라고 말씀하신다(18절). 18절에서는 율법의 정당한 활용 대(對) 부정한 활용의 실례 이외에 다른 이유를 찾아보기란 어렵다. 마태복음(마 19 : 3-12)과 마가복음(막 10 : 2-12)은 모두 결혼과 이혼의 문제를 상당히 길게 취급하고 있고, 이 논의에 관한 하나의 문맥을 만들어 내고 있다(고전 7 : 10-16도 참고하라). 누가복음 16 : 14~31의 주제는 결혼과 이혼이 아니고, 율법과 선지자들에 대한 바른 해석이다. 이제 예수께서는 바리새인들을 향하여 성경말씀에 대한 큰 오해와 그 결과를 선명하게 극적으로 보여주는 한 이야기를 준비하신다.

우리는 부자와 나사로의 이야기를 하나의 비유로 말해 왔다. 문학의 대부분에서 그렇게 부르고 있기 때문이다. 그러나 우리는 이 이야기가 예수의 비유 중 나사로와 아브라함 같은 고유한 이름이 사용된 유일한 '비유'임을 알고 있다(라틴어로 된 불가타역에는 '부자'가 '다이브스'〈Dives〉로 번역되었다. 그러나 그것은 사람의 이름이 아니다). 게다가 나사로라는 이름의 사용과 그를 죽음으로부터 살린다는 말이 나오는 것은 누가의 이야기와 요한복음 11장에 있는 나사로의 부활에 대한 기록 사이에 연관이 있는지 의문을 갖게 한다. 여기서 우연의 일치 그 이상을 상상할 수도 있겠지만 원래의 자료와 영향 등에 관한 여러 추정은 19~31절에 대한 우리의 논의를 진행시키지 못하게 할 것이다. 끝으로, 이 이야기가 비유인가에 대한 문제는 이야기의 통일성에 관한 의문이다 : 이 이야기는 하나의 이야기인가, 아니면 덧붙여진 하나의 이야기인가, 아니면 두 개의 이야기인가? 모든 독자는 19~26절이 하나의 초점을 갖고 있으며, 27~31절도 다른 초점을 갖고 있다고 인식한다. 전반적으로 비유 연구자들은 이 이야기를 '쌍날을 가진' 비유라고 말하고 있다. 연이은 논평에서는 27~31절이 이 비유의 핵심이라는 것이다. 무엇보다도 이 비유를 말씀하시게 된 이유로 독자의 관심을 돌려 놓는 점에 있어서 그렇다. 이 이야기는 단순히 부와 가난의 문제가 아니라 율법과 선지자에 관한 그들의 견해가 정당한지에 대하여 바리새인들에게 말씀하신 것이다. 이 문제는 31절 이전에는 충분히 이야기 되지 않는다. 분명히 누가는 널리 퍼져 있고, 익숙한 이야기를 가지고 성경말씀의 바른 해석에 관한 강력한 논증을 펼치고 있다.

이 비유의 첫 부분(19-26절)은 많이 알려져 있는 이야기이고, 몇몇 문화 속에서 발견되는 형식이다. 어떤 학자들은 그 기원을 죽은 자와 죽은 자로부터 전해지는 메시지에 관한 이야기들이 많은 애굽에서 찾는다. 적어도 일곱 개의 유형이 랍비들의 문헌에서 발견된다. 그중 한 유형의 등장인물이 부자 상인과 가난한 교사이다. 다른 유형에서는 돈 많고 오만한 여인과 노예 같은 남편이다. 누가복음에 있는 이 이야기는 그 성향이 바리새인 청중과 누가가 조성하고 있는 요점에 맞추어져 있어서 유대적이다(아버지 아브라함). 신학적으로 이 이야기는 누가복음과 매우 같은 성격을 갖고 있다. 부와 가난에 대한 시각에 있어서 뿐만 아니라 부자와 나사로의 운명 역전(逆轉)에 있어서도 그러하다. 종말론적 역전은 하나님 통치의 최종 도래에 대하여 누가가 이해하는 내용의 핵심이다. 이 비유는 미래와 죽은 자들의 상태에 관한 널리 퍼져 있던 신앙을 반영한다. 설교자들은 두 사람의 운명을 설명해 주는 이 기록을 죽은 사람들의 상태에 관한 계시된 진리라고 말하게 되는 실수는 피하고 싶을 것이다. 다른 말로 하면, 이 이야기는 '죽은 후의 5분'에 관한 설교를 위한 본문이 아니다. 세부적으로, 많이, 그리고 꼬집어서 말한다. 부자에게는 삶이 풍요한 식탁에서 열리는 날마다의 잔치다. 그의 몸에 넘쳐 흐르는 풍요는 애굽인의 부드러운 속옷 위에 황제의 조복(朝服)을 입은 것처럼 우아하게 드리워져 있다. 그에 관한 그 무엇도 부족한 것이라는 암시조차 없다. 그 가난한 사람은 진물이 흐르는 부스럼으로 뒤덮여 있고, 개들 사이에 쪼그리고 앉아 있다. 수척하고 움푹 패인 눈을 갖고 굶주려 있다. 그의 얼굴은 마치 혼이 나간 사람처럼 멍청한 눈길로 부잣집을 향하고 있다. 두 사람 다 죽지만 부자만 장례가 치러진다(22절). 이제 그들의 역할은 뒤바뀐다. 부자는 지옥(구약의 스올)의 화염 속에서 고통 중에 처한 반면에 나사로는 메시야 연회의 존귀한 손님이다. 그들의 처지는 이제 영영 바뀌지 않는 결말에 이르렀다.

이 이야기가 다른 문맥들 속에서는 무엇을 의미하든지 간에 우리 스스로를 생각하기 위해 잠시 멈추자. 여기서는 부를 좋아하고, 부에 대한 예수의 입장을 비웃던 바리새인들에게 말씀하셨던 것을 누가가 기록하고 있다(14절). 바리새인들은 율법책에 의한 신앙을 가진 자들이었으므로 14~15절에서 지적한 바와 같이 부에 대한 그들의 애착은 율법과 선지자들에게서 그 확증을 발견할 수 있었다. 하나님의 계명을 순종하는 데 신중한 사람은 누구나 지극한 사랑을 받게 되어 있다 : "성읍에서도 복을 받고 들에서도 복을 받을 것이며 네 몸의 소생과 네 토지의 소산과 네 짐승의 새끼와 우양의 새끼가 복을 받을 것이며"(신 28 : 3-4). 이러한 등식은 그들에게 상당히 명백하다 : 부=하나님의 축복하심=하나님의 계명 순종. 만약 그렇다면 이 비유는 그들에게, 그의 부유함은 하나님 은혜의 증거로 받은 것이며, 바리새인들이 자신들과 동일시할 수 있는 현실적인 인물이지만, 이 부자는 믿음이 없는 물질주의가 지나친 사람이 아니라고 말씀하신 것이 된다. 그렇지 않다면 이 이야기는 흥미는 있으나 힘을 갖지 못한다. 그리고 거지의 처지는, 우리는 모르지만 하나님은 알고 계시는, 그의 삶에 대한 하나님의 형벌이 아닐까? 누가가 이 두 사람의 인간됨에 관하여 아무것도 직접적으로 보여 주지 않는 것은 사실이다. 어떤 이들은 부자는 지옥으로, 거지는 천국으로 간다는 분명한 경제적 편견을 가짐으로써 이 이야기를 흠집 내기도 한다. 그러나 이 비유 속에는 누가가 공격하고 있는 가상(假想)의 신학이 있다. 그 신학이란 하나님의 율법을 즐거워하는 사람에 대하여 말하는 것인데, "그 행사가 다 형통" 하나 "악인은 그렇지 않음"(시 1 : 3-4)이다. 실제로 이러한 생각은 머지않아 자신을 파멸로 이끌 것이다. 이 부자는 자신이 나사로를 돕지 않은 것을 하나님께서 어떤 사람에게 벌을 내리실 때 끼어들지 말아야 한다는 주장으로 옹호할 수 있었을 것이다. 이 같은 주장은 굶주리고 집 없는 사람들에게 봉사하기를 거부하는 이 나라의 몇몇 교인들의 사고방식이다.

바리새인들 앞에 제시되고 있는 이 부자의 모습은 바리새인들과 꼭 같음을 보여 주기 위하여 인용되고 있다. 부자와 바리새인들이 그들의 재물에 대한 애착을 정당화할 수 있는 증거나 지지를 성경 속에서 찾아냈다 하더라도 이 비유에서 제시된 상황은 그들이 내세우는 그 성경말씀을 명백히 범하고 있는 것이 사실이다. 모세의 율법은 구체적으로 요구한다. 추수한 것은 가난한 자와 나그네와 나누라는 것이다(레 19 : 9-10). 그리고 율법은 그 기본적인 명령을 수행할 수 있는 다른 방법들도 자세히 말했다 : "너는 반드시 네 경내 네 형제의 곤란한 자와 궁핍한 자에게 네 손을 펼지니라"(신 15 : 7-11). 선지자들 역시 율법에서의 이탈을 진술하지 않았다.

> 나의 기뻐하는 금식은 흉악의 결박을 풀어 주며 멍에의 줄을 끌러 주며 압제당하는 자를 자유케 하며 모든 멍에를 꺾는 것이 아니겠느냐 또 주린 자에게 네 식물을 나눠 주며 유리하는 빈민을 네 집에 들이며 벗은 자를 보면 입히며 또 네 골육을 피하여 스스로 숨지 아니하는 것이 아니겠느냐(사 58 : 6-7).

예수께서도 그러셨다 : "그러나 율법의 한 획이 떨어짐보다 천지의 없어짐이 쉬우리라"(17절). 26절에서 누가뿐만 아니라 예수의 모든 제자들을 향한 선명한 요점은 이미 끝냈음에도 불구하고 누가의 비유가 계속되어야 하는 이유는 율법과 선지자들에 관한 이 요점 때문이다 : 어떤 사람들은 먹고 다른 이들은 먹지 못하는 곳이면 어디라도, 어떤 성경말씀을 인용하여 말한다 해도, 그곳에는 천국이 존재하지 않는다.

27~31절에서 부자는 그의 다섯 형제들에게 메시지가 전해져서 그들이 지옥의 고통을 피할 수 있게 되기를 원하고 있다. 아브라함은 이 부자가 그러했던 것처럼, 그들에게는 이미 율법과 선지자들의 메시지가 충분히, 그리고 적합하게 전해지고 있다고 말한다. 부자는 성경이 그에게 전해 주는 하나님의 말씀을 놓쳐 버린 것처럼, 그의 형제들도 그러할 것을 알고 있다. 누군가 죽음에서 살아나는 것 같은 어떤 비상한 일이 있어야 했다. 성경이 하나님의 뜻 안에서의 생활과 믿음에 충분하다는 원칙에 있어서 아브라함의 말은 진실일 뿐만 아니라 누가의 견해에 있어서도 그러하다 : 부활하신 그리스도를 배척하는 것은 단순히 율법과 선지자들의 참의미를 잘못 아는 데 근거한다. 누가에 의하면, 예수께서 바리새인들과는 다르게, 성경을 바르게 해석하신 주제들은 부와 가난에 국한되지 않는다. 누가는 탄생 이야기로부터 줄곧 예수께서 말씀하시고 행동하신 것이 성경을 좇아 하신 것임을 보여 주는 데 신중하다. 앞으로 누가는 부활하신 그리스도께서 모세와 선지자들과 그들의 기록들을 이해하도록 제자들을 가르치셨다는 사실을 밝히 지적할 것이다(24 : 25-27, 44-47). 그 이후에 사도행전에서 누가는 제시할 것이다. 예수에 관한 초대교회의 메시지는 유대인들의 성경에 맞는 사실이라는 것이다(행 2 : 16-36). 누가는 유대주의와의 긴장을 논함에 있어 신약이 구약을 대체했다고 쉽게 말해 버리는 그 이후의 많은 설교자들처럼 하지 않는다. 예수와 교회는 그 전통 안에서 생활했으며, 하나님의 온전한 통치를 위한 길을 열었던 저 전통에 대한 하나의 해석에 치중하셨다. 물질적 소유, 부, 가난에 관한 성경의 의미와 하나님의 뜻은 예수와 몇몇 바리새인들 사이에 논쟁의 중요한 주제였다. 그 논쟁은 계속된다. 그러나 지금은 예수와 그를 따르는 일부 사람들 사이에서 계속되고 있다.

누가복음 17 : 1~10

죄, 용서, 믿음, 그리고 의무

청중은 다시 제자들로 바뀌고 있다. 예수께서 네 가지 독립된 말씀들을 제자들에게 하고 계신다(1-2, 3-4, 5-6, 7-10절). 예수의 말씀 중 일부는 잠언과 같다. 그런 말씀들은 문맥에 매이기보다는 본질적인 의미를 전하기 때문에 쉽게 분리가 가능하다. 그러므로 교사와 설교자들은 가르침을 지금의 위치에서 뽑아 들고, 그것을 별개의 것으로 경청함으로써 가르침들 중 어떤 것도 그릇되게 하지는 않을 것이다. 그러나 누가는 이 네 가지 가르침들을 다음과 같은 방식으로 생각하기 쉽도록 하나의 이야기로 구성하고 있다 : 두 가지의 주제에 관하여 예수께서는 강하게 요구하는 명령을 하신다. 형제나 자매에게 범죄함(1-2절)과 우리에게 범죄한 자를 취급함(3-4절)이다. 이 가르침들이 매우 어려운 것처럼 보여서 제자들은 더 큰 믿음을 구하고, 그 요청에 대한 응답으로 예수께서는 그들이 갖고 있는 믿음을 끌어내어 확인해 주신다(5-6절). 그렇게 하시면서도 예수께서는 경고하신다. "너희는 믿음이 더 커지더라도 복종이 인생 자체인 종의 역할 이상으로 올라가서는 안 된다"(" "-역자 삽입). 종의 역할에는 섬김과 의무 그 이상인 것은 결코 없다는 것이다(7-10절). 이러한 진행을 염두에 두면서 우리는 네 가지 가르침들 속으로 들어갈 것이다.

첫째와 둘째 가르침은 모두 신앙의 공동체 안에서 함께 생활하는 데 관련되어 있다. 그리스도인들이 교제함에 있어 공동체의 평화를 위협하는 두 가지 유형의 어려움이 종종 발생한다. 그중 하나는 모든 교인들이 동일한 수준의 성숙함에 있지 못한 현실에서 발생한다. 언제나 '어린 교인들', 다시 말하면 최근에 세례 받은 형제와 자매들이 있기 마련이다. 좀더 성숙해진 교인들의 언사나 행동이 이들 새로운 교인의 믿음을 실족시키고 넘어지게 할 수 있다. '실족케 하는 것'은 '죄짓게 하는 유혹'(1절)과 '범죄하게 하다'(2절, 개역한글판에는 1, 2절에 '실족케 하는'과 '실족케 할진대'로 번역되었음.-역자주)보다 그 말의 내용을 더욱 정확하게 번역한 것이다. 마태복음(마 18 : 6-7)과 마가복음(막 9 : 42)은 모두 이 본문과 유사한 말씀을 갖고 있다. 그러나 이런 문제로 다투는 교인들을 구체적으로 알려 주고, 이런 사건의 복잡성을 우리에게 알도록 하는 사람은 바울이다(고전 8장, 롬 14 : 13-21). 제자들은 자유롭다. 그리고 자신들의 주님을 향하여 책임을 갖는다 : 공동체의 새 교인들의 필요와 문제들이 그 자유를 억제하고 축소시키는가? 바울은 누가복음 17 : 1~2이 암시하는 것을 진술해 준다 : 자유의 법보다 더 높은 법이 있으며, 그것은 사랑의 법이다. 믿는 이들의 교제에 있어서 제자 된 자들은 피차 의무적으로 배려해야 한다.

친교를 위협하는 두 번째 유형의 어려움은 제자 된 자들이 서로 범죄하는 경우에 생겨난다(3-4절). 이 교훈은 매우 실제적이다 ; 공동체의 교인들은 상호 간에 잘못을 범한다. 그러나 1~2절에서 요구되었던 책임감 있는 사랑의 의식(意識)은 여기서도 효력을 낸다. 이 사랑의 형태는 그것이 하루에 일곱 번 반복되더라도 시정을 위하여 꾸짖고 용서하는 것이다. 마태는 본문 원래의 의미를 교제의 기강(紀綱)을 바로 잡기 위한 절차로 섬세하게 다듬고 있다(마 18 : 15, 18-22). 그러나 누가가 제공하는 형식은 간략할지라도 그 교훈은 몇 가지 추정을 하게 한다. 그 추정들 중 어떤 것이 더 합당한지 결정하기 위하여 공개적으로 토론할 필요가 있다. 예컨대 3~4절의 의미는 이렇게 추정할 수 있다 : 예수의 제자 된 자들의 상호관계는 윤리적 기준에 근거하며 이를 어기면 죄가 된다 ; 형제와 자매들의 행동은 그들의 일일 뿐만 아니라 공동체에 영향을 미친다 ; 책임을 지는 사랑은 책망을 하기도 하고 받을 수도 있다 ; 그리스도인 공동체 안에서의 관계는 분명히 고통을 수반하는데, 회개를 하게도 하고 다루기도 한다 ; 용서라는 말은 누구도 하나님을 빙자하려 하지 않고 우월하지 않음을 말한다. 이와 같은 추정들은 토론을 거쳐야 하고, 주장되어지며, 수정되고, 교체되기도 해야 한다. 믿음의 공동체란 이러한 문제들에 관하여 침묵하는 중에 형성되고, 유지되기는 어렵다.

1~4절에 있는 교훈들을 듣는 순간 사도들이 예수께 "우리에게 믿음을 더하소서"(5절)라고 말하는 것은 놀라운 일이 아니다. '사도들'과 '주께'라는 용어들에 유의하라 ; 누가는 예수와 그를 직접 따르는 자들뿐만 아니라 교회의 부활하신 주와 그 교회의 지도자들로서 사도들을 염두에 두고 있음이 분명하다. 5절에서 그들은 자기들의 지도력에 대한 무거운 책임감을 느끼고 있다. 그들을 향한 예수의 응답(마 17 : 20, 21 : 21, 막 11 : 22-23에 다양한 형식이 있다.)은 특히 "너희에게…… 믿음이 있었더면……"이란 표현에 있어서 면밀한 검토가 필요하다. 헬라어에는 기본적으로 두 가지 형태의 '가정'(if)절이 있다 : 사실에 반대되는 조건을 표현하는 것('만약 내가 당신이라면')과 사실에 따른 조건을 표현하는 것('예수께서 우리의 주님이시라면')이다. 6절에 있는 조건절은 이 두 번째 형태이다. "너희에게 믿음이 있다면(그럼,

믿음이 있지.)이라고 번역할 수 있다." 예수의 답변은 믿음이 없음에 대한 책망이 아니라 그들이 가진 믿음을 인정하고 그 믿음이 주는 충분한 가능성대로 생활하도록 권유하고 계셨던 것이다. 그들이 이미 갖고 있는 믿음이 작을지라도 그 믿음은 '불가능'(뿌리가 뽑힌 나무)과 '불합리'(바다에 나무 심기) 같은 말들을 지워 버리며, 그들이 하나님의 권능에 접하도록 한다. 마태복음과 마가복음에 있는 '산' 대신에 누가는 '뽕나무'(일종의 오디나무)로 기록했는데 메시지에는 전혀 변화가 없다 : 믿음은 불가능을 갖지 않으신 하나님을 붙들게 하며, 제자 된 자들의 생활에 능력을 주시는 분은 바로 그 하나님이시다.

네 번째, 그리고 마지막 가르침(7-10절)은 비유 형식으로 되어 있고, 마태복음과 마가복음에는 없다. 이 가르침은 많은 누가식 비유들의 공통 양식으로 시작되고 있다 : '너희 중에 누가 …… 하겠느냐?' 또는 '너희 중에 어느 사람이'(11 : 5-7, 14 : 23, 31, 15 : 4, 8). 대답은 항상 "아니다." 또는 "아무도 ……하지 않을 것이다."이다. 이 비유는 신약성경에서는 흔한 종과 주인의 관계 위에 설정되어 있지만 우리의 문화 속에는 이와 완전히 유사한 것이 없다. 설교자들은 이 이야기를 진척시키기 위하여 하나의 해석적 수단을 강구할 것이다—예컨대, 고용자와 피고용자의 관계를 무비판적으로 바꾸는 것인데, 이는 잘못된 해석이다. 이야기 속의 종은 밭과 집에서 두 가지 의무를 수행하나, 그는 자신의 시간과 노동이 주인의 소유임을 알고 있다. 어떤 기간 동안의 할 일을 마쳤다 하더라도 자랑할 만한 것을 갖고 있지 못하다(롬 3 : 27). 지정된 시간을 초과하여 아무리 임무를 잘 해도 보상의 점수 같은 것은 쌓이지 않는다. 예수는 섬기는 자로 우리 중에 오셨고, 그를 따르는 종들 역시 그러하다. 그러므로 "나는 내가 할 봉사를 끝냈다. 이제 나는 봉사를 받고자 한다."라고 제자 된 자가 말할 수 있는 처지나 경우란 없다. 만일 이 비유가 5절에 있는 사도들의 말로 인하여 나오게 되었다면 두 가지를 말할 수 있다. 첫째로, 이 교훈은 자신들이 '하나님의 종들의 종'임을 쉽게 망각하는 교회의 지도자들에게 특별히 적용된다. 왜냐하면 많은 사람들이 교회 지도자와 그들의 관계대로 하나님과의 관계를 설정하므로, 지도자들을 긍정적 또는 부정적으로 각별하게 대하게 되어 그러한 망각에 기여한다. 둘째로, 믿음을 더하여 주시라는 간청(5절)은 사도들이나 어떤 지도자들이 잘못 상상하도록 하게 해서는 안 된다. 믿음이 더해지면 정해진 기간의 할 일이 끝나게 되는 위치로 올라가게 된다는 상상이다. 사도들과 충실한 모든 지도자들은 모든 제자 된 자들에게 주신 교훈들 아래 있다. 밭에 있든지 집 안에 있든지 종은 종일 뿐이다.

누가복음 17 : 11~18 : 30

수난에 관한 마지막 예고에 이르는 교훈들

본 단원의 개별 항목을 논하기 전에 우리는 세 가지 사실을 고려할 필요가 있다. 첫째 본 단원은 예루살렘으로 가는 여행에 관한 말씀이 앞뒤에 있다. 17 : 11의 "예루살렘으로 가실 때에"라는 기록은 예수께서 수난을 향하여 가고 계심과 그 사실이 본 단원의 말씀과 행사들에 전반적으로 영향을 미치고 있음을 독자에게 상기시킨다. 9 : 51에서 예수께서 예루살렘으로 향하셨음을 지적한 이후로 여정은 길었다. 어떤 긴 여정과 마찬가지로 여행자들은 길을 가면서 매우 여러 가지를 경험하게 되어 목적지와 여행의 목적을 망각할 수도 있다. 자기들의 길을 잊어버리는 대부분의 사람들은 잘못된 마음을 먹어서가 아니라 어쩌다가 그렇게 된 것이다. 17 : 11에서 누가는 멀리 있는 예루살렘을 거의 볼 수가 있고, 독자들에게 예루살렘을 가리켰다. 이 부분은 18 : 30에서 끝나게 된다. 왜냐하면 18 : 31에 "보라 우리가 예루살렘으로 올라가노니"라고 말씀하심으로써 예수께서는 9 : 18~22 또는 9 : 43~45에서 제자들이 기억하고 있는, 이 여행의 의도에서 이탈하고 계시지 않기 때문이다.

예수께서는 세 번째이면서 마지막으로 이 도성에서 당하실 자신의 수난을 예고하신다. 9 : 51, 13 : 22, 그리고 17 : 11에서 제자들이 아닌 독자들이 예수께서 예루살렘으로 그의 길을 가고 계심을 전하여 듣는다. 그러나 18 : 31에서 제자들은 그 성읍에 가까워지면서 곧 어떤 일이 생겨날 것인지를 직접적으로 다시 듣게 된다. 누가가 전하는 이야기 중 예루살렘으로 가는 여행은 두 단계로 되어 있다는 사실을 필자는 알려 주고자 한다 : 예수께서 그의 제자들을 데리고 그것에 관하여 말씀하시는데, 우리는 때때로 그 대화를 엿들을 수 있도록 허용될 것이다 ; 이야기 전달자가 독자들을 데리고 예루살렘으로 가는데 예수께서 그의 제자들과 말씀하시는 것을 들으면서, 경우에 따라 독자들은 그 여행에 대하여 직접적으로 듣게 될 것이다. 이것이 17 : 11(독자에게 말해 주는)과 18 : 31(제자들에게 말씀해 주시는)이 서로 다른 점이다.

이 단원에 관한 두 번째 논평은 본 단원 안에 있는 대부분의 자료가 누가 특유의 것이라는 사실이다. 예수께서 비유하신 몇몇 진술이 마태복음과 마가복음에 있지만 일련의 순서와 위치가 서로 다르다. 누가와 다른 복음서 기자들의 일치하거나 차이가 나는 방법에 주의를 기울이면서 누가복음을 연구하는 자들은 이 단원의 대부분에 걸쳐 그들의 연구 방법에 도움을 얻지 못할 것이다. 그러나 세 번째이며 마지막 논평인 18 : 15에서, 누가는 마가의 전달 순서와 다시 일치하게 될 것이며, 마태 역시 이 순서를 따르고 있다. 전반적으로 말하면, 누가는 마가의 순서를 부활 이야기까지 따르게 될 것이다. 이 설명은 누가복음을 공관복음서 안에서 읽는 습관을 가진 사람들을 위한 것이며, 모든 사람들에게 그러한 연구 진행을 강요하려는 의도는 아니다. 우리의 시선은 누가복음을 향해 있고, 다른 복음서들을 잠깐씩 보는 것은 시정, 보충, 또는 일치시키려는 목적에서가 아니다. 그렇게 하여 지금까지 얻은 주요 성과는 예수의 이야기를 전달하는 자로서 누가의 예술적 기교뿐만 아니라 그의 자료를 활용하는 자율성에 있어서 그를 인식하는 데 보탬이 되고, 앞으로도 계속 그러할 것이다. 그가 활용한 자료들 중에 가장 그럴듯한 자료는 마가복음이었다.

감사하는 문둥병자(17 : 11-19)

우리는 예루살렘으로 가는 여정에서 언급된 장소들이 갈릴리에서 유대로 가는 길에 한 줄로 세워질 수가 없다는 사실을 일찍부터 알고 있었다. 지리학은 때로는 문학적이고, 때로는 신학적이며, 때로는 물리학적이다. 여기 갈릴리와 사마리아의 경계는 유대인들과 한 사마리아인(16절)이 개입된 이야기를 위한 적절한 위치이다. 문둥병자들에 관해서는 예수께서 한 문둥병자를 고치신 이전의 기록인 5 : 12~16의 주석을 다시 보면 도움이 될 것이다. 누가가 여기서 말하고 있는 것은 우리가 문둥병자들에 관하여 아는 것과 일치한다. 그들은 건강한 사람들과 거리를 유지했고(12절, 레 13 : 45-46, 민

5 : 2), 그들만의 집단 거주지를 이루고 있었으며(왕하 7 : 3), 자선을 얻기 위하여 통행로 가까이에 자리를 잡기도 하였다. 고침을 받은 후에 제사장에게 자신을 보이는 것은 율법에 따른 것이었다(레 14 : 2-32). 이 이야기를 단일 이야기로 취급하면 11~19절은 독자들에게 몇 가지 의문을 갖게 한다. 유대교의 요구사항 밖에서 생활했던 그 사마리아인도 제사장에게 가라는 명령에 포함되어 있을까? 그들이 고침을 받고 부정(不淨)의 신분에서 풀려났다는 확증을 위해 자신들을 제사장에게 보이라 했을 때 돌아오지 않은 아홉 사람들을 책망하는 이유는 무엇일까?(17-18절) 실제로 그들의 치유는 그들이 가고 있을 때 일어났으며, 그들이 순종하던 중이었다(14절). 그리고 마지막으로, 돌아온 사마리아인에게 "네 믿음이 너를 구원하였느니라" 하셨던 예수의 말씀은 그냥 하시는 말씀 같지 않다. 그들 모두가 고침을 받았기 때문이다.

이 이야기는 11~14절과 15~19절, 두 부분으로 되어 있음을 알게 되면 이 난점들 중 일부는 해소된다. 첫 부분은 도움을 구함, 예수의 응답, 고치심 등의 일반적인 요소들로 되어 있는 병고침의 이야기이다. 5 : 12~16에서처럼, 그들이 순종하기 이전이라기보다 순종하는 행위 중의 상황이다. 다시 말하면, 예수께서는 그 문둥병자들을 이미 고침 받은 자들처럼 대하고 계신다. 순종하는 믿음의 행위 중에 병고침은 나타났다. 두 번째 부분은 한 이방인의 구원에 관한 이야기이다. 되돌아와서 하나님을 찬양하고 예수께 감사를 표한 사람은 이방인이었다. 예수께서 "네 믿음이 너를 구원하였느니라"(RSV〈개역표준판〉영어성경)고 말씀하셨을 때 그가 받은 은혜는 다른 아홉 사람을 포함한 모든 사람들이 이미 받은 은혜가 아닌 다른 은혜를 분명하게 말씀하고 계신다. '낫게 하였느니라'(made well, 개역한글판에는 '구원하였느니라'-역자주)로 번역된 이 동사는 종종 '구원받았다'(to be saved)로 번역되는 단어와 같다. 예를 들면, 19 : 9, 10에서 이 단어는 '구원'(salvation)이 삭개오에게 임하였다고 말씀하실 때 사용되었다. 예수께서는 잃어버린 자를 찾아 '구원'하기 위하여 오셨기 때문이다. 그렇다면 우리가 본 이 이야기는 열 명이 고침을 받고 한 명은 구원받은 이야기이다.

믿음으로 구원을 받은 사람은 두 가지 문제점을 갖고 있는 외국인이다. 이 사실은 사회적 소외자들을 우호적으로 다루는 누가에게는 놀랄 일이 아니다. 이 사람은 사마리아인으로 사회적 소외자이며 신앙적으로는 이단자이고 문둥병을 앓고 있다. 그러나 문둥병자 집단촌에서는 그들이 공통으로 갖고 있는 어려움이 유대인과 이방인의 구별을 따지지 않게 했다. 문둥병자들의 집단촌에서만 아니라 예수 앞에서도 그러했다. 그런데 이 이방인만이 예수 사역의 충만한 은혜를 받고 있다. 그 아홉 사람들도 영접을 받았고, 고침도 받았었기 때문에 이는 애석한 일이다. 이 이야기는 사도행전에서 장차 있게 될 일을 예견하고 있다 : 이스라엘 안에서 더해지는 우매함과 이방인들의 수용 자세이다. 이렇게 되는 이유는 무엇일까? 세계를 위한 하나님의 계획에 있어서 이스라엘의 특별한 위치는 스스로 변질되었고, 의무는 특권으로, 자주 받은 사랑은 이성을 잃게 하는 뻔뻔함이 되었다. 그렇게 된 이유들은 많고 뿌리 깊고 복잡하다. 그러나 이 이야기는 무엇을 지적하도록 하지 않는다. 교회 안에서 우리가 줄곧 찬양대에 맡겨 버린 찬송가들을 온 맘 다해 부르고, 우리가 알아차리지 못하는 은혜에 대하여 감사를 나타내고, 우리가 이미 들었다고 생각하는 설교를 주의 깊게 경청하며, 우리의 오래된 성경에 흥분하고, 우리가 적은 기부금을 보내는 곳에 봉사활동으로 적극 참여하는 사람들은 종종 낯선 사람들이다. 언제나 그렇게 되어야 할까?

병고침의 이야기와 구원의 이야기, 두 가지로 된 이 이야기는 열왕기하 5 : 1~14을 반영한다. 우리는 누가가 예수 이야기들을 구약성경의 이야기들이 갖는 형식으로 말하기를 좋아하고 있음을 보아 왔다(7 : 11-15이 하나의 실례이다). 여기서도 그러하다 : 나아만은 엘리사에 의해 문둥병을 고친 외국인이다 ; 나아만은 그때 이스라엘의 신앙으로 개종했다. 누가는 자신이 이 이야기를 좋아하고 있음을 이미 우리에게 보여 주었다(4 : 27).

그 나라와 인자의 강림에 관하여(17 : 20-37)

누가는 예수께서 성전의 파괴에 관한 질문을 받고 말씀하시게 된 계시록 같은 말씀을 21장에 기록했다. 이 말씀에는 성전의 마지막과 예루살렘의 멸망이 역사적 종말과 인자의 강림에 관한 논의와 연관된 역사적 사건들이 있다(마 24장, 막 13장). 그러나 여기서 누가는 파루시아(parousia, 인자의 강림)를 예루살렘의 운명으로부터 분리하고 있다. 이 말씀에는 우주적 동요와 최후 고통에 대한 징조들 역시 언급되어 있지 않다. 본문에 나오는 질문들과 문제들은 그 나라의 도래와 갑작스런 인자의 강림과 연관되어 있다.

20~37절에 있는 강론의 청중은 두 부류이다 : 바리새인들은 하나님의 나라가 언제 임하는지를 예수께 묻고(20-21절), 예수께서 제자들에게 인자의 강림에 관하여 말씀하신다(22-37절). 두 부분으로 된 이 강론은 어구들("보라, 여기 있다" 그리고 "보라, 저기 있다")과 현재와 미래에 연관된 문제로 서로 연결되어 있다. 바리새인들이 하나님의 나라(통치)에 대하여 묻는 것은 놀라운 일이 아니다. 모든 경건한 유대인들은 그들의 믿음에 어떤 메시야를 모시고 있든 하나님의 온전한 통치를 기다리고 있었다. 하나님의 통치는 다양한 사람들에게 서로 다른 사실들을 의미하지만 총체적으로 그 통치는 평화, 자유, 번영을 떠올리게 했다. 하나님의 통치가 언제 오는지에 대한 물음은 두 가지 논점을 놓치고 있다. 첫째로, 하나님의 활동에 관한 인간의 계산은 오만이나 불경이 아니면 무익한 것이다. 요점은 하나님의 통치이다 ; 언제, 어디서, 어떻게는 하나님의 지혜 속에 감추어져 있다. 다만 하나님의 나라로 불려지는 것과 같은 기뻐할 만한 결과를 거둘 수는 있는 인간의 노력은 인간의 일정표에 속할 뿐이다. 그러나 그 나라는 사람이 건설하는 것이 아니다 : "적은 무리여 무서워 말라 너희 아버지께서 그 나라를 너희에게 주시기를 기뻐하시느니라"(12 : 32). 언제인가에 대한 대답은 제자들이 이스라엘 나라를 지금 회복시키실 것인지 물었을 때 예수께서 제자들에게 주셨던 말씀과 동일하다 : "때와 기한은 아버지께서 자기의 권한에 두셨으니 너희의 알 바 아니요"(행 1 : 6-7). 이렇게 분명하고 예수께서 친히 해 주신 대답인데도, 성경말씀을 책력(册曆)으로 바꾸어 만들고 뉴스 잡지들은 그 언제에 대하여 금맥(金脈) 같은 단서를 잡았노라고 계속 쓰고 있다. 예언은 조작되고, 어떤 이들은 그 예언에 속아서 비참해지고 허망해진다.

바리새인들에 의한 질문이 목표를 이탈한 두 번째 이유는 그들이 볼 수 있는 유일한 참 표적은 배격하면서 그 나라가 임재한 표적을 구하고 있다는 사실이다. 예수께서는 이전에 그들을 향하여 말씀하셨다. "너희가 천지의 기상은 분변할 줄을 알면서 어찌 이 시대는 분변치 못하느냐"(12 : 56).

예수께서 와 계심은 곧 그 나라가 와 있는 것이다. 그리고 그 나라의 표적은 귀먹은 이가 듣고, 다리를 저는 자가 걷고, 죽은 자가 살아나며, 가난한 자들이 전파되는 좋은 소식을 가지게 되는 것이다. 이런 상황들은 세상에 하나님의 통치가 임했다는 표적이다. 예수는 말씀하시기를 “그 나라는 너희들 가운데 있느니라”(21절, 개역한글판에는 “하나님의 나라는 너희 안에 있느니라”－역자주). 이 구절은 ‘너희 안에’(within you)라고 번역될 수 있지만 두 가지 요인이 그런 번역을 하지 않게 한다 : ‘너희’는 복수이고 말씀을 듣고 있던 자들은 예수의 메시지를 수용하기보다는 반대했었다. “하나님의 나라는 너희 안에 있느니라”고 많은 사람들이 그렇게 번역하고 있는 이 번역문은 본문을 정확하게 번역하는 문제라기보다는 문화를 우선시하는 데 관련되고 있다. 그 문화란 자아실현과 종교의 치유적 가치를 중시하는 심히 심리학적 측면의 문화이다. 극도의 개인주의와 주관주의에 사로잡힌 편향적 복음주의는 사회는 물론 교회 안에서도 심하게 만연되어 있다. 그리하여 본 주석의 독자들은 틀림없이 본론의 설명보다 지나치게 앞서 생각할 것이다.

예수께서는 즉시 제자들을 향하고 계신다. 누가의 자료 배열은 예수께서 바리새인들에게 대답하시는 것을 제자들이 엿듣고 있었다는 인상을 준다. 20~21절에 있는 ‘여기 있다’, ‘저기 있다’라는 말씀이 본문에도 있다는 단순한 사실로 이 말씀들(22-37절)을 해 주신 장소를 설명하기에는 충분하지 않다. 예수께서는 바리새인들에게 하신 그의 말씀들을 제자들이 쉽게 오해할 수 있다는 사실을 아셨다는 인상을 받는다. 만약 하나님의 나라가 우리들 가운데 있다면, 지금 여기에 모든 것(천국의 모든 것－역자주)이 다 있단 말인가? 당연히 예수의 임재로 말미암아 얼마간의 경이로운 경험들이 가능하게 되어졌다 : 가난한 자들, 불구자들, 저는 자들, 그리고 맹인들이 고침을 받았다. 그러나 이것은 시작일 뿐이며, 하나님 통치의 정면의 한 모서리일 뿐이다. 심히 많은 고난, 압제, 빈곤, 그리고 고통스런 난제들이 남아 있다. 우리는 분명히 이것의 마지막 박멸을 보게 될 것이다. 인자의 강림과 오랫동안 연합된 마지막 성취가 도래하지 않겠는가? 인자는 최종 구속자의 역할로 오게 될 것이라는 후기 종말론적 유대주의에 등장하는 하늘의 존재이다(단 7 : 13-14, 「하퍼의 성경사전」〈*Harper's Bible Dictionary*〉의 ‘인자’〈Son of man〉 항목을 참고하라). 제자들은 바리새인들의 질문에 대한 예수의 대답에는 미래의 종말, 즉 예수 안에서 우리가 미리 맛보기로 경험한 것들의 완전한 성취가 빠져 있다고 생각하는 것 같다.

신학적 용어로 이 문제는 실현된 종말론(realized eschatology)이라 칭한다. 즉, 하나님의 나라는 지금 이곳에서 실현되었다는 것이다. 물론, 이러한 관점에는 순수한 진리가 있다. 여기 21절에 있는 예수의 말씀이 그렇게 말해 준다. 바울과 요한은 둘 다 그리스도 안에서 인생의 현실적 혜택을 종종 말한다 : 우리는 그리스도와 함께 살리심을 받았다 ; 우리는 사망에서 생명으로 옮겨졌다 ; 아들을 모신 자는 영생을 갖는다 ; 영원한 생명은 하나님을 알고 하나님이 보내신 이를 믿을 때 얻는다. 이 같은 현재의 혜택을 당당하게 얻어 가지는 데 실패하는 것은 진심에서건, 무관심에서건, 또는 무책임에서건, 그 나라가 멀리 있다고 여기는 사람들 중에 속해 있기 때문이다. 이러한 사람들은 온갖 문제와 불공정, 모든 억압의 장면들과 인간 불행의 경우, "그러나 주께서 오실 때에는", "그러나 하늘에서는", 또는 "장차 행복한 가운데에서"라고 거듭 말하는 자들이다. 분명히 이 세상에 위로는 있으나 지금 생의 풍요가 실현되지 않은 상황이 현존하고 있으며, 심지어 비극이 보다 많아지고 비참과 억압이 계속되는 상태를 바꾸려는 솔선의 행동은 없다. 신앙인들이 지나치게 미래에 투자할 수 있게 되는 것처럼 그들은 누군가 지나치게 실현된 종말론이라고 부르는 현실에 지나치게 갇힐 수도 있다. 일부 신약성경 학자들은 이 두 번째 입장이 누가의 청중을 포함하여 초대교회 안에 광범위하게 퍼져 있었다고 믿고 있다(탤버트〈Talbert〉의 「누가복음 읽기」〈*Reading Luke*〉, pp. 167-169). 그렇다 하더라도, 다른 것을 부정하는 (두 견해 중에-역자주) 어느 견해라도 그 나라의 형식을 양분한다 : 이미 그리고 아직 우리 중에, 그리고 아직 오지 않음으로, 도래(到來)한, 그리고 장차 오게 될 것으로. 바리새인들을 향한 예수의 말씀(20-21절)과 제자들을 향한 그의 말씀(22-37절)은 독자에게 온전한 신앙을 가르치기 위하여 함께 기록되어 있다.

예수께서 말씀하신다. 그렇다, 인자는 올 것이다. 그러나 '인자의 날들 중 하루', 즉 메시야의 날, 그 마지막 날은 메시야의 시대를 최초로 기다리던 때는 아닐 것이다. 초대 그리스도인들은 그날을 참으로 애타게 기다렸다. 추방당함, 오해와 거짓 소문, 신체적 능욕을 겪으면서 그들은 "마라나타" ("우리 주님이여, 오시옵소서.", 고전 16 : 22)라고 기도했다. 예수께서는 계속 말씀하시기를 "그것을 보지 못하게 될 것이다"(22절, 개역한글판에는 "너희가 인자의 날 하루를 보고자 하되 보지 못하리라"-역자주). 다시 말하면, 너희는 재림이 늦어지는 것, 인자의 오심을 기다림이 예상보다 더 오래 걸리는 것을 경험하게 될 것이라 하셨다. 말할 필요도 없이, 이 지체됨은 특히 당장 나타날 것이라 예상했던 자들(19 : 11)에게 고통이 될 것이다. 그리고 조만간 열의가 시들고, 실망과 도덕적 해이, 흥미를 끄는 이교도에게 마음이 끌리게 되었다. 그러므로 제자들을 향한 예수의 말씀은 재림에 관해서는 확실한 말씀이며, 언제인가에 관해서는 불확실한 것이었다. 그들은 갈망하는 중에 날짜를 계산하는 자들(23절)에 의해 바보가 되어서는 안 된다. 실제로, 하나의 사건이 분명히 모든 다른 것들에 앞서 있을 것이다 : 여기서 예수로 확인되고 있는 그 인자는 먼저 고난을 당하고 배척을 받아야 했다(25절). 이 실제적 사실은 모든 메시야에 관한 예상에 기본이 되어야 한다. 수난일이 없이 부활절이 있을 수 없고, '초림'(初臨)이 없이 '재림'(再臨)은 있을 수 없기 때문이다. 십자가를 향한 그의 여행을 도외시하면서 메시야의 재림에 몰두하는 것은 하나님의 나라와 관계가 없는 찬란한 승리도취주의를 선택하는 것이다.

그날은 언제일까? 번개처럼 홀연히, 노아와 롯의 날에 그러했듯이, 생활이 정상적으로 진행되는 것처럼 여겨질 때 임할 것이다. 그날이 실제로 임하게 되면 생명이나 소유를 구해 낼 시도를 하지도 못하고, 그날에 매여 버릴 것이다. 그러한 시도는 자신을 파멸시킬 것이다. 결국 그날의 사건은 극히 결정적이고, 마지막이 될 것이다. 그리하여 잠자리에서 일하는 곳에서 두 사람을 갈라놓을 것이다(어떤 후기 사본에는 36절을 삽입하고 있는데 눈여겨볼 일이며, 마태복음 24 : 40에서 끌어다 쓰고 있음이 분명하다).

그리고 이 재림은 어디에서 있게 될까?(37절) 묘하게도 이에 대해서는 "언제일까?"라는 질문에 만족할 만한 답을 주지 못하는 것처럼, 만족할 만한 답을 주지 못한다. 언제일까에 대하여 예수께서는 욥기 39 : 26~30을 반영하는 한 잠언으로 응답하신다. 재림의 장소와 시간은 일어나기 전이 아니라 일어난 이후에 알려질 것이다. 독수리들이 모여드는 것을 보게 되는 것은 먹이가 죽고 난 다음이다.

기도에 관한 두 가지 비유(18 : 1-14)

이 두 가지 비유를 고찰하기 전에 해설자로서 우리가 염두에 두어야 할 두세 가지가 있다. 첫째, 우리 앞의 자료는 비유의 형식으로 되어 있으며,

해석할 수 있도록 듣는 이들을 흔들어서 준비시키는 자체의 힘을 갖고 있다. 어떤 비유들은 교훈을 가르치거나 확고하게 하고, 또다른 비유들은 이전에 갖고 있던 선입견적 교훈의 토양을 갈아엎고 새로운 전망을 갖도록 준비시킨다. 그러므로 우리가 8 : 4~8을 논할 때 봤던 것처럼, 한 비유가 갖는 의미의 대부분은 듣는 사람이 적극적인 생각을 갖느냐, 안 갖느냐에 좌우된다. 이들 두 비유들은 독립적으로 서로 다른 문맥에 존재할 것이다. 그리하여 교사나 설교자는 다시 이 비유들을 빼내어 그것들을 재차 듣고자 새로운 문맥 속에 놓게 될 것이다. 예를 들면, 2~5절과 10~13절은 각자의 특성을 가진 비유들이며, 각각 자체의 온전성을 갖는다. 그리고 현재의 문맥에서 분리해 내더라도 듣는 이에게 설득력 있게 말할 수가 있을 것이다. 하지만 우리가 명심해야 할 두 번째 사항으로, 우리는 누가복음을 해석할 때 비유들에 대한 누가의 이해와 활용을 추적해 가야 한다. 이 사실은 현재의 상황과 더 광범위한 상황 모두 우리가 지금 이야기들을 고찰하는 데 주요 요소가 된다는 말이다. 셋째로, 그리고 마지막으로, 우리가 명심해야 할 것은 확증된 누가의 문학적 기교가 우리로 하여금 이 복음서 안에 있는 단위들의 위치와 배열에서 그 형식을 알게 해 준다는 점이다. 이 형식은 해설에서 자체적 요인이다. 독자는 이 점에 있어서 누가의 덕을 본다. 그 단위들이 나란히 위치하여 겉으로 보기에는 서로 관련이 없는 것처럼 보일지라도, 그 안에 없는 것까지 '해석할 수 있는' 가능성을 갖게 해 준다.

이들 두 가지 비유 모두 기도를 다루고 있기 때문에 누가가 그것들을 연결해 놓고 있다고 말할 수 있다. 이러한 관찰은 옳지만 충분하지는 않다. 더욱 면밀히 읽어 보면 두 비유가 하나님의 옳다 하심에 관한 것들, 즉 하나님의 옹호하심, 의롭다 하심, 면제하심, 그리고 확증하심이라는 것이 분명하다. 같은 단어를 첫 번째 비유에서는 '옳다 함'(vindicate, 개역한글판에는 '원한을 풀어 주다'-역자주)으로 번역하고(3, 5, 7, 8절) 두 번째 비유에서는 '정당화'(justify, 개역한글판에는 "의롭다 하심을 받고"-역자주)로 번역한(14절) 개역표준판영어성경(RSV)에서는 양쪽의 주제가 다소 숨겨졌다. 첫 번째 이야기에 의하면 하나님께서 성도(聖徒)를 즉시 옳다 하실 것이다. 그러나 두 번째 비유에서는 옳다고 인정을 받은 자들은 스스로 성도라고 생각한 자들이 아닌 자신이 죄인이라고 고백한 자들이다. 겉으로 보기에 대조가 되는 이야기들을 연이어 위치시킨 것(성도를 옳다 함./죄인들을 옳다 함.)은 누가복음 앞 부분에서의 이와 동일한 배열을 연상하게 한다. 두 가지 실례를 들어보자 : 7장에서 누가는 예수와 '그 동네의 한 여자'에 관한 이야기로부터 곧바로 예수와 그의 사역에 동참한 여자들에 관한 이야기로 옮겨 간다(8 : 1-3). 10장에서 누가는 두 가지 이야기를 연결짓는다. 한 말씀은 실제로 "가서 …… 이와 같이 하라."(도움을 준 사마리아인처럼)이며, 다른 말씀은 "가만히 앉아서 들으라."(마르다와 마리아에게)였다.

1~14절 안에서 통일성을 보는 마지막 방법은 문맥에 관련된다. 17 : 22~37에서 예수께서는 인자의 오심과 그의 제자들이 믿음으로 견디어 낸 억압받는 상태에서 그들을 마침내 구원해 주시는 그날을 기다리는 것을 말씀하셨다(22절). 주께서 얼마나 오래 지체하실까? 18 : 1~8에서 그 갈망과 계속된 실망은 응답을 받는다. 그런데 부자와 가난한 자가, 권세자와 권세 없는 자가, 압제자와 억압받는 자가 위치를 바꾸는 그 종말론적 대역전을 기다리는 제자들을 향하여 하나의 경고가 내려진다 : 너희 스스로 그 역전의 희생자가 되지 않도록 조심하라. 결국, 그 역전에는 자칭 의로운 자들과 죄인들도 포함될 것이다. 이 경고는 9~14절에서 나온다. 이것이 17 : 22~18 : 14의 사고(思考)의 형식과 흐름이다.

비유들 자체에 관하여 말해 보자. 이 두 비유는 누가복음에만 있으며 누가는 두 비유에서 목적을 알려 주는 진술과(1, 9절) 끝맺는 해설을 제공한다(6-8, 14절). 첫 번째 비유는 "당신의 나라가 오게 하시오며"라고 기도할 것을 배웠으나 핍박과 곤란을 경험하여 그 결과 '낙망'하기 시작하는 청중을 가정한다. 예수께서 기도하도록 그의 제자들을 가르치신 이후로 누가의 시대까지는 여러 세대가 지나갔다. 그리하여 열정과 충실함은 고통과 능욕(히 6 : 11-12, 벧후 3 : 11-14, 계 21 : 7)은 물론이고 시간에 의해서도 변질될 수 있다. 이러한 점에서 제자들은 그들의 조상들의 탄식을 넘어서서 조금도 더 나가지 못한 것 같다 :

> 우리가 종일 주를 위하여 죽임을 당케 되며
> 도살할 양같이 여김을 받았나이다
> 주여 깨소서 어찌하여 주무시나이까

일어나시고 우리를 영영히 버리지 마소서
어찌하여 주의 얼굴을 가리우시고
우리 고난과 압제를 잊으시나이까
(시 44 : 22-24).

재판관과 과부(당시 무력하고 권력에 의해 쉽게 희생자가 되는 이들의 이미지)의 비유를 통하여 예수께서는 하나님께서 신속하게 그들을 옳다 하실 것이라고(8절, 개역한글판에는 "…… 속히 그 원한을 풀어 주시리라"-역자주) 그를 따르는 자들을 확신시키신다. 속임수에 길들여진 청지기의 비유에서처럼, 여기서의 교훈은 칭찬할 만하지 못한 인물이 들어 있는 이야기 속에서 얻어진다. 그러므로 하나의 단순한 등식—불의한 재판관=하나님—의 함정에 빠져 버리는 해석을 하지 못하게 하는 것이 중요하다. 오히려 이 비유의 진술은 보다 작은 것에서 큰 것으로이다 : 만약 잔인한 재판관이 과부의 꾸준한 압박에 굴복한다면 하나님께서는 성도의 기도들을 얼마나 더 잘 들어주시겠는가? 이러한 점에서 이 비유는 밤중에 찾아온 친구의 비유(11 : 5-8)와 매우 유사하다.

말씀하신 내용은 두 가지 이야기들이 장기간의 침묵과는 정반대인 지속적이고 끈질기고 강력하게 간청을 드리고 있는 기도를 보여 준다. 다른 말로는 설명이 안 되는 사실이다. 우리는 기도응답이 늦어지는 것을 경험한다. 정직하게 말하여, 하나님 방법의 신비로움을 인정하면서도 그렇게 느낀다. 간청하는 사람은 기도의 망치로 밤낮으로 오랫동안 얻어맞아 응답이 올 때 담을 수 있는 그릇으로 만들어져야 하는 것일까? 우리는 알지 못한다. 기도의 생활 중에서 우리가 알고 있는 것은 구하고 찾고 문을 두드리고 기다리면서 때로는 기운을 잃고, 때로는 화를 내면서도 그저 신뢰할 뿐이다. 그러한 기도의 생활을 하고 있는 사람들은 어떤 이들이, 마치 요술가의 모자에서처럼 응답을 끌어낸다고 미소 중에 쉽게 하고 있는 말에 그저 놀랄 뿐이다. 우리들 사회의 어떤 불공평과 억압의 상황들을 염려하여 모인 많은 사람들 앞에서 한 연로한 흑인 목사는 이 비유를 읽고 한 마디 말로 해석을 했다 : "잠긴 문 앞에서 수년간 서서 두드리면서 손가락 관절에 피가 흐르게 되기 이전에 당신은 기도가 무엇인지 제대로 알지 못합니다". 이 목사와 우리가 받게 되는 격려는 이 비유뿐만 아니라 예수 자신의 기도생활을 통해서다.

누가는 예수께서 종종 밤새워 기도하셨다고 말해 준다(6 : 12). 그리고 어떤 고대의 문헌은 그가 잡히시던 밤에 하셨던 기도에 관하여 말해 준다 : "그리고 고뇌 중에 그는 더욱 간절히 기도하셨다. 그리고 그의 땀은 땅 위에 떨어지는 커다란 피의 방울처럼 되었다"(22 : 44).

비유에 이어 예수께서는 인자의 강림에 관하여 "언제?", 그리고 "어디에서?"라고 묻고 있는 제자들에게 자신의 질문을 하신다. 인자가 실제로 올 때 우리들 가운데 여전히 믿음이 있는 것을 볼 수 있게 될까? 그가 강림하실 때 기뻐하게 될 자들은 참고 견디어 낸 자들이다. 다른 이들에게 그날은 빛이 아닌 어두움의 날이 될 것이다.

우리는 말했었다. 바리새인과 세리의 비유는 재판관과 과부의 비유에 그럴듯하게 이어지고 있으며, 우리가 주의할 것을 잘 다듬어진 말로 해 주고 있다고 했다. 이제는 우리가 그 비유에 약간 더 주의 깊게 귀 기울일 일만 남았다. 신학적으로 9~14절은 죄인들에 대한 하나님의 칭의(稱義)와 자기의(自己義)의 궁극적 실패에 관한 중심교리를 비유 형식으로 보여 주고 있다. 이 교리는 바울의 신학과 매우 자주 연결된다. 그러나 실제로 이 교리는 에덴동산, 바벨탑, 그리고 니느웨에 대한 요나의 선교만큼이나 오래 전부터의 것이다. 누가의 이야기 속에서는, 이 비유가 날카롭게 반박하는 것은 예수께서 세리와 죄인들을 영접하고 함께 잡수신다(5 : 30, 7 : 29-30, 15 : 2)는 어떤 바리새인들의 비난에 대한 것이었다. 그러나 여기서 그 메시지는 직접적 논법이 아닌, 누가가 좋아하는 논법, 즉 역전적(逆轉的) 논법으로 전달되고 있다(1 : 15, 6 : 20-26, 16 : 19-31). 의롭지 아니한 사람과 의로운 사람이라는 평결은 이 두 사람의 현재의 상태에 속한다. 그러나 종말론적 역전(逆轉)의 소리는 마지막 경구 속에서 선명하게 들려질 수 있다 : 높아진 자들은 낮아지고 낮아진 자들은 높여질 것이다(14절).

의문의 여지가 없이 이 비유는 최초의 청중에게 충격이었다. 유대교의 공동체에 속한 사람으로서 의롭다는 인정을 받지 못하고 성전에서 집으로 돌아가는 사람이 있다면 그 사람은 세리일 것이다. 자기의 백성에게서 세금을 거두면서 이방인의 정부를 위하여 일하고, 잔인하고 부패한 제도에 동참하며, 정치적으로는 매국노요, 종교적으로는 부정(5 : 29-32의 주석을 참고)한 세리는 비난받는 인물이었다. 그의 기도는 시편 51편의 정신에 따랐으나 그의 생활은 공격적이었다. 바리새인에 관하여는, 자기 행위에 대한 열거는 율법의 요구를 초과하고 있다. 감사에 대한 그의 기도는 일반 랍비들의 기도(나는 ……이 아니어서 감사하나이다)의 부분적 변용(變用)이며, 시편 17 : 3~5의 정신과 내용에 연결되고 있다. 그는 분명히 우리에게 오만하다는 인상을 준다. 그리고 그가 자기 신앙의 도덕적 윤리적 규범에 익숙하게 밀착되어 있음을 누구도 의심하지 않을 수 없다. 그는 신실하고 신뢰할 만하며 십일조를 드리는 부류의 사람이다. 그리하여 사역자들의 사례비를 지불할 수 있게 한다. 그리하여 그 사역자들은 바리새인과 세리에 관한 이 비유에 관하여 설교할 수도 있다!

이 비유를 효과적으로 계속 말할 수 있게 하기 위해서는 설교자는 우리의 문화 속에서 유사한 인물들을 찾아낼 필요가 있을 것이다. 이 바리새인은 해로운 악한이 아니고, 이 세리는 술집에서 수종 들며 관대하게 대해 주는 죠(Joe)나 선량한 마음을 가진 매춘하는 여자 골디(Goldie)가 아니다. 그런 식의 묘사는 저속한 소설에 있다. 만약 이 바리새인이 악한 인물로, 그리고 세리가 영웅으로 묘사된다면 이 각 인물은 당연히 받아야 하는 그것을 받고 있다. 그러면 은혜에 대한 경이로움은 전혀 없고, 비유는 성립되지 않는다. 예수의 이야기 속에서 이 두 인물이 받는 것은 '그렇기 때문에'가 아니라 '그럴지라도'에서 연유한다. 이 두 사람을 어떤 낙인이나 편견이 없이 인물과 공동체의 기대를 기준으로 바라볼 때도 이 비유는 충격적이다. 역시 불쾌감을 갖게 하고, 또 칭찬도 하게 하는 힘을 갖고 있다. 그러나 아마 가장 중요한 것은 이 비유의 해설자가 이 인물들을 잘못 묘사하여 교인들이 성소를 떠나면서 이렇게 말하게 되기를 원치 않을 것이란 점이다 : "하나님, 나는 이 바리새인과 같지 않음을 감사하나이다". 거꾸로가 다시 거꾸로 되기는 있을 법하다.

어린이와 천국(18 : 15-17)

마 19 : 13-15 ; 막 10 : 13-16

비교복음론(*Gospel Parallels*) 같은 공관복음론을 이용하여 누가복음을 연구하는 사람들은 18 : 15에서 누가가 마태의 전달 순서와 다시 만나고 있음을 알게 될 것이다. 그러나 마가는 결혼, 어린이, 그리고 소유(다음 단원)에 관한 한 덩어리의 자료를 자기 복음서에 기록하면서 결혼과 이혼에 관한 예수의 가르치심 다음에 본 단원을 취급하고 있다. 누가는 "무릇 자기를 높이는 자는 낮아지고 자기를 낮추는 자는 높아지리라"(14절)는 끝내기 경구와 함께 바리새인과 세리의 비유 바로 다음에 예수와 어린이들을 소개하고 있다. 어린이와 천국에 관한 이 단원은, 그러므로 바로 그 경구로부터 연이어 나오고 있다. 실제로, 15~17절은 자연스럽게 '예를 들면'이라는 말과 함께 시작될 수도 있다. 이 경우, 이러한 의도를 볼 때 누가가 마가의 자료를 어떤 방법으로 편집했는지 설명이 가능하다. 누가에게는 어린이들에 대한 실제 축복이나 제자들을 향한 예수의 노하심은 필요하지 않다. 이 이야기의 이런 요소들은 마가복음에는 매우 적합한 것들이다. 누가는 17절에 있는 선언 중에서 자신이 선포하고 싶은 요점을 찾아냈으며, 이 선언으로 자신의 보고를 끝내고 있다 : "내가 진실로 너희에게 이르노니 누구든지 하나님의 나라를 어린 아이와 같이 받들지 않는 자는 결단코 들어가지 못하리라". 17절은 14절을 좀 다른 방법으로 말하고 있다.

예수께서 어린이들을 만져 주시도록 그들을 예수께로 데려온 자들은 다른 사람들을 만지면서 해 주시는 축복은 물론이고, 어린이들에 대한 사랑과 돌보심을 확신케 하는 능력이 예수 안에 있음도 목격했다. 예수의 제자들은 예수 안에 있는 이 특성을 본 적이 없거나, 아마 그러한 사역을 위해서는 시간과 장소가 적합하지 않다고 생각했던 것 같다. 예루살렘은 앞에 있고 논쟁은 진행 중이며, 헤롯 안디바(Herod Antipas)는 위협한 바 있고, 그리고 제자들의 생각에는 그 나라가 매우 가까이에 있다(19 : 11). 지금은 심각한 날들이다. 긴장은 고조되고 하나님의 일은 행동에 옮겨지고 있다. 그러므로 어린이들은 저리로 가야 한다. 어린이들에게 시간과 주의력을 기울여 봐야 즉시로 돌아오는 것은 없다. 발 앞의 어린이들은 그 나라의 임재를 지연시킬 수도 있다. 그와 같은 생각들이 제자들로 하여금 그 부모들을 꾸짖게 했다.

그러나 그들의 생각이 어떠했건 책망 그 자체는 제자들이 그 나라의 본질과 18장 14절과 17절의 진리를 이해하기에 참으로 멀리 있음을 보여 준다. 어린 아이들에게는 어울리지 않는 두 말, 이득과 성취는 제자들이 하나님의 나라에 관하여 생각할 때, 제자들의 마음속에는 분명히 중요한 말들이었다. 누가의 기록은 그 나라에 관한 예수의 교훈을 극적으로 강조한다. 그리고 그 나라는 요구나 자랑거리로나 행위나 재능을 보여 줌으로써 얻는 것이 아님을 강조한다. 이렇게 말하는 것을 보면 예수께 데려왔던 어린이들은 영아들이었다. 그러므로 사역자들은 우리가 어린이들이 되어야 한다(본문은 그렇게 말하고 있지 않다.)고 말하거나, 우리가 모방해야 하는 어린이들의 온갖 아름다운 자질들을 열거하는 통상적인 잘못을 범하지 않도록 주의해야 할 것이다. 이 아이들은 영아들이다! 그뿐만 아니라 만일 어린이들이 그 나라에 속한 온갖 자질(겸손, 의존, 신뢰, 사랑 등)을 갖추고 있다면 어린이들은 그들의 '장점'들로 그 나라를 얻게 될 것이다. 이 사실은 예수께서 말씀하시는 요점에 온통 모순이 되고 만다. 영아들은 아무것도 가진 것 없이 왔고, 또 그렇게 받아들여졌다. 이렇게 알아듣고 그렇게 말하는 것으로 충분하다.

부자와 천국(18 : 18-30)

마 19 : 16-30, 막 10 : 17-31

본 단원에서 누가는 14절의 "자기를 높이는 자는 낮아지고 자기를 낮추는 자는 높아지리라"는 말씀을 계속해서 주석하고 있다. 이것은 그 본문에 대한 누가의 세 번째 교훈이다. 예수와 함께하고 있다고 해서 거만했던 자들은 예수께서 어린이들을 영접하심을 보고 교훈을 받았고, 지금은 부자라고 해서 거만한 자들이 가르침을 받으려 하고 있다. 공관복음서 세 권 모두가 이 사람이 부자였다고 말한다. 마태는 그가 청년이라 하고, 누가는 그가 관원이었다고 말한다(아마 회당의 관리일 것이다). 이 기록들을 함께해 보면, '어떤 부자 청년 관원'이 된다.

우리는 무엇이 이 관원으로 하여금 질문을 하게 했는지 알지 못한다. 함정에 걸려들게 하려는 시도는 없다. 그가 예수께서 거절하셨던 칭호인 '선한 선생님'이라고 부르고 있는 사실은 예수의 노여움을 자극하지 않게 하려는 알랑거리는 아첨이라고 볼 필요는 없다. 마가는 이 사람이 예수께로 달려와서 무릎을 꿇었다고 말하고 있다(막 10 : 17). 이 사실은 그가 만족스런 평안의 마음을 줄곧 갈망하는 생활 속에서 그가 처한 절망적인 상태와 부의 공허함에 관해 많은 사람들이 논평을 하게 한다. 본문에는 그러한 그 어떤 것도 없다. 누가는 그 사람이 자기의 돈과 영생을 동시에 다 가질 수 없다는 것을 알게 되자 슬퍼했다고 말한다(23절). 그는 아마 자기가 영원한 생명을 갖고 있다고 확인하고자 왔을 것이다. 특히 그의 신학이, 번영은 하나님 사랑의 증거라는 식이라면 그렇다(16 : 14-31의 주석을 참고하라). 그러나 동기가 무엇이었건 이 사람의 문제는 두 가지 점에서 분명해진다. 첫째로 그의 질문이 잘못되어 있다. 그는 묻는다 : "영생을 상속받기 위하여 저는 무엇을 해야 하나요?"(18절). '해야'(do)와 '상속받다'(inherit)가 결합되어 있음을 눈여겨보라. 이 두 말은 상호 모순이다. 사람은 무엇을 얻기 위하여(to earn) 행동하지, 상속받기 위하여 행동하지 않는다(상속은 저절로 받게 된다.-역자주). 이미 이 사람 속에 14절과 17절에 있는 예수의 말씀에 상반되는 정신구조가 있음이 보여진다. 둘째로, 이 관원이 예수께서 열거하시는 계명들을 어려서부터 지켜 온 것을 의심할 만한 이유는 없지만, 십계명 안에 있는 첫째요 기초가 되는 한 계명, "너는 나 외에는 다른 신들을 네게 있게 말지니라"(출 20 : 3)를 지켜 오지 않았음이 분명하다. 이 관원은 하나님을 사랑하고 하나님의 계명들에 순종하면 그 땅 안에서의 생명과 복을 얻게 된다고 줄곧 말하는 전통사회에 속하고 있다. 그러나 만약 그들이 다른 신들을 섬기면 그들은 생명이 아닌 죽음을, 복이 아닌 저주를 받게 될 것이다(신 30 : 15-20).

예수께서는 이 사람의 상태를 알고 계신다. 그리하여 생명을 위한 처방(處方)을 써 주신다. 누가복음에서 우리가 자주 접하게 되는 처방인데, 아마 가장 효력 있는 처방은 12 : 33에 있는 말씀일 것이다. 이 관원은 하나님을 온전히 신뢰하도록 초대된다. 그러나 그는 그렇게 할 수가 없었고, 오히려 그렇게 하고 싶어하지 않는다. 그는 더 이상 부의 성공에 현혹되거나 꾀임에 빠지는 위치에 있지 않다. 그는 비단에 감싸인 안락 중에 너무 오래 누워 있었다. 잔치의 식탁에서 너무 잘 먹고 살았다. 여유로운 안전 중에 너무 편안하게 쉬어 왔다. 배고프다고 울부짖는 데서 너무 멀어졌다. 번영하지 못한 사람들의 부러움을 너무 많이 받아 왔다. 필요한 것은 무엇이나 돈으로 살 수 있다고 과신했다. 그는 그의 금전에 매달려 있다. 간략히 말해서, 그는 우상숭배자이다. 그의 예수와의 마주침은 슬프게 끝나고 만다. 자신이 하나님과 재물을 동시에 섬길 수 없음을 알게 되자, 그는 재물을 택했기 때문이다. 그는 자신에게 "난 하나님보다 재물을 택하고 있어."라고 말하는 시간이나 장소는 전혀 없었던 것 같다. 우리는 경험과 관찰을 통하여 배우게 되는

데, 그의 상태는 물질숭상주의가 수년간 서서히 번진 다음에야 비로소 자각하게 되는, 그러한 상태에 있다. 좀더 일찍 그는 자신을 구해 낼 수도 있었을 것이다. 그러나 지금 그는 '지나치게 부자'가 되어 있다.

누가는 그 사람이 떠나갔다고 말하지 않는다(막 10 : 22). 대신에 예수께서 그 사람 앞길에 있게 될 비참한 문제에 관하여 상세하게 말씀하셨다고 말한다. 그 사람뿐만 아니라 엿들을 수 있었던 옆에 있던 사람들을 향해서도 말씀하셨다. "재물이 있는 자는 어떻게 어려운지……." 이 말씀은 어떤 원칙보다는 관찰한 것을 말씀하는 것 같다. 약대가 바늘귀로 들어가는 것(25절)은 인간의 힘으로 불가능한 것에 관한 격언이다. 약대가 짐을 내리고 작은 문을 기어서 통과하는 것을 묘사하는 것이 아니다. 곁에 있던 자들로부터의 질문은 적합했다 : 우리 모두는 이 관원을 괴롭히는 돈을 사랑함에 있어서 다소간에 함께하고 있으니 어떤 사람이 구원을 받을 수 있겠습니까? 대답은 아브라함과 사라가 아이를 갖게 될 것이라는 말씀을 들을 때 그들에게 주신 말씀과 동정녀 마리아가 경이로움과 어찌할 바를 알지 못하고 서성일 때 주셨던 말씀과 동일하다 : 하나님께는 불가능이란 없다. 상황이 어떠하든지 하나님은 해결하실 수 있다.

제자들은 이 강론에 전반적으로 관심이 없지 않았다. 그들은 예수와 함께 하는 그들의 모험에 많은 것을 투자했다. 베드로는 그 일부는 질문이요, 일부는 예수께서 생각해 주시도록 말하는 한 마디 속에서 그렇게 말한다(28절). 예수께서는 베드로와 듣는 모든 자들에게 대답하신다. 하나님의 나라를 위하여 가까운 친척들로부터 자신을 멀리하는 사람은 누구나 새로운 세상에서의 영생은 물론 이 세상에서도 더 많은 친척들(믿는 이들의 공동체를 가리키는 것 같다.)을 얻게 될 것이라고. 누가복음에는 이 세상에서 얻는 보상으로 집이나 땅을 말하고 있지 않음을 주시하는 것이 중요하다. 마가복음과 마태복음은 집과 땅과 가족을 포괄하고 있다(막 10 : 30, 마 19 : 29). 누가복음에는 헌신하는 제자들을 위한 풍성하고 더해 주시는 복이 모두 인간관계라는 독특한 말로 되어 있다(29절). 그리고 하나님의 가족으로서의 교회의 역사(歷史)는 이 약속의 성취를 확증하고 있다. 그리스도인의 생애를 물질적인 성공의 이야기로 해석하는 자들은 누가복음에서 그들의 주장에 대한 어떤 지지도 찾아내지 못한다.

누가복음 18 : 31~19 : 28
수난에 관한 마지막 예고부터 예루살렘 입성까지

예수의 예루살렘 입성에 관한 그의 기록에 앞서서 누가는 예수의 사역 중에 있었던 네 가지 사건들을 말할 것이다 : 수난에 관한 마지막 예고(18 : 31-34), 여리고 부근에서 한 소경을 고치심(18 : 35-43), 여리고에서 삭개오와 식사(19 : 1-10), 예루살렘에 도착하심이 그 나라의 임재를 의미한다고 생각하던 자들에게 파운드(개역한글판에는 '므나'-역자주) 비유를 말씀(19 : 11-28). 이 단원은 "예루살렘으로 올라가노니"라는 표현으로 시작되고, 또 끝난다. 우리는 다시 지리적 지점인 여리고를 만난다. 그러나 이 지점은, 이번에는 여행의 진행에 대한 단서만을 주고 있다. 여리고는 요단 계곡을 떠나 예루살렘의 오르막길을 오르기 전의 중요한 마지막 성읍이었다. 예수께서는 큰 무리의 성지 방문자들 속에서 그 도성을 향하여 가고 계시기 때문에(18 : 36, 19 : 3), 우리는 예상한 것들이나, 그 나라의 본질에 대한 논쟁, 혼란, 소문들, 그들이 이 성도(聖都)에 도착한 후에 생겨날 사건들에 대한 예고 등을 알아보려는 상상은 할 필요가 없다.

수난에 관한 마지막 예고(18 : 31-34)
마 20 : 17-19, 막 10 : 32-34

산 위에서 모세와 엘리야와 이미 논의하셨으므로(9 : 31), 예수께서는 열두 제자들에게 9 : 51에서 말씀하신 그 여정이 거의 끝나 가고 있다고 말씀하신다. 자신의 수난에 대한 이 마지막 예고에는 구체적인 내용을 덧붙이고 계신다. 예수의 죽음과 부활은 율법과 선지자들에 따른 것이었다. 이 사실은 용모가 변화되셔서 모세와 엘리야와의 대화 중에 극적으로 보여지게 되었으며, 복음서들과 사도행전에서 반복 설명되었다(24 : 25, 27, 44, 행 3 : 18, 8 : 32-35, 13 : 27, 26 : 23). 예수께서 치욕적인 취급을 받으실 것에 대한 상세한 설명에 덧붙여 누가는 최초로 이방인들을 연루시키고 있다. 실제로 여기서는 종교 지도자들에 대한 언급은 전혀 하지 않는다. 의심의 여지가 없이 누가는, 예수의 죽음에 헤롯 안디바와 본디오 빌라도, 그리고 유대인과 이방인들이 함께하고 있었다고 이 사건을 회고하고 있다. 오순절 이후에 그리스도인 설교자들은 예수 죽으심에 관한 상세한 것들까지도 성령께서 다윗을 통하여 말씀하신 것이 성취된 것이라고 설교할 것이다 :

> 어찌하여 열방이 분노하며 족속들이 허사를 경영하였는고 …… 관원들이 함께 모여 주와 그 그리스도를 대적하도다(행 4 : 25-26에 인용된 시편 2 : 1-2).

수난에 관한 이 상세한 기록에 관하여 학대, 고통, 그리고 죽음에 대해서는 여섯 가지로 말하고, 부활에 관해서는 단 한 번만 말하고 있음을 주시하라. 이 분명한 불균형의 이유는 비극적 요소에 마음을 쓴다기보다 예수의 고난과 죽음이 예수의 추종자들에게는 신앙의 주요 문제였고, "나사렛의 예수가 하나님의 메시야"라는 선포에 있어 주요한 신학적 문제였기 때문이었다. 죽음을 부정하려는 어떤 경향이 있다면 예수의 경우에 있어서 특히 그러하다. 그런 경향의 신학은 그의 죽으심을 부정(否定)의 눈으로 보는 기초 위에 세워져 있다 : 구레네 시몬이 예수 대신에 착오로 십자가에 못 박혔다 ; 예수께 드렸던 쓸개 탄 포도주에는 약이 들어 있어서 그가 죽으신 것처럼 보였을 뿐이다. 이런 식으로 이야기는 진행된다. 죽으심을 부정하는 오늘의 형식은 수난 금요일을 무시해 버리고 거창한 부활절 예배들의 형태를 가지는 것이다. 고대 교회에서는 "본디오 빌라도에 의해 고난을 받으시고 십자가에 못 박혀 죽으시고 장사되시고"라는 사도들의 신조에 나타나 있는 누가복음 18 : 31~34의 본문을 주장함으로써 이러한 죽으심을 부정하는 이론에 맞섰다.

18 : 31~34에 관하여 마지막으로 주시할 점은, 누가가 "제자들이 이것을 하나도 깨닫지 못하였으니"라고 말할 뿐만 아니라 "그 말씀이 감취었으므로"라고도 말하고 있는 점이다. 이러한 결합은 출애굽기에 있는 "바로가 자기 마음을 강퍅하게 하였으니"와 "하나님께서 바로의 마음을 완악하게 하셨으니"라는, 여기 누가의 말과 유사한 뒤섞임을 연상케 한다. 인간의 실패와 하나님의 목적을 연관지으려는 성경의 노력 중에서 논리는 파괴되기도 한다. 누가는 제자들이 알지 못하고, 그런가 하면 알고, 이 쌍방에 있어서 역사

하시는 하나님을 보면서 침묵하지 않고 있다. 9 : 45과 24 : 16에서도 유사한 진술을 하고 있다. 누가의 신학에 있어서는, 예수의 죽으심과 부활에 있어서, 무엇이 실제로 진행되는가는 인간의 지성으로 이해되지 않고 계시로 이해가 가능하게 된다. 그 계시는 지금으로서는, 부활 이후까지 기다려야 한다. 그때에는 부활하신 그리스도께서 제자들의 눈과 마음을 여실 것이다. 그가 누구이시며, 그의 수난이 성경을 성취하는 것임을 알게 하시기 위해서이다(24 : 16, 25-27, 31-32, 44-45).

여리고 부근에서 소경을 고치시다(18 : 35-43)

마 20 : 29-34, 막 10 : 46-52

누가는 "제자들이 이것을 하나도 깨닫지 못하였으니 그 말씀이 감취었으므로 저희가 그 이르신 바를 알지 못하였더라"(34절)에 이어 소경의 눈을 여시는 예수의 권능을 보여 주는 이야기를 하고 있다. 이 이야기를 열두 제자들에 대한 책망으로 받아들일 이유란 없다. 오히려 예수께서 그들을 위하여 해 주시게 될 것에 대한 예언과 약속이다(24 : 31-32, 44-45). 예수는 자신이 소경의 눈을 뜨게 할 것이라는 선언과 함께 사역을 시작하셨다(4 : 18). 그리고 그런 사역의 사실은 예수께서 메시야이신가를 판단하는 데 한 가지 증거로서 세례 요한에게 제시되었다(7 : 22). 우리 앞에 있는 이 이야기 속에서 예수께서는 이미 그 어떤 눈을 뜬 한 사람의 눈을 뜨게 하고 계시는 모습이 우리의 눈길을 끈다. 그 거지 소경은 예수를 '다윗의 자손', 즉 '메시야'로 부르고 있다. 이 점에 있어서 그는 군중이 보지 못하는 것을 볼 수가 있었다. 그 무리는 그를 꾸짖는 중에(39절), 스스로 소경들임을 드러내고 있다. 소경은 보고, 보는 자들은 소경이 되어 있다고 말하는 이 기록 중에는 예수께서 한 소경을 고쳐 주시는 요한의 이야기와 유사성이 있다(요 9장).

독자는 단순히 예수께서 이 거지 소경으로 하여금 꽃과 나무들과 가족과 친구들의 얼굴을 볼 수 있게 하셨다는 사실보다, 그것 역시 괄목할 만하지만, 거기에서는 더한 그 무엇이 진행되고 있었음을 상상할 것이다. 또 다른 차원에서 예수는 그 소경의 눈을 뜨게 하셨다. 예수는 메시야로 환호를 받으셨다 ; 그 거지는 '좋아지게 되었다'(well)고 선언되었다(42절, 개역한글판에는 '구원하였느니라'-역자주. 이 단어는 '구원 받았다'〈saved〉를 의미하기도 함을 기억하라〈17 : 11-19〉. 그리고 다음 이야기에서 그렇게 사용될 것이다〈19 : 1-10〉). 이 거지는 제자가 되어 예루살렘까지 예수를 따랐다. 거지는 하나님께 영광을 드렸다(17 : 11-19을 다시 참고하라). 누가복음 18 : 35~43은 그리하여 치유와 구원의 이야기이다. 그뿐만 아니라 이 사건은 예루살렘 입성(入城)을 예상하게 한다. 여리고가 예루살렘에 가깝다는 것뿐만 아니라 예수의 앞과 뒤에 군중이 많아지고 있다는 사실, 예수를 메시야로 환호하는 것, 그리고 하나님을 영화롭게 하고 찬양하는 사실에 있어서 그 예상은 분명해진다.

예상하건대, 독자는 '다윗의 자손'(Son of David)이라는 칭호를 확실하게 알지 못하는 말로 여길 것이다. 이 칭호는 예수에 대하여 사실이면서 풀리지 않는 문제이기 때문이다. 우리는 20 : 41~44에서 이 문제를 논할 것이다. 왜냐하면 예수 자신이 "사람들이 어찌하여 그리스도를 다윗의 자손이라 하느냐?"라고 질문하고 계셨기 때문이다. 그러나 여기서 "예수, 다윗의 자손이여"라는 소경 거지의 말은 모호하지 않게 명확하다는 사실을 명심해야 한다. 누가는 한편으로, 예수께서 다윗의 가문과 혈통에 속하심을 명확히 하고 있다(2 : 4). 누가는 탄생 이야기와 예수 탄생 이전의 영감으로 된 노래 안에서 이 사실을 확인한다(1 : 32, 69). 그러나 다른 한편으로는, 예수의 이미지가 다윗 또는 다윗의 보좌에 앉아 계심 같아서 정치 및 군사적 소망을 불러일으켜 "예수는 메시야"라는 고백을 할 수 있게 한다. 이 고백은 예수 사역의 본질과 그의 십자가에 죽으심과는 일치되지 않는 의미를 갖는다. 누가에게는 예수를 다윗의 후손이라고 말하거나 확증하는 보편적 의미와, 갈릴리인들로 된 순례자 무리나 정치적 행동주의자 집단이 그렇게 말하는 의미는 전혀 다르다. 말의 의미는 누가 말했느냐, 그리고 어떤 분위기 속에서 말했느냐에 따라 다르다. 예컨대, 이 말 "그 피를 우리와 우리 자손에게 돌릴지어다"(마 27 : 25)를 생각해 보라. 예수 죽으심에 대한 책임을 기꺼이 지겠다는 분노한 군중이 하는 그 말을 들어 보라. 그리고 참회하는 범죄자의 기도로서 그 말을 들어 보라. 군중의 '다윗의 후손 예수'와 참회자의 '다윗의 후손 예수'는 같은 말이지만, 말하는 자들이 다른 만큼 그만큼 차이가 난다.

삭개오에게 임한 구원(19 : 1-10)

우리는 누가와 꽤 멀리 함께 왔다. 그리하여 그의 이야기들은 이전 이야기들에 대한 우리의 기억에 메아리를 울린다. 예수와 여리고의 삭개오에 관한 기록은 누가복음에만 있는데, 직전의 소경 거지를 떠올린다. 한 사람은 매우 가난하고 다른 사람은 매우 부자이나 두 사람 다 구원의 복을 받는다(18 : 42, 19 : 9, 10). 독자는 앞에서 예수와 한 부자가 마주친 사실(18 : 18-30) 역시 생각하게 되는데 그 이야기는, 그러나 슬프게 끝났었다. 아마 더욱 정확하게, 누가복음 19 : 1~10은 예수와 레위의 기록(5 : 27-32)을 기억나게도 하고 거의 반복하고 있다. 이 두 이야기에서 예수는 세금 징수자를 상대하고 계시며 세리의 가정에 손님이셨고, 그러한 사람과 교제한다고 비난을 받으셨으며, 결론 부분에서는 각각 하나의 선언을 하고 계신다. 5 : 27~32의 주해와 「하퍼의 성경사전」(*Harper's Bible Dictionary*)에서 '세리'에 관한 기사를 참고하면 세리에 대한 예수의 행위가 혁신적이셨음에 대한 기억을 새롭게 할 것이다. 삭개오가 '세리장'(2절, 이 용어는 헬라어 문학의 어디에서도 나타나지 않는다.)이었다는 사실은 그를 로마 정부의 부패된 세금 조직에 더욱 깊이 연루시키고 있다. 부패된 구조 속에서 그 사람의 지위가 높으면 높을수록 그 사람의 공적 범죄는 더욱 커지게 된다. 이야기 속에는 삭개오의 사적 생활의 어떤 것도 드러나지 않고 있으나 도덕적 견지에서 그만큼 우리는 안다 : 다른 사람들에게서 빼앗고, 그들을 쥐어짜는 프로그램에 함께하고 이득을 얻는 한 그러한 사람들은 누구라도 사적으로 의로울 수가 없다. 그러한 이분법적 사고는 교회사 내내 교회에 손상을 주어 왔다. 특별히 개인주의가 공동체를 그리고 피차 지체(肢體)가 된다는 의식을 지배하던 시대와 지역에서 그러했다.

이 말은 삭개오에게 제자의 생활을 하게 하는 자질이 없었음을 의미하지는 않는다. 조롱과 수치의 위험을 무릅쓰고 예수를 보고 싶어했던 그의 강렬한 욕구는 이 이야기의 행복한 결말에 기본이었다. 분명히 그는 예수께서 참으로 '세리와 죄인의 친구'(7 : 34)이심을 들었고, 또 그렇게 믿고 있다. 그가 자기의 부 때문에 개인적, 사회적, 그리고 종교적으로 부담이 너무 크다는 사실을 알아차렸는지는 우리가 알지 못한다. 우리가 분명히 아는 것은 그가 예수께 최선의 대접을 해 드리고 있으며, 이 만남의 결과로 보상에 대한 율법의 요구를 초과하여 실행하고 있다는 사실이다. 스스로 하는 보상은 원래의 액수에 20퍼센트를 더하도록 요구한다(레 6 : 5, 민 5 : 7). 강제로 하게 되는 보상은 원래의 갑절을 요구했고, 어떤 경우에는 네 갑절 또는 다섯 갑절로 갚는 것이었다(출 22 : 1, 3-4, 삼하 12 : 6). 어떤 학자들은 보상에 대한 삭개오의 제의가 파격적인 은혜의 예리함을 무디게 하고, 용서를 노력으로 얻고자 한다는 인상을 주고 있다고 생각한다. 그리하여 8절은 회개의 결과를 의미하여 그리스도인들에게 준 교훈으로 후대에 부가된 것이라고 주장한다. 이러한 추측은 신학적으로 합리적인 동기를 갖고 있다. 그러나 이 이야기는 또다른 방법으로 읽을 수 있다. 자기 재산의 절반을 가난한 자들에게 주겠고, 자기가 속인 사람에게 관대하게 보상하겠다는 삭개오의 제의는 그 자체로서 예수의 혁신적 은혜와 그에게 주신 좋은 소식의 능력에 대한 증거로 볼 수가 있다. 결국 누가의 은혜의 복음은 회개와 연결되어 있고, 회개는 단순히 마음의 문제가 아니라는 사실이다. 회개는 열매를 맺는다 : 이 사실은 세례 요한의 설교 때만큼이나 당초부터 분명했다. 군중과 군병들과 세리들이 그에게 와서 "우리는 무엇을 하리이까?"(3 : 10-14)라고 물었을 때였다.

누가복음 19 : 1~10은 그러므로 부자(하나님께는 모든 것이 가능, 18 : 27)이면서 세리였던 한 사람의 구원에 관한 이야기이다. 그의 생활 양식과 그것의 결과로 성읍 사람들과 회당이 그를 대해 준 것으로는 그로 하여금 하나님께서 원하시는 사랑을 실천하도록 하지 못했다. 십팔 년간 허약의 영에 사로잡혔던 여자가 아브라함의 딸이었던 만큼(13 : 16), 그도 아브라함의 자손이었다(9절). 그리고 그가 아브라함의 후손이라면 예수를 향하여 수군거리고 있었던 그들을 포함하여 거기 모두가 그러하였다. 그리고 아브라함의 후손으로서 그들은 삭개오가 그러했던 만큼 하나님의 은혜가 필요했었다. 세례 요한이 전한 말씀이 언제나 그러했듯이, 다시 지당하게 들려온다 : "그러므로 회개에 합당한 열매를 맺고 속으로 아브라함이 우리 조상이라 말하지 말라 내가 너희에게 이르노니 하나님이 능히 이 돌들로도 아브라함의 자손이 되게 하시리라"(3 : 8). 구원이 '이 집에' 이르렀다는 말씀은 가족과 종들을 포괄하는 것 같다 ; 온 집안 식구(household) 구원의 개념은 누가에게는 중요하다(행 10 : 2, 11 : 14, 16 : 15-31, 18 : 8). 흥미롭게도 "잃어버린 자"라는 말은 잘 안 쓰이는 용어지만 "잃어버린 자들 구원"이란 표현은 교회 안에서 광범위하게 사용되고 있다. 이 말은 여기서, 그리고 양, 은전, 아버지의 비유 속에서 보여진다(15 : 6, 24, 32). 여하간 "잃어버린 자들 구원"이란 말은 누가복음에서의 의미보다 좁은 의미로 쓰이고 있다. 사람들은 그 말을 거의 배타적으로 개종이라는 의미와 종종 '영혼이 하늘나라에 가도록 보존'이라는 더욱 제한된 의미로 듣는다. 여기 삭개오의 경우, 그의 '구원 반응'은 분명히 개종을 가리킨다. 그러나 어떤 개인에게 국한하는 의미로가 아니다. 그의 집안 식구들이 포함되고 있을 뿐만 아니라 그가 속였던 그 모든 사람들은 물론이고, 그의 개종으로 혜택을 받게 될 그 가난한 사람들도 포함되고 있다. 그가 받은 구원은 개인적, 가정적, 사회적, 그리고 경제적 차원이었다. 또한 우리는 다른 이야기들 속에서 '구원받다'가 '건강하게 되었다', '치유되었다', 그리고 '온전하게 되었다'로 번역되었다는 사실을 잊어서는 안 된다. 누가는 이 말을 영혼의 상태에 국한하는 것을 반대할 것이다. 생의 전부가 예수의 사역에 의해 영향을 받는다. 하나님의 온전한 통치에 대한 미리 맛보기인 것이다. 그 마지막의 선언(10절)은 이 사실을 분명히 하고 있다 : 예수의 삭개오 집 방문은 그의 예루살렘을 향한 여정에 머뭇거림이나 돌아서 가는 길이 아니며, 이 방문이야말로 그 여행의 참 목적이었고, 지금도 그의 목적이다. "인자가 온 것은 잃어버린 자를 찾아 구원하려 함이니라."

열 므나 비유(19 : 11-28)

마 25 : 14-30

누가복음의 전형적인 수법으로 이 비유는 해설하는 식으로 서론이 시작되고 있다(11절). 11절에 의하면, 예수께서는 두 가지 오해를 시정하시려고 이 비유를 말씀하신다. 첫째는, 따르는 자들 중에 어떤 이들이 그 나라가 곧 나타날 것으로 생각했다. 그리고 모든 좋은 것들—자유, 기쁨, 평화 등 '하나님의 나라'라는 말과 함께하는 것들—이 자기들의 것이 될 것이라고 생각했다. 그러나 실제로 그들은 예수께서 '떠나가심'을 곧 경험하게 되어 있었고, 그의 재림까지는 하나님의 통치가 온전하게 되지 않을 것이었다.

둘째로, 어떤 이들은 아무래도 예루살렘이 그 나라의 도래(到來)에 주된 역할을 할 것이라고 생각했다. 우리가 보게 되겠지만, 누가에게 있어서 예루살렘은 이스라엘과 열국을 위한 하나님의 목적을 펼쳐 보이는 일에 중심이다. 그 목적은 예루살렘에서 시작될 것이다. 그러나 예수께서 관여하시는 것은 예루살렘에서 끝나지 않게 될 것이다. 그러므로 그를 따르는 자들은 그 성읍 안에서 곧 발생되는 것을 마지막이라고 받아들이지 않게 되어 있었다. 한 사건은 끝날 것이다. 그러나 이야기 전체는 끝나지 않을 것이다. 이야기는 계속될 것이다 : "위로부터 능력을 입히울 때까지 이 성에 유하라". 그리고 나서 "예루살렘으로부터 시작하여" 좋은 소식은 모든 족속에게 전파될 것이다(24 : 49, 47). 아마 누가는 자기 시대의 교회를 향하여 역시 말할 것이다 : 예루살렘의 사건들(기원 70년의 그 성의 멸망과 성전의 파멸)을 인자의 임하심 및 모든 것의 종말과 연결시키지 말라고. 21 : 5~36에서 예수께서 말씀하시게 되겠지만 만국을 향한 복음증거가 끝나게 될 때까지 종말은 오지 않을 것이다. 예루살렘은 이 백성의 추억과 소망에 있어서 매우 중요했다. 그리하여 그들이 거기에서 생겨난 모든 중요하고, 그리고 위기로 여겨지는 사건들에다 종말론적 해석을 붙이는 것은 자연스러운 일이었다. 다시 또다시 어떤 유대인들과 어떤 그리스도인들은 이 거룩한 성의 상태를 주시하면서 "보라, 여기로다!" 그리고 "보라, 저기로다!"라고 말하곤 한다.

열 므나 비유는 '유사하지만 다른' 이 비유와 대비가 되고 있는 달란트 비유(마 25 : 14-30)만큼 교회에 친근하지 않다. 그 이유를 알아내기란 어렵지 않다 ; 이 비유를 읽기만 하면 된다. 두 가지 이야기로 되어 있다 : 그 하나의 내용은, 한 귀족이 왕의 칭호와 왕관을 받기 위하여 먼 길을 간다. 그런데 일부 주민이 그를 미워하여 그가 왕이 되는 것을 저지하고자 대표들을 보냈다. 그 새 왕이 돌아왔을 때 그 주민들을 멸하게 한다. 이 내용은 자체로서 온전한 이야기이다. 이 이야기는 당시의 팔레스타인의 역사를 반영하고 있기 때문에, 비유인지 의문을 갖는 이들이 많기는 하지만 그렇다. 헤롯 대왕의 아들 아켈라오(Archelaus)가 부친의 사망과 함께 자기 아버지의 계승자로 왕위를 얻기 위해 로마로 갔었다. 아켈라오는 몹시 혐오를 받고 있었으므로 50인으로 된 유대인 사절이 반대를 위해 로마로 갔다. 아켈라오는 왕이 되지 못했다. 그러나 짧은 기간 동안만 유대만을 다스렸다(이 내용은 유대인 역사가 요세퍼스〈Josephus〉에 의해 전해졌다. 탤버트〈Talbert〉의 「누가복음 읽기」〈*Reading Luke*〉, 178쪽 참고). 두 번째는 한 귀족이 열 므나를 이득을 남기는 수단으로 장사하도록 열 종들에게 맡기고 멀리 떠나는 이야기이다 (한 므나는 헬라-수리아 화폐로 100드라크마〈drachma〉 또는 품꾼이 3개월 동안 받는 품삯이다). 그렇게 했던 종들은 많은 보상을 받는다. 실행하지 않았던 한 종은 그 한 므나를 빼앗긴다. 그러나 (마 25 : 30과는 다르게) 다른 형벌은 언급되지 않았다.

어떤 학자들은 본문에 하나가 아닌 두 개의 비유가 있다는 견해를 갖는다. 최소한 두 개의 단편들인데, 현재의 기록은 어색하게 하나로 결합되어 있다고 한다. 동시대의 두 편의 비유가 누가에 의해 결합되었는지, 또는 그의 자료에 이미 연결되어 있었는지 우리는 확실하게 알지 못한다. 우리가 알고 있는 것은, 본문 안에서 누가는 비유라고 말하고 있으며(11절), 두 개의 이야기가 멀리서 하나의 나무처럼 보이나 성장하면서 서로 뒤엉킨 두 그루의 작은 나무들처럼 연결되어 있다는 사실이다. 그러면 두 이야기가 하나로 되어 있는 이유는 무엇인가? 하나의 그럴듯한 이론은 청중의 성격에서 찾을 수 있을 것이다. 누가는 "저희가 이 말씀을 듣고 있을 때에"(11절)라고 말하는데, 이 '저희'는 모호하다. 우리는 열두 제자가 예수와 함께 있었고, 예수께 헌신하지는 않았으나 감동을 받고 있는 한 무리가 함께 있었음을 안다. 아마 예수는 하나의 이중적 비유를 말씀하시고, 그 비유 안에서 각 그룹을 향한 메시지를 주고 계셨는지도 모른다. 모든 설교자는 상황을 알고 있다 : 강단 앞에는 이따금씩 방문해 오는, 그러나 회중의 사명이 무엇인지 알지 못하고 혹은 그 사명에 기여하지 않는 사람들과 충성스런 사람들이 앉아 있다. 본문을 무리하게 취급하지 않게 되기를 바라면서 우리는 두 부류의 청중을 향한 메시지를 가지고, 이 비유를 차례로 관찰하기로 하겠다.

아직 제자가 되지 아니한 더 많은 수의 청중을 향하여 예수는 시정(是正)과 경고를 하고 계신다. 그 시정이란 자기는 보좌를 갖기 위하여 도성으로 올라가고 있는 것이 아니라 오히려 떠나갈 것이며, 후에 왕의 권세를 가지고 돌아오시겠다는 것이다. 경고란 예수께서 주님 되심을 거부하고, 사역과 함께 시작되고 재림과 함께 끝나게 될 하나님의 통치를 거절하는 자들에게는 인자의 재림이 기쁨이 아닌 심판이 되고, 생명이 아닌 사망이 된다는 것이다.

이 엄중한 메시지는 탄식 중에서(19 : 41-44), 그리고 비유 속에서(20 : 9-18) 반복될 것이다. 말씀은 귀에 거슬리는 것이었다. 확실히 그렇다. 그런데 배척을 당하는 분은 누구이며, 어떤 제안이 거부당하고 있는가? 배척을 당하는 분은 다른 분이 아니고 하나님이시며, 거부당하고 있는 것은 하나님의 호의다. 이 말씀은 기독론적 견해로부터 하신 것이 아니다. 기독론적 견해로는 예수와 하나님을 동등하게 여긴다. 그러므로 예수를 배척하는 것은 하나님을 배척하는 것이다. 오히려 이 말씀은 예수의 사역이 배척당했음을 말한다. 나사렛에서 예수의 최초 선언(4 : 16-30)으로부터 예수께서는 죄인들, 세리들, 바리새인들, 가난한 자들, 부자들, 문둥병자들, 어린이들, 마귀 들린 자들, 이방인들, 그리고 여자들과의 만남에 있어서, 세상을 위한 하나님의 마음과 뜻, 그리고 하나님의 통치 아래에서의 생활이 무엇인가를 드러내시고 보여 주셨다. 그리고 곧 있게 될 그의 죽으심은 하나님이 주고자 하시는 사랑이란 짧게 중단되거나 끝나지 않고 죽음에 이르는 전 과정의 고통을 통하여 지속된다는 사실을 확증할 것이다. 예수의 부활은 예수뿐만 아니라 세상을 향한 하나님의 이 같은 방식으로의 사랑을 확증하고 정당화할 것이다. 권력 놀음, 번영, 원수 보복, 권세의 자리, 그리고 세상의 우월에 대한 부풀어 오른 정신을 더 좋아하며, 이 사역을 거절하는 것은 반복해서 말하거니와 하나님을 배척하는 것이다. 더 할 말이 무엇이 있겠는가?

이 비유 속에서 제자들을 향한 말씀은 주님의 떠남과 돌아오심의 중간기에 시행해야 할 충성과 책임감의 요청이다. 제자들은 그들에게 맡겨 주신 것을 안전하게 보전하도록 명령받지 않았다. 그들은 그것을 불려 나가야 했었다. 의심의 여지가 없이 그것은 말씀을 확산시키는 것, 또는 누가 자신의 말로 하면 "하나님의 말씀은 흥왕하여 더하더라"(행 12 : 24)를 의미한다. 분명히 위험도 함께했다. 어떤 위험이 없이 그 누구도 한 므나로 열 므나를, 또는 다섯 므나를 만들 수 없다. 세상에서 증언을 하는 데는 용기가 필요하다. 복음에도 그 나름의 적이 있기 때문이다. 그 세 번째 종이라도('또 한 사람'이라고 했음, 20절 ; 훌륭한 이야기 전달의 원칙을 따라 모든 열 종들의 보고를 앵무새처럼 반복하지 않고 있다.), 조심스러워하고 두려움을 갖고 있었는데, 위험을 무릅쓰지 않고도 약간의 이득은 남길 수 있었을 것이다. 그러나 일은 급하고 위임받은 사실이 분명할 경우(13절) 침묵과 게으름은 변명의 여지를 갖지 못한다. 이 비유의 이 부분을 끝내고 있는 경구(警句, 26절)는 원래 생의 불공정에 관한 냉소적인 말이었다('가진 자는…… 갖게 되고'). 그러나 이 말은 예수의 교훈 중에 자주 나타난다(8 : 18, 마 13 : 12, 25 : 29, 막 4 : 24-25). 이 사실은 그 말이 하나님의 통치에 있어서 유효한 원칙임을 암시한다. 경험은 그 사실이 진실임을 확증한다.

예루살렘을 언급하면서 본 단원은 끝난다(28절). 이 단원을 시작할 때와 꼭 같다(11절). 실제로 28절의 "예수께서 이 말씀을 하시고 예루살렘을 향하여 앞서서 가시더라"는 9 : 51의 "예수께서 승천하실 기약이 차 가매 예루살렘을 향하여 올라가기로 굳게 결심하시고"에서 시작된, 우리가 여행의 이야기라고 부르고 있는, 누가복음의 한 주요 단원을 끝내고 있다. 예수와 열두 제자들의 뒤에는 갈릴리와 그곳의 회당, 그곳에서의 식탁의 대화, 시골 평지에서의 설교들, 그곳 해변의 청중, 그리고 안식일의 해질 무렵 예수께 밀려들던 그곳의 극빈자들과 병든 자들이 있다. 이제 일행은 예루살렘에 도착했다. 성전이 있고, 그곳의 대제사장들과 장로들, 그리고 주요 절기에 민족적 열정과 종교적 광신이 로마의 평화를 위협하는 경우에, 충분한 군사적 지원과 함께 가이사랴에 있는 그의 영구적 본영(本營)으로부터 달려오는 본디오 빌라도가 있는 그 예루살렘에!

예루살렘에서의 사역

누가복음 19 : 29~21 : 38

이 한 덩어리의 자료는 예수의 예루살렘 성으로 들어가심부터 예수의 성전 뜰에서의 대중을 상대로 한 사역(21 : 37-38)에 관한 요약된 설명으로 끝난다. 그 다음 단원은 수난 이야기의 시작을 알리는 행사인 예수께서 제자들과 함께 유월절을 지키시는 것으로 시작된다. 누가복음 19 : 29~21 : 38은 우리가 지금 누가복음에서 보리라고 예상하는 부분적 다듬기와 함께 마가복음 11 : 1~13 : 37을 전반적으로 따라가고 있다. 누가복음과 다른 공관복음서들 사이에 있는 하나의 중요한 차이점은 이 시점에서 본 복음서의 끝까지 나타나고 있는데, 누가의 이해에 따른 예언의 성취와 예수 사역의 완성, 그리고 교회의 사명에 있어서 예루살렘과 성전이 중심이 되고 있다는 점이다(24 : 44-53, 행 1 : 1-14). 마가복음과 마태복음 안에서는 예수께서 예루살렘에서 죽임을 당하지 아니하셨더라면 예수는 갈릴리로 되돌아가셨을 것이라는 느낌을 받는다. 실제로 부활하신 그리스도는 제자들에게 갈릴리에서 만날 것을 알리고 계신다(막 14 : 28, 16 : 7, 마 26 : 32, 28 : 7).

그러나 누가복음에서는 예루살렘이 예수의 최종 목적지이며, 제자들은 성령을 받기까지 그곳에 머물러야 했다. 예수께서 얼마나 오래 예루살렘에서 사역하셨는지에 대해서는 우리가 알지 못한다. 교회는 이 사역을 압축했다. 수난, 그리고 부활을 8일 기간으로, 종려 또는 수난 주일로부터 부활절로 마친다. 그러나 더 긴 기간이었다는 암시들이 있다(19 : 47, 22 : 53). 어떤 학자들은 누가복음에는 없으나 다른 복음서 기자들에 의해 기록된 예수의 예루살렘 성에 들어가심의 환호는 가을에 있는 유대인의 초막절에 있었다고 보고 있다. 이러한 연대계산에 의하면 예수는 초막절부터 유월절까지, 또는 대략 11월부터 4월까지 예루살렘에 계셨다는 말이 된다. 다시 말하거니와, 우리의 복음서에 관한 간략한 기록들은 우리의 역사적 호기심으로부터 나오는 많은 의문들에 대하여 답을 주지 않고 있다.

누가복음 19 : 29~48

예루살렘에 들어가심

예수의 예루살렘 도착과 성 안으로 들어가심을 누가는 세 개의 소단원 속에서 말하고 있다 : 성으로 들어가심(29-40절), 성을 향한 탄식(41-44절), 그리고 성전을 정결하게 하심(45-46절)이다. 첫 번째와 세 번째 단원은 다른 모든 복음서들에 있다. 그리하여 교회사역 중에 자주 언급된다. 그러나 교회는 성에 들어가심과 성전청결이 연결되어 있다고 기억한다. 그것도 네 복음서 기자들의 특징도 고려하지 않고 세부 사항들을 서로 얽어 그렇게 하고 있다. 그러므로 누가복음의 독자는 세부 사항들이 없는 누가의 기록에 주의를 기울이려면 쉽지 않음을 예상해야 한다. 이 세부 사항들을 우리는 다른 자료들을 끌어다가 얽어 맞추려고 한다.

성으로 들어가심(19 : 29-40)

마 21 : 1-9, 막 11 : 1-10, 요 12 : 12-16

이 장면은 성의 동쪽에서 2마일이 안 되는 베다니와 벳바게 마을 가까이에 있는 올리벳(Olivet)이라고 불렀던 산언저리에서 시작되었다. 감람산은 종말론과 깊은 관련을 갖고 있다(슥 14 : 4-5). 그러나 누가는 여기서 그 자료를 끌어오지 않고 있는 것 같다. 결국 그는 종말이 아직은 이르지 않았다고 이제 막 말했었다(11절). 준비를 하도록 두 제자를 미리 보내신 것은 예루살렘을 향한 여행의 시작을 연상케 한다(9 : 51-52). 누가는 그 나귀 새끼가 예수의 한 제자의 소유였고, 또 미리 세운 계획대로가 아니라 신령한 지식에 따라 예수께서 그 짐승을 활용하고 계심을 우리가 알도록 하고 있는 것 같다. 신성한 목적을 위하여 짐승이 사용될 경우, 그것은 이전에 다른 일에 부린 적이 없는 것으로 하였다(삼상 6 : 7).

이 사건에 대한 누가의 기록 중에 보이는 몇 가지 모습은 면밀한 주의를 요한다. 첫째, 성에 들어감에는 예수와 제자들이 함께하고 있음을 주시하라. 제자들이 어린 나귀를 끌어왔고, 예수를 그 위에 타시게 하고, 제자들은 예수를 주의 이름으로 오시는 왕으로 부르고 있다(누가만이 슥 9 : 9을 반영한다. 마태와 요한은 그 예언을 인용한다). 명절을 위하여 성에 와 있던 군중(마 21 : 9) 또는 나사로를 살려내신 소문으로 모여들었던 자들(요 12 : 12)에 의한 전반적인 환호는 없다 ; 예수는 그를 따르는 자들에 의해 영예와 찬양을 받으셨다. 이 모임의 사람들은 냉정해져서 후에 예수의 십자가 못 박힘을 강요했던 자들이 아니다. 예수를 따르던 자들은 정녕 그의 메시야직을 충분히 이해하지 못했었다. 하지만 찬양을 해놓고 바로 그 주간에 죽이라고 소리치는 사람들은 아니었다. 그 같은 변덕스런 군중의 모습은 누가가 아닌 다른 기록으로부터였음이 분명하다. 누가가 알려 주고 있는 이야기의 군중은 그 수가 많지 않았으며, 감정도 격해 있지 않았고, 그 행사는 믿는 이들의, 믿는 이들을 위한 것이었다. 그리고 그 행사의 의미는 예수 안에, 그리고 그를 믿는 그들의 믿음 안에 있는 것이었다. 대중의 호의나 배척, 그리고 참여나 이탈과는 전혀 관계가 없었다는 의미다. 그렇다고 해서 예수를 따르던 자들이 절도 있고 성숙해져 있었다는 것은 아니다. 곧 일어나게 되는 사건들은 그들을 시험하게 될 것이며, 어떤 이들은 실패할 것이다. 그러나 감람산을 내려가고 있던 이 순간만큼은 그들은 옳았다.

둘째로, 누가의 기록에는 호산나, 시편말씀, 또는 꺾어 온 나뭇가지에 대한 언급이 없다. 이런 것들은 민속적 색채를 띤 행진과 축제에 속한다. 누가는 분명히 그러한 것들과 관련된 어떤 것도 이 행사에 개입시키고 싶지 않은 것 같다. 아마 그렇기 때문에 쏟아져 나오는 찬양 중에 다윗이나 다윗의 왕좌에 관한 어떤 말도 포함하고 있지 않은 것 같다. '왕'이라는 말이 사용되고 있다(38절). 그러나 그 말에 정치적 의미는 없는 것 같다. 실제로 왕을 향한 찬양의 표현은 시편 118 : 26과 연결되고 있으며, 예수 탄생 때에 하늘의 천군이 한 말과 연결되고 있다(2 : 14). 이 '왕'은 '평화'와 나란히 위치하고 있다. 여기에 빌라도 앞에서 했던 예수에 대한 고발(23 : 2)의 근거는 전혀 없다.

마지막으로, 누가의 기록에 특이한 일화는 제자들의 행사에 어떤 바리새인들이 반대하고 있었던 사실이다(39절). 우리는 그들이 어떤 어조로, 어떤 동기에서 제자들을 꾸짖도록 예수께 요청하였는지 알 수가 없다. 아마 그들은 예수 왕이라는 그 외침이 잘못 해석되어 정치적 반격을 일으키지나 않을까 하여 두려워했던 것 같다. 만약 그러했었다면 그들이 가졌던 이유는 자기네 이해관념에서 비롯되었을 것이다. 즉, "로마인들을 그대로 놔두자. 그리하여 지금 우리가 누리고 있는 이 작은 이점(利點)이라도 유지하자."였다. 아니면 그들의 이유는 예수의 안전에 대한 관심에서였을 것이다. 어쨌든 그들은 이전에 헤롯의 위협을 예수께 경고했었다(13 : 31). 물론 바리새인들은 자신들이 제자들의 행사를 찬성하지 않고, 그렇게 믿지도 않음을 말할 수 있었을 것이다.

그러나 이 행사에 그들이 문제 삼은 것이 무엇이었든지 예수께서는 자기 제자들의 찬양은 옳고 적합했음을 확실히 하기 위하여 분명한 이미지로 쉽게 응답하신다. "만일 이 사람들이 잠잠하면 돌들이 소리 지르리라"(40절). 다른 말로 하면, 쉽게 몇 마디 해야겠다 ; 제자들은 궁극적이고 결론적으로 옳은 것을 옳다 하고 있다 ; 모든 입을 막는다 해도 하나님은 증언자를 세우실 것이다 ; 그리스도인의 증거를 반대하는 일은 성공하지 못한다 ; 진리는 드러날 것이며 침묵 중에 오래 있지 않게 될 것이다. 돌들이 소리 지르게 될 것이란 말씀은 물론 비유다. 그러나 이 표현은 우리들로 하여금 생각하게 한다. 즉 성서적으로 이해할 때, 창조된 세계는 우리가 인간에게만 영향을 미친다고 생각하기 쉬운 사건들이 다른 것들에도 관여한다. 창세기에서 말한다 : 아담과 이브의 범죄는 땅이 가시와 엉겅퀴를 내게 만들었다. 이사야서는 땅 위에서의 평화로운 통치를 노래한다 : 소와 곰이 함께 풀을 먹고 사자와 어린 양이 나란히 누울 것이다. 마태복음은 말한다 : 예수의 탄생을 알리기 위하여 특별한 별이 나타났다. 그리고 그가 돌아가실 때 땅이 진동하고 바위가 갈라졌다. 그리고 공관복음서들은 예수께서 십자가 위에 달리셨을 때 세 시간 동안 해가 빛을 내지 않았다고 말한다. 이 모든 극적인 표현의 말씀은 우리가 때때로 잊어버리는 것을 생각나게 한다 : 모든 생명은 하나님께로부터 왔으며, 전체 우주는 재난과 복(福), 생명과 죽음에 함께하고 있으며, 하나님의 마지막 통치 중에는 "피조물도 썩어짐의 종노릇한 데서 해방되어 하나님의 자녀들의 영광의 자유에 이르는 것이니라"(롬 8 : 21). 그러므로 우리가 잠잠하면 돌들이 소리를 지르게 된다는 것이다.

성을 향하여 탄식하시다(19 : 41-44)

제자들이 그들의 노래 "하늘에는 평화요 가장 높은 곳에는 영광"을 미처 다 끝내기도 전에 예수는 고개를 들고 자기 앞에 있는 성을 보신다. 그리고 우신다 : "너도 오늘날 평화에 관한 일을 알았더면 좋을 뻔하였거니와"(42절). 이 성은 죄의 회개와 용서(누가복음과 사도행전의 복음의 본질, 24 : 47)가 필요함과 하나님이 예수 안에서 평화를 주시려고 이 성을 찾아오신 사실(44절)에 눈이 어두워 있다. 이 호의를 거절하고 이스라엘은 로마를 대항하여 무기를 들기로 하였다. 폭력은 간헐적으로 나타나다가 마침내 전면전이 되어 기원 70년에 성은 무너지고 성전은 파괴되기에 이르렀다. 누가가 본문을 기록할 때에는 그 전쟁은 (지난 날의-역자주) 역사였다. 그리고 누가는 그 역사를 로마인들이 어떻게 예루살렘을 장악하게 되었는지를 묘사하는 데 활용했다(43-44절). 탄식에는 이사야 29 : 3이 구체적으로, 그리고 예루살렘의 종말을 하나님의 형벌로 그려 낸 예레미야 6장의 비극적 장면이 인용되고 있다. 여기서 누가가 예루살렘의 멸망을 그 성이 예수를 배척한 사실에 직접 연관지어 해석하고 있음은 분명하다.

42~44절의 내용을 탄식이라고 부르는데 실제로 그렇다. 성경에는 탄식이 낯설지 않다 : 시편의 시인이 탄식하고 선지자들이 탄식하며 하나님이 탄식하신다. 탄식은 신약성경 안에서 자주 있지 않다. 요한계시록 18장의 고통 중에 아름답게 나오는 탄식은 성경 중 어느 것보다 뛰어나긴 하지만 그러하다. 예수께서 예루살렘을 향하여 하신 탄식은 그가 갖고 계시는 성품에 대한 선명한 계시이다. 탄식이란 본질상 복합적이기 때문이다. 예수의 탄식은 아무나 그런 표현으로 그렇게 할 수 없는 것이라고 본다. 탄식은 사랑과 깊은 관심의 목소리이며, 그렇게 될 수 있었을 것을, 그리고 그 손실에

대한 근심의 목소리이고, 어떤 대상을 그것의 가능성에도 불구하고 고통스럽게 양보하면서 품는 억지 쓰는 희망의 목소리요, 자신의 책임과 좌절의 목소리다. 그리고 슬픔과 분노가 섞인 목소리요, 충분히 지속이 가능한 힘을 가지고 있는 중에 받게 되는 손실에 대한 목소리이다. 설교자나 교사가 이 본문을 취급할 경우, 예수 안에 있었던 그 심오한 격정을 전해 주려는 노력 중에 우리들이 지나치게 많이 사용했던 '소리쳐 울고 계셨다'(to cry)를 반복하거나, 오래된 영어 표현인 '조용히 우셨다'(to weep)를 어쩔 수 없이 다시 써야겠다고 할지도 모르겠다.

성전에서의 예수(19 : 45-48)

마 21 : 10-17, 막 11 : 11, 15-17, 요 2 : 13-22

누가에게는 성전이 중요했었다. 우리는 이 사실을 종종 신중하게 생각해 왔다. 누가는 성전을 긍정적으로 바라본 신약성경의 유일한 기자이다. 누가는 자기의 복음서를 성전 안에 있는 스가랴로 시작하고 성전 안에 있는 제자들로 끝낸다. 사도행전을 날마다 성전에 모이는 그리스도인들로 시작하고 바울을 소개하되 극히 반역자처럼 보았으나 성전에서 기도하는 중에 그가 이방인들에게 복음을 전하도록 하는 계시를 받는 것으로 기록하고 있다. 그렇다면 성전 청결에 관한 누가의 기록이 4복음서들 중에 가장 짧다는 사실은 전혀 놀랍지 않다. 누가복음에는, 예수께서 이렇게 하심으로써 성전과 성전 사역의 종말을 강도 있게 선언하셨다는 암시가 전혀 없다. 예수는 성전이 자신의 가르침의 사역을 위한 처소가 될 수 있도록 그곳을 정화하셨다(47절). 청결케 하시고, 연이어 사역하셨음은 말라기 3 : 1~4에 근거한다.

> 너희의 구하는 바 주가 홀연히 그 전에 임하리니 곧 너희의 사모하는 바 언약의 사자가 임할 것이라 그의 임하는 날을 누가 능히 당하며 그의 나타나는 때에 누가 능히 서리요 그는 금을 연단하는 자의 불과 표백하는 자의 잿물과 같을 것이라…… 레위 자손을 깨끗케 하되…… 그때에 유다와 예루살렘의 헌물이…… 여호와께 기쁨이 되려니와……

그리하여 제도 자체가 아닌 그 제도 안에서의 지나친 행위가 예수의 공격을 받게 하였다. 그 지나친 행위들이 무엇이었는지 우리는 단지 추측할 뿐이다. "장사하는 자들을 내어 쫓으시며"라는 기록은 로마의 화폐를 그 신성한 경내에서 통용했던 화폐로 교환함에 있어서 어떤 부패가 있었음을 의미할 수 있다. 또는 제물을 위한 구입을 허가하고 제사장이 인정했던 그 새들과 짐승들에 대한 터무니없는 가격이 요구될 수도 있었을 것이다. 두 경우 중 하나 또는 그 두 가지 경우에 있어, 경배하기 위하여 성 안에 와 있던 순례자들은 탐욕을 위한 용이한 표적이었다. 경배자들에게는 호소할 곳이 없었고, 성전은 단 한 군데뿐이었다. 성전은 기도의 집이고, 도적들의 소굴이 아니라는 말씀에 관하여는 이사야 56 : 7과 예레미야 7 : 11을 보라.

누가복음 19 : 45~46을 읽는 독자는 계속 읽어 나갈 수가 없다. 예수께서 예루살렘에 있는 성전을 정화하셨다는, 단순히 역사적인 기록을 읽는 것처럼, 그렇게 할 수가 없다. 그것이 역사적 기록임은 너무도 자명하다. 그러나 역시 사실인 것은 예수께서 자기 백성의 공공시설, 하나님께 경배하기 위해 바쳐진 공공시설을 향하여 하나님의 이름으로 특별한 행동을 하셨다. 성전에 무슨 일이 있었던가? 고결하고 신성한 목적까지 갖고 있었던 그 공공시설들에 무슨 일이 있었던가? 성전 자체는 필수적이면서 위험이 되기도 한다 : 필수적이란 말은 사람들이 합당하게 하나님 앞에 나오는 장소와 수단이 필요해서이며, 위험이 된다는 말은 어떤 공공시설도 하나님을 집 안에 모셨다고 주장할 수 없다는 의미에서 그러하다. 솔로몬은 최초의 성전을 잘 지어 하나님께 바칠 때 온 하늘과 땅이라도 그 안에 모실 수 없는 그 하나님께 그저 황송할 뿐이라고 말했다. 시간이 지남을 따라 사람들은 성전에서 섬기는 자들에게 성전 봉사 이상의 권세를 주었다. 그리하여 그들은 성전뿐만 아니라 모든 처소의 하나님과 성전을 혼동하기에 이르렀다. 그들은 자기를 비판해 보는 정해진 과정을 갖고 있지 않았다. 그리하여 하인들은 관리들이 되고 제사장들은 종교적 권력자들이 된다. 자기 이득을 영구적으로 누리려 하고, 유지를 위한 비용을 구실로 새로운 재정 정책을 요구한다. 아름다운 처소와 하나님의 위엄을 증언하던 이 처소는 점차 그 본질을 잃어 갔다. 마침내 하나님과 성전을 함께 사랑하는 그 누군가가 오셔서 성소를 잘 정화하시기까지 그렇게 되고 있었다.

예수를 향한 반대가 있다는 말이 나오기까지 예수는 매일 성전에서 가르치고 계셨다. 이 47절의 말씀으로 누가는 성전 청결과 예수의 생명에 관한 어떤 음모 사이의 직접적인 연관(마가가 그렇게 하듯이, 11 : 15-19)을 제거 또는 부드럽게 무마하고 있다. 더욱 그럴듯한 사실은 청결하게 하셨던 그 모든 행동과 후에 성전을 자기 사역의 처소로 삼으신 것이 적개심의 원인이 되었다는 것이다. 예수를 죽이려고 하는 데까지 이른 그 반대는, 어떤 서기관들과 '백성의 두목들'(47절, 아마 이들은 최상의 사법 회의인 공회에 속한 장로들일 것이다.)과 연계한 성전의 주요 성직자들에 의해 진행되고 있었다. 그러나 당분간 예수는 안전하시다. 많은 군중이 함께하는 그의 인기는 그들의 위협에 푹신한 보호막이 되고 있었다.

누가복음 20 : 1~21 : 4

예루살렘에서의 논쟁

대제사장들, 서기관들, 그리고 백성의 주요 인사들(20 : 1에서는 장로들)이 예수를 죽이려고 했다고 19 : 47에서 말하고 나서, 누가는 지금 그들의 반대의 실체를 모조리 말해 주는 진전을 보이고 있다. 그렇게 함에 있어서 그가 가진 자료 중 하나인 마가복음 11 : 27~12 : 44을 면밀하게 따라가고 있다. 이들 논쟁이 꼭 있었던 순서대로 기록된 것이라고 여길 이유는 없다. 예를 들면, 누가는 평범한 말인 '하루는'(1절)이라고 시작하는데, 예루살렘에 계시던 기간을 말해 준다. '거룩한 주간'의 특정 날짜를 배열하려고 (유월절 식사 시간인 목요일 저녁 이전에) 사건들의 순서를 정하는 것은 헛된 일이며 중요하지도 않다. 교회력의 이 계절 기간에 이 본문들을 적절하게 사용하는 것은 예배학적 문제이지 역사를 재구성하는 문제에는 속하지 않는다. 중요한 것은 독자가 "문제는 무엇이며, 누가 질문을 하고 있는가?"를 조심스럽게 식별하는 것이다. 교회 안에서 광범위하게 볼 수 있는 '예수를 반대하는 유대인들'에 대한 일반화되고 무분별한 감정은 유대교나 기독교나 예수님에게나, 그리고 누가에게나 우리 자신들에게도 불공평한 일이므로 그만두어야 한다.

권세에 대한 질문(20 : 1-8)

마 21 : 23-27, 막 11 : 27-33

예루살렘에서 예수께서 지금 사역하고 계시는 곳이 어디인지는 확실하다 : 성전이다. 마가와 마태보다 누가는 더욱 여기서 예수께서 활동하시는 장소를 밝혀 줄 것이다. 예수 사역의 성격은 오랜 기간 분명히 보여졌다 : 그는 사람들을 향하여 좋은 소식을 가르치고 설교하셨다. 예수께서는 마치 예루살렘에서의 전략을 갖고 계신 것처럼, 사역의 양식을 달리하고 계시지 않는다. 예수 사역의 청중은 오직 한 가지 국면에서 바뀌었다. 새로운 반대자들 무리를 대하게 되었고, 그 반대는 전과 다르게 강렬해졌다. 바리새인들과는 율법, 전통, 그리고 재물에 관하여 논쟁하셨다 ; 대제사장들 및 그들과 함께 한 자들과는 그러한 문제들뿐만 아니라 '영역 침범'(turf)에 관련된 질문을 받으셨다. 제사장들은 레위 지파의 가문에 속한다. 그리하여 제단에서 섬기는 지파로서 하나님께서 택하신 혈통으로 이론의 여지가 없었다. 성전은 그들의 종교적 활동과 권위를 행사하는 부여받은 처소였다. 성전은 평신도가 참여하고 회중 앞에서 말하도록 어떤 참석자가 요청을 받는 회당과는 다르다. 성전은 온전히 성직자들과 성직자들이 임명한 자들의 손에 있었다. 예수는 지금 그들의 영역 안에 계신다. 제사장으로서 역할을 하시는 것이 아니라 그들의 경내에서 가르치고 설교하고 계신 것이 분명하다.

"무슨 권세로?"는 적절한 질문이다. '이런 일을 하는지'는 질문자들이 가르침과 설교는 물론 성전을 정화하심도 가리키고 있는 것 같다. 이 질문은 단순하지 않고 광범위하다. 우리의 관할 영역 안에서 당신은 무슨 권세를 갖고 있지요? 종교에 관한 한 이 질문은 핵심을 이루고 있다. 법률이나 의약의 시행에 있어서보다 더 그러하다. 왜냐하면 선지자들과 설교자들은 어떤 점에서는 검증하기 어려운 권세를 주장하기 때문이다. 우리는 종종 그 권세가 일반 학업이나 교단의 절차를 거치지 않고 직접 하나님께로부터 온 것처럼 보이는 선지자적 모습의 출현에 갈채를 보낸다. 그러한 인물들은 신선할 뿐만 아니라 때로는 개혁을 일으킨다. 그러나 우리는 이러한 인물들이 매우 위험하게 될 수 있음도 안다. 선지자는 누구를 주인으로 모시고 있는가? 하나님의 보내심을 받았다고 주장하거나 성령에 의하여 말한다고 주장하는 자들 모두가 다 그들의 주장과 같이 입증되는 것은 아니다. 이런 이유 때문에 교회는 자체의 다양한 전통을 좇아 신앙 공동체에 의한 시험과 임직으로 신성한 부르심에 참여시키고 있다. 권위를 부여하고 양떼를 보호하고 신앙의 계승을 위한 한 방편으로 그렇게 한다. 그렇다면 우리는 그런 질문을 한 자들을 너무 빨리, 그리고 쉽게 단정적으로 반대하거나 질문 자체를 무시하지 말아야 할 것이다. 우리가 그곳에 있었다면 예수를 따르는 우리 자신들 가운데 누구라도 그런 질문을 할 수 있었을 것이다. 예수께서 권세를 갖고 사역하신 사실은 일찌기 갈릴리에서 인식되었다(4 : 31). 우리는 그가 성령으로 충만하셨으며(4 : 1) "성령의 권능으로 갈릴리에 돌아가셨다"(4 : 14)는 인정할 만한 그의 내력을 알고 있다. 그러나 예수와 동시대 사람들은 "무슨 권세로 이런 일을 하는지" 알 필요가 있었던 것이다(20 : 2).

예수께서 하나의 질문으로 그들의 질문에 대답하신 것은 지혜롭게 되거나 둘러대려는 시도가 아니다. 예수는 분명히 그들이 믿음을 갖게 될 수 있기를 원하고 계셨다. 예수의 질문은 질문자들이 대답할 마음을 갖고 있는지를 알고자 계획된 것이었다. 만약 그들이 대답할 마음이 없다면 그것으로 만족하실 것이다. 요한의 사역에 관한 질문은, 최근에 나타나서 다가오는 하나님의 통치에 관한 말씀을 전파한, 또 한 인물에 대한 정직한 평가의 기회를 제공하는 것이었다. 요한에 대한 그들의 대답은 예수에 대한 그들의 대답을 암시하게 되어 있었다. 두 인물이 하나님의 이름으로 왔고, 또 유사하게 취급을 받았기 때문이다(7 : 29-35). 그러나 예수께서 그들의 정직한 대답을 듣지 못하시게 된 사실은 곧 분명해졌다. 오히려 그들의 편의주의에서 나오는 대답을 들으시게 된다. 대제사장들과 그들의 동료들은 "요한이 하나님의 선지자였는가?"라는 예수의 물음을 아무렇게나 처리하지 않았다 : "이 군중 앞에서 우리는 이 문제를 어떻게 처리하지?". "어디로부터인지 알지 못하노라."라는 그들의 대답은 "우리는 말하지 않겠어요."를 얇은 천으로 덮어씌운 것에 불과했다. 예수께서는 그들이 말로 한 대답이 아닌 그들 내면의 실상에 응답하신다 : "나도…… 너희에게 이르지 아니하리라". 해결된 것은 없다. 독자는 또다른 교전이 있게 될 것을 알고 있다.

소작 농부들에 관한 비유(20 : 9-19)
마 21 : 33-46, 막 12 : 1-12

세 사람의 공관복음 기자들 모두가 전해 주고 있는 이 비유에 대한 누가의 해설 방식은 하나의 매력 있는 연구가 되고 있다. 말씀을 듣는 데 많은 장애물들이 있었다는, 이미 밝혀져 있는, 그러한 배경 속에서 의사소통을 알아내는 연구다. 누가는 이미 우리에게 말해 주었다 : 예수의 말씀을 듣는 청중은 두 부류였다. 이 상황 자체가 말씀하시는 예수께는 장애물이었으니, 대제사장들과 그들의 동료 그리고 백성이었다(19 : 47-48). 예수께서 백성을 가르치고 계셨을 때(20 : 1) 제사장들, 서기관들, 그리고 장로들이 예수의 권세에 대한 질문을 했다. 그리하여 가르치심은 중단되었다(2-8절). 그 대화 속에서 이 종교 지도자들은 예수께서 말씀하시는 것에 마음을 열지 않았음이 분명했다. 그러한 자들이 말씀을 듣게 하려면 어떻게 해야 할까? 직접 대면을 피하고 엿듣고 있는 그 지도자들 앞에서 예수는 백성을 향하셨다. 그리고 그들에게 말씀하셨다. 이 비유는 그들을 향하여 하신 것이 아니고 그들에게 관련된 것이었다. 이 사실은 이 비유의 끝부분에서 분명해진다 : "이 비유는 자기들을 가리켜 말씀하심인 줄 알고"(19절). 자기들은 청중에 들지 않았다고 스스로 생각하면서 그들은 예수께서 백성에게 말씀하고 계실 때 그저 엿듣고 있었다. 그러면서 예수께서 간접적으로 자기들을 향하여 말씀하고 계심을 알게 된다. 실제로 예수께서는 이중의 간접화법으로 가르치고 계셨다. 예수는 간접적인 의사전달이라는 문학적 수법인 비유를 이용하여 듣는 자들을 적극적인 참여로 끌어들이고 계셨기 때문이다. 예수께서 상대하여 말씀하셨던 그 백성에게도 의사전달은 역시 두 가지 간접적인 수법으로였다. 비유로 하셨고, 구체적으로 그들에게 관련된 주제가 아니라 옆에 있던 제사장들을 향한 말씀이었기 때문이다. 백성들에게 이 비유는 지위와 권력에 굶주린 지도자들을 조심하라는 경고였다.

비유 자체는 우리가 받아들이고 있는 형식으로 볼 때, 풍유적으로 해석하면(19 : 11-27처럼) 실제로 일어났던 사건들을 반영한다. 포도원은 하나님께서 풍성한 열매가 돌아오기를 기대하면서 다량으로 투자하신 시간, 노동, 관리, 그리고 참으심에 대한, 우리에게는 친숙한 이미지이다(사 5 : 1-7, 겔

15 : 1-6, 19 : 10-14). 그 포도원은 오랫동안 소작 농부들의 손에 있었다(9절). 아마 이 말씀은 요한 이전의 기간을 가리키는 것 같다. 투자에 대한 몫을 달라는 하나님의 요구를 가지고 왔던 종들은 요한을 포함한 선지자들이다. 그리고 사랑하는 아들(13절)은 물론 예수다. 소작 농부들은 자신들이 하나님의 소작 농부들인 것을 망각할 뿐만 아니라 자신들이 소유주로 이 기업을 실제로 넘겨받을 수 있다는 생각으로 거만해진 종교 지도자들이다. 특별히 그들이 그 아들을 포도원(예루살렘, 히 13 : 12-13) 밖으로 끌어내어 죽인 사실에 있어서 그러하다. 농부들(지도자들)에 대한 마지막 형벌의 말씀은 그들을 매우 당황케 한다(16절). 그들은 하나님께서 그 포도원을 타인들에게 넘겨주시는 것처럼, 자기들 역시 민족과 함께 망하게 될 것을 감지했기 때문이다.

이 비유 안에서 알게 되는 이야기는 첫째로, 예루살렘의 멸망과, 그 결과 로마의 군대에 의한 지배를 생각하게 한다. 예루살렘의 멸망이 선지자들에 대한 종교 당국자들의 학대(행 7 : 52)와 예수를 배척한 데 대한 하나님의 심판이라는 해석은 초기 그리스도인들 사이에 비밀이 아니었음이 분명하다. 그러나 이 성이 멸망당한 뒤에, 이 비유는 복음이 유대인들로부터 이방인들에게로 옮겨 갈 것을 예상케 한다. 우리는 이방인들을 향한 이 복음의 이동을 독단적인 견해나 또는 온전한 견해로 이해해서는 안 된다. 누가복음과 사도행전을 통하여 회당에서 배척을 받았다는 반복되는 이야기들이 있음과 동시에 유대인들 중에서 예수를 따르는 자들도 계속 있어 왔다. 그러므로 이 비유는 예루살렘의 멸망, 그리고 포도원이 타인들(이방인 그리스도인들)에게 넘겨진다는 이 두 가지 사실의 테두리를 넘는 의미를 갖는다. 만약 역사가 아무런 교훈도 주지 않는다면 누가가 이 풍유적 비유를 기록했겠는가라는 의문을 갖게 된다. 만약 누가의 시대에, 또는 우리들의 시대에, 하나님의 포도원의 농부들이 지위와 권력에 대한 호사스런 생각으로 자신들을 속인다면 하나님께서 그 위탁하신 것을 넘겨주실 그 타인들은 언제나 있게 될 것이다. 사실상 한때는 유럽과 아메리카의 선교 현장이었던 세계의 여러 곳들, 지금은 교회들이 생기고 있고 강력해진 그곳들이 안정되어 있고 기본 자산을 잘 갖춘, 그러나 죽어 버린 서방 세계의 교회들과 대조를 이루고 있는, 이 현실을 마음 아파하며 생각하지 않을 수가 없다.

17~18절에서 누가는 시편 118 : 22의 인용문과 이사야 8 : 14~15이 암시하는 내용을 결합시키고 있다. 이 두 군데 말씀은 구원 역사의 이야기 속에 있는 예수의 결정적 역할을 가리키고 있다. 누가는 율법과 선지자들과 시편이 모두 그리스도에 관하여 말하고 있다고(24 : 44) 믿었다. 그리하여 약속과 성취의 형식은 이 복음서와 사도행전에 자주 보여지고 있다. 예수는 배척을 당했으나 하나님의 건물을 완성하는 고귀한 돌이 되셨다. 초기의 설교자들이 그렇게 진술했듯이 "너희가 십자가에 못 박은 이 예수를 하나님이 주와 그리스도가 되게"(행 2 : 36) 하신 것이다. 18절에 있는 돌의 이미지는 17절에 있는 그것과 매우 다르다. 하지만 그것 나름대로 예수께서 '모퉁이의 머릿돌'이 되심을 확실하게 하고 있다. 누가는 예수가 하나님 작품의 가장 주요 부분이라고 말한다. 그러므로 예수를 어떻게 대접하느냐는 궁극적으로 그 사람의 인생을 결정한다. 이렇게 결정되는 시점은 현재일 수도 있고(18절 상반절), 미래일 수도 있다(18절 하반절). 그러나 어떤 경우가 되었건 분명하고 결정적일 것이다. 예수께서 사람들의 생활 중에 생사결정의 요인이 되신다는 견해는 본문에서 새롭게 나온 말씀이 아니다. 누가는 시므온의 말 속에서 그것을 진술했었다. 아기 예수가 성전에서 드려지고 있을 때였다 : "보라 이 아이는 이스라엘 중 많은 사람의 패하고 흥함을 위하여 비방을 받는 표적되기 위하여 세움을 입었고…… 이는 여러 사람의 마음의 생각을 드러내려 함이니라"(2 : 34-35).

가이사에게 바치는 세금에 관한 질문(20 : 20-26)

마 22 : 15-22, 막 12 : 13-17

누가는 우리 앞에 두 무리로 된 청중을 세워 놓고 있다. 제사장들과 백성이다. 이 백성은 예수께 호의적인 반응을 보이고 있는데 예수께 악의를 가진 반발자들(19, 26절)로부터 예수를 지켜주는 두꺼운 솜을 붙인 보호대가 되고 있다. 포도원 비유의 무서운 심판을 느끼고 나서 대제사장들과 서기관들은 이제 예수를 잡으려 하고 있다. 그러나 공개적으로 그렇게 할 수 없었다. 예수 제거의 성공을 위한 가망이라면 올무에 걸리게 하는 것이었다. 그러나 이 점에 있어서, 종교적 이단으로 예수를 올무에 걸리게 하려는 그들의 계획으로는 만족스럽지 못했다. 그를 총독 본디오 빌라도 앞으로 잡아 갈 수 있는 이유를 고발자들에게 줄 수 있도록 정치적 반역의 혐의가 될 만한 말의 올무에 걸려들게 해야 했다(20절). 서기관들과 제사장들은 스스로 올무를 설치할 수 없었다. 왜냐하면, 예수께서는 이미 권세에 관한 질문을 받으셔서(1-8절) 경계하고 계시기 때문이다. 그렇다면 그들이 해야 하는 것은 두 가지다 : 질문자들이 뜻을 이룰 만한 기회를 엿보고, 그리고 예수께 질문을 하는 것이었다.

질문자들에 관하여, 누가는 그들을 단순히 신실한('정직한', 새영어성경 〈NEB〉 ; 글자 그대로 '의로운') 척하는 '정탐들'로 밝히고 있다. 마가와 마태는 바리새인들과 헤롯당원들이 결탁했다고 말한다. 그러나 누가는 지속적으로 성전 맡은 자들을 예루살렘의 대적자들로 예수 앞에 세우고 있다. 그리하여 이 정탐들은 의심의 여지가 없이, 그들로부터이다. 정탐들은 아첨하는 입과 적개심을 품고 예수께 접근한다. 그러나 그들의 가장(假裝)과 말의 위장은 효과가 없었다. 예수께서는 그들의 '간계'(마가는 '외식', 마태는 '악함')를 알아차리고 계셨다.

질문에 관하여, 질문은 변덕스럽고 분열을 조장하는 것이었다. 그리하여 그들은 예수의 대답이 무엇이 되건 간에 그의 청중의 절반을 멀어지게 할 것이라고 확신했다. 그들의 희망은 물론 예수께서 스스로 범죄자가 되시는 것이었다. 로마에 바치고 있었던 세금은, 특히 갈릴리 사람들 가운데서는 불을 붙이는 듯한 선동적인 문제였다. 유대인 역사가 요세퍼스(Josephus)는 기록했다 : 기원 6년에 갈릴리 사람 유다(Judas)는 로마에 세금을 바치는 것이 하나님께 대한 반역이라고 선언했다. 예수께서 "가이사에게 세를 바치는 것이 가하니이까(합당하니이까? 허락할 수 있나이까?) 불가하니이까?"(22절)라는 질문을 받으신 사실은 현실적으로, 그리고 음모 성격의 반-로마 반란의 분위기 속에서였다. 예수의 대답은 자신이 정치적 세력 다툼에 말려들지 않겠음을 분명히 하고 있다. 만약 예수께서 로마 정부에 관한 자기 입장을 진술하거나 행동하기를 원하셨다면 불성실과 위선으로, 그저 말의 유희로 그렇게 말씀하신 것은 아닐 것이다. 그렇다면 "그런즉 가이사의 것은 가이사에게, 하나님의 것은 하나님께 바치라"(25절)는 선언 속에서 예수는 무엇을 말씀하신 것인가?

한 가지 측면에서 보면, 물론 예수께서는 그의 대답 중에 정치와 관련된 문제에 매우 통찰력이 있으셨다고 말할 수 있을 것이다 ; 예수는 적대자들보다 지혜로우셔서 그들이 자기네 꾀에 걸려들게 하셨다. 그리고 그의 대답은 제사장들이나 백성의 분노를 일으키지 않도록 충분히 두리뭉실했었다. 그러나 그 말씀을 그 정도로 취급한다면 만족스럽지 못하다. 누가의 시대로부터 현재까지 교회는 가이사의 영역 안에 있는 사람들의 생활에 관한 가이사의 요구를 취급하지 않을 수 없었다. 그리고 교회는 영리한 재치와 토론의 기술 그 이상을 필요로 한다. 교활한 적들을 향한 훌륭한 답변은 물론 문제에 대한 결단과 우선순위, 그리고 충성도 필요로 한다. 교회는 다른 문제들에 있어서와 마찬가지로, 이 문제에 있어서도 안내를 받고자 예수께 주목한다. 가이사의 세계 속에서, 그리스도인들은 "예수는 나의 주님"이라는 고백을 하면서 힘겨워하는 중에서도 세금들은 줄곧 마땅히 내야 하는 것이 되었다.

"가이사의 것은…… 바치라"는 예수의 대답에 관하여 몇 가지로 설명할 수 있을 것이다. 첫째, 이 문제는 하나님을 향한 의무와 가이사를 향한 의무라는 두 마디 말로 설명이 다 되지 않을 만큼 복잡하다. 둘째, 모든 상황에는 무엇이 가장 문제인가에 관한 분별을 필요로 한다. 누가에게 있어서 모든 통치자는 하나님의 절대권 아래 있다. 그리고 그 절대권 밖에서 통치하려는 시도는 하나님의 진노 아래로 들어가는 행위가 된다(행 12 : 20-23). 다른 한편으로, 로마 정부는 때때로 그리스도인들에게 우호적인 보호를 제공했다. 그 결과 누가로부터 좋은 평가를 받았다(행 13 : 7, 12, 16 : 35-39, 18 : 12-17, 19 : 35-41, 22 : 25-26). 가이사를 '주'라고 부르는 자들에 대하여 문제 삼지 않는다. 가이사를 '사탄'이라고 부르는 자들에 대하여도 똑같이 문제 삼지 않는다. 그러나 만약 교회가 때때로 국가를 지원할 수 있거나, 다른 경우에, 국가에 저항해야 할 경우, 대답은 단순하지도 않고 확정적이지도 않다. 양자간의 투쟁은 상황에 따라서 새로워진다. 셋째, 예수께는 개인적으로, 그 질문이 실제로 시험이었다. 공적 사역 이전에 광야에서 예수는 바로 이 문제와 씨름하셨다(4 : 5-8). 실제로, 마가복음 12 : 15와 마태복음 22 : 18은 예수께서 질문자들에게 "어찌하여 나를 시험하느냐?"라고 말씀하셨다고 알려 준다. 다른 말로 하자면, 예수께서는 단순히 한 곤란한 신학적 문제가 아니라 어려운 개인 신상의 문제를 대하고 계셨다는 것이다.

결정적 분석으로, 예수는 자신이 정치적, 그리고 종교적 당국자들 쌍방에 의해 적대시되고 계심을 알아차리셨다. 교회와 국가가 예수를 향하여 음모를 꾸미고 있었다는 의미다. 이보다 더 어려운 강요를 받는 경우를 상상하기란 쉽지 않다. 정치 당국자들의 분노 앞에서 신앙 공동체의 지원도 없이 하나님께 순종하라는 요청이다. 그러한 일은 지금도 벌어지고 있다. 끝으로, 가이사와 하나님에 관한 예수의 말씀은 교회가 이 말씀의 의미를 구체적 방법으로 모든 경우와 장소에 계속하여 사용할 것을 의미했다. 그런 식의 해석은 신약성경에 반영되고 있다(롬 13 : 1-7, 딤전 2 : 2, 딛 3 : 1, 벧전 2 : 13-17, 계 13 : 18).

죽은 자의 부활에 관한 질문(20 : 27-40)

마 22 : 23-33, 막 12 : 18-27

이 질문은 예수의 예루살렘 사역 중에 적대자들이 예수께 했던 세 번째로, 마지막 질문이다(마태와 마가는 네 가지 질문을 기록했다. 그 네 번째의 질문을 누가는 앞에서 취급했다. 10 : 25-28). 이 질문이 다른 환경 속에서 나온 것이라면 목회적 응답을 끌어냈을 것이다. 부활에 관한 이 질문은 기독교 신앙뿐만 아니라 생명과 사망을 진지하게 생각하는 모든 사람들에게 극히 중대하기 때문이다. 바울은, 이 부활이 그리스도인들 사이에서 혼동을 일으키는 교리가 되었을 때(고전 15장), 그리고 친구들과 친척의 죽음이 교회에 영속적인 이별의 분위기를 조성했을 때(살전 4 : 13-18) 이 문제를 다루었다. 여기서 이 문제는 질문자들의 모습을 볼 때, 인격적 신뢰가 없이 예수께 제시되었다는 점이다.

그들의 목적은 논쟁이었다. 난처하게 하고, 예수를 억지로 어떤 특정의 사상을 가진 자들에게 속하도록 하며, 아니면 청중을 흩어 버리려고 했을 것이다. 그들에게는 알고자 또는 배우고자 하는 정신은 전혀 없었다. 그들은 단순히 그들의 전형적인 "만약 그렇다면 어찌될까?"라는 질문으로 예수께 괴로움을 주고 있다. 죽은 자의 부활은 없다(27절, 행 23 : 8)는 그들의 마음이 오래 전에 굳어져 있는 기초 위에서의 질문이었다. 사두개인들(이 칭호는 솔로몬 시대의 대제사장 '사독'〈Zadok〉에서 유래된 것 같다.)은 유대교 안에 있는 여러 종파들 중 하나이다. 유대교는 통일된 종파로 있어 온 적이 없다. "유대인들은 ……라고 믿었다."라고 말한다면 잘못 알고 또는 오해하도록 하는 말이 된다. 사두개인들은 제사장 계열이었다. 그들 중의 대부분이 귀족적이고 부자였다. 그들은 신학적으로 보수적이었고, 그들의 성서는 모세 오경만으로 구성되어 있었다. 이 오경 안에 없으면 어떤 가르침도 권위를 갖지 못했다. 그리고 그들은 모세의 책들 속에서 부활의 교리를 찾아내지 못했다(「하퍼의 성경사전」〈*Harper's Bible Dictionary*〉에서 사두개인에 관한 기사를 참고하라). 반면에 바리새인들은 그들의 성서에 선지자들과 그 문서들뿐만 아니라 모세로부터의 구전의 권위도 믿었다. 그 구전 속에 부활에 대한 신앙의 기초가 있었다. 이 문제는 이 두 종파 사이에 뜨거운 논쟁거리였다. 그 한 실례가 바울이 유대인 법정에서 심문을 받고 있을 때 관심을 자신에게서 다른 데로 돌리려고 사용했던 논제가 이것이었다(행 23 : 6-10).

우리가 하는 말에 어떠한 느낌조차도 거부하려는 사람들 앞에서 우리는 좌절감을 갖는다. 이러한 우리들과는 다르게, 예수께서는 과민하지 않은 자세로 그들에게 대답하신다. 그의 대답은 두 가지다. 첫 부분(34-36절)은 단순히 그 질문이 적절하지 않음을 지적한다. 이 세대와 오는 세대의 생(生)이 같지 않음을 말씀하신다. 이 세상에서는 죽음을 만나도 결혼과 생(生)은 필연적으로 영원히 계속된다고 여긴다. 그러나 오는 세상에서는 죽음이 없다. 부활에 동참한 자들은 천사들과 동등이며 하나님의 자녀이다. 이 사실이 영혼의 불멸이라는 개념과 얼마나 다른지 유의하라. 이 영혼불멸의 관념이 기독교 교리에 침투되었다. 불멸은 죽음을 부정하는 인간 본성의 교리에 기초를 둔다. 그러나 부활은 우리가 죽어도 하나님은 그 죽은 자에게 생명을 주신다는 하나님의 교리에 근거한다.

예수 대답의 두 번째 부분 속에서 예수께서는 사도개인들의 성서인 모세의 책들을 이용하신다(37-40절). 그들의 질문은 혼인에 관한 율법(신 25 : 5-10)에 근거하고 있다. 이 법은 죽은 형제에 대한 산 형제의 의무를 구체화하고 있다. 예수는 출애굽기 3 : 6로 답하신다 : 하나님은 산 자들의 하나님이요 죽은 자들의 하나님이 아니시라는 것이다. 그리고 말씀하신다. 아브라함, 이삭, 야곱은 살아 있고 죽어 있는 상태가 아니라는 것이다. 여기서 죽음의 상태와 부활의 중간에 있는 존재의 상태에 관한 어떤 교리를 새로 말하거나 그 교리를 지지할 그 무엇도 찾아볼 수 없다.

사두개인들을 향한 예수 대답의 이 두 부분은 죽은 자에 대한 부활을 믿는 신앙에 대하여 이치(이 세상의 조건들이 다음 세상의 조건들에 대한 입증이 되지 않음.)와 성경(출 3 : 6)에 근거한 논증을 해 주고 있다. 이 신앙에 있어서 예수는 바리새인들과 일치하고 계셨다. 논증해 주신 이 두 말씀이 초대교회의 그리스도인들에 의해 어느 정도로 활용되었는지는 알려져 있지 않다. 부활에 관한 문서들이 그리스도인들에게 전해진 뒤로부터 신약성경 안에서 부활을 입증하려는 시도는 그렇게 많지 않았다. 마태는 예수의 부활을 간략하게 논했다(마 27 : 62-28 : 15). 오순절에 시몬 베드로는 시편 16 : 8~11(행 2 : 24-31)로써 예수의 부활을 증거했다. 그리고 바울은 이 부활이 믿는 이들 중에서 문제가 된 교회를 상대로 그리스도와 우리의 부활을 논했다(고전 15 : 12-58). 분명히 고린도의 어떤 이들은 (다른 교회들에 있어서의 경우처럼) 부활을 경험주의적으로 (우리는 그리스도 안에서 새로운 생명으로 되살아났다.) 해석하고 종말론적으로 하지 않았다. 바울은 이 두 가지 진리를 주장했다. 누가가 구약성경이 예수의 수난과 부활을 증거하고 있다고 믿고 있으므로(24 : 44-46) 우리는 추정할 수 있을 것이다 : 우리가 사도행전 2 : 24~31에서 읽는 바와 같은 성경에 근거한 논증은, 누가가 탐구하여 그것을 발견해 내는 그만큼 초기 그리스도인들의 설교 중에 일반화되어 있었을 것이다. 그러나 복음서의 모든 경우에 있어서 논증은 예수의 부활에 관한 것이었고, 전반적인 부활 교리에 관한 것은 아니었다. 부활은 기독론의 제반 문제 중 첫 번째였다 : 하나님은 예수를 죽은 자로부터 일으키심으로써 예수의 정당성을 입증하셨다. 이러한 내용의 선포로부터 신자들도 부활한다는 믿음이 오게 된다. 그러므로 사두개인들에게 하셨던 예수의 말씀은 부활에 대한 의심을 막기 위하여 교회 안에서, 그리고 교회에 의하여 활용되었을 것이다. 분명히 기본적인 관심은 사두개인들에게 말씀하신 그런 부활에 모아진 것이 아니라 예수의 부활이었다. 바로 그 신앙의 터 위에서 예수를 따르는 자들의 현재와 미래의 생명은 이해되었다. 이러한 논쟁을 떠나 예수의 부활과 사후의 생명에 관한 말씀은 흥미롭다. 그러나 예수를 따르는 자들에게는 죽음도 매우 중요하다.

사두개인들을 향한 예수의 응답을 엿듣고 있던 어떤 서기관들은 그 응답에 찬성을 표명하면서 예수께 말했다. 그들은 예수의 논리에 경탄했을 것이다. 그러나 그들은 바리새인들로서 서기관들이었으므로 부활에 관하여 예수의 견해에 함께했던 것 같다. 누가에 의하면(40절) 비평자들과 적대자들이 예수께 하던 질문들은 끝이 났다. 예수는 계속해서 성전 안에서 백성을 가르치신다(45절). 그러나 우리는 확신하게 된다. 질문이 끝났다고 해서 음모가 끝났음을 의미하지는 않는다는 사실이다. 혹자들은 음모를 결심하고 있었기 때문이다 : 예수는 총독에게 넘겨져야 한다(20 : 20).

다윗의 자손에 관한 예수의 질문(20 : 41-44)

마 22 : 41-46, 막 12 : 35-37a

질문하고 대답하는 예루살렘에서의 대중을 상대로 한 예수의 사역은 예수께서 질문을 하심으로써 끝난다. 누구를 향하여 질문을 하셨는지는 누가복음에 분명하지 않다('저희에게'). 예수께서 "사람들이 어찌하여"(41절)라고 말씀을 하고 계시는 상대방 사람들이다. 문제가 되는 것은 메시야의 신분과 특징이다 ; '사람들이' 메시야는 다윗의 자손이라고 말한다. 예수와 종교지도자들 사이에는 일치점이란 거의 없기 때문에 예수께서 이 말씀을 질문형식으로 하고 계시지는 않았을 것이라고 생각될 것이다. 결론적으로, 예수는 이 복음서 안에서 이미 다윗의 자손으로 그 신분이 밝혀지지 않았던가? (1 : 32, 69, 3 : 31) 그리고 누가는 예수의 탄생이 다윗의 성읍에서였다고 이미 밝히지 않았던가?(2 : 1-20) 실제로 최근에 여리고에서 예수는 "다윗의 자손 예수여 나를 불쌍히 여기소서"(18 : 35-43)라는 소경 거지의 찬양 같은 부르짖음을 받아들이고 호의적으로 반응하셨다.

그렇다면 무엇이 문제인가? 예수께서 메시야를 이해하심에 있어서 이상하게 여긴 것은 메시야라는 용어가 아니라 그것의 해석이었음이 분명하다(18 : 35-43의 주석을 참고하라). '다윗의 자손'이라는 표현은 가계에 관련된 말이면서, '다윗 같은'을 의미하는 자격에 관한 말이다. 마치 '훈계의 사람'이 '훈계할 수 있는 자격과 능력을 가진'을 의미하는 것과 같다. '다윗 같은'이란 표현의 특징은 매우 군사적이고 정치적인 의미를 내포하고 있어서 예수께서는 그 칭호를 받아들이실 수 없었다. 유대인들이 '예수는 메시야(그리스도)'라고 말한다면 그들이 예수를 알고 있는 견해로 보아 메시야에 대한 그들의 이해를 조정하지 않으면 안 됨을 의미했다. 용어와 호칭이 예수를 바꿀 수 없다. 예수께서 용어와 호칭을 바꾸실 뿐이다. 메시야에게 거는 기대에 대한 문제점은 그들이 하나님께서 보내신 메시야를 제대로 볼 수 없도록 사람들의 눈을 멀게 할 수도 있다는 점이다. 예컨대, 어떤 그리스도인들이 메시야의 재림에 대한 기대에 전혀 별개의 관념과 이미지를 주입하는 것과 같다. 이 관념과 이미지는 신약성경이 그려 내는 메시야로서의 예수의 모습과는 전혀 다른 것들이다.

예수는 다윗의 자손인가? 대답은 "예." 또는 "아니오."이다. 누가 말하느냐, 그리고 무슨 마음을 갖고 말하느냐에 따라서 좌우된다. 분명히 예수께서는 '사람들이' 다윗의 자손으로서 그리스도에 관하여 말하는 것이 적절하지 않거나 적합하지 않거나 정확하지 않음을 발견하셨다. 예수는 시편 110편을 인용하여 그 말에 대한 시정(是正)을 제시하신다. 예수께서 이 시편을 인용하심으로써 이 시는 다윗의 시요, 이 시는 이미 메시야의 시로 해석되었음을 전제로 하고 계신다. 시편 110편을 근거로 예수는 다윗의 자손이 아닌 다윗의 주로서의 메시야를 선언하고 계신다. 이 즉위(卽位)의 시는 왕이면서 제사장으로 하나님의 오른편에 오르신 예수를 소개함으로써 초대교회에 큰 도움을 주는 시가 되었다. 신약성경에 있는 기독론적 확증에 이 시편은 구약성경의 다른 어떤 말씀보다 더 자주, 더 광범위하게 사용되었다. 그렇기는 하지만 이 시는 '다윗의 자손'이 그리스도에 대한 많은 칭호들 가운데 하나인 것처럼, 많은 증언의 본문들 중에 하나이다. 실제로 '그리스도', 즉 '메시야' 라는 칭호까지도 모든 상황에 적합하고 의미심장하다고 할 수는 없다. 이방인들을 향한 사도로서 바울은, 최소한 로마인들에게 보내는 편지 속에서, 그리스도인의 필수적 고백으로서 '예수는 주'라는 칭호를 사용하고 있다(롬 10 : 9, 10). 그러므로 우리의 본문 속에서 누가가 말하고 있는 요점은 "어떤 하나의 칭호나 서술적 용어가 예수에 대한 하나의 표준이 되는 칭호가 되어서는 안 된다."는 것이다. 그는 다윗의 자손이다. 그러나 그뿐만 아니시다. 그는 다윗의 주님이다. 그러나 그뿐만 아니시다. 우리는 이미 누가복음에서 보아 왔다 : 예수는 엘리야와 같은 분이요, 요나와도 같은 분이셨다. 아마 누가는 우리의 기독론에 있어, 우리가 유사성을 생각하도록 가르칠 수 있을 것이다. 그러나 이단자들을 지정하고 분류하는 성급함으로 폐쇄적인 주장을 하라고 가르치고 있지는 않다.

경고와 모범(20 : 45-21 : 4)

마 23 : 1-36, 막 12 : 37b-40

누가는 서기관들에 대한 이 경고와 한 가난한 과부의 모범적 이야기를 연결시키고 있음에 있어서 마가를 따르고 있다. 서기관들에 관한 말씀은 설명이 어렵지 않다. 왜냐하면 그들은 앞에서 들은 이야기 중에 나왔었던 자들이기 때문이다. 그러나 우리는 주의해야 한다. 그들이 예수와 마주쳤던 이전의 경우에, 그들은 긍정적인 인물들로 나타났었다. 율법이 중심이 된 문화 속에서 율법을 수호하고 해석하는 자들은 주요 인사들이요, 존귀한 자들이었다. 그들 모두가 그 직분을 부패시켰다고 추정할 만한 이유는 없다. 그들 중에 일부가 부패했었다. 그리고 예수께서는 그러한 지도자들에게 경고하셨다. 그런데 과부가 포함된 이야기에 그릇된 서기관들은 어떻게 연관되고 있을까? 두 가지 가능성이 보여지고 있다. 그 하나는 과부의 집을 삼키는 행위(47절)가 이 서기관들에 대한 책망이었다. 그리하여 과부의 이야기가 소개된 것 같다. 두 번째 가능성은 서기관들과 이 과부가 서로 대조가 되는 행위의 견본으로 제자들에게 보여졌다는 사실이다 : 전자는 야심과 탐욕을, 후자는 겸손과 관대한 희생을 보여 주었다.

전달의 역동성은 매혹적이다. 장소는 성전이고, 예수께서 상대하여 말씀하시는 자들은 제자들이다. 말씀을 엿듣는 자들은 백성이고, 교훈의 말씀은 두 가지를 관찰하게 한다 : 한편으로 교만하고 야심을 갖고 있는 서기관들과 다른 한편으로는 한 가난한 과부가 부자들 사이에서 헌금을 하고 있다. 백성은 예수의 말씀을 듣고 있다. 그들은 예수의 제자들에게 기대하는 지도력이 어떤 것인지 알 필요가 있었다. 제자들은 백성이 듣고 있다는 사실을 알고 있다. 기대와 책임은 모두에게 선명하게 이해되고 있다.

서기관들에 대한 경고(45-47절)에 관하여, 누가는 서기관들과 바리새인들에게 말씀하신 화(11 : 37-54) 중에서 이 메시지의 핵심을 제시했었다. 그러나 교회의 역사는 야심과 탐욕에 관한 예수의 이 경고가 반복되어야 할 필요를 입증해 주었다. 이 쌍둥이 악덕은 시초부터 교회의 지도자들에게 재앙이었다(행 4 : 32-5 : 11, 20 : 33-35, 롬 16 : 18, 빌 3 : 19, 벧전 5 : 2-3, 벧후 2 : 3). 신실한 자들이 전반적으로 영적 지도자들을 신뢰하는 경향을 보이게 되면, 속이는 자들과 신실하지 못한 자들은 탐욕과 자기를 추켜세우는 기회를 더 많이 얻게 된다. 많은 신자들은 자신들이 하나님과 갖는 관계를 그들의 교역자에게도 적용한다. 유감스럽게도 어떤 성직자들은 이 수준의 신뢰를 손상하지 않게 할 만큼의 인격을 갖고 있지 않다. 예수의 이 경고는 신앙공동체 안에서 과부들의 주택을 맡아 관리해 주도록 요청을 받는 경우(행 4 : 34-37)에 특별하게 적용되는 말씀이다.

서기관들이 보여 주는 초라한 모범과는 날카롭게 대조되면서 이 가난한 과부의 모범은 돋보이게 된다. 이 과부는 가장 작은 가치의 동전이요, 이 과부의 소유 전부였던 두 렙돈을 아낌없이 관대하게 헌금했었다. 많은 헌금을 넣고 있는 부자들이 있어서, 예수께서 계시지 않았더라면 이 과부가 드렸던 것은 더욱 적게 보였을 것이다. 예수께서는 그 적은 헌금을 부풀려서 말씀하거나 그 많이 드린 자들의 헌금을 한사코 경멸하시는 것이 아니다. 예수는 그 모든 헌금들을 감정적으로 헤아리시지 않고, 모든 사람에게 똑같이 적용되는 표준으로 그 경중을 헤아리신다. 헌금을 한 다음에 얼마가 남아 있는가? 그렇게 측정하신다면 그 과부의 헌금은 훨씬 많은 것이 된다. 남긴 것이 없었기 때문이다. 모든 것을 드린다면 금액이야 어떠하든, 그보다 더 많은 헌금은 없다.

제자들은 크고자 하는 욕망을 이미 보였었다(9 : 46). 예수께서는 그 가난한 과부의 행위를 지적하면서 말씀하신다. "그러므로 크게 되는 데 관심이 있는가? 그렇다면 여기 너희를 위한 모범이 있다 ; 하나님의 다스림 안에서는 이 과부의 행위가 위대한 것이니라."

누가복음 21 : 5~38

예수의 종말론적 강화(講話)

'종말론적'이란 말은 '계시'를 의미하는 apocalypse에서 왔다. 이 '계시'(revelation)라는 말은 요한에게 묵시된 또는 계시된 신약성경의 마지막 책의 이름으로 교회에 잘 알려져 있다. 다른 기록들(예컨대, 사 24-27장) 중에도 종말론적 부분들이 있으나 다니엘서는 문학의 이 유형 중에서 구약성경 중 가장 대표적인 책이다. 정경 외에 이 유형에 속한 소수의 후기 유대적 기록들과 초기 그리스도인 기록들이 있다. 실제로 종말론적 저작은 처음 1천년 동안 그리스도인 집단들 가운데서 성행했었다. 그러나 'apocalypse'(묵시)라는 말을 사용할 경우, 반드시 어떤 특별한 유형의 문학과 관련을 짓는 것은 아니다. 바울은 그의 복음을, 사람들이 가진 자료들로부터가 아닌 '계시로' 받았다고 주장했다(갈 1 : 12). 그리고 그는 "계시를 인하여"(갈 2 : 2) 다른 그리스도인 지도자들을 만나려고 예루살렘에 올라갔다고도 했다. 그러나 문학의 한 유형으로서의 종말론은 일반적으로 천사를 매개자로 하여 하나의 계시 또는 일련의 계시들을 취급한다. 이 계시들은 역사적 사건들의 세계를 넘어 초자연적 세계를 열어 보여 준다. 주안점은 지금 우리가 경험하고 있는 세계와 새로운 세계의 시작인 종말론이다.

대체로 종말론의 전개는 그 범위와 성격에 있어서 우주적 변형이라는 말로 설명되는데, 실패한 사람들과 단체들에 대한 심판과 하나님의 성도들에 대한 정당화를 병행하여 논한다. 어떤 종말론은 별개의 세계로의 승천을 말하고 있으나, 요한에게 주신 종말론과 누가복음 21장에 있는 예수의 종말론적 강화(막 13장, 마 24 : 1-38)는 역사의 배후 및 역사 너머에서 진행되는 것들에 관한 설명과 역사적 사건들을 결합시키고 있다. 주요 역사적 위기들은 종말론적 생각을 하게 한다. 예를 들면, 예루살렘의 멸망은 역사적 사건으로서 제4에스라서(Fourth Ezra)와 바룩 제2서(Second Baruch) 같은, 우리가 알고 있는 종말론들은 물론 우리 앞에 있는 본문의 예수의 종말론적 말씀을 생각나게 한다. 다른 말로 하면, 본문과 같은 유형의 종말론에서는 기록상의 사건 진행이 실제 사건의 진행과 섞이고, 역사는 하나님께서 갖고 계시는 목적에 따른 큰 맥락 속에서 고착되며, 그 전체는 상징, 표적, 그리고 신비한 형상의 말씀을 가진 역사 서술을 내포한 좀 야릇한 기록이 된다. 이러한 문학은 이상하게 보이지만 하나님의 백성 중에 있는 끈질긴 믿음과 소망을 극적으로 말해 주고 있다. 아프고 지리한 고난의 한가운데서 재난이 계속되는 예고된 역사가 지평선 위에 보여질 징후가 나타날 때, 믿음은 하나님의 뜻에 관한 계시뿐만 아니라 현재 당하고 있는 비참의 끝을 보여 주는 비전과 다가오는 세상의 시작을 소원하면서 하늘을 향한다. 이 믿음은 "주께서 강림하신다는 약속이 어디 있느냐 조상들이 잔 후로부터 만물이 처음 창조될 때와 같이 그냥 있다"(벧후 3 : 4) 하는, 신실한 자들을 조롱하는 빈정대는 사람들을 맞서서 소망을 갖는 모습이기도 하다.

누가는 분명히 자기 앞에 마가복음 13장을 갖고 있다. 그러나 다시 말하거니와 그는 베껴 쓰는 사람이 아니라 작가이다. 그리하여 약간의 변형이 예상된다. 이 강화는 정확하게 말하면, 제자들이 아닌 '어떤 사람들'(5절)의 말에 이어서 나오고 있다. 예수는 성전에서 말씀하신다. 성전에서 떠나 감람산 위에서 말씀하지 아니하신다(5-7, 37-38절). 감람산은 밤에 유숙하시던 곳이었다(37절). 이 강화를 듣고 있던 사람들은 '모든 백성'이었고 사적으로 대화하셨던 제자들(마 24 : 3)이 아니었다. 또는 최초의 네 제자들도 아니었다(막 13 : 3). 말씀 자체 안에, 다른 복음서들의 그것들과는 다른, 기록들 가운데서도 가장 눈에 띄는 것은 28절과 끝내고 계시는 말씀이다(34-36절). 우리는 누가가 17 : 20~37에서 재림을 이미 논했으며, 그 논의한 것들 중에서 저자는 몇 가지를 골라 주석했었다는 사실을 기억할 필요가 있다. 종말론에 관한 본격적인 강화(8-36절)는 성전 멸망에 관한 예수의 예고와 '저희가'(7절) 묻고 있던 두 가지 질문 : 언제, 그리고 그 표적은 무엇입니까에 대답하시면서 시작되었다. 줄곧 하신 말씀은 일곱 부분으로 되어 있다 :

8~11	종말의 징조들
12~19	종말 이전의 증언의 때
20~24	예루살렘의 멸망
25~28	인자의 강림
29~31	무화과나무의 비유
32~33	인자 강림의 때
34~36	강화의 종결

종말의 징조는 세 가지이다 : 거짓 메시야와 시간 및 장소를 잘못 계산하는 자들의 출현(8절) ; 전쟁, 소동, 그리고 민족간의 충돌(9-10절) ; 그리고 우주적 공포와 함께 자연의 재해들(11절)이다. 하나님의 목적을 끝내는 일은

이스라엘뿐만 아니라 모든 나라에 영향을 미치고, 나라들뿐만 아니라 우주 전체에 영향을 미친다. 하나님의 피조물 중에 하나님의 뜻하신 바가 성취되는 데 영향을 받지 않을 만큼 멀리 있는 영역은 결단코 없다(17 : 20-37의 주석을 참고하라). 그러나 제자들은 놀래거나 하나님의 비밀을 엄밀히 조사하고, 시간과 장소를 확인했다고 주장하는 자들에 의해 잘못 이끌려 갈 만큼 그 여러 사건들에 의해 압도당하지는 않을 것이다. 명심해야 할 중요한 사항은 종말 이전에 복음증언의 때가 있게 된다는 것이다(12-19절). "그 시간(카이로스〈kairos〉, 시기가 알맞는 시간)이 임박했다!"(8절)고 주장하는 자들은 시간(크로노스〈ckronos〉, 달력의 시간) 계산으로는 누구라도 하나님의 시간(카이로스)의 도래를 알 수 없다는 사실을 알지 못하고 있다. (누가의 교회와 우리들을 위하여) 현재는 복음의 증거를 위한 시간이다(13절). 누가가 종말의 징조들을 말하고, 그리고 나서 종말의 이전에 무엇이 있게 될 것인가를 말하고 있는 사실을 눈여겨보라. 기록자의 요점을 돋보이게 하려고 사건의 연대순서가 바뀐 것이다. 기록으로나 말로나 종말을 강조하는 기조는 마지막이 가장 중요하다는 것이다. 이 경우에, 비상한 긴장과 고통 받는 상황 중에서도 충성스런 증언이 요구된다. 이 증언의 연고로 제자들은 회당으로 잡혀갈 것이다(행 4-5장에서 그러했었다). 그리고 총독과 왕들 앞으로 잡혀 갈 것이다(행 24-26장에서 그러했었다). 친척과 친구들이 미워하고 배반하게 되고 죽음이 그들을 기다릴 것이다. 그러나 그러한 위기 중에서 그들은 '구재와 지혜'(15절, 합당한 메시지에 대한 유대인의 어법 ; 12 : 11-12을 참고하라.)를 받게 될 것이다. 누가복음과 사도행전에서 성령의 기능 중 하나는 말씀에 영감을 주는 것이다.

16~17절은 18절을 알기에 어렵게 한다. 상충이 되는 것처럼 말하기 때문이다. 18절의 "너희 머리털 하나도 상치 아니하리라"는 말씀은 사도행전에서 그렇게 되지 않는다 ; 실제로 제자들은 죽임을 당했었다(행 22 : 4). 예루살렘의 지도자 스데반(행 7 : 54-60)과 사도 야고보(행 12 : 2)가 그러했었다. 아마 기록상 위치가 잘못되었는지 모르겠다(12 : 7, 마 10 : 30). 아니면, 이 말씀은 핍박자들이 오직 물리적 인식을 갖고 제자들을 죽일 수 있다고 생각하겠지만, 그들은 더욱 유력한 방법으로 안전하게 지켜진다는 사실을 의미할 것이다. 이 복음 증거의 기간에 위협과 납치, 그리고 죽음의 형벌

아래서도 충성과 인내는 제자의 자격이 되었다. 제자들은 고난을 면제받지 않는다. 여기서 현대의 어떤 종말론자들로부터 때때로 보고 듣게 되는 부당한 주장이 있다. 신자들이 핍박과 곤란의 상황 저 위로 올라간다는 주장인데, 휴거의 교리에서 나온 것이다. 있을 수 없는 주장이다. 여기서 믿음을 가진 비행사들이 휴거하여 비행기들이 하늘에서 추락한다거나 믿는 운전자들이 큰 복의 세계로 올라감으로써 자동차들이 고속도로 위에서 충돌한다는 상황은 있을 수 없다. 본문에 의하면 우리는 고난과 죽음 앞에서 복음을 증거하는 시대 중에 있으나 우리의 인내로 우리 영혼을 얻을 것이다(19절). 만일 누군가가 이 복음 증거의 기간이 지금도 계속되고 있음을 의심한다면, 그 의심은 올 세인쓰(All Saints) 예배에 참석하면 없어지게 될 것이다. 이 예배에서는 우리 시대의 투옥과 살해된 충성스런 성도의 모든 이름을 들을 수가 있다.

20~24절에서 누가는 예루살렘의 멸망을 기술하고 있다. 누가복음서 기록의 10년 내지 20년 전에 있었던 사건이다. 마가는 이 성의 멸망을 종말론적 맥락 속에다 끼워 넣었다. 다니엘의 예언을 암시하면서 그렇게 했다(막 13 : 14-20). 그러나 누가는 예루살렘의 운명을 종말론에서 배제했다. 누가가 말하는 사건은 기원 66~70년에 일어난 것이다. 이때 로마의 군대가 예루살렘과 성전을 멸망시켰다. 누가의 요점은 신자들이 예루살렘의 종말을 세계 종말의 분명한 표징으로 해석하지 말라는 것 같다. 그 이후 남은 기간은 '이방인의 때'(24절)이다. 이 말은 예루살렘으로부터 출발한 이방인 선교를 가리킬 것이다. 이에 대한 기록은 사도행전에 정리되어 있다. 누가는 바울이 모든 도시에 있는 회당에서 복음을 증거하면서, 이 이방인들의 때를 점차 이루어 가고 있었다고 이해했다. "하나님의 이 구원을 이방인에게로 보내신 줄 알라 저희는 또한 들으리라"(행 28 : 28). 바울 자신의 말에 의하면, 그는 유대인들을 복음적으로 자극하기 위하여 이방인들 중에서 자기 사역에 열정을 낸다고 했다(롬 11 : 13-24). 바울이 하나님의 목적을 유별나게 찾아본 결론은, 하나님께서는 모든 사람에게 자비를 베풀고 싶어하신다는 것이다(롬 11 : 32). "이는 만물이 주에게서 나오고 주로 말미암고 주에게로 돌아감이라 영광이 그에게 세세에 있으리로다 아멘"(롬 11 : 36). 누가는 동의할 것이다 : 유대인들에 의하여 예수와 그의 선교사들이 배척을 받았다는 반복된

기록에도 불구하고, 누가복음과 사도행전의 그 어디에서도, 누가가 하나님께서 이스라엘을 포기하셨다고 선언하지 않았다는 사실이다. 그러므로 독자는 이방인들에게 문이 열린 것이 유대인들에게 문이 닫힌 것이라고 해석해서는 안 된다. "어떤 사람에게 두 아들이 있었으니"

권고로 결론을 내리시기까지, 본 강화의 나머지 부분(34-36절)에서는 '이방인의 때가 차기까지'(24절)의 이후에 있게 될 상황을 대략 말씀하신다. 우주 전체가 혼란하게 되어 모든 곳에서 인간의 생활에 돌변의 영향이 미칠 것이다(25-27절). 우리가 17 : 22~37절을 논할 때 생각했던 것처럼, 구약과 신약 성경은, 창조 때에 근본적인 변화와 함께 하나님 의도의 드라마 중에서 의미심장한 사건들을 독특하게 기록할 뿐만 아니라 구원이 우주적 차원이라고 주장하고 있다. 예컨대, 로마서 8 : 18~25을 회상해 보라. 실제로, 만물의 창조를 십자가와 부활의 행위 속에 함축하는 기독론을 전개한 사람은 바울이었다(빌 2 : 6-11, 골 1 : 15-20). 마태와 누가는 함께 하늘과 땅이 특이한 방법들로 예수의 탄생과 죽음을 신호했다고 우리에게 말해 준다. 그보다 이전에 선지자들은 주의 날이 하늘과 땅을 흔들고 바꿀 것이라고 말했다. 누가 자신도, 오순절날 베드로의 설교 중에서, 그러한 선지자의 말씀을 인용한다. 그날의 '성령의 부으심'과 '성령의 은사'에 관한 요엘 2 : 28~32에 있는 예언의 성취에 너무도 관심이 쏠려서 그 설교에 인용된 요엘서 예언의 뒷부분은 못 본 척 넘어간다. 시몬 베드로를 통하여 나온 요엘의 말씀에 귀를 기울여 보라 :

> 또 내가 위로 하늘에서는 기사와
> 아래로 땅에서는 징조를 베풀리니
> 곧 피와 불과 연기로다
> 주의 크고 영화로운 날이 이르기 전에
> 해가 변하여 어두워지고
> 달이 변하여 피가 되리라
> 누구든지 주의 이름을 부르는 자는
> 구원을 얻으리라
> (행 2 : 19-21에 인용된 욜 2 : 30-32).

오순절에 하나님의 성령의 은사는 개인의 심령 속에서 사적으로 경험한 것이 아니었다. 그리하여 종말에 인자의 강림도 사적인 경험이라는 말로는 적절하게 기술할 수가 없다. 인간의 심령은 저 거대한 장면을 투영하기에는 너무 작은 스크린이다. 기독교적 신앙은 그것을 받아들이는 각자에게 나름대로의 의미를 준다. 그럼에도 불구하고 교회는 복음을 자기 주관에 따라 붙잡았다는 주장을 계속해서 허용하거나 보증하는 것은 더더욱 할 수 없다. 신앙의 공동체라 하더라도 그것이 그리스도의 구원 사역의 활동무대로서 넉넉한 것은 아니다. 피조된 세계 전체가 하나님의 자녀들을 위한 구속의 날이 오기를 간절하게 기다리고 있다(롬 8 : 19). 하늘과 땅의 마지막 변화는, 그러므로 신실한 자들이 겪어야 할 공포의 시간은 되지 않는다. 오히려 신실한 자들은 이런 현상들이 자기들의 구원의 시간이 가까웠음을 알려 주는 징후들로 알아차려야 한다(28절).

이 시점에서 예수께서는, 놀래지 않았다면 경외심을 갖거나 당혹하게 되었거나 당황하고 있는 군중을 안심시키고 계신다. 그들의 현재 경험의 범위 안에서 말씀하심으로써 인자의 강림과 함께 생겨나는 우주의 변동을 기억나게 하면서 그렇게 하신다. 비유로(여기서 비유는 유추나 비교의 의미를 갖는다.), 마치 나무의 싹이 여름이 가까웠음을 알리듯이, 예수는 그 나라의 도착을 알리는 이들 표적을 말씀하신다. 그리고 그때는 언제일까? 예수의 대답은 자기의 예루살렘 도착이 그 나라의 임재(19 : 11)라고 생각하던 자들을 옳다 하려는 의도에서가 아니었다. 그리고 예수는 자신이 최근에 배격했던(8절) 연대 계산을 하고 계신 것도 아니었다. 그렇다면 그때는 언제일까? 당시 세대의 생존 중일까?(32절) 이 대답은 '세대'라는 말처럼 특정적이기도 하고, 불특정적이기도 하다. 이 말은 약 30년의 기간을 가리킬 수도 있고, 분명치 않은 수년의 기간이면서 고난, 기다림 또는 복음증거 같은 정해진 성격으로 특징지어진 것일 수도 있다. 최소한 우리가 아는 것은, 누가가 여기서 청중으로 하여금 그들의 관심을, 하나님께서 예루살렘을 벌하시는 시간과, 그리고 신실한 자들의 구원을 의미하는 인자의 강림과 함께 하나님께서 열국을 심판하시는 그 시간과의 중간에 두도록 하고 있다는 사실이다. 언제인가라는 물음에 대한 답변은 소망과 용기를 준다. 그러나 청중이, 적개심을 갖고 있는 자들 앞에서 복음을 증거해야 하는 시대에 살고 있음을 부정하지 않고 있다(12-19절).

예수께서는 말씀 듣는 자들을 우주적 징조들에 관한 말씀으로부터 그들이 경험하는 자연의 세계로 안내하셨다. 그리고 나서 지금은 마침내 그들 자신들에게로 향하게 하고 계신다. 제자들의 생활은 모든 것을 보고 들은 다음에, 생각이나 구경만의 생활이 아니라 행동과 관계의 생활이다(34-36절). 이 같은 강화가 있은 후에 듣고 있던 자들 중에 예수 앞을 떠난 자들은 어떻게 되었을까? 정신적으로 압도당했는가? 무서워했는가? 실망했는가? 그들은 이전에 알던 일상으로 되돌아가려고 받은 감동을 떨쳐 버렸는가? 그렇지 않을 것이다. 종말론적 사고(思考)는 신실한 행위와 냉소주의에 저항하는 소망에 활력이 된다. 우리의 현실이 그런 것처럼 생명에는 끝이 있을 것이며, 심판 아니면 구원을 받게 되는 종말이 있게 될 것이다. 우리가 가게 되든지 아니면 그분이 오시게 되든지, 개인적으로 어떤 신학을 갖든지, 종말을 바꾸지는 못할 것이다. 그리고 이 사실을 심사숙고하게 될 때 신성한 결과를 얻게 될 것이다. 이러한 종말론적 생각을 갖게 되면 우리의 영혼은 건전하게 정리되고 지나치거나 무용지물로 추락하는 데서 풀려나게 될 것이다. 종말론적 생각은 합당한 시선으로 이득과 손실을 헤아릴 수 있도록 도울 것이다. 종말론적 생각은 어두운 방탕으로 유혹하는 악마를 쫓아 버리고, 오늘은 하나님의 선물이요 내일에는 우리가 인자 앞에 서게 된다는 소식으로 우리를 고무시킬 것이다.

37~38에서 누가는 예수의 예루살렘 생활의 리듬을 요약하고 있다. 낮에는 성전에서 사람들을 가르치고 밤에는 감람원이라는 산에서 유숙하셨다. 예수의 일과는 일찍 시작되었다. 종일 가르치면서 성전에서 사람들을 만나셨다. 우리는 누가복음과 요한복음이 연관되고 있는 경우를 거의 보지 못했었다. 그러나 이 구절들은 그 한 경우를 제공한다. 눈에 띄게 유사한 말씀으로 요한은 말한다 : "다 각각 집으로 돌아가고 예수는 감람산으로 가시다 아침에 다시 성전으로 들어오시니 백성이 다 나아오는지라 …… 앉으사 저희를 가르치시더니"(요 7 : 53-8 : 2). 어떤 사본에는 연이어 예수와 간음 중에 잡힌 여자의 이야기가 기록되었다. 그러나 몇 사본에는 이 이야기를 누가복음 21 : 38 직후에 위치시켰다. 누가복음 21 : 37~38과 요한복음 7 : 53~8 : 2의 유사성을 보고 사본 기록자들은 누가가 이야기 전달에 편안한 배열을 했

음을 알아낸다. 실제로 어떤 이들은 예수와 그 여자의 마주침은 요한복음보다 누가복음에 더 잘 어울린다고 논할 것이다. 그러나 이렇게 생각하게 된다 : 우리가 취급하고 있는 누가복음의 본문을 보면 21장은 38절로 끝난다. 그리고 누가는 예수께서 공적 사역을 마치시는 장면을 독자에게 제공하고 있다.

수난 이야기

누가복음 22 : 1~23 : 56

신약성경의 복음서들은 두드러지게 간략하다. 가장 긴 복음서라도 그러하다. 그리고 그 복음서들 중 셋이 자주, 네 복음서 모두가 간혹, 같은 이야기들을 말해 주는 경향을 보인다. 기록된 사건들과 말씀들의 전부는 전기적 접근이라고 말할 수가 없다. 예수의 제자들은 쿰란(Qumran)과 내그 햄머디(Nag Hammadi)에서와 같은 곳에서의 발견들을 환영한다. 그 발견들이 예수에 대한 우리의 지식을 더해 주리라는 희망에서다. 정경복음서들 안에서, 우리가 갖고 있는 기록 중에, 자료의 최대 부분은 수난과 부활을 다루고 있다. 공관복음서들은 각각 4일이 채 못 되는 중에 일어난 사건들에다 3개 장 전부를 할애한다. 그런가 하면 요한복음은 같은 기간에다 21개 장 중 9개 장을 할애하고 있다. 그렇긴 하지만 이 비율은 놀랍지 않다. 초대교회에서 선포된 복음은 예수의 죽으심과 부활에 집중되고 있었기 때문이다. 바울은 말했다. 그가 받았었고 전파했던 그 전통은 그리스도의 죽음과 부활과 다시 나타나심이라는 것이다(고전 15 : 3-8).

사도신조에 있는 기독론적 신조들 중에 다섯 가지가 수난과 부활에 연관되고 있다. 어떤 학자들은 믿고 있다. 이 신조가 이야기체로 만들어진 최초의 자료로서 초기에 거의 표준화되어 신앙공동체의 내부적 신성(神聖, sanctum)의 요체(要諦)로 간주되었고, 크게 변용(變用)되는 것을 막아 주는 역할을 해 주었다는 것이다. 어떤 소수의 학자들은 수난과 부활의 이야기가 당시에 암송되고 있었고, 전통으로 받아들여지고 있었다고 주장하기까지 한다. 이 이야기를 전달해 주는 네 명의 기록자들 사이에는 약간의 변용이 있긴 하지만 그 유사성은 괄목할 만하다. 우리는 그 변용에 주의를 기울일 것이다. 누가로부터 더욱 선명하게 듣는 데 도움이 될 것이기 때문이다. 우리는 의심하지 않고 이 이야기들에 접촉해 온 교회의 자취들을 살펴볼 것이다. 이 자취들이야말로 교회의 자체 이해와 교회가 해 온 설교와 예배, 그리고 새 신자들 양육에 중요한 핵심이 되기 때문이다.

수난 이야기 자체는, 그 이야기는 예수께서 자기 제자들과 함께 유월절 식사 예식을 행하심으로 시작되어 예수께서 매장되심으로 끝난다.

누가복음 22 : 1~38

제자들과의 마지막 식사

이 단원은 네 개의 소단원으로 되어 있다 : 예수에 대한 음모(1-6절) ; 유월절 식사를 위한 준비(7-13절) ; 주의 만찬을 제정(14-20절) ; 그리고 떠나시면서의 교훈(21-38절)이다.

예수에 대한 음모(22 : 1-6)

마 26 : 1-5, 14-16, 막 14 : 1-2, 10-11

예수의 죽으심이 다가왔다. 장소가 그것을 말해 준다 : 그의 죽으심은 예루살렘에서라고 했다(9 : 31). 시간이 그것을 말해 준다 : 유월절이 가까왔다 (누가는 유월절과 연이은 7일간의 무교절을 구별하고 있지 않다. 출 12 : 6, 15, 레 23 : 5-8). 유월절은 애굽으로부터의 탈출을 기념하는 절기다(출 12장). 변화의 산 위에서 모세와 엘리야는 예루살렘에서 있게 될 탈출(떠나심)이 가까워지고 있음을 예수와 함께 말했었다(9 : 31). 종교적 인물들이 그것을 말해 준다 : 대제사장들과 서기관들이 상당 기간 동안 예수를 죽이고자 했었다. 그러나 예수는 사람들의 인기를 얻고 계셨다. 그리하여 그 사람들은 예수에 대한 음모에 장벽이 되고 있었다(19 : 47-48, 20 : 19). 이전에, 반역하는 말을 하도록 예수를 올무에 걸리게 하려던 그들의 노력은 실패로 돌아갔었다(20 : 20). 이제 예수와 그들 사이에 완충 역할을 해 왔던 그 사람들은 대제사장들과 서기관들의 확고한 권리와 지위를 향하여 위협의 태도를 보이고 있다. 폭동이나 반란이 있을 법했다. 로마의 군대가 어떤 반응을 보일지 알 수 없는 상황이었다. 그들의 흉계는 확고해지고 있었다. 예수를 죽일 수 있는 기회는 찾아오고 있었다. 4 : 13에서 마지막으로 보였던 사탄은 적절한 시기까지 예수를 유혹하는 일에서 떠나 있었다. 그 기회(6절)는 열 둘 중의 하나(유다를 열 둘 중에 넣는 누가의 태도는 마지못해 인정하는 식으로 보인다. 3절)를 통하여 오고 있다. '가룟'이라는 흔하지 않은 명칭은 유다의 정체를 지리적으로 말하는지 가문으로인지 아니면 관념적으로 말하고 있는지 분명치 않다. 그러나 동일한 이름을 가진 다른 사도와는 분명하게 구별하고 있다(6 : 16). 유다는 예수께 호의적인 군중이 없을 때 예수를 대제사장들과 성전 맡은 자들(레위인들 중 지도자들, 그러므로 성전에 근거를 둔 자들, 행 4 : 1, 5 : 24)에게 넘겨 줄(배신할) 기회를 찾는 데 그들과 동의하고 있다.

교회는 가룟 유다를 설명하는 데 많은 노력을 기울였으나 충분하게 확신을 갖게 하지 못하고 있다. "사탄이 유다에게 들어갔다." 아니다. 유다가 사탄을 자기 속에 불러들였다. "인자는 이미 작정된 대로 가거니와 그를 파는 그 사람에게는 화가 있으리로다"(22절)라고 말씀하셨기 때문이다. 유다는 도적, 돈을 사랑한 자, 처음부터 마귀라고 일컬어져 왔다. 그의 배신은, 탐욕을 품은 사람, 어긋난 사람, 누추한 일을 위해 선택된 사람, 위기를 조성하여 예수로 하여금 행동하시도록 외부의 힘을 행사해 보려던 사람의 행위 등으로 일컬어져 왔다. 그는 예수와 친근한 무리에 들도록 하룻밤의 철야기도 후에 선택된 사람이다. 그는 가르침을 받았고, 사도적 권위를 갖고 사역하기 위하여 파송을 받았었다. 그는 전파, 병고침, 그리고 귀신들을 추방하는 선교에 다른 이들과 똑같이 거두었던 성공을 즐겼었다. 그는 사도라는 말이 의미하는 모든 것에 해당되는 사람이었다. 그런데도 무엇 때문이었을까? 유다를 설명하기 위한 어떤 새로운 이론을 시도하는 것은 아무런 가치를 갖지 못할 것이다. 교회는 "왜 유다가 그렇게 했을까?" 묻기를 그만둘 때, 그리고 대신에 제자 됨이 무엇인가에 대한 교회 자체의 기록을 살필 때, 그때에 교회는 가장 잘하고 있는 것이다.

유월절 식사를 위한 준비(22 : 7-13)

마 26 : 17-19, 막 14 : 12-16

누가는 무교절(1절)과 무교병의 날(7절)을 말하고 있다. 그러나 누가복음에서 그날은 유월절 식사를 하는 날임에는 의심이 없다. 그날은 예수께서 제자들과 함께 지키셨던 무교절이 시작되는 날이었다(8, 13, 15절). 이 사실은 중요하지 않은 사소한 사항이 아니다. 왜냐하면 유대인의 유월절은 기념해야 하는 그리스도인 성찬의 배경이 될 뿐만 아니라 애굽의 노역에서 해방됨을 축하하는 것은 직접 간접으로 주의 만찬의 의미를 제공해 주기 때문이다. 준비를 위하여 두 제자를 미리 보내신 사실은 19 : 28~34의 예수의 성으로 들어가심을 위한 준비를 회상케 한다. 그런데 여기서 그 두 제자의 이름이 나온다. 사도행전을 예상하면서 그렇게 하고 있다. 사도행전에는 베드로와 요한이 한 팀이 되어 반복 나타난다(행 3 : 1-4 : 22, 8 : 14-25). 실제로 사도행전 1 : 13에는 누가가 사도들을 두 번째로 열거하는데 베드로와 요한은 첫 두 이름들로 나온다. 만약 요한이 제4복음서에 이름이 밝혀지지 않은 그 사랑받던 제자라면, 그 복음서에서도 베드로와 요한은 마지막 식사로부터 줄곧 부활까지 거듭해서 한 팀이 되고 있다.

예수께서 지금 성 중에 나타나셔서, 그리하여 우호적인 군중이 에워싸고 있던 성전과 밤에 유숙하시던 감람산을 왕래하시던 정해진 일과를 바꾸신다면, 이는 예수께 사실상의 위험이 된다. 그 사실을 고려한다면, 예수께서 베드로와 요한에게 내리신 지시사항은 신비 소설 중의 유령의 움직임처럼 흥미를 자아내는 사전 준비라고 쉽게 이해할 수 있을 것이다. "물 한 동이를 가지고 가는 사람(비정상적인 일로 물은 여인들이 날랐다.)을 만나리니…… 따라 들어가서"(10절). 그리고 예수께서 유월절을 지키기 위하여 계획을 세우고 계셨음을 생각하지 아니할 이유가 없다. 그렇기는 하지만, 본문과 19 : 28~34에서 누가는, 독자가 예수께서 갖고 계신 예언자적 지식을 생각하기를 원하는 것 같다. 방은 이미 제공받았고, 떡과 포도주와 나물, 흠이 없고 바르게 죽임당한(뼈는 꺾이지 않고 피는 뽑아내고, 그 피 중 얼마는 문의 전면에 바름, 출 12장) 것으로 제사장에 의해 승인 받은 양을 갖추어 준비가 되었기 때문이다. 누룩 없는 떡과 전체로 구운 양을 다 먹는 일과 쓴 나물,

이 모두는 가혹했던 노역(勞役)과 자유를 향한 질주라는 메시지를 그 안에 담고 있었다.

주의 만찬 제정(22 : 14-20)
마 26 : 26-29, 막 14 : 22-25

신약성경은 주의 만찬 제정에 관한 네 개의 기록을 갖고 있다. 공관복음에 있는 세 개와 우리에게 전해진 전승의 최초 형식인 고린도전서 11 : 23~26이다. 요한복음은 예수께서 제자들과 드셨던 마지막 식사의 기록을 갖고 있다. 그러나 그 기록의 중심은 발을 씻으심이다(요 13 : 1-20). 요한복음에서 주의 만찬에 가장 유사한 기록은 예수께서 유월절 때에 군중을 먹이신 기록이다(6장). 이 식사는 신약성경과 차후 전통 속에서 여러 가지로 호칭되었다 ; 최후의 만찬, 주의 만찬(고전 11 : 20). 미사(식사), 참여성례(동참 또는 친교, 고전 10 : 16), 그리고 성체성사(the Eucharist, '감사드림', 눅 22 : 17)이다. 각각 다른 전통들을 따라 만찬의 날짜는 서로 다르게 지켜지다가 역사적으로 수난주간의 목요일 저녁으로 고정되었다. 그리고 세족 목요일(Maundy Thursday)로 호칭되었다. maundy는 'mandate'(지시) 또는 'command'(명령)의 어원인 mande라는 말의 형태를 따른 것이다. 그리하여 그 특별한 저녁은 명령의 밤이다. 그 명령이란 기념의 식사 또는 발 씻음에 관련된 것이었다.

누가는 그 저녁을, 지도자가 자기를 따르는 자들을 이별하는 전형적인 의식을 보여 주는 전통으로 만들었다. 첫째는 식사이고(14-20절), 다음은 경고와 명령의 말씀들, 그리고 앞으로 며칠을 위한 격려였다(21-38절). 순서가 이러하여, 식탁에서 배신자에 대한 것은 마태와 마가가 그것을 앞에 두는 것과는 다르게 주의 만찬의 제정 뒤로 넘기고 있다. 그렇게 함으로써 누가는 유다가 떡과 포도주를 받았었는지에 대한 불확실함을 분명하게 밝혀 준다. 이 사실은 탕자, 세리, 죽어 가던 강도, 그리고 십자가 형리를 용서하는 데까지 연장되어 복음 안에서 매우 중요한 고려사항이 되었다. 뿐만 아니라 유다 이야기를 만찬 뒤에 둠으로써, 그의 배신을 더욱 예리한 초점에 두게 한다. 유다는 예수를 적들에게 넘겨 줄 뿐만 아니라 예수의 몸과 피에 관한 언약도 어기고 있었다.

초기 그리스도인 공동체가 시행했던 성만찬은 이 예식에 관한 후기 전통에 영향을 미쳤다. 실제로 이 식사에 관한 그리스도인들의 준행과 회고는 신자들의 공동체가 예수께서 주인이 되셨던 다른 식사들을 기억하는 방식에 영향을 미쳤다. 오천 명을 먹이실 때에 누가는 예수께서 분명히 성찬식의 언어로 들고 축사하시고 떼어 나누어 주셨다고 말한다(9 : 16). 엠마오에서 두 제자와 함께하셨던 식탁에서 부활하신 그리스도는 들고 축사하시고 떼어 주셨다(24 : 30). 이 마지막 만찬의 연고로 제자들 사이에서 있었던 식사는 어떤 식사라도 그냥 식사가 아니었던 것 같다. 어떤 떡도 그냥 빵이 아니며 어떤 잔도 그냥 포도주가 아니기 때문이었다.

이 식사 자체에 관한 누가의 기록은 두 부분으로 되어 있다 : 14~18절과 19~20절이다. 독자가 읽기에 문제가 되는 것 몇 가지가 있다. 만약 본문이 자체의 의미를 나타내는 데 자유로워지려면 이 문제들은 우선 취급되어야 할 것이다. 가장 명백한 어려운 점은 잔과 떡과 잔의 순서이다. 잔, 그리고 나서 떡의 순서는 본문에만 있는 특이함이 아니다. 고린도전서 10 : 16과 디다케(Didache)라고 불리는 초기 그리스도인 저작에도 떡 이전에 잔이 나오고 있다. 그러나 본문에서만 두 번째 잔이 나온다. 그런데 20절에 나오고 있는 두 번째 잔은 어떤 누가복음 사본에는 빠져 있다. 이 사본들에는 19절의 "이것은…… 내 몸이라"에서 끝나고 19절 하반절에서 20절까지가 빠져 있으며 21절로 연결되고 있다. 개역표준판 영어성경(RSV, 1971)의 편집자들은 생략이 안 된 긴 본문을 선택했으나 새영어성경(NEB)은 생략된 본문을 쓰고 있다. 대부분의 사본들은 19b절에서부터 20절을 두고 있으나 세 가지 이유 때문에 문제가 되고 있다고 본다 : 짧은 본문이 일반적으로 긴 본문보다 원문일 것이라고 본다 ; 19b절에서부터 20절은 영락없이 고린도전서 11 : 24~25과 닮았다 ; 그리고 이 절들이 두 번째 잔을 말하고 있다. 분명히 전통들은 서로 영향을 주고받는다. 마치 예수 부활의 나중 나타나심에 관한 구전들이 24장에서 보게 되는 것처럼 서로 혼합된 경향을 보이는 것과 같다(본문의 변형에 관한 상세한 해설은 피즈마이어(Fitzmyer)의 「누가에 의한 복음」〈*The Gospel According to Luke*〉, 2 : 1387-1389를 참고하라).

생략이 안 된 긴 본문을 이해하게 되면 14~20절을 아는 방법을 얻게 된다.

누가는 식사에 관한 두 개의 구전을 결합한 것 같다. 각 구전이 유사한 말씀군을 이루고 있다. 15~18절에 두 말씀이 두 가지 방법으로 유월절과 연합하고 있다 : 유월절의 완성("내가 너희에게 이르노니 이 유월절이 하나님의 나라에서 이루기까지 다시 먹지 아니하리라")과 종말론적 지도와 안내("내가 너희에게 이르노니 내가 이제부터 하나님의 나라가 임할 때까지 포도나무에서 난 것을 다시 마시지 아니하리라")였다. 원래의 유월절 식사는 온전히 앞을 내다보면서 먹는 식사였다. 약속의 땅을 향한 여행을 위하여 가족은 그들의 소지품들을 꾸린 다음에 먹었어야 했다. 그리하여 본문에 있는 예수의 말씀은 아마 메시야의 잔치를 미리 가리키고 있을 것이다. 예수께서 제자들과 함께하신 부활 후의 식사가 그 말씀을 일시적으로 성취했지만 말이다(24 : 30-31, 41-42, 행 1 : 4, 10 : 41). 그러므로 15~18절은 그 식사를 강조한다. 역사적으로 유월절과 연결된 식사로서, 적응할 수 있도록 지도하는 점에 있어서 종말론적 식사로서, 그리고 잔을 나눔으로써 친교를 마련하는 식사로서 강조하고 있다.

두 번째 소단원(19-20절)은 두 말씀이 핵심을 이루고 있는 하나의 전통을 세우고 있다 : "이것은 너희를 위하여 주는 내 몸이라 …… 이 잔은 내 피로 세우는 새 언약이니 곧 너희를 위하여 붓는 것이라". 오래지 않아서 이 말씀들은 죄의 속량이라는 희생적인 의미의 말로 해석되었다. 그러나 누가의 기록에는 유월절이 주체가 되고 있으며, 유월절 양은 속죄의 제물이 아니다. 죄를 위하여 희생된 어린 양은 또다른 예전에 속한다. 유월절의 어린 양은 언약의 보증이었다. 그리고 유월절의 식사는 자유를 주시는 하나님이 믿음의 공동체에게 주신 그 언약을 기념했었다. 예수의 피는 자유를 주시는 하나님께서 믿음의 공동체에게 주시는 새 언약을 보증한다. 예수의 피는 죄와 사망의 속박에서 풀어 주는 새로운 유형의 자유를 주는 새로운 언약을 보증한다. 이 새 언약은 자유를 주시는 하나님에 의해 유대인과 이방인 모두의 믿는 자들에게 확대 적용된다. 이 언약에 함께하는 자들은 함께 나누어 마시는 잔이 의미하고 보증하듯이 생명과 생명이 서로 연합된다. 제자들이 서로 결속되는 성만찬의 전통, 즉 위에서 말한 마지막 내용의 의미는 그리스도인들이 서로 지체가 되는 회중을 만들고자 했던 바울에게는 심히 중요한 것이었다(고전 11 : 23-34). 누가에 의해 보전되었던 이 두 가지 전통은, 만약 그가 보전한 것이 사실이라면, 믿음의 공동체를 위한 풍부한 의미를 갖는다. 이 두 가지 전통은 시간이 흐르고 장소가 달라져도 그것들의 적절성과 생명력은 상실되지 않고 있다.

떠나시면서 해 주신 교훈들(22 : 21-38)

요한복음 13~17장에서처럼, 그만큼 광범하지는 않지만 누가복음에 있는 만찬의 이야기는 지도자가 다가올 날들에 대비케 하는 경고와 타이름과 격려를 하면서 자기를 따르는 자들과 이별하는 하나의 송별식에 관한 것이다. 본문자료의 일부는 누가복음 특유의 것이다. 그러나 그중의 두 가지는 마가복음과 마태복음의 약간 앞 부분에서 보여지고 있다. 앞에서 말한 바와 같이 마가와 마태는 배신에 대한 암시를 주의 만찬의 이전에 위치시키고 있다. 뿐만 아니라 누가는 누가 크냐는 논쟁을 이 만찬 이야기 중에 놓고 있다. 공관복음의 다른 복음서들에서는 이 논쟁이 예수께서 예루살렘에 도착하시기 이전에 있었던 사실로 보여진다(막 10 : 42-45, 마 20 : 25-28).

이처럼 이 두 삽화를 여기에 위치시킴으로써 누가는 교회를 향하여 두 가지 매우 강력한 말씀을 해 주고 있다. 첫째는, 그리스도를 향한 배신은 주의 만찬에 참여한 자들 중에 전에도 있었고, 또 다시 있을 수 있다는 것이다. 이 고발의 손가락질은 성만찬의 그 첫번 식탁에서 있었던 것이 사실이다. 그러나 누가에 의하면 배신에 관한 말씀은 그 언약의 식사 이전에 있지 않았다. 배신은 차후의 한 사건이었다. 그러나 언약의 사람들 내부에서 있었다. 그리하여 지속적인 경고를 해 주는 사건이다. 둘째는 누가 크냐는 논쟁을 주의 식탁 이야기 중에 위치시킴으로써, 누가는 다시 그 열두 제자의 이야기 중에 있었던 하나의 추한 순간을, 식사를 함께 하고 있었던 자들을 향한 매우 실제적이고 현실적인 권고로 전환시키고 있다. 분명히 지위와 권세에 대한 애착은 예수의 그 처음의 추종자들이 가진 문제였다. 그러나 이 문제는 차후에도 계속되고 있다. 신약성경의 나머지 부분과 교회사, 그리고 오늘의 교회의 소식을 전해 주는 책들이 그리스도의 교회를 이끌고 있는 수많은 사람들 사이에 있는 이 전염성의 병폐를 증언하는 데 한목소리를 내고 있다. 누가는 우리가 그 야망을 가진 사도들을 비난하도록 하고 있지 않다. 우리는 주의 식탁에 앉을 때마다 겸손과 섬김에 관한 이 말씀(24-27절)을 명심하고 새롭게 경고로 들어야 한다.

우리가 이 두 소단원(21-23절, 24-27절)을 넘어가기 전에 두 가지 사항을 정리해 두어야 하겠다. 첫째로, 23절에 제자들은 "우리 중에서 이 일을 행할 자가 누구일까?"라고 서로 물었다. 이 말씀은 우선 마가의 보고와는 상당히 다른 것으로 보일 것이다. 마가의 보고에는 그들이 예수를 향하여 한 사람씩 "내니이까?"(막 14 : 19)라고 말씀드리고 있다. 그러나 마가복음의 제자들의 질문은 부정부가어로 되어 있는데, 헬라어로 이 질문은 부정적인 답을 기대하는 형식이다. 다시 말해서 "저는 아니에요. 그렇지요?"라는 질문이었다. 그러므로 마가복음과 누가복음은 자신을 의심하지 않고 다른 사람을 의심하고 있는 제자들을 보여 주고 있다. 그리하여 그렇게 이상하지 않게 그들은 누가 더 나으냐에 관한 논쟁을 벌인다(24절). 둘째로, 22절은 하나님의 목적("인자는 이미 작정된 대로 가거니와")과 인간의 책임("그를 파는 그 사람에게는 화가 있으리로다")을 매우 간결하게 단언하고 있다. 다시 말하면, 하나님의 목적에는 인간의 실패와 죄가 이용된다 하더라도 그 목적은 성취된다는 사실이다. 그럴지라도 하나님의 신성한 목적이 이루어지는 중에 그것들이 사용되었다고 해서 인간의 실패와 죄가 용인될 수는 없다.

세 번째 소단원(28-30절)은 두 번째와 직접 연결되어 있다. 24~27절에 있는 부정적인 장면은 긍정적으로 바뀌고 있기 때문이다. 제자들의 누가 더 나으냐에 관한 논쟁은 식탁의 좌석에 관한 말다툼이었던 것 같다. 어느 좌석에 앉느냐는 신분을 의미했기 때문이다. 예수께서는 크게 되기를 바라는 것은 하나님의 통치 안에서는 전혀 어울리지 않음을 경고하시고, 하나의 약속을 하고 계신다. 요컨대, 하나님은 어떤 이에게 어떤 자리를 주시는데 선물로 주신다는 것이다. 하나님은 메시야의 잔치와 그 나라 안에서 지도자들을 위한 존귀한 자리들을 마련하신다. 보좌에 앉아서 이스라엘의 열두 지파를 심판한다는 말씀은 이방인들이 유대인들을 심판하게 된다거나 교회가 회당을 심판하게 된다는 약속으로 받아들여서는 안 된다. 이 표현은 충성스런 자들의 최종 미래, 이 땅에서 그들이 가진 신분과는 정반대인 상태에 대한 설명을 보충해 주는 면류관, 보좌, 다스림, 그리고 심판과 같은 종말론적인 언사에 속한다. 예컨대 "우리가 주와 함께 죽었으면 또한 함께 살 것이요 참으면 또한 함께 왕 노릇 할 것이요"(딤후 2 : 11-12) ; 또는 "네가 죽도록 충성하라 그리하면 내가 생명의 면류관을 네게 주리라"(계 2 : 10) ; 다시, "이기는 그에게는 내가 내 보좌에 함께 앉게 하여 주기를 내가 이기고 아버지 보좌에 함께 앉은 것과 같이 하리라"(계 3 : 21)는 말씀들과 같다. 그러므로 진정한 높아짐은 그리스도를 위한 곤란을 충성스럽게 견디어 내고, 그의 고난에 동참하며, 그리하여 예수께서 하나님과 공유하신 '언약'(29절 ; '양도권', 개역표준판〈RSV〉 ; '재산권', 새영어성경〈NEB〉)에 관련된 자들에게 주시는 하나님의 선물이다.

이별하며 주시는 교훈들 중 네 번째 소단원(31-34절)은 누가복음 특유의 것이다. 예수께서는 대적이요 참소자, 유혹자인 사탄(슥 3 : 1-3)의 역할에 관하여 강조하고 확대하여 미리 말씀하고 계신다. 사탄은 광야에서 예수에 의해 제지당했었다(4 : 1-12). 그러나 치명적인 타격을 입지는 않았다. 그는 적당한 시기에 되돌아올 것이다(4 : 13). 그 기회는 유다의 약점과 속임수를 틈타서 다가오고 있다(22 : 3-6). 유다의 배신과 예수의 잡히심으로 모든 다른 사람들(31절의 '너희'는 복수형이다.)이 가혹한 시련을 받게 될 것이다('체질함', 암 9 : 9). 예수의 죽으심과 사도들의 실패로 인하여 사탄은 생각한다. 하나님의 통치가 자신의 통치에 위협이 되는 일은 끝나게 될 것이라고. 이러한 사탄의 이미지 때문에 불편한 마음을 갖는 사람들은 예수와 그의 제자들 사이에 있었던 긴장과 지금 이 순간의 위기적 성격을 스스로 못 본 척해서는 안 된다. 반대자들과 적들에 관하여 말씀하신 것이 도움이 될 수도 있었을 것이다. 만약 그렇게 하는 것이 사실에 부합하지 않게 보인다면 예수께서 가난한 자들, 사회적 소외자들, 정치적 반역도들, 도덕적으로 육체적으로 병든 자들, 그리고 종교적으로 배척당한 자들에게 손을 내미셨던 그 사역에 분주한 생애로써 만족하셨을 것이다. 적들은 당당하게, 그리고 비밀스런 모습으로 또는 놀랄 만큼 관대함으로 나타날 것이다. 그렇지 않다면 사탄은 죽은 것이다. 그들 모두가 시련에 처하게 되고, 한동안 공포가 신앙을 압도할 것인데, 그들은 어떻게 회복될 수 있을 것인가? 지도자가 자리를 비울 경우 필요로 하는 것은 지도력이다. 그러나 모두가 상처를 받은 상황 중에 있는데, 누가 그 일을 할 수 있을까? 예수께서는 곧 비틀거리게 될 시몬 베드로를 향하신다(본문의 '너'는 단수이다, 32절). 그러나 예수의 중보로 그는 회개(돌아옴.)하고 용기를 회복하고, 다른 이들이 보고 힘을 얻게 될 표본이 될 것이다. 베드로는 지금, 기도나 회개도 없이 각오가 되어 있다고 주장한다. 그러나 예수께서는 그에게 알리신다. 내일 아침이 되기 전에 그의 주장과는 다른, 상상이 안 되는 행동을 보일 것이라고. 베드로에 관한 예수의 예고는 실제로 있게 될 일에 대한 구체적인 말씀이었다 : 부인(54-61절), 회개(62절), 부활하신 그리스도를 만남(24 : 34), 지도력 발휘(행 1 : 15, 2 : 14), 투옥(행 4 : 3, 12 : 3-5), 그리고 요한복음 21 : 18~19에 의하면, 순교자로서의 죽음이었다. 그리스도인 지도자들은 두려움, 의심, 낙심, 그리고 거듭되는 시련을 면제받지 않는 자들이다. 그러나 기도로 힘을 얻고 회개와 용서를 통하여 계속해 나갈 수 있는 은혜와 힘을 되찾는 자들이다.

이별하면서 주시는 교훈의 마지막 다섯 번째의 소단원(35-38절) 역시 누가복음에만 있다. 모든 제자들이 만나게 될 시련과 베드로가 하게 될 부인에 대한 예고는 떠나시는 지도자의 말씀이 가장 심각한 수준에 이르게 했다. 이 상황의 진지함은 그들에게 영향을 미치기 시작했다 ; 시몬 베드로는 스스로 감옥과 죽음을 언급한다. 그의 충성심은 칭찬할 만하다. 그러나 위험이 멀리 있을 때 하는 맹세는 아무리 신실한 것일지라도, 막상 당면한 위험 앞에서는 파기하게 되는 때가 있다. "이렇게 될 줄 알지 못했다."는 변명 외에 다른 변명은 없게 된다. 예수께서는 상황이 어떻게 될 것인가에 대하여 그들에게 강한 인상을 주고 싶어하셨다. 그들이 곧 스스로 해결해 나가야 할 지금부터의 시간과 이전에 자기가 그들을 파송하셨을 때를 비교하면서 그렇게 하고 계신다. 이전에 해 봤던 그 사역 중에, 그들은 온통 나약했었으나 자신들의 필요를 채우기 위해서 자신들을 대접해 주는 자들에게 의존했었다(35절).

지금 예수는 말씀하신다. 대접을 받는 일은 없게 되고, 오히려 위협과 위험이 기다리고 있다는 것이다. 제자들은 자신들의 역량에 의존해야 할 것이다. 실제로 예수는 범죄자들 중의 범죄자로 취급받으실 것이다(사 53 : 12). 예수에 대한 혐의는 제자들에게도 한 가지로 반복될 것이다(그들은 그렇게 당했다. 행 4 : 1-22). 이런 상황은 어쩌면 밤과 같으리라. 예수는 말씀하신다. 이러한 밤에는 사람은 칼을 사기 위하여 자신의 옷을 팔 것이다. 예수께서는 상징적으로 말씀하신다. 그러나 그들은 액면 그대로 듣고 있다. 그리하여 칼 두 자루가 있다고 보여 드리고 있다. 제자들을 이해해 주자. 그들은 여기가 갈릴리가 아닌 것을 안다. 성공의 이야기들과 좋게 감동받은 무리의 사람들이 밀려왔던 그 갈릴리 말이다. 여기는 예루살렘이다. 위험이 그들에게 다가오고 있고, 그들은 생과 사의 처지에 놓여 있다. 제자들을 좀 동정해 주자. 그들은 본능적으로 그 위험에 반응하고 있다. 칼에는 칼로, 무기에는 무기로, 타격에는 타격으로. 다시 말하면 위험에 대비한다고 하면서 위험해지고 있다. 이것은 물론 예수의 방법이 아니다. 이 행위는 하나님 통치의 본질 자체를 거스르고 있다. 그러나 우리는 그들을 지나치게 비난해서는 안 된다. 20세기가 지나서 예수를 주님으로 부르고 있는 다수의 사람들이 칼에 의한 방법을 옳다 해 주고 있을 뿐만 아니라 폭력이 폭력을 끝내 준다는 견해에 스스로 동의하는 이 시대에 그렇게 비난해서는 안 된다. 만약 가이사가 칼을 휴대한다면, 그리스도인들은 기도하고 그 칼이 마침내 내려지도록 뭔가를 하도록 하자. 예수의 제자들을 애통해하되 응원은 하지 않도록 하자. 그 열두 제자들에게 닥친 싸움에서는 칼은 무용지물이 될 것이다. 칼은 유다를 돕지 못할 것이며, 칼은 시몬을 돕지 못할 것이고, 칼은 겁에 질리고 도망치는 제자들을 돕지 못할 것이다. 그런데도 그들은 도움이 될 것이라고 생각했다. 예수께서는 그들이 지금은 이해하지 못할 것을 알고 계셨다. 그리하여 말씀하셨다."이 이야기는 이것으로 족하다. 그만하자."

누가복음 22 : 39~53

붙잡히시는 예수

감람산에서(22 : 39-46)

마 26 : 30-46, 막 14 : 26-42

우리가 거듭 다짐해 오고 있듯이, 해석자의 첫 번째 의무는 본문을 주의 깊게 읽는 것이다. 이렇게 하는 것은 이 경우에 특히 중요하다. 즉, 어떤 본문이 교회의 기억에 생생한 사건이나 말씀을 취급할 경우다. 그러나 하나의 기억은 흔히 모든 자료, 우리의 경우 네 복음서가 조화를 이루어 하나의 형태로 형성되기가 일쑤다. 그렇다면 누가의 기록에 유의해 보자. 첫째로 이야기의 간결함이 두드러진다. 마가와 마태는 상세하게 전해 주고 있고 요한은 기도행적이 통째로 빠져 있어서(요 18 : 1-2), 그 길이에 관한 한 중간 정도가 되고 있다. 누가는 이 사건이 감람산의 '그곳'에서 있었다고 말한다. 전에 예수께서 밤에 유숙하셨던 곳이다(21 : 37). 마가와 마태는 그곳을 겟세마네로 부르고 있고, 요한은 그곳을 단순히 '동산'으로 부른다(요 18 : 1). 누가는 제자 중 세 명이 기도의 더욱 친근한 사람들로 예수와 함께했다고 말하지 않는다. 모두가 시험에 들지 않도록 기도하라는 명을 받는다. 예수께서는 세 번이 아닌 한 번 잠들어 있는 제자들에게로 오신다. 그리고 누가는 그들이 잠든 것은 슬픔 때문이었다고 설명한다(45절). 우리가 알기로는 고의로 잠자게 만드는 그런 조건이다. 그리하여 책망은 부드럽게 들리고 반복하시지도 않는다. 끝으로, 예수께서는 다른 공관복음서들이 그렇게 말하는 것처럼, 땅에 엎드리지 않으시고 무릎을 꿇고 기도하심에 유의하라. 우리가 앞으로 보게 되겠는데, 사소한 것들에 대한 이 같은 차이점들은 그냥 무시해도 되는 것들이 아니다.

개역표준판 영어성경(RSV, 1971)이 각주로 처리한 43~44절에 관하여는 간략한 언급이 필요하다. 번역가들이 활용했던 극히 중요한 누가복음의 초기 사본들은 이 두 문장을 갖고 있지 않다. 새영어성경(NEB)의 편집자들이 이 문장들을 편입시키는 것이 정당하다고 느끼는 충분한 증거를 갖고 있는데도 그러하다. 이 문제를 논리적으로 접근해 보자. 그 문장들이 어떤 이들에 의해서는 생략되었다. 그러나 몇몇 초기 서기관들에 의해 첨가되었다는 사실은 더욱 설득력을 갖는다. 누가는 오직 이 구절들 안에서만 예수께서 하나님의 뜻 때문에 수시간 동안 번민하고 씨름하고 계셨음을 설명하고 있다. 이 장면은 기도하시는 예수의 다른 경우들과 매우 흡사하다. 43~44절 안에서 예수는 마가와 마태가 말해 주고 있는, 그 강렬한 번민을 경험하고 계신다. 그뿐만 아니라 힘을 돕고 있는 천사(단 3 : 25, 28)는 마가가 그것을 보여 주고 있듯이(막 1 : 13) 예수께서 시험 받으실 때를 회상하게 한다. 그렇다면, 요컨대 43~44절은 다른 공관복음서 기자들이 말해 주고 있는 그 장면과, 말로는 그렇게 하고 있지 않지만 본질적으로 일치시키기 위하여 원래의 장면을 바꾸고 있다. 그리고 예수의 인성(人性)을 증거하는 중에 누가의 증언을 그들의 증언과 결합시킨다. 이 예수의 인성은 초대교회 안에서 진행되고 있었던 영성화 경향의 견해에 한 중요한 고려사항이었다. 그런데, 이어서 나오고 있는 말씀들은 43~44절이 원래의 본문에 없었던 것처럼 보이게 할 것이다. 그러나 번민을 안 하시거나 땀을 흘리지 않으시는 예수의 모습을 끝까지 보여 주려고 하지는 않는다. 반대로, 이 구절들이 없더라도 누가가 그려 내는 예수는 그의 기도생활이나 위기를 만나실 때의 태도에 있어서, 그를 따르는 모든 자들에게 철저하게 모범이 되고 계신다.

우리가 거듭 관찰하였듯이 예수께서는 누가에 의하여 기도의 사람으로 소개되고 있다(3 : 21, 5 : 16, 6 : 12, 9 : 18, 9 : 28, 11 : 1). 그리고 기도의 선생이시다(11 : 1, 22 : 40, 46). 규칙적으로 기도하신 분으로, 때로는 밤을 새워서, 그리고 특별히 그의 생애 중에 중요한 때(세례, 열두 명 선택, 제자들에게 신앙고백을 요청하시기 전에, 용모가 변화되셨을 때 등)에 기도하신 분으로 소개된다. 그날 밤 감람산에 계셨던 예수는 누가에 의해 일관되게 그려진다. 분명히 속박과 죽음이 가깝다. 그러나 기도로 연단된 생애를 지켜온 만큼 그 마지막 시간의 직전이라도 몸부림치거나 땅바닥에 엎드리실 필요는 없다. 분명히 그는 그 잔이 지나가기를 원하셨다. 물론 그러하셨다. 그 다음 날의 고통과 치욕은 예상하기에 무서운 일이었다. 그러나 세례를 받으시던 날로부터 예수는 기도를 통하여 하나님의 뜻 안에서 살아오셨다. 누가가 묘사하는 예수는 그 기도의 밤에 죽음을 알아차리지 못한 예수가 아니시다. 오히려 그는 하나님을 알고 계시는 분이다. 그러므로 기도의 사람인 예수님은 그리스도인에게 있어 생활의 본보기이다. 세례로부터 죽으심까지, 특히 일생에 걸친 기도는 사람이 자신을 위하여 하나님의 뜻을 구하는 경우뿐만 아니라 인도하심과 힘을 처절하게 구하는 이들을 도와야 할 경우에 있어서 힘의 원천이 될 수 있다는 의미로 본보기가 되신다.

붙잡히시는 예수(22 : 47-53)

마 26 : 47-56, 막 14 : 43-52

예수를 잡기 위하여 왔던 무리는 대제사장들, 성전의 관리들, 장로들로 되어 있었다. 예수께서 예루살렘에 도착하신 이후로 예수를 죽이려고 음모했던 바로 그들이었다(19 : 47). 예수께 우호적이었던 군중이 함께 있던 낮

동안에는 그들의 모든 계획은 진행될 수가 없었다. 그들에게 기회는 밤이어야 했을 것이다. 그러나 그렇게 되려면 그의 숙소를 알아야 했다. 유다가 그 장소를 알려 준다. 그들은 어두움의 권세로 행동하는 자들이므로 그들이 밤에 일하는 것은 너무도 합당하다고 예수는 말씀하신다. 낮은 그들의 행위와는 성격을 달리한다(53절). 예수께서는 죽음을 구하지 아니하셨다. 예루살렘에서의 그의 처신과 바로 이 밤에 드리신 그의 기도(42절)는 이 사실을 확실하게 한다. 그러나 그는 자기를 잡으려는 자들에게 저항이나 싸움을 하지 아니하신다. 제자들 중 하나가 예수를 지키기 위하여 실제로 싸운다(요 18 : 10은 그가 베드로라고 말한다). 대제사장의 종에게 상처를 입힌다. 그러나 예수는 그 종의 오른쪽 귀를 회복시키시고, 그 격한 충돌을 멈추라 하신다(50-51절). 죽음을 피하려는 폭력은 거부되고 있다.

그 밤에 '그곳'(40절)에서 있었던 일들은 물론 예수를 따르는 모든 이들이 매우 싫어하는 것들이다. 그러나 예수와 그를 잡으러 왔던 자들에 대한 감정들 때문에 우리는 이 사건 속에 숨은 역설(逆說)을 보지 못하면 안 된다. 예수는 성직자들에 의해서 붙잡히셨다. 성직자들은 지금까지도 그들의 계획에 있어서, 예수의 말씀을 즐겁게 듣는 사람들에 의해서 좌절을 당해 왔다. 당시의 성직자들은 백성을 무서워해 왔다(22 : 2). 그러나 지금 그들은 예수를 따르는 이들 중에서 이탈자이면서 배신자인 한 사람의 도움을 통하여 그들의 계획을 진행시키고 있다. 유다의 반역 행위는 더욱 공격적으로까지 변했다. 애정의 표시인 입맞춤으로 반역을 감추려는 그의 의도로 그렇게 하고 있다(마가와 마태는 유다가 실제로 예수께 입을 맞추었다고 말해 준다). 순수한 애정을 가진 한 제자는 예수를 지키기 위하여 칼을 빼 든다. 이렇게 원수는 와서 입을 맞추고 친구는 칼을 빼 든다. 사물들은 그것들의 겉모습과는 늘 같다고 볼 수가 없다. 그러나 예수께서는 그것들 모두를 꿰뚫어 보신다. 입맞춤과 칼 모두를 중지시키신다. 그리고 자기를 잡으러 온 자들에게 진리로 맞서신다. 그런데 반역과 공포와 증오가 행동으로 나타나는 경우, 그 불공정이나 폭력이 어떻다 하더라도, 진리는 기다려야 한다. 지금은 그 누구도 진리를 들으려하지 않는다. 그리하여 강도를 용서하시는 평화의 장본인은 마치 강도인 양 붙잡히고 계신다.

누가복음 22 : 54~71
유대인에 의한 재판

하나의 '재판'으로서 유대인의 관헌 앞에 서게 된 예수에 관하여 말할 때, '재판'이라는 용어는 상당히 비공식적으로 사용되어야 한다 ; 아마 '심문'이라는 말이 더 적당할 것이다. 예수의 죽음에 대한 책임의 소재를 밝히고 정의를 내리고자 한다면 말은 신중해야 한다. 그리고 몇 가지 이유로 인하여 이 일은 어렵다. 첫째로, 기록들은 법정의 기록이 아니고, 과정보다는 결과에 관한 보고들이다. 둘째로, 재판의 전 과정에 대한 복음서의 기록들은 매우 간략하다. 그리고 끝으로, 네 복음서의 기자들은 어떤 중요한 세부사항에 관하여는 서로 다르다(마 26 : 57-75, 막 14 : 53-72, 요 18 : 12-27). 역사적 재구성을 시도하는 데 관심이 있는 독자들에게는 주요 견해들과 함께 그 네 가지 기록들을 재배열한 브라운(Raymond E. Brown)의 글이 도움이 될 것이다(「요한에 의한 복음」〈*The Gospel According to John*〉, 2 : 791-802). 본론에서 우리의 목적은 잡히심으로부터 빌라도 앞에 서셨던 중간에 어떤 일이 있었는가에 관한 누가의 보고를 눈여겨보는 것이다.

예수께서 제사장들과 성전 관리들과 장로들에 의하여 잡히셨으므로 그에 대한 처리는 종교 당국자들로부터 시작되는 것이 당연하다. 예수는 잡히시던 그 밤에 대제사장의 집으로 이송되었다. 그리고 다음 날 아침까지 거기에 구금되셨다(54, 66절). 마가가 그렇게 보고하고 있으나(막 14 : 54-64) 그날 밤에는 공회 앞에서의 재판은 없었다. 누가는 예수를 지키는 자들이 예수께 자행했던 육체에 가한, 그리고 말에 의한 치욕에 관하여 전해 준다(63-65절). 그러나 이러한 치욕은 예수께서 구금되어 계실 때 있었고, 마가복음 14 : 65과 마태복음 26 : 67~68이 그렇게 전하고 있지만, 예수께서 재판을 받으시던 중에나 그 재판이 끝났을 때에 있었던 것은 아니었다. 다른 복음서의 기자들이 베드로가 받는 '재판'은 집 밖에서, 예수의 재판은 집 안에서 있었다고 엮어 놓는 데 반하여, 누가는 베드로의 부인(否認)이 예수의 심문 이전에 있었다고 말하고 있음을 알게 될 것이다. 주목을 끄는 것은 누가 기록의 18절 중에서 베드로의 부인(否認)에 9절이 사용된 반면, 단지 6절이 공회 앞의 예수의 재판에 할애된 점이다. 예수께서 잡히신 이후에 있었던 그 저녁의 사건들에 관한 누가의 보고는 뚜렷하게 세 단위로 되어 있다 : 베드로의 부인(54-62절), 예수께서 당하신 모욕(63-65절), 그리고 공회 앞에서의 재판(66-71절)이다. 우리는 누가가 제시하는 순서를 따라서 각 단위를 간략하게 살펴보고자 한다.

재판하는 집의 뜰에 있던 시몬 베드로에게 시선이 예리하게 집중되고 있어서 다른 제자들 중 그 누구도 언급되지 않고 있다. 마가는 그들 모두가 예수를 포기했다고 말한다(막 14 : 50). 여기서 우리는 그들이 밀처럼 까불려질 것이라(31절)고 예수께서 그날 밤에 그들의 처신에 관하여 하신 말씀을 상상할 뿐이다. 초저녁에 식탁에서 예언으로 말씀하실 때 우선 주의가 집중되었던 사람은 시몬 베드로였다. 그는 시험을 받을 것이고, 실패하며 회개할 것이고, 그리고 차후에는 다른 이들이 힘을 얻게 해 주는 근원이 될 것이라는 내용이었다(31-34절). 우리가 취급하고 있는 이 이야기는 그 네 가지 예언 중 세 가지의 성취를 말해 준다. 네 번째 예언은 부활 이후에 이루어질 것이다(행 1-5장). 대제사장의 집 뜰에 베드로가 갔다는 사실은 용기와 비겁의 중간 그 어디에 해당된다. 그는 붙잡히신 예수의 뒤를 따라갔다. 그리고 그 집의 뜰로 들어감으로써, "내가 주와 함께 옥에도, 죽는 데도 가기를 준비하였나이다"(33절)라는 맹세를 실행할 수 있었을 것이다. 그렇기는 하나, 그는 멀리서 따르고 있었다(54절). 이 사실은 밤의 어두움과 함께 그를 예수로부터, 그리고 죄가 큰 사람과 함께함으로써 받게 되는 어떤 손해로부터 자신을 멀리하는 행위였다. 베드로는 예수와 동행하면서 다른 제자들과 함께 성전 경내에서 날마다 보여지고 있었었다. 그리고 지금 뜰에 피운 불은 그를 알아볼 수 있을 만큼 밝은 빛의 불이었다. 세 명의 증언자, 즉 한 여자와 두 남자는 "그와 함께 있었느니라.", "그 당이라.", 그리고 "갈릴리 사람이니 참으로 그와 함께 있었느니라."는 식으로 말한다. 어떻게 베드로가 갈릴리 사람으로 밝혀졌는지는 설명되어 있지 않다. 마태는 그의 말투 때문이었다고 말한다(마 26 : 73). 세 번에 걸쳐 베드로는 예수를 아는지, 또는 동행했었는지에 관련하여 부인하고 있다. 누가는 저주나 맹세하면서 부정했다고 말하지는 않는다(막 14 : 71). 그러나 베드로가 자기 동류로부터의 이탈과 예수를 버린 사실은 결코 불분명하거나 불완전하지 않다. 그는 시험을 받았고, 또 실패했다. 그런데 61절에 누가는 다른 기록들에서는 볼 수 없는 하나의 감동적인 장면을 기록해 넣었다 : "주께서 돌이켜 베드로를 보시니". 이 돌아보심은 베드로로 하여금 초저녁의 대화를 회상하게 했고, 그는 후회와 함께 이내 정신을 차렸다. 회개와 회복의 길로 첫 발을 내디뎠다. 우리는 그가 받은 치유의 과정을 단지 추측만 할 뿐이다. 베드로가 열 한 사도와 함께 일어서서 설교했던 오순절(행 2 : 14) 이전에 제자들 중에 있게 된 그 치유를!

재판정에 들어갔던 오직 한 명의 제자에 의하여 예수는 지금 버림을 당하셨다. 예수는 외로우시다. 그의 외로우심은 지금이 밤인데다 눈가림을 당하신 어두움에 의해 더욱 더하여졌다. 예수께서는 선지자로 불려 왔다. 이 호칭은 예수를 지키던 자들이 예수를 조롱하고 능욕하는 데 구실이 되어 사용되고 있는 것 같다. 그들은 이미 말로 여러 차례 예수를 공격했음에도 그러했다. 특이한 사실은, 누가복음에는 예수께서 이 심문에 의해 신성모독자로 고발되고 있지 않다는 점이다. 신성모독이라는 말은 그들이 예수를 어떻게 취급했는지를 설명하는 데 사용되었던 말이다 : 그들은 그를 모욕(신성모독)했다(65절). 예수께서는 그렇게 취급당하시는 것이 예루살렘에서 있게 될 능욕의 일부분일 것을 예언하셨다(18 : 32). 그렇기는 하지만 이러한 학대를 침묵으로 일관하시는 것은 놀랍다. 누가는 믿음의 연고로 관헌들에게 넘겨질 경우 어떻게 할 것인지를 교회에 보여 주고 있는 것 같다(21 : 12-19). 분명히 이 장면은 이후에 핍박을 받는 제자들이 교훈과 용기를 얻기 위하여 되돌아보곤 하는 것이었다 : "그리스도도 너희를 위하여 고난을 받으사 너희에게 본을 끼쳐 그 자취를 따라오게 하려 하셨느니라 저는 죄를 범치 아니하시고 그 입에 궤사도 없으시며 욕을 받으시되 대신 욕하지 아니하시고 고난을 받으시되 위협하지 아니하시고"(벧전 2 : 21-23). 그런데 요한복음의 그리스도는 이 능욕을 그렇게 조용하게 받지 아니하신다(요 18 : 19-23).

해가 돋을 무렵에 예수는 유대의 사법기관인 예루살렘의 공회(公會) 앞으로 이송되셨다. 이 '공회'라는 말은 성경과 비성서의 문서들 안에서 매우 다양하게 사용되었다. 그리하여 이 공회가 하나뿐이었는지, 아니면 여럿이었는지, 권한과 인원은 분명하게 정해져 있었는지, 그리고 이 공회와 그 지방의 로마 당국과는 어떤 연관을 갖고 있었는지는 알기가 어렵다(「하퍼의 성경사전」〈*Harper's Bible Dictionary*〉의 기사를 보라). 여기 22 : 66~71에서 그 '공회'(Sanhedrin)는 대제사장들, 서기관들, 그리고 장로들로 되어 있었다. 차후에 누가는 이 공회의 회원들 안에 사두개인들과 바리새인들이 있다고 말할 것이다(행 23 : 1-7). 그러나 시초부터 예루살렘에서 예수를 향한 반대는 이 세 부류의 사람들로부터 나왔었고, 지금 그들은 예수를 공적으로 자기들의 관리 아래 두고 자기들의 심문에 응하도록 하고 있다. 누가의 기록은 상당히 간략하다. 대제사장은 사회자로 언급되고 있지 않고, 증인들도 소환되고 있지 않으며, 성전 파괴에 관한 혐의도 없고, 신성모독은 암시되고 있으나 혐의는 진술되고 있지 않다. 질문은 전적으로 그리스도론적이다. 예수를 향한 두 개의 질문이 그가 누구신가에 대한 간접적인 증언이 되고 있다 : 네가 메시야인가? 그리고 네가 하나님의 아들인가? 질문의 형식이기는 하지만 유대교의 최고 관헌의 입에서, 누가가 예수를 소개하는 핵심이 되는 내용을 확인하는 말들이 나오고 있다.

질문에 대한 예수의 응답은 세 가지였다 : 첫째, 예수는 그들이 자기의 대답에 믿음을 기반으로 참된 관심을 갖고 있지 않다고 말씀하신다. 그들의 마음은 고정되어 있다. 그들은 예수의 질문을 받아들이지 않으려 하고 대답도 안 하려 하고 있다. 둘째, 예수께서는 다니엘 7 : 13과 시편 110 : 1을 언급하신다. 하나님 앞에서 자신이 장차 갖게 될 권세의 자리를 선포하시기 위해서였다. 그리고 끝으로, "내가 그러함을 당신이 말하고 있다."고 대답하심으로써 예수께서는 자신이 누구인가에 대한 공회의 해석에 대하여, 그리고 자기를 향한 공회의 행위에 대하여 공회가 책임을 지도록 하고 계신다. 예수께서는 합법적으로 자신을 변호하셨으나 효력은 없었다. 독자들은 알고 있다 : 공회는 예수께서 자신이 누구이신가를 선언하시자 심문을 끝냈고, 공회는 그 선언을 믿지 않고 있으며, 공회는 그 앞에서 말씀하시는 예수가 스스로 자신을 범죄자로 만들고 있다고 여기고 있다. 공회는 예수께서 자신에게 불리한 증언을 하고 계신다고 느끼고 있다. 예수께서 자신을 로마의 총독에게 고발할 수 있는 근거들을 매우 선명하게 증거해 주셨다는 것이다. 그러나 공회는 기독론적 논쟁이 로마의 총독 앞에서는 좋은 효과를 내지 못할 것도 알고 있다. 그리하여 하나님과 자신의 관계에 대한 예수의 증언은 정치적인 용어로 해석되어야 했다. 그렇게 하지 아니하면 공회는 예수를 입건할 수가 없었다. 그러한 정치적 해석이 무엇인지는 아직 표면에 나타나지 않았다.

가이사를 향한 납세에 관한 질문(20 : 20-26)이 총독의 관심을 끌 만한지를 알아보기 위하여 예수를 시험했지만 말이다(20 : 20). 우리는 이 문제가 다시 나타나게 되리라고 추정할 수 있다.

누가복음 23 : 1~25

로마인에 의한 재판, 그리고 선고

예수께서는 자신이 수난과 죽음을 당할 때 이방인들의 손에 넘어가게 될 것을 예언하셨다(18 : 32). 지금 그 시간이 다가왔다. 그러나 누가는 예수 반대가 심해지는 상황이 유대인 중에서 이방인에게로 옮겨 가고 있다고는 독자들에게 말하려 하지 않는다. 유대인들의 관여는 끝까지 계속된다. 누가가 이러한 상호 관계를 어떻게 그려 내고 있는지를 눈여겨보고, 왜 그가 그렇게 하고 있는지를 상상하는 것은 중요하다. 복음서의 기자들 모두가 빌라도에 의한 예수 심문과 유대인들이 이 총독에게 가하는 압력을 말한다(막 15 : 1-15, 마 27 : 1-26, 요 18 : 28-19 : 16). 그리고 제4복음서의 기록은 가장 장황하게 되어 있다. 누가의 경우, 우리는 사도행전의 처음 몇 장의 설교들 중에서 이들 사건에 관하여 말하고 있는 내용을 듣는다. 그리고 그 내용은 예수의 수난에 관한 누가의 이야기를 우리가 이해하는 데 도움을 준다.

수난을 논함에 있어서, 예수의 죽음에 대한 책임과 죄를 애써 확인하려는 우리의 마음을 약간 진정시키는 것은 이 작업에 도움이 될 것이다. 누가 예수를 죽였는가? 대답은 유대 행정관 본디오 빌라도의 지휘 아래 로마의 군인들이라고 할 것이다. 그러나 누가복음의 연구자들은 이 사건에 있어서 빌라도의 역할을 누가가 그렇게 추하게 그려 내고 있지 않음을 잘 인식하고 있다. 이 사실에 대한 상세한 내용은 곧 검토될 것이다. 누가는 빌라도가 예수께서 무죄하심을 알아냈고, 석방하고자 했다고 말한다. 어떤 학자들은 빌라도를 이렇게 보여 주는 것이 부분적으로 누가의 소원으로부터 기인한 것이라 이해한다. 그 소원이란 교회와 로마 사이에는 근본적인 양립이 불가한 그 무엇도 없고, 있었던 적도 없었음을 로마의 관리들에게 잘 보여 주려는 것이었다. 이 점에 관련하여 로마의 관리였으리라고 생각되는 데오빌로를 향한 서론을 다시 보게 한다(1 : 1-4). 그리고 사도행전에서 말해 주고 있는 수많은 경우들을 회상하게 한다. 이 경우들이란 로마의 시민권자인 바울이 구출되고, 보호를 받으면서 구금되고, 예루살렘에서 가이사랴에 이르는 재판 중에 로마에서 재판을 받겠다는 피고인 바울의 상소를 받아들이는 경우들이다. 로마 당국자들과의 관계에서 기독교를 옹호하는 경향을 보여 주고 있는지는 모르겠다. 그러나 신학적 경향들이 반드시 역사보다 우세하다고 볼 수는 없다. 누가복음에는 역사적 기록도 함께 있다. 빌라도는 그들의 압력에 마지못해 응하고 있다 : "예수를 넘겨주어 저희 뜻대로 하게 하니라"(25절). 예수께서 결백하시다는 빌라도의 선언은 이 사건에 있어 그의 부담을 줄여 주지 못하고 오히려 가중시켰다.

그러나 누가는 "누가 예수를 죽였느냐?"는 질문에 대하여 위에서 말한 내용을 충분한 대답으로 여기지 않는다. 예루살렘의 공회는 이스라엘을 대표하여 예수는 죽어야 한다고 주장했다. "선지자들을 죽이고 네게 파송된 자들을 돌로 치는"(13 : 34) 예루살렘이 지금은 또 하나의 선지자를 죽이고 있다. 예루살렘의 초기 그리스도인 설교자들은 '모든 백성'(행 3 : 11)을 향하여 거듭 말했다. "빌라도가 놓아 주기로 결안한 것을 너희가 그 앞에서 부인하였으니 너희가 거룩하고 의로운 자를 부인하고 도리어 살인한 사람을 놓아 주기를 구하여 생명의 주를 죽였도다"(행 3 : 13-15). 이 사실은 누가가 로마인들을 위해서 뿐만 아니라 유대인을 적대시했음도 의미하는가? 그렇다고는 볼 수 없다. 우리는 누가의 주장을 알게 해 주는 경우들을 반복적으로 보아 왔다. 누가의 주장이란, 유대교와 기독교간의 연속성, 예수께서 메시야이심을 믿게 하려고 독자들을 감동시키기 위한 적절한 히브리어 성경구절 사용, 예루살렘과 성전에 대한 우호적인 견해, 예수께서 출생하신 경건한 그 유대인 가족, 경배와 모세의 율법 준수에 있어서 참 이스라엘인으로 예수를 묘사함 등이다. 그렇다면 우리는 예수의 죽음에 유대인들이 연루되었음에 관한 누가의 말을 어떻게 이해해야 할까? 최소한 부분적인 답을 얻기 위해서라도 지금 우리가 대하고 있는 본문을 꼼꼼하게 살펴야 할 시점에 이르렀다.

누가는 예수를 빌라도에게 넘기는 유대인들의 행위에 대하여 대제사장이나 어떤 특정의 사람들에게 초점을 두고 있지 않다. 1~25절 내내 누가는

"무리가"(1절), "대제사장들과 관원들과 백성"(13절), 그리고 "무리가 일제히"(18절)와 같은 표현을 쓰고 있다. 그러나 복음서는 이 시점에 이르기까지, 이 같은 기록들이 반유대인적 공격을 묘사하고 있지 않음을 주장하고 있다. 오히려 이스라엘로 하여금 회개하도록 하고 있다는 근거가 되고 있다. 이스라엘은 마치 독일인들이 또는 미합중국이 회개하도록 요구되어 왔듯이, 회개하도록 요구받을 것이다. 날카롭게 책망하고 소수의 사람을 범죄자로 구분한다면 법집행을 충족시킬 수 있을 것이다. 그러나 문제는 더 광범위하고 심각하다. 이스라엘의 성경은 메시야를 증언한다(24 : 44, 행 3 : 21). 그런데도 이스라엘은 메시야를 배척했다고 누가는 말한다. 그러나 그들의 그 행위가 이야기의 끝은 아니다. 회개와 용서는 예루살렘으로부터 시작하여(24 : 47) 선포되어야 한다. 그리하여 부활 이후에 제자들은 예루살렘을 향하여 선언했다 : "형제들아 너희가 알지 못하여서 그리하였으며 너희 관원들도 그리한 줄 아노라 그러나 하나님이 모든 선지자의 입을 의탁하사 자기의 그리스도의 해 받으실 일을 미리 알게 하신 것을 이와 같이 이루셨느니라 그러므로 너희가 회개하고 돌이켜 너희 죄 없이 함을 받으라 이같이 하면 유쾌하게 되는 날이 주 앞으로부터 이를 것이요 또 주께서 너희를 위하여 예정하신 그리스도 곧 예수를 보내시리니"(행 3 : 17-20). 죄에 대한 고발, 회개 촉구, 그리고 사죄에 대한 제시는 반유대적이 아니다. 이는 마치 바울이 우상숭배에 대한 아덴 사람들 고발(알지 못하여 저질러진 것이라고 그는 말했다.), 회개 요청, 그리고 사죄의 제시(행 17 : 22-31)가 반이방인이 아님과 같다.

초기 그리스도인 설교자들이 요약해서 말했던, 빌라도에게 넘겨주고, 그 앞에서 놓아 주기를 부인했던 그 행위(행 3 : 13)는 세 부분으로 되어 있다 : 예수를 빌라도에게 넘김, 예수께 혐의를 씌움, 그리고 그 혐의들은 사형의 근거가 된다고 주장 등이다. 혐의는 세 가지였다 : 예수는 혁명론자, 가이사에게 납세를 금지(20 : 25 참고), 그리고 자기가 왕으로서 그리스도라고 주장함(23 : 2) 등이다. 이 혐의들은 전에 있었던 공회에 의한 심문 때에 밝혀진 것(22 : 66-71)이나 예수 사역의 본질을 반영하고 있지 않다. 예수는 그리스도로(9 : 20, 18 : 38), 그리고 왕으로(19 : 38) 호칭되셨다. 그러나 예수께서는 그러한 주장들로 자신을 백성의 지도자가 되도록 하지는 아니하셨다.

"백성을 소동케 하나이다"(5절)라는 혐의에 관하여, 이 혐의는 그 안에 그럴듯한 내용을 담고 있다. 그러나 고발자들이 빌라도로 하여금 그렇게 인식하기를 원했던 그런 내용은 아니다. 예수께서는 실제로 사람들을 소동케 하셨었다 : 하나님의 통치를 설교하셨고, 병고침, 귀신 추방, 그리고 절망과 낙심으로부터 사람들을 해방시킴으로써 그 통치를 미리 맛보게 하여 군중을 각성케 하셨었다. 직접적으로 정치적이지는 않았지만 예수의 사역은 정치와 관련을 갖고 있었다. 정치가 한 공동체의 생활과 복지에 관계를 갖고 있다는 의미에 있어서 그러했다. 예수의 방법과 전통 안에서 사역하는 사람이라면 누구라도 정치적인 영향을 미치지 않는다고 주장할 사람은 없다. 전반적으로, 공공의 단체는 보수적이며 공고한 현상유지에 의존한다. 다수의 사람이 건강, 희망, 자유에 대한 새로운 맛을 봄으로써 흥분하고 있는 공동체는 지위와 특전이 기존의 질서가 유지되느냐 안 되느냐에 좌우되는 사람들에게는 위협이 된다. 권세를 가진 자들은 변화란 값을 치러야 하고, 고통스러우며, 사람들을 소요케 하는 자들을 제거해야 모두에게 유익하다고 합리적으로 주장할 수가 있다. 물론 공공의 단체들이 자발적으로 변화할 수도 있고, 변화에 앞장서는 자들을 환영할 수도 있다. 그러나 그러한 자기 평가나 자기비판은 드물다. 누구라도 발아래의 땅이 동요하는 것을 느끼면서 좋아하지는 않을 것이다. 만약 누구를 십자가에 못 박으면 안전을 확고히 할 수 있다고 약속을 받는다면, 혹자들은 그 십자가 처형을 위한 이유들을 찾아낼 것이다. 그리고 그런 자들은 반드시 악한 자들이어야 할 필요는 없다. 선량한 사람들일 수도 있다. 정치적 편의(便宜)가 원래의 목적을 다시 생각하지 않게만 해 준다면, 시간이 경과함을 따라 그 원래의 목적에서 떠나 정치적인 편의로 점차 기울어지게 될 사람들 말이다.

빌라도는 자신의 책무를 안다 : 혁명적 활동이 자주 일어나는 곳으로 알려져 있는 그 지역 안에서 평정을 유지하는 것이다. 그의 마음속에 그 모든 혐의는 하나의 의문으로 모아졌다. 그리하여 그는 그것을 곧바로 묻는다 : "네가 유대인의 왕이냐?"(3절). "네 말이 옳도다."라는 예수의 대답을 빌라도는 받아들이지 않았다. 이전에 공회는 예수께 질문하여 얻은 이와 동일한 대답을 피고의 자백으로 받아들였었다(22 : 70). 똑같은 말인데도 사람에 따라서는 정반대의 메시지로 들을 수 있다. 강단과 교실은 오해를 방지하기 위해, 겸허한 중에 그 우아함을 유지해야 할 이유가 여기에 있다. 빌라도는 우선 세 차례에 걸쳐 예수의 무죄를 선언했다(4, 14, 22절). 그러나 설득력을 발휘하지는 못했다. 예수께서 갈릴리 사람임을 알게 됨으로써 돌파구를 찾았다. 요행스럽게도 갈릴리의 분봉왕이었던 헤롯 안디바가 성내에 있었기 때문이다.

헤롯은 예수를 볼 수 있는 기회를 얻어서 기뻤었다(6-12절). 그는 한동안 예수를 보고 싶어했다(9 : 9). 그리고 소문에 의하면 그는 예수를 죽이고자 했다(13 : 31-33). 본문 중에 그는 예수께 질문하고, 희롱도 하고, 이적을 행하게 해 보고, 경멸하면서 대하고 놀리기도 하면서 만족해하는 것 같다. 그리고 마지막으로 예수께 황제처럼 옷을 입혀 빌라도에게로 돌려보냈다. 마치 "왕이 행차하십니다!"라고 말하듯이……. 유대인들 중에 예수를 고발하던 자들은 이 두 통치자들 사이에서 예수를 놓치거나 부주의로 풀어 주지 않게 되기를 바랐다. 그리하여 그들은 헤롯의 거처에까지 동행했고, 예수와 함께 빌라도에게로 돌아왔다. 예수께서는 그들의 감시를 벗어나지 못하셨다. 예수께서는 죽어야 할 죄가 없다는(15절) 빌라도와 헤롯 사이의 일치한 견해와 이와 같은 비정상적인 재판에 있어서, 그들이 서로 협동함으로써, 그들 사이에는 새로운 관계가 든든해지게 되었다. 시편 2 : 2이 이루어졌다 : "세상의 군왕들이 나서며 관원들이 서로 꾀하여 여호와와 그의 기름 부음 받은 자를 대적하며"(행 4 : 25-28 참고). 우정을 위한 근거가 참으로 야릇하다!

예수께서 받으신 재판에 관한 누가의 입장은 13~16절에 요약되고 있다 : 모든 이스라엘 사람들이 뭉쳐서 예수를 반대하기로 하고 있다 ; 빌라도는 예수를 심문했으나 그들의 고발이 틀렸음을 입증한다고 그들에게 말하고 있다 ; 로마 당국(빌라도와 헤롯)은 예수의 무죄 판결에 일치한다 ; 빌라도는 예수를 매질하고 놓아 주고 싶어하고 있다. 사탄이 유다 속에 들어갔을 때(22 : 3) 시작되었던 일련의 사건들, 유다가 예수를 결박하기 위하여 대제사장들을 이끌어 가고(22 : 47), 그 대제사장들은 지금 예수를 배척하기 위하여 백성을 유도해 가고 있는 이 사건들은 예수를 죽게 하려 하는 자들의 진행을 중단하지 않게 하고 있는 것 같다. 빌라도는 자기의 입장을 세 번째 반복한다. 그러나 효과가 없다. 역설적인 사실은 백성을 소동케 하는 반역적이고 위험하다 하여 예수를 향하여 그렇게 고함지르던 그 군중이 반란범이요, 살인자인 바라바를 풀어 달라고 요청하고 있는 것이다. 그러한 행위의 모순을 그들은 의식하지 못하고 있다. 마음이 굳어지면 이성(理性)의 여지는 없어진다. 우리는 자유의 이름으로 자유를 부정하기 위해 거세게 행동한 무수히 많은 (자칭-역자주) 자유의 투사들을 회상하지 않을 수가 없다. 어떤 고대 사본들은 17절을 포함하고 있다(개역표준판 영어성경〈RSV〉의 각주를 참고하라). 죄수 석방을 설명하는 마가복음 15 : 6에서 끌어온 것인데, 누가는 그것을 매우 간략하게 말하고 있어 독자가 잘 이해할 수 없는 일화가 되고 있다. 그리하여 빌라도는 선고를 내렸다. 그러나 군중의 목소리가 우세했다(23절). 그들의 요구는 허락되고 만다(24절). 예수를 넘겨주고 있는데, 이는 그들이 바라던 대로였다(25절). 빌라도의 군병들이 예수를 희롱하지 않고 있음을 눈여겨보라(마 27 : 27-31, 막 15 : 16-20).

누가복음 23 : 26~56

십자가에 못 박히시다

못 박히신 곳에 이르는 길(23 : 26-32)

마 27 : 32, 막 15 : 21

누가만이 해골이라고 부르는 곳까지의 길을 말해 준다. 마태와 마가는 구레네(Cyrene)의 시몬에 관해서만 말한다. "저희가 예수를 끌고 갈 때에"(26절) : 누가는 빌라도에게서 예수를 넘겨받은 자들을 포함시키기 위하여 '저희'라는 좀 모호한 말을 쓰고 있다고 믿어야 한다. 군병들은 차후에 나타난다(36절). 그러나 누가는 그들만이 이제 곧 일어나게 될 일들에 대한 책임을 지게 하고 있지 않다. 로마의 법은 (북아프리카) 구레네의 시몬처럼 군중을 밀치면서 나오는 사람들의 봉사를 허용하고 있었다(마 5 : 41). 그러나 누가의 기록에는 그가 '예수의 뒤에서' 십자가를 메어 드린 참된 제자의 표상이다(26절). 요한은 예수께서 자기 십자가를 지고 가셨다고 말한다(요 19 : 17). 그리하여 주석가들로 하여금 예수께서 길을 출발하실 때 십자가를 지고, 넘어져 십자가 아래서 눌리고 구레네 시몬에 의해 십자가로부터 잠시

해방되시는 예수로 묘사함으로써 여러 기록들의 조화를 이루게 하고 있다. 따르는 군중은 성전에서 날마다 예수께 귀를 기울였던 저 보통 사람들인데, 여기서 다시 나타나고 있음을 말해 준다. 다시 한번 누가는 다른 사람들에게서는 볼 수 없는, 연민과 슬퍼하는 모습을 한 무리의 여자들에게서 보고 있다. 그들만이 진행되고 있는 상황을 슬퍼하고 있었기 때문이다.

이 모습의 배경은 스가랴 12 : 10이다. 예수께서는 그들을 향하여, 울어야 할 더 큰 이유는 예루살렘의 불신앙이라고 말씀하신다. 예루살렘이 맞게 될 운명은 너무도 가혹하여 자녀가 없는 여인들이 다행스럽다고 느끼게 될 것이다. 그날에는 은신처를 찾아 울부짖어도 들어 줄 자가 없을 것이라는 호세아의 예언(호 10 : 8)이 이루어질 것이다. 예수께서는 한 격언을 인용하신다(31절). 자신의 죽음과 같은 비극이 화재가 발생하지 않는 시간에 생겨날 수 있다면, 예루살렘이 불쏘시개 상자가 될 때 일어나게 될 대량학살을 상상해 보라는 취지로 말씀하신다. 이어서 한 짧막한 기록으로 누가는 다른 두 사람이 예수와 함께 못 박히고 있는 사실(32절)을 소개한다. 이 소개는 독자가 차후의 이야기에 동참하도록 준비를 시키고 있다. 그렇게 하면서 이전에 22 : 37에서 인용했었던 "저는 불법자의 동류로 여김을 받았다"는 이사야 53 : 12이 성취되었음을 말해 준다. 우리가 거듭 보아왔거니와, 히브리 성경이 예수를 증언하고 예수 안에서 그 성경이 이루어지고 있다는 사실은 누가에게 중요하다. 하나님께서 찾아와 주신 그 시간을 예루살렘이 알아보지 못하고 예수께서 누구신가에 대한 그들의 무지(23 : 34)는, 그러므로 핑계할 수가 없으며, 이 도성이 회개하고 용서를 받으라는 요청은 지당했었다. 기회를 얻지 못함으로 인한 무지가 있다. 그러나 그들의 무지는 눈을 감아서였다.

십자가에 못 박히심(23 : 33-43)

마 27 : 33-44, 막 15 : 22-32

독자는 다른 그 무엇보다 더 많이 교회의 정신과 마음과 영혼을 감동케 한 바로 그 사건의 기록이 간략함을 보고, 틀림없이 깊은 인상을 받을 것이다. 간결하고 솔직한 이 보고의 글은 그때 이후 줄곧 쏟아져 나온 감상적인 시와 음악과 설교들과는 매우 대조를 이루고 있다. 성경 기록의 진정한 본질의 중요성은 무엇보다 십자가 사건의 역사적 사실에 있음을 명심하게 한다. 바로 이 장면이 예수를 따르는 자들의 내면에 그처럼 분노와 슬픔과 고통을 만들어 내고 있지만 그러하다. "본디오 빌라도에 의해서 고난을 당하시고 십자가에 못 박히시고 죽어 장사되시고"라고 교회는 고백하고 있다. 심지어 부활절에도, 그리고 모든 진지한 그리스도인들이 회고하며 소화해야 하는 사실, 즉 예수 그리스도께서 범법자들 중간에서 범죄자로 처형되셨다는 사실에도 불구하고, 그렇게 고백하고 있다.

누가는 우리에게 그 장소를 알려 준다 : '해골'이라는 곳이다. 그는 아람어 '골고다'(라틴어로, 갈보리)를 쓰고 있지 않다. 전설에는 그곳이 언덕 위라고 한다. 그러나 복음서 기자들 중 그 누구도 그렇게 말하지 않는다. 아마 그 이유는 십자가형이, 일반적으로 언덕이라는 생각이 나게 하는, 잘 보이는 높은 곳에서 집행되었기 때문이다. 누가는 독자가 십자가형이 수반하고 있는 것들을 알고 있다고 추정하여 상세한 것들을 거의 알려 주지 않고 있다. 십자가는 사실상 날카로운 찌르는 막대기 또는 수직으로 세운 말뚝이었고 '가로지르다'(cross)라는 말이 암시하는 또다른 나무조각을 꼭 필요로 하지는 않았었다. 페르시아인들 만큼의 초기에는, 범죄자들의 몸을 죽었거나 살았거나 누구나 보게 하기 위하여 매달았었다. 범죄를 줄이기 위한 의도에서였다. 로마인들은 이 방법을 보통 범죄자들의 형벌 양식으로 널리 사용했었다. 이 형식은 로마에 거역하는 범죄에 대한 대중을 향한 경고였을 뿐만 아니라 죄수에게 수치, 고통, 그리고 느리게 죽는 벌을 더할 수 있었기 때문이다. 분명히 로마인들은 횡목(橫木)을 붙였던 것 같다. 십자가들이 지속적으로 다양한 모양을 가지기는 했지만 말이다. 범죄자가 형장까지 메고 갔던 것은 주로 이 횡목이었다. 그리고 몸은 밧줄이나 못으로 형틀에 고정시켰다.

누가는 누가 형을 집행했는지를 말해 준다. 십자가형의 구체적인 집행을 맡고 있던 군병들은 물론 거기에 있었다. 그들은 왕이라면 정녕 자신을 구원할 수 있다고 말하면서 '유대인의 왕'이라는 칭호로 예수를 희롱하고 조롱했다(36-37절). 어떤 동기에서 군인들이 마시는 독한 포도주인 신 포도주를 권했는지는 기록되고 있지 않다. 누가는 일종의 마취제인 몰약을 섞은 포도주를 생략하고 있다(막 15 : 23). 신 포도주를 권한 사실은 시편 69 : 21을 상기케 한다. 예수의 옷을 갖고자 제비를 뽑았던 자들이(34절, 시 22 : 18)

군병들이었는지는 분명하지 않다. 누가복음에는 제비를 뽑은 자들이 밝혀져 있지 않고 단지 '저희'라고 되어 있다. 유대인의 관원들이 거기에 있다. 메시야와 택하심을 받은 자라는 두 가지 칭호(9 : 35 참고)로 예수를 조롱하면서 다른 사람을 구원한 사람은 정녕 자신을 구원할 수 있다고 말하고 있다(35절). 군병들과 함께 이 관원들은 처음 광야에서 들으셨던 음성, "네가 만일 하나님의 아들이어든"(4 : 1-13)을 다시 듣게 하고 있다. 예수께서는 여기서도 자신의 안위와 안전을 위하여 하나님의 권세를 요청하기를 거부하신다. 만일 예수께서 넓은 의미에서 다른 이들을 구원하여야 한다면, 자신은 구원하실 수 없다. 그리고 누가는 군중이 거기 있었다고 말한다. 성전에서 날마다 예수의 말씀에 귀를 기울였던 그 군중이다. 그러나 이 광경 앞에서 그들은 침묵 중에 지켜보고만 있다(35절). 만약 그들이 행동을 하려는 어떤 생각을 갖고 있었다면, 그들은 예수 처형에 함께한 종교와 정치의 세력 앞에서 무력함을 느꼈을 것이다.

누가는 두 차례에 걸쳐 우리의 주의를 십자가들 위에 있는 이들에게로 향하게 한다. 그 첫 번째는, 예수로부터의 말씀을 듣게 하는 것이다 : "아버지여 저희를 사하여 주옵소서 자기의 하는 것을 알지 못함이니이다"(34절). 어떤 초기의, 그리고 중요한 사본들은 이 말씀을 갖고 있지 않다. 그리고 어떤 학자들은 그 말씀이 있는 것을 반대한다 : 그 이유로, 이 말씀이 어색하게 그 위치에 있으며, 이 말씀 중의 '저희'가 누구인지 분명하지 않고, 그 알지 못한다는 말의 내용이 사도행전(행 3 : 17, 13 : 27, 17 : 30)에는 분명하나 본 복음서에는 분명하지 않으며, 그리고 이 기도가 사도행전 7 : 60에 있는 스데반의 기도와 매우 유사하다는 사실을 지적한다. 그 사본들이 그러하다는 사실은 고려할 가치가 있다. 그러나 그 다른 주장들은 설득력이 없다. 이 말씀의 위치와 '저희'가 분명치 않다는 사실은 서로 연관되어 있다. 그의 이야기 중 지금 시점에서, 누가는 십자가 처형에 있어서 유대인들과 로마인들을 포괄하기 위하여 의도적으로 '저희'라는 말을 사용하고 있음이 분명하다. 만약 '저희'가 그처럼 포괄적이라면 그 '저희'는 용서를 위한 기도의 혜택을 받는 자들이다. 이 진술은 누가식이면서, 용서(17 : 4)와 원수 사랑(6 : 35)에 대한 예수의 교훈처럼, 예수께서 친히 말씀하셨을 법하다. 누가복음을 해석하기 위하여 사도행전을 사용하는 것에 관하여는, 이는 참으로 합당하다. 누가복음을 기록함에 있어서 누가는 사도행전을 예상했었다. 그리하여 이 복음서의 상당 부분이 사도행전에서 성취되고 있고, 밝혀지고 있다. 이 두 권 중에 어떤 한 권을 이해하려고 하면서 다른 한 권을 배제하는 것은 지나친 엄격주의로 아무런 성과도 얻지 못하는 노력이다.

두 번째로, 누가는 우리의 주의를 십자가 위에 있는 이들에게로 향하게 한다(39-43절). 세 사람이 서로 대화하는 것을 듣게 한다. 그 범법자들 중 하나는 이미 들은 바 있는 두 번의 조롱(관원들, 군병들)에 세 번째의 조롱을 한다. 그는 실제로, "당신이 메시야라면 우리를 여기서 내려 주시오."(" "-역자주)라고 말한다. 다른 범법자는 그를 꾸짖고, 자기들은 형벌을 받아야 마땅하나 예수는 죄가 없으시다고 자신들과 예수를 구별 짓고 있다. 그리고 예수께서 왕권을 갖게 되실 때 자기를 기억해 주실 것을 간청하면서 예수께 대한 믿음을 표명한다. 예수께서는 그에게 낙원(Paradise, 의인들의 사후 거처, 고후 12 : 3, 계 2 : 7)을 약속하신다. 누가복음에만 기록되어 있는 예수와 참회하는 범법자 간의 이 대화 속에서, 복음서의 기자는 아주 단편적이나마 그리스도께서 그의 영광으로 올라가심(24 : 26, 행 2 : 32-36)을 증언할 수 있게 되었다. 그리고 '구원'이라는 말이 빈정대고 조롱하는 중에 사용된 그런 상황 중에서, 구원을 받는 행위를 기록할 수 있었다. 세 차례에 걸쳐 예수께서는 "네 자신을 구원하라."는 말로 조롱을 받으셨다. 그리고 한 범법자는 그 말에 '그리고 우리를'이란 말을 덧붙였었다. 여기서 예수께서는 한 사람을 확실하게 구원하고 계신다. 그리고 구원을 받은 사람이 죽어 가던 범법자였다는 사실은 그가 예수의 사역 내내 그에 의하여 은혜를 받은 그 사람들과 온전히 동일한 성격의 유형에 속함을 말해 준다. 자신이 죽어 가고 있던 시간에 예수는 그의 사역, "인자의 온 것은 잃어버린 자를 찾아 구원하려 함"(19 : 10)을 계속하고 계셨다.

예수의 죽으심(23 : 44-49)

마 27 : 45-56, 막 15 : 33-41

6절로 된 단일 문단 안에서, 누가는 예수의 죽으심을 전한다. 이 전달은 세 부분으로 되어 있다 : 죽으심 직전의 특이한 징조들, 죽으심 그 자체, 그리고 함께 있던 사람들의 반응들이다. 누가는 정오로부터 세 시까지 땅을 덮는 어두움을 언급함에 있어서, 마가와 마태와 함께한다. 이 현상은 여러 가지로 해석될 수 있다. 어두움은 악의 세력들이 활동함에 대한 상징일 수 있다. 예수께서는 결박을 당하실 때 말씀하셨다 : "이제는 너희 때요 어두움의 권세로다"(22 : 53). 그의 죽으심과 부활은 이 어두움을 흩어 보낼 것이다. 그런가 하면, 어떤 이들은 온 땅이 어두워지는 것을 하나님의 그리스도를 배척한 그 땅에 앞으로 임할 비극적인 날들에 대한 예언 또는 전조(前兆)로 여길 것이다. 누가를 포함하여 초기 그리스도인들은 예루살렘과 그곳의 지도자들이 예수를 배척하였으므로 기원 66~70년에 도피할 수 없는 전쟁이 있을 것을 말했다. 그런가 하면, 이 어두움은 지금 발생한 사건에 자연이 동조하고 있다고 볼 수도 있다. 성경은 인간의 역사에 영향을 미치는 사건들에 모든 피조물이 함께 얽힌 사실을 종종 증언했다.

우리는 피조물들이 우리 중에 있었던 하나님의 활동을 알게 해 주는 기억할 만한 여러 경우들을 알고 있다(17 : 22-37과 21 : 25-28의 주석을 참고하라). 제자들이 침묵할 때 돌들이 소리를 지른다면(19 : 40), 하나님의 아들이 매달려 죽고 계실 때 하늘이 어찌 어두워지지 않겠는가? 성전 휘장이 찢어짐(45절)을 마태와 마가는 예수의 죽으심 이후의 사건으로 기록하고 있다. 이 사실은 서로 다른 상징적 의미를 줄 수도 있다. 여기서 해설자들은 다시 서로 달라진다. 이 성전의 휘장은 성소와 지성소를 갈라놓고 있었다. 어떤 학자들은 누가가 하나님께서 성전을 버리셨음(하나님의 영광이 떠났음.)을 의미하고 있다고 보고 있다. 지성소는 더 이상 하나님께서 은밀하게 거하시는 처소가 아니게 되었다는 것이다. 다른 이들은 휘장의 찢어짐이 예수께서 하나님께서 계신 곳으로 들어가고 계심을 의미한다고 이해한다. 그러나 가장 보편적 해석이면서 히브리서에서 충분하게 논하고 있는 내용은 열려진 휘장이 예수의 공로를 통하여 하나님께로 접근하는 길이 오늘도 가능함을 의미한다는 것이다. 이 두 표적들은 온 땅에, 그리고 독특한 종교의 중심 시설에 예수의 죽으심의 효과가 미치고 있음을 말해 준다.

죽으심 자체에 있어서, 엘리야에 관련한 어떤 말이나 어떤 자들이 그가 엘리야를 부른다고 여겼던(막 15 : 34-35) 체념의 부르짖음은 없다. 오히려 누가복음에 있는 예수의 부르짖음은 하나님을 신뢰하시는 기도와 자신의 영혼을 하나님의 돌보심에 맡기는 것이었다. 여기 죽음의 고통 중에 분노나 의심이나 패배의식은 전혀 보이지 않는다. 오히려 누가는 평온, 용인, 그리고 신뢰를 기록했다. 예수께서는 안식일 전날의 오후 어느 때에 돌아가셨다. 이 안식일은 유월절이다. 마지막 말씀은 시편 31 : 5의 인용이었다 : "아버지여 내 영혼을 아버지 손에 부탁하나이다".

죽으심에 이어 누가는 세 가지 반응을 기록하고 있다 : 백부장 본인을 통하여 로마는 다시 예수의 무죄를 선언한다(47절) ; 군중은 심히 슬퍼하고 참회하면서(가슴을 치며, 48절, 18 : 13을 참고) 집으로 간다 ; 그리고 예수와 아는 사이의 사람들과 갈릴리로부터 따라왔던 여자들은 그의 죽으심을 목격하고 있었다(49절). 예수의 죽으심을 목격하는 것은 필요하다. 그들이 예수의 부활에 대한 자격을 갖춘 증인들이 되기 위해서다. 우리는 누가에게 이 여자들이 누구였느냐고 물을 것이다. 그러나 그는 우리에게 이미 알려 주었었다(8 : 1-3). 그리고 그들이 여기에서 언급되고 있는 것은 독자로 하여금 그들이 차후 이야기 중에 다시 나타날 것을 예상하도록 하는 방법이기도 하다. 이 갈릴리인들은 '멀리' 서 있었다. 이 기록은 해설자들로 하여금 누가가 이전에 사용한 동일한 표현들(16 : 23, 18 : 13, 22 : 54)을 상기하여 쌍방간의 그 간격이 겸손, 두려움, 관련 없음, 또는 분리 중 어떤 것과의 간격인지를 정하도록 하고 있을지도 모른다.

예수의 십자가 못 박히심과 죽으심에 관한 이 간략한 기록 중에서 누가는 우선 외견상으로 확실하게 보이는 것들보다는 신학적 고려사항을 그의 이야기에 엮어 넣느라고 애쓰고 있다. 예수를 부정하는 자들과 반박하는 자들의 입으로부터 그는 하나님의 그리스도, 택하심을 받은 자, 유대인의 왕으로 호칭되고 계신다. 로마의 관리와 그와 함께 죽어 가는 한 범법자가 그의 무죄를 인정한다. 관원들, 군병들, 그리고 그 범법자들 중 하나가 조소하는 중에 예수를 구원자로 말한다. 그리고 예수께서는 죽으시는 시간에 한 죄인을 확실하게 구원하신다. 십자가로부터 예수께서는 용서를 선언하신다. 이 용서는 누가에게는 복음의 참 핵심이다(24 : 47, 행 2 : 38). 그리고 용서라는 이 말 속에 유대인들과 이방인들 모두를 무력하게 하는 근본적인 문제가 언급되고 있다(행 3 : 17, 13 : 27, 17 : 30) : 알게 해 주는 자들이 그들의 가까이에 있음에도 (모세와 선지자들이 하나의 경우요, 창조와 양심이 다른 하나이다.) 그들은 무지 중에서 행동한다. 바울과 또 다른 이들이 예수의 죽으심에 관한 여타 해석들을 더욱 충분하게 진전시킬 것이다. 그러나 이미 여기 십자가에 못 박히심에 관한 누가의 기록 속에서 독자는 그것들을 잔이 넘치듯 충분하게 얻고 있다.

예수 장사되심(23 : 50-56)

마 27 : 57-61, 막 15 : 42-47

예수는 집 밖에서, 그리고 금요일 오후에 죽으셨다. 안식일이 곧 다가오고 있었다. 향료와 약품으로 시신을 잘 처리하는 일은 기다렸다가 할 수 있었다. 긴급하게 해야 할 일은 십자가로부터 시신을 옮겨 최소한 당분간이라도 어떤 곳에 안치하는 일이었다. 모세의 율법에 의하면 사람이 사형을 당하고 그 몸이 나무에 달려 있다면 그 몸은 당일에 옮겨 매장되어야 한다(신 21 : 22-23). 분명히 로마의 점령 하에서도 이 법은 십자가형에 적용되고 있었다(Fitzmyer, 「누가에 의한 복음」〈*The Gospel According to Luke*〉, 2 : 1524). 비록 예수께서 일반 범죄자로 처형되셨으나 그의 시신은 평민의 무덤으로 옮겨지지 않았다. 이와는 반대로, 죽은 후에 예수께서는 크게 존중히 여김을 받으셨다. 이 사실은 누가에 의해 세 가지로 확인되고 있다. 첫째로, 예수의 몸은 공회의 한 회원에 의해 청구되었고 보살핌을 받았다. 요셉은 출신지, 지위, 성격, 그리고 예수를 향한 태도와 그에 관한 메시지에 의해 신원이 밝혀진다. 그가 "하나님의 나라를 기다리는 자"(51절)라는 사실은 그를 시므온과 안나(2 : 25-38)와 같은 경건한 이들 가운데 들게 한다. 그가 예수를 반대하는 공회의 의결에 동조하지 않았다는 사실은 그가 그 결의가 진행될 때 기권을 했었는지, 예수를 옹호하기 위하여 발언을 했었는지 알려져 있지 않다. 어느 경우가 되었든지, 그가 시신을 청구하기 위하여 빌라도에게 간 것과 시신을 장사지낸 것은 마가가 지적하고 있듯이(막 15 : 43) 용기 있는 행위였으며, 이 행위는 교회가 십자가 사건을 기억함에 있어서, 그를 구레네의 시몬과 견줄 만한 위치에 서게 한다.

둘째로, 죽으신 후에 예수께 보여 드린 경의는 "아직 사람을 장사한 일이 없는"(53절) 그 무덤에 관한 설명 중에 나타난다. 단지 누가와 요한(요 19 :

41)만이 그 무덤에 관한 이 언급을 하고 있다. 그러한 사람에게 제공해 드릴 만한 가치가 있는 무덤이라는 의미의 언급이다. "아직 아무 사람도 타 보지 않은"(19 : 30) 나귀를 타고 그 성으로 들어가셨음을 연상하게 한다.

끝으로, 예수의 몸을 향한 경의는 갈릴리 여자들의 행위에서 보여진다. 그들은 그 시신이 어디에 어떻게 놓여지는지를 보았다. 그들이 예수의 생전에 경제적 지원을 해 드렸던 것처럼(8 : 1-3), 지금 그들은 안식일이 지나가면 온전하고 예의를 갖춘 장사를 위하여 향품들과 약품들을 준비한다(56절).

복음서 기자들 중에 누가만이 계명의 준수를 기록하고 있다 : "계명을 좇아 안식일에 쉬더라"(56절). 그들의 행동은 놀랍기도 하고, 놀랍지 않기도 하다. 놀랍지 않다는 것은, 누가가 예수와 그를 따르는 자들의 생애를 줄곧 유대교의 법과 관습을 존중히 여기는 경건의 규범 안에 놓는 데 유의하고 있다는 점이다. 죽으심에 있어서도 탄생 때(2 : 21-39)처럼 모세의 율법은 준수되었다. 그러면서도 그들의 행동은 약간 놀랍다. 그들이 평상시와 같이 안식일을 지킨 사실은, 최근에 발생한 특이한 사건을 마치 인식하지 못하거나 특이하게 여기지 않는 것처럼 보여지게 한다. 예수께서 죽으시고 세 시간 동안 어둠이 온 땅을 덮었으며 성전 휘장은 찢어져 둘이 되었다. 다른 말로 하면, 하나님의 섭리가 자연의 과정에 극적으로 끼어들고, 지금까지 보여 준 종교로서의 그 독특한 의미를 전하는 그러한 종교의 전통과 단절하고 있는데도, 갈릴리의 여자들은 자기들의 정해진 일과를 따라 안식일을 지키고 있다. 사랑하는 이의 죽음 앞에서는 누구나 어쩔 수가 없게 된다는 사실을 내세워 이 여자들의 행동을 변호하는 사람도 있을 것이다. 직장도 학교도 안 가게 되고, 배고픈 것도 못 느끼고, 할 말도 잊게 되며, 누구의 도움도 꼭 필요하다고 느끼지 않게 되지 않느냐라는 것이다. 그러나 좀더 깊은 차원에서 본다면 그들의 안식일 준수는 많은 의미를 생각하게 한다. 발 밑에서 땅이 무너질 때, 하늘과 땅이 흔들릴 때, 죽음 때문에 삶의 이유가 없어질 때, 이러한 때에는 의존할 수 있고, 확실한 그 무엇이 필요하게 된다. 그와 같은 때에 동일한 예배처, 동일한 의자, 동일한 성경말씀, 동일한 얼굴들, 동일한 기도, 동일한 목소리들, 동일한 예배순서 등. 이런 것들보다 무엇이 더 힘이 되고 안정감을 주겠는가? 누가는 마음에도 없는 율법주의의 한 경우를 전해 주고 있지 않다. 오히려 모든 것이 무질서하게 흔들리는 것처럼 보일 때 이 일단의 여자들은 설 수 있는 처소를 어떻게 찾아냈는지 말해 준다.

누가가 그의 이야기를 기록하기 오래 전에 예수의 장사는 그리스도인 선포의 한 부분이 되어 있었다. 누가가 알려 주는 사도행전에 있는 초기 그리스도인들의 설교에는 예수의 장사를 언급하는 내용이 들어 있다(행 13 : 29). 그러나 그보다 훨씬 이전의 기록 중에서 바울은 자신이 받은 복음의 전통에 "그리스도께서…… 장사 지낸 바 되었다"(고전 15 : 3-4)가 포함되어 있음을 말하고 있다. 단순한 논리로 볼 때 장사에 관한 진술은 예수께서 '죽은 자들 가운데서' 부활하셨다는 선포에 꼭 필요한 전제로 요구될 것이다. 그러나 신학적 논의에 있어서는 장사에 관한 언급이 더욱 중요해진다. 복음은 설명이 애매한 불멸의 교리가 핵심을 이루고 있는, 정확히 말해서 예수께서 죽고 장사되고 죽음에서 일어나셨다는 별로 달가워할 수 없는 말이라는 주장에 쉽게 넘어가는 불신앙의 사람들이 있었다. 자기들의 기독론에, 예수의 실제 죽으심을 받아들일 수 있는 어떤 것도 발견하지 못했다는 그리스도인들 역시 있었다. 어떤 이들은 구레네의 시몬이 그 십자가를 지고 갔었는데 착오로 그가 대신 십자가에 못 박혔다고 믿었다. 다른 이들은 예수께서 십자가 위에 계셨을 때 약이 주어졌고, 이 약이 그의 생명을 죽은 듯이 보이게 하여 그를 못 박은 자들은 그가 죽으신 것으로 확신했다는 구상(構想)의 이론을 좋아하기도 했다. 물론 예수를 따르는 자들은 "예수는 죽었다."라는 말을 한다는 것이 극히 어렵다는 것을 알았었다 ; 교회는 언제나 그러했다. 오늘까지 어떤 교회들은 부활절 경축에 아무것도 금지하지 않는다. 그러면서 수난금요일(Good Friday)은 지키지 않는다. 시신이 없는 부활이 있는 것처럼 말이다. 예수 그리스도에 관한 좋은 의미에서지만, 분명히 잘못된 이러한 사고는 초대교회 안에서 잘 퍼져 나갈 수 있었다. 그리하여 사도신조(The Apostles' Creed)를 제정하던 사람들은 네 가지 확고한 말로 그렇게 되지 않게 하는 것이 중요하다고 느꼈다 : "본디오 빌라도에게 고난을 받아 십자가에 못 박혀 죽으시고 장사되셨다가".

예수의 장사에 대한 누가의 기록에 관하여 마지막으로 말하고자 하는 것은 이것이다. 예수께서 십자가 위에 계실 때 유대인들과 이방인들 모두가 비웃는 어조로, 그가 누구이신가를 시인했다. 지금 죽으신 상태에서 예수는 상징적으로 말하자면, 온 나라에 의해 존귀히 여김을 받고 계신다. 현장에 와서 예수께 주의를 기울이고 있는 갈릴리의 여자들뿐만 아니라 누가는 요셉이 유대인임을 지적하고 있다('유대인의 동네로부터'란 글자 그대로 '유대인들의 동네 출신'임을 의미한다. 50절). 발생했던 그 모든 일에도 불구하고, 갈릴리와 유다, 팔레스타인의 남과 북, 남자와 여자 모두가 함께 예수께서는 온통 버림을 당하시지는 않았음을 독자에게 전해 준다. 그 같은 긍정적인 기록과 함께 누가는 기대와 이야기가 아직 끝나지 않았다는 작은 희망의 여지를 남기고 있다.

부활 이야기

누가복음 24 : 1~53

누가는 그의 복음서를 유아기의 이야기들로 시작했다. 그 이야기들은 다른 복음서의 기자들에 의해 전해지지 않았다는 의미에서 볼 때, 누가만의 특이한 것들이다. 지금 누가는 부활의 이야기로 그의 복음서를 끝내고 있다. 이 부활의 이야기는 대부분이 그의 특유한 것이다. 빈 무덤의 기록(24 : 1-12)은 분명히 마가복음 16 : 1~8을 이용했고, 이 기록의 변형은 마태복음에 있다. 그리고 요한의 빈 무덤 이야기는 상당히 다르다. 누가복음만의 특유한 부활 이야기의 단원들에 있어서도 다른 복음서들의 영향을 받은 경우들을 종종 보게 될 것이다. 예컨대 개역표준판(RSV, 1971)은 24 : 5, 12, 36, 40, 51, 52에 "다른 권위 있는 고대의 사본에는 부기되었음." 또는 "다른 권위 있는 고대 사본에는 생략되었음."이라는 주가 붙어 있다. 이 사실은 초기에 성경의 원본들을 옮겨 적던 서기관들이 의식적이건 무의식적이건 다른 복음서들에 있는 부활 이야기들의 영향을 받고 있었음을 단적으로 의미한다. 어떤 경우에 그들은 누가복음을 베껴 쓰면서 마가복음 또는 요한복음을 염두에 두고 있었던 것 같다. 다른 경우들에는 그들이 의도적으로 기록들을 일치시키고 있었던 것 같다. 분명한 것은 어떤 방법으로든지 사실을 속여서 말하거나 축소시키려는 의도는 없었다.

이와는 반대로, 전반적인 경향은 이야기를 확대하는 것이었다. 이 같은 본문의 상호교류는 초대교회가 부활 이야기들을 하나의 이야기로 취급했었다는 흔적으로 받아들여야 한다. 그리고 그 이야기들을 섞는 것은 우리들이 그렇게 하듯 했었다 : 한 사건에 관한 둘, 셋 또는 네 개의 기록들은 각각의 기록이 자체의 강조점과 목적을 갖고 있었음에도, 교회의 기억 속에서는 하나의 기록이 되는 경향을 갖게 되었다. 그러나 교회가 스스로를 되돌아보는 순간들마다 그러한 기록의 일치를 못마땅히 여겼다. 왜냐하면 이러한 고의적인 일치는 복음서의 각 기자가 말하고 있는 것을 흐리게 하는 경향을 갖게 될 뿐만 아니라 이 일치를 이룬 이야기는 사실상 다섯 번째의 복음서가 되기 때문이었다. 우리는 여기서 누가에게 귀를 기울일 것이다. 그리고 설교자나 교사가 누가에게 귀를 기울이게 할 뿐만 아니라 본문의 상이점에 관한 주(註)를 활용하여, 성경이 무엇이며 어떻게 전달되어 왔는지를 교인들이 더 잘 이해하도록 돕게 할 것이다. 설교나 강의를 함에 있어서, 그와 같은 점에 작은 주의를 자주 기울임으로써, 교인들이 성경에 관한 미신적 견해들을 제거하는 데 크게 도움을 주게 될 것이다.

누가의 부활 이야기는 네 단위로 되어 있다 : 빈 무덤(1-12절), 엠마오로 가는 길에 나타나심(13-35절), 예루살렘에서 나타나심(36-49절), 그리고 축복과 떠나심(50-53절)이다. 누가복음에는 부활하신 그리스도의 나타나심이 모두 예루살렘 안에서 또는 가까이에서 있었다. 그리고 이 나타나심들은 주간의 첫 날, 한 날에 있었던 것으로 알려지고 있다. 아마 이 나타나심들은 교회가 부활절을 지키는 데 도움이 되도록 그렇게 짜여졌었던 것 같다. 그렇게 되었으리라는 가능성은 내용 자체에 의해 강력하게 밑받침되고 있다. 각각의 단위들로 들어가기 전에 독자는 예배를 드리는 모습으로 24장 전체를 숙고하면 좋을 것이다. 그리스도께서 살아나셨다는 소식이 전해졌으나 즉각적인 반응은 거의 없었음을 우선 주시하라. 이윽고 성경으로부터 가르치심을 받는 시간이 있었으며, 떡을 떼는 중에 살아 계신 그리스도를 경험한다. 이 경험을 서로 이야기한다. 그리고 분위기는 두려움, 믿음, 불신, 기쁨으로 채워지고, 그리고 이 경험은 다시 있게 된다. 성경으로 더 중요한 교훈을 받으면서 제자들은, 성령을 주시겠다는 그리스도의 약속을 받고, 명령도 받는다. 그리스도께서는 그들을 축복하시고, 그들이 기쁨과 찬양의 생활을 하게 하신다. 우리는 누가복음의 처음 몇 장에서 예배 중에 사용할 것을 암시해 주는 여러 찬송들, 기도들, 영광송, 그리고 축도들을 살펴보는 기회를 가졌었다. 이제 이 복음서의 마지막에서 독자는 성소로 돌아온 느낌을 받는다. 우리가 읽으려고 하는 이야기가 가장 친숙하게 연관된 그곳에!

누가복음 24 : 1~12
빈 무덤

우리에게 전해진 전통적 복음의 가장 초기의 형태는 바울이 받은 그대로(고전 15 : 3-7), 그에 의해 다시 제기되고 있다. 눈에 띄게도, 부활과 살아나신 그리스도의 나타나심에 전적으로 초점을 두고 있는 그 전통에는 빈 무덤이나 여인들의 역할이 전혀 언급되고 있지 않다. 이 두 가지는 모든 복음서의 기자들에게 중요하며(마 28 : 1-10, 막 16 : 1-8, 요 20 : 1-10), 누가에게는 어떤 기자에게보다 더욱 중요하다. 무덤이 열려 있고, 시신이 사라져 버린 것을 발견한 사실은 누가의 부활 이야기의 시작이며, 그 여자들에 의한 이 발견은 엠마오로 가던 두 사람의 증언 가운데 반복되고 있다(22-23절). 그리고 그들의 이야기는 무덤으로 가서 여자들이 말한 그대로를 보게 된 다른 이들에 의해서도 확증되고 있다(24절). 물론 빈 무덤은 그 자체로, 또는 그것만으로 부활에 대한 설득력 있는 주장을 제시하지 않는다. 빈 무덤은 시신이 거기에 없었음을 의미할 뿐이다. 그리스도인들이 선포해야 하는 내용은 누가가 차후에 말하는 바와 같은, 그를 따르는 자들이 하게 되었던, 살아나신 그리스도에 관한 체험에 관해서이다 : 예수의 생애와 죽으심은 누구나 다 알고 있는 사실이다. 그러나 하나님께서 그를 죽음의 상태에서 일으키신 사실은 "우리가 다 이 일에 증인이로다"(행 2 : 32, 3 : 15 참고). 그러나 살아나신 그리스도를 본 자들의 증언과 연결된 그 빈 무덤의 이야기는 교회가 하는 선포의 효력을 강화하고 높였다. 그것뿐만 아니다. 그 빈 무덤은 살아나신 그분이 십자가에 못 박히고 장사되었던 예수시라는 매우 중요한 주장을 밑받침한다.

교회는 시초부터 부활을 온통 주관적으로 해석하는 것을 거부해 왔다. 신앙의 문제들은 결코 증명되지 않으며, 신앙은 논쟁의 여지가 없는 이론에 의해 생겨나는 것도 아니다. 신앙은 증언으로 의사전달이 된다. 그러나 그 증언은 믿는 이들이 예수 그리스도에 대한 자신의 체험 감각을 말하는 것이 아니다. 죽음에서 살아나신 그분이 자기를 따르는 자들에게 말했다 : "내 손과 발을 보고 나인 줄 알라 또 나를 만져 보라"(39절). 이 사실은, 누가가 말한다. 그 무덤이 비어 있었음을 의미한다고(모든 복음서 기자들도).

그 여자들에 관하여, 그들은 이 이야기 가운데 매우 눈에 띈다. 그리하여 누가는 그들을 '저희'라고 부르고, 이름을 밝히는 것은 이 이야기의 끝에 이르기까지 늦추고 있다(10절). 이 갈릴리의 여자들은 단지 무덤에서 처음 나타나고 있지 않다 ; 그들은 십자가 못 박히심을 이미 목격하였고(23 : 49), 매장되심(23 : 55)과 지금 빈 무덤도 목격한다. 실제로 누가가 빛난 옷을 입은 두 명의 사자(使者)들(4절)을 소개하는 것은 그들이 무덤으로 들어가서 시신이 없어진 것을 발견한 이후이다. 이 갈릴리의 여자들은 살아나신 그리스도를 체험하지 못한 것 말고는 완벽하게 자격을 갖춘 증인들이다. 이 두 사람(뒤에 천사의 출현이라고 말함. 23절)에 대한 누가의 언급은 이 사건을 용모변화(9 : 30)와 승천(행 1 : 10)과 연결시키고 있으며, 누가가 독자로 하여금 이 이야기를 어떻게 분류하고 이해하기를 원하고 있는지를 보여 줄 것이다. 다시 말하면 용모변화, 부활, 그리고 승천은 하나의 총체적 체험으로 이해될 수 있다는 것이다.

무덤에서의 여자들의 경험을 주의 깊게 살펴보면, 그들에 관한 것들뿐만 아니라, 누가복음과 사도행전에서 계속 이어지고 있는 기록에 대한 누가의 예상에 관하여도 많은 것을 알게 될 것이다. 그 여자들(세 명의 이름이 나오는데, 다른 여자들도 함께했다. 10절)은 살아 있는 이를 죽은 자들 가운데서 찾으려 한다고 가벼운 책망을 받는다(어떤 서기관들은 마태복음 28 : 6에서 한 구절을 가져와 5절에 붙여 기록했다). 그들은 잘 알고 있어야 한다고 이 사자(使者)들은 말한다. 그리스도께서 자신이 배반당하고 십자가에 못 박히고 제3일에 살아나실 것을 갈릴리에서 그들에게 말씀하셨기 때문이다(6-7절). 이 간략한 신조 같은 말씀의 형식은 26절과 46절에서도 그것의 핵심 내용이 반복되고 있는데, 죄의 회개와 용서를 가능케 하는 선포의 중심이 되고 있다(47절). 그 사람들이 "그가 너희에게 말씀하셨느니라"(6절)와 그 여자들이 "예수의 말씀을 기억하고"(8절)를 눈여겨보는 것은 중요하다. 6~8절은 네 가지 깊은 의미를 전한다. 첫째, 갈릴리는 준비를 위한 과거가 되고 있다.

마태복음 28 : 7과 마가복음 16 : 7에는 "예수께서 너희보다 먼저 갈릴리로 가시나니"라고 되어 있으나 누가복음에는 "갈릴리에 계실 때에 너희에게 어떻게 말씀하신 것을 기억하라"고 되어 있다. 살아나신 그리스도께서 자기를 따르는 자들과 갈릴리에서 만나시는 것을 마가는 예상하고 있고, 마태는 그것의 실현을 묘사하고 있다(마 28 : 16). 그러나 누가의 기록에는 그렇게 되어 있지 않다. 누가에게 있어서 예루살렘은 그리스도의 나타나심들(13-43절)과 제자들에게 위탁하심과 능력 주심(44-53절), 그리고 세계를 향한 교회의 선교를 위한 중심지이다(사도행전). "이는 율법이 시온에서부터 나올 것이요 여호와의 말씀이 예루살렘에서부터 나올 것임이라"(미 4 : 2).

둘째로, 본문은 그리스도께서 자신이 배신당하고 십자가에 못 박히고 부활하실 것을 전에 여자들에게 말씀하셨을 것이라는 추정을 하게 한다. 이렇게 알려 주셨다는 사실은 이 여자들이 그러한 예고를 은밀하게 들었던 측근 제자들의 부류에 들게 한다. 여기서 누가는 사도행전을 예상하여 제자 집단의 범위를 넓히고 있음을 알게 된다. 사도행전에는 기도와 성령을 기다리면서 모인 제자의 무리가 열한 사도와 예수의 모친 마리아와 예수의 아우들, 그리고 여자들을 포함하여 모두 120인이다(행 1 : 12-15). 실제로, 여기 8절에 이 여자들은 자기들의 체험을 열 한 사도와 '모든 다른 이에게' 말했고, 그리고 33절에 열 한 사도는 '그들과 함께한 자들'로 더불어 모였었다. 누가는 사도들을 특별 집단으로 여기고 있으면서도 그리스도와 성령에 의한 특별 체험들을 그들에게만 한정하고 있지 않다. 이러한 기록을 접하고 있는 독자는 시간이나 장소가 간격을 만들고 있지만, 자신은 단지 구경꾼이 아니라 남녀 신자들로 구성된 그 교회의 이야기에 참여자가 되고 있음을 느끼게 된다.

셋째로, 이 내용은 앞에서 이미 암시적으로 논했는데, 누가복음에는 여자들이, 마가복음과 마태복음에서 그렇게 하고 있는 것과는 다르게, 가서 제자들에게 알리라는 명령을 받고 있지 않다. 이 여자들은 제자들을 위한 심부름꾼들이 아니라, 그들은 제자들이다. 그들이 자기들의 체험을 열 한 사도와 다른 이들에게 말해 준 것은 사실이다. 그러나 그런 식의 보고는 그 사건에 의한 흥분에 어울리는 것이었고, 증언을 서로 주고받는 다른 경우들과 틀리지 않는다.

끝으로, 이 여자들의 믿음과 증언은 세 가지 요소로 되어 있다 : 빈 무덤 발견, 두 사자들의 말, 그리고 그들이 예수의 말씀을 기억함이다. 이 세 번째 요소는 종종 무시되고 있다. 그러나 세 번째는 이 복음서 안에서 매우 중요하다. 그리고 우리의 경험 중에서도 확인된다. 부활이 있고 나서야 제자들은 부활의 말씀을 기억하고 이해도 했다. 엠마오에서 그 두 사람은 떡을 떼는 중에 그리스도를 체험한다. 그리고 나서 예수께서 길에서 말씀하신 것을 기억해 냈다(32절). 믿음은 대개 약속에서 성취로 움직이지 않고 성취에서 약속으로 움직인다. 기억은 인식의 능력을 활발하게 할 때가 있다. 이런 이유 때문에라도 교사와 설교자는 예수와 교회의 이야기를 듣는 이들과 나누는 것이 매우 중요하다. 그 같은 이야기 주고받기는 당시에는 불을 일으키거나 화급한 관련사항의 문제로 들리지 않을지 모른다. 그러나 교인들이 그것을 기억해 내고, 결과가 크게 달라지는 시간들은 오게 될 것이다. 그러나 듣지 못한다면 기억해 낼 수가 없다.

사도들이 그 보고를 믿지 않았던(11절) 이유가, 그 보고를 여자들이 했었기 때문이라고 설명하면 안 된다. 그와 같은 경박한 처사는 많이 있어 왔다. 의심의 여지가 없이, 동일한 보고를 남자들이 했더라도 동일한 불신앙을 보게 되었을 것이다. 그들의 믿음은 살아나신 그리스도를 체험하는 확증을 얻을 때까지 보이지 않았다. 이 체험 중에서도 불신앙의 요소를 갖고 있지 않은 것은 아니었다(41절). 다른 한편으로, 11절은 부활절을 너무 안이하게 경축하고 있는 우리로 하여금 죽은 자의 부활이, 예수께 가까이 했던 그들에게도, 신앙에 어떤 부담을 주는지 다시 생각하게 한다.

개역표준판(RSV, 1971), 새영어성경(NEB), 그리고 어떤 다른 번역 성경에는 12절이 주(註)에 기록되어 있다. 고대 사본들에 이 12절에 대한 강력한 근거들이 없어서가 아니다. 실제로 입증할 만한 주요 근거들은 본 절이 본문에 포함되는 데 바탕이 되는 것 같다. 12절의 의문스런 실태는 그것이 요한복음 20 : 3~10에서 직접 옮겨 왔으리라는 생각과 본문에 본 절이 있게 되면 34절과 상충이 된다는 생각에 기인한다. 부활에 관한 다양한 전설들이 서로 영향을 미쳤다는 사실은 여러 곳에서 분명히 보인다. 그러나 12절은 어떤 이들이 상상하는 만큼 본문 중에서 거북스럽지 않다. 베드로가 무덤으로 간 것은 24절이 알려 주고 있는 내용의 한 실례일 수 있다 : "또 우리와 함께

한 자 중에 두어 사람이 무덤에 가 과연 여자들이 말한 바와 같음을 보았으나 예수는 보지 못하였느니라". 34절은 상충되기보다는 베드로의 사후 경험을 말하고 있다고 볼 수 있다. 그러나 설교자와 교사가 12절을 이 이야기에 포함시키든 안 시키든 누가는 혼란, 소동, 의심, 그리고 예수를 따르던 자들이 예수께서 죽음으로부터 참으로 살아나셨다는 말에 대한 어떤 확증을 기다리고 있는 분위기를 줄곧 전해 주고 있다.

누가복음 24 : 13~35

엠마오 길에 나타나심

설교와 실천신학을 위한 이야기 형식에 관심을 가진 사람들은 우리 앞에 있는 이 이야기 외에 다른 견본을 찾으려고 할 필요가 없다. 이 기록은 누가의 문학적 기교를 보임에 있어, 자애로운 아버지의 비유(탕자 비유-역자주)와 바울의 로마행 바닷길과 대등하게 여겨진다. 이 이야기는 누가 특유의 것이다. 단지 예수께서 시몬 베드로에게 나타나셨음에 관한 더욱 이전의 전설(고전 15 : 5)을 확증하는 34절 한 절에서 다른 부활 이야기들을 만나고 있을 뿐이다. 이 이야기는 주께서 마므레의 아브라함과 사라에게 나타나신(창 18 : 1-5) 구약성경을 반영하고 있는 점에서 전형적으로 누가적이다. 역시 전형적으로 누가적인 것은 이 이야기의 구조가 여행으로 되어 있다는 점이다. 시간은 부활절의 저녁이다(13, 29절). 그리하여 이 본문은 자연스럽게 부활절 저녁예배를 위한 말씀으로 선택되게 된다. 사실상 이 이야기는 예배를 염두에 두면서 짜여졌을 것이다 : 복음이 요약되어 있고, 말씀과 성찬에 초점이 맞추어지고, 식탁으로부터 다른 이들을 향한 증거로 옮겨 가고 있음을 주시하라. 등장하는 인물은 셋이다. 두 제자들과 자신을 감추셨던 예수이시다. 그러나 대화 중에서는 셋이 둘로 작용한다. 예수와 글로바(Cleopas) 또는 예수와 '저희'다. 본문의 대화를 듣는 이들은 쉽게 알아듣는다. 구성(構成)은 이야기 전달자와 인물들의 대화 사이에서 어색하지 않게, 그리고 흥미롭게 균형을 잡으며 진행되게 하고 있다. 그들의 움직임은 보행으로다. 예루살렘에서 엠마오로 가는 길은 느리고 절망적이다. 그러다가 엠마오에서 예루살렘으로 돌아가는 길은 서둘러 가고 희망에 차 있다. 엠마오가 어디인지 확실하게 밝혀지지 않았고, 두 제자들 중에 한 사람은 우리에게 전혀 알려진 바가 없으며, 글로바는 다른 어디에서도 만나 볼 수 없다는 등의 사실은 별로 중요하지 않다. 이러한 불확실한 것들, 역사 사실로서의 궁금증에 대한 그럴 만한 의문들은 이 이야기가 갖는 주목할 만한 강한 영향력 앞에서 자취를 감춘다.

설교와 실천신학을 위한 이야기 형식에 관심이 있는 사람은 하나의 의구심 때문에 위축을 느껴 왔다. 그 의구심이란 이야기가 성서적이고 신학적인 내용을 전달하기에는 감당할 수 없는 형식이라는 것이다. 그러나 그러한 의구심을 가진 사람이라도, 우리 앞에 있는 본문은 그러한 의구심을 최소한 부분적으로나마 제거하는 것을 보게 될 것이다. 아름답고 흠잡을 데 없는 이야기들은 진행을 가로막는 논평을 환영하지 않을 것이다. 그렇지만 누가가 이 이야기 속에 엮어 넣고 있는 주요 신학적 주제들을 제시하면서 이 말씀 속으로 들어가 보자.

1. 그리스도는 계시로 인식되신다. 누가는 두 제자에 관하여 말한다 : "저희의 눈이 가리워져서 그인 줄 알아보지 못하거늘"(16절), 그리고 31절에, "저희 눈이 밝아져 그인 줄 알아보더니". 분명하게도, 본문에는 마비 때문에 볼 수 없게 되거나 예수의 겉모습의 어떤 변화 때문에 그를 알아보지 못하게 되는 그런 이유보다 더한 그 무엇이 개입되고 있다. 우리는 이 복음서의 앞부분에서 하나님의 일하심과 인간의 자유가 뒤섞이는 누가식 양식을 논하는 기회를 가졌었다. 수난에 관한 예고를 하신 뒤에도 예수께서 하시는 말씀의 의미는 제자들에게 숨겨져 있었다(9 : 45). 그들은 당시에 그러한 메시지를 받을 만한 준비나 능력을 갖고 있지 못했다. 그러나 그 메시지는 차후에 기억을 통하여 이해되었다. 누가에게 있어서, 하나님이나 그리스도는 계시에 의하지 않으면 이해되지 않는다(10 : 22). 이 견해는 마태(마 16 : 17)와 바울(고전 2 : 6-16)에게도 있었다. 믿음은 준비가 되어 있지 않은 사람에게는, 계시가 있더라도 억지로나 압도적으로 생겨나지 않는다. 복음서들 안에서, 부활하신 그리스도는 제자들에게만 나타나시고 길이나 회당에 있는 불신앙자들에게 나타나셔서 그들을 놀라게 하여 말없이 복종하는 믿음을 갖게 하지 아니하셨음을 주시하라. 성경으로 가르침을 받고 주의 만찬을 든

후에 두 제자는 예수를 인식한다.

2. 복음을 요약하여 말씀하셨다. 글로바의 입을 통하여 누가는 복음을 요약하여 제시한다(18-24절). 예수의 사역으로 시작하여 여자들이 알려 준 말을 덧붙이고 있으나 살아나신 그리스도에 대한 체험은 빠져 있다. 그리하여 이 복음의 요약은 그리스도께서 부활의 말씀을 붙여 주시기(26절) 전에는 불완전하다. 그리고 예수께서는 그들에게 자신을 알리신다(31절). 그리스도에 관한 간결한 진술, 그의 권능의 역사들, 고난, 죽으심, 그리고 부활은 누가에 의한 그리스도인 설교의 내용이다. 그리고 이 내용은 사도행전에 반복해서 나타난다(행 2 : 22-36, 3 : 12-15, 5 : 29-32, 13 : 16-39).

3. 구약의 성구들이 예수를 증언한다. 그 두 명의 제자들은 불신앙의 연고로 책망을 받는다. 예수의 고난과 죽으심, 그리고 부활은 성경에 진술되어 있고, 그들은 그 사실을 알고 있어야 했기 때문이다(25-27절). 이 복음서의 전반에 걸쳐 우리는 누가의 주장을 보아 왔다. 그 주장은 예수와 그를 따르는 사람들이 성경 말씀에 온전히 순종했을 뿐만 아니라 예수께서는 성경의 예언들을 이루고 계셨다는 것이다. 이 예언들은 그의 사역(4 : 16-30)과 그의 수난, 죽으심, 그리고 부활을 가리키고 있었던 것이다(26-27, 44-47절). 그렇기 때문에 누가는 성경 말씀들이 믿음을 생겨나게 하기에 충분하다고 여긴다(16 : 31). 예수를 메시야로 받아들이지 않았던 이스라엘의 잘못은 그들이 그들의 성경을 아는 데 실패하여 저지른 행위였다. 이 무지를(행 3 : 17) 하나님은 용서하실 것이다. 그러나 지금 부활하신 그리스도(25-27, 44-47절)와 성령(사도행전)께서 구약성경 말씀의 참 의미를 공개해 주셨으니, 이제는 회개를 요청할 차례다(47절, 행 2 : 38, 3 : 19). 그렇다면 누가에게는 예수 그리스도의 복음이 지속적이며 율법과 선지자들과 그들의 기록들을 성취하는 데 이르게 한다.

4. 그리스도는 성찬의 식사 중에 알려지신다. 엠마오에서의 이 식사가 성만찬, 즉 주의 만찬이라는 사실은 "……가지사 축사하시고 떼어…… 주시매"(30절, 22 : 19, 9 : 16)라는 말씀을 볼 때 매우 분명해진다. 다른 부수적인 사실들 역시 이런 추정을 확실하게 해 준다. 이 식사는 손님 대접의 절차에 의해 시작된다. 식탁을 준비한 사람들에 의한 손님 접대이다(29절). 보통의 저녁식사가 성만찬으로 바뀌게 된 것은 손님을 대접하는 식탁에 그리스도

께서 함께하심으로 가능했다. 어떤 의미에서 볼 때 그리스도는 손님이시다("주 예수여, 오시옵소서"). 그러나 그는 떡을 쪼개고 축사하고 식탁에 앉은 자들에게 나누어 주시는 주인이시다. 제자들이 이 손님을 그리스도로 알아본 것은 이런 진행 중에서였다(31, 35절). 이 제자들은 지금 말씀 안에서(성경을 풀어 주실 때), 그리고 성찬 중에(떡을 떼어 주실 때) 그리스도를 체험하게 되었다. 누가는 예수의 이야기는 물론 이러한 상황들을 통하여 예수를 알게 되는 교회의 이야기도 쓰고 있다는 사실에 의심의 여지가 없다. 말씀과 성찬 속에서 살아 계신 그리스도를 체험하는 사실의 중요성은 아무리 강조해도 지나치지 않다. 누가는 부활하신 그리스도께서 자기를 따르는 여러 사람들에게 여러 번 특이한 모습으로 나타나셨다고 말한다. 실제로 누가는 그와 같은 나타나심이 그가 영광의 처소로 올라가시기 이전 40일 동안 계속되었었다고 말한다(행 1 : 1-11). 전반적인 이야기는 그렇다 하더라도 선택된 몇 사람들을 제외한 모든 신자들은 예수를 체험하지 못하고 예수께서 한때 그들에게 보여지셨다는 보고에 의한 빈약한 도움을 받으면서 믿음을 살려 나가야 하는 처지에 있다. 그리하여 그 모든 차후 세대의 사람들은 소식을 전해 듣는 그리스도인들일 것이다. 그러나 여기서 누가는 우리에게 말해 준다 : 살아 계신 그리스도는 우리가 성경을 이해하는 데 열쇠가 되실 뿐만 아니라 떡을 뗄 때 우리에게 나타나시는 우리와 함께하시는 바로 그 주님이시라는 것이다. 성찬 식탁에 임재하시는 그분은 모든 신자들을 제1세대 그리스도인들이 되게 하시고, 우리가 모이는 모든 처소를 엠마오가 되게 하신다.

5. 제자들은 기억을 통하여 알았다. "길에서 우리에게 말씀하시고 우리에게 성경을 풀어 주실 때에 우리 속에서 마음이 뜨겁지 아니하더냐"(32절). 그리스도께서 성경을 해석해 주실 때 제자들이 보여 준 반응에 관해서는 아무런 말씀이 없다(27절). 그러나 지금 식탁에서 예수를 체험하자마자 그들은 길에서 예수와 함께한 당시의 그 특이한 현상을 회상한다. 6~8절에 관하여 논할 때 우리는 신앙과 이해력에 있어서 기억의 주요 역할을 생각했었다. 그리하여 여기서는 반복할 필요가 없다. 그러나 잠시 동안 "제자들이 부활 후에 예수의 말씀을 기억했었다."는 사실을 성경이 우리에게 상기시켜 주는 많은 경우들과 우리들 스스로가 확인하는 경험들을 회고해 본다면 좋을 것이다. 하나의 행사를 아는 데는 세 번의 기회가 있다 : 총연습 때, 본

행사 때, 그리고 회고의 때이다. 총연습 때에는, 행사는 실제로 하게 될 것인가, 그리고 행사가 그만큼 중요하게 인정받게 될 것인가를 확신하지 못하여 그 행사를 잘 이해하지 못할 것이다. 본 행사 때에는 너무 복잡하고 분주하며 혼잡하고 혼동되어 그 행사를 이해하는 데 어려울 것이다. 그러나 회고할 때에는 총연습 때의 진지함의 결여와 본 행사 때의 분주함 대신에 인식하고, 각성하고, 그리고 이해를 하게 된다. 이때야말로 중요한 여행, 결혼, 친구들의 모임, 또는 그리스도로 밝혀진 한 손님과의 대화를 이해하는 때이다.

6. 제자들은 보고 들은 것을 증언한다. 두 제자가 엠마오에서 예루살렘으로 돌아온 사실(33-35절)은 누가의 이야기 중에서 세 가지 역할을 하고 있다. 첫째로, 그들은 자기들이 가진 좋은 소식을 나누어 주지 않을 수 없었다. 식탁에서 그리스도와 함께함으로써 슬픔과 절망에서 돌아선 그들은, 지금 깨달은 자들로, 흥분된 그들은 당연히 동일한 절망에 붙들려 있는 자기들의 형제들과 자매들을 향하여 움직였다. 다른 제자들을 향하여 증언했다. 세상을 향하여 하지는 않았다. 세상을 향한 이 과업의 수행은 위로부터 능력을 받기까지 기다려야 했다. 그러나 증언과 선포는, 불신자들은 물론 신자들 중에서도 하여야 한다. 신앙의 공동체를 조성하는 그 메시지는, 그 공동체가 다시 반복해서 들을 필요가 있다. 그렇게 함으로써 믿음이 확실해지고, 강하게 되고, 용기를 얻고, 또 깊어진다.

둘째로, 예루살렘으로의 귀환은, 이 두 제자의 체험을 다른 이들과 함께 하는 가운데(36-43절) 베드로의 체험(34절), 그리고 열 한 제자들의 체험과 연대시키게 되었다. 부활하신 그리스도와 그들의 각 다른 만남은, 그리하여 하나의 체험으로 이해되었다. 이 사실은 사도행전의 전개에 매우 중요하게 될 것이다. 예수 이후의 교회는 모든 제자들이 공동으로 시작하고 공통된 증언을 만들게 될 것이기 때문이다(행 2 : 14).

끝으로, 보고를 위한 예루살렘으로의 귀환은 누가의 교회 이해에 절대적이다. 예루살렘은 그리스도인 선교의 중심지이다. 그리고 사도들은 그리스도인 친교에 권위의 위치에 있다. 전파자들은 유대, 사마리아, 그리고 땅 끝까지 흩어져 나간다. 그러나 그들은 보고할 내용들을 갖고 예루살렘으로 돌아온다. 팔레스타인에서 복음선포의 여행(행 9-11장)을 마치고 베드로도 그렇게 했었고, 매번의 선교여행 이후에 바울도 그렇게 했었다(행 13-21장). 누가복음과 사도행전은 전반적으로 예루살렘에 모아진 이 초점을 증거한다 : 예수께서 예루살렘을 향하여 가시고 복음은 예루살렘으로부터 밖으로 나간다. 바울은 그의 편지들 속에서 예루살렘에 관하여 상당히 다르게 보이는 보고를 한다. 그럴지라도 피차의 유대관계가 극히 밀접했던 만큼(갈 1-2장) 예루살렘 교회와 그 교회의 지도권을 인정하지 않을 수 없었다. 그런 점에서 볼 때 예루살렘에서 엠마오로 갔던 두 제자가 그 밤에 예루살렘으로 돌아와 그렇게 하는 것처럼, 무덤에 갔던 여자들이 사도들에게 보고한 것(9-11절)은 조금도 놀라운 것이 아니다.

누가복음 24 : 36~49

예루살렘에 나타나심

본 단원은 두 부분으로 되어 있다 : 열 한 제자와 무리에게 나타나신 내용(36-43절)과 마지막 교훈, 사명 위임, 약속(44-49절)이다. 나타나심 그 자체에 관하여, 형식에 있어서의 두 가지 특성에 유의할 필요가 있다. 첫째로, 36~43절의 내용과 요한복음 20 : 19~21의 내용이 현저하게 닮아 있다는 점이다. 이 유사성이 문학적 유사성 때문이든 아니든 그러하다. 개역표준판성경(RSV, 1971)의 주(註)가 지적하고 있듯이, 어떤 사본들에는 이 본문에 요한복음의 본문이 삽입되어 있다 : 36절 끝(요 20 : 19)과 40절 끝(요 20 : 20). 어떤 지역의 교인들은 이러한 본문상의 다른 점들을 이해하는 데 도움을 받아야 한다. 본문이 확실하지 않다는 생각으로 신앙을 그르치게 해서는 안 되기 때문이다. 설교자와 교사는 듣는 이들에게 언제나 성경을 온전하게 전해 주기를 원한다. 36절과 40절의 일부가 생략된 개역표준판(RSV)과 새영어성경(NEB)의 편집자들이 내리고 있는 판단을 따르거나 다수의 사본들이 그렇게 하듯이, 그 의문스러운 내용을 포함시키기를 선호하거나 우선 분명히 해 두어야 할 사실이 있다 : 이 본문에 관하여는 누구의 주장도 정확하다고 할 수 없으며, 모두는 누가가 기록한 것이 무엇인지를 진지하게 찾고 있다는 사실이다. 본 주석은 본문상의 상이점들에 관하여 상세하게 논하려 하지 않는다. 그러나 독자에게 이 사실을 상기시키는 것은 중요하다고 보여

진다 : 여러 본문들과 영어 번역성경들에 있는 상이점들은 그것들에 관하여 교육하도록 주요 동기를 제공해 준다는 사실이다. 이 상이점들에 관한 논의는 피즈마이어(Joseph Fitzmyer)의 주석, 「누가에 의한 복음」(*The Gospel According to Luke*, 2 : 1575-1576 ; 그는 이 의문의 두 본문이 부가되는 것을 지지한다.)이 도움이 될 것이다. 36~43절의 형식상의 성격에 관하여, 두 번째로 유의할 점은 이야기 전달상의 형식이다. 엠마오의 이야기보다 훨씬 간략하기는 하지만 36~43절은 본질적으로 동일한 형식을 취하고 있다 : 살아나신 그리스도께서 나타나심, 제자들이 알아보지 못함, 의심 때문에 책망을 받음, 음식을 함께 함, 그리고 그들이 놀라움과 기쁨의 반응을 보임 등이다. 그러나 여기서 예수께서 성경으로 제자들을 교훈하심은 뒤로 미루어졌다(44-47절). 그리하여 사명위임의 한 부분이 되고 있다.

그런데 형식은 이처럼 유사하지만 36~43절이 소개하는 주제는 엠마오 이야기의 그것과는 매우 다르다 : 부활하신 그리스도의 실체(實體)이다. 여자들이 전해 준 말에도 불구하고 엠마오에서 돌아온 제자들, 시몬 베드로, 사도들, 그리고 함께 있던 자들은 자신들이 영, 즉 유령이나 환영(幻影)을 보고 있는 줄로 생각하면서 놀라고 있다(마 14 : 26 참고). 제2세기 안디옥의 감독 이그나티우스(Ignatius)는 그 표현을 의역했다 : "나는 몸이 없는 환영이 아님을 잘 보라"(「서머나인들에게 보내는 서한」〈*Epistle to Smyrneans*〉 3 : 2). 우리들의 말로는 이렇게 말할 수 있을 것이다 : 제자들은 살아 계신 분이 아니라 죽어 계신 분을 만나고 있다고 생각했다. 예수께서 그들 앞에서 만져 보라 하시고 생선을 드심으로써 자기의 몸(body)을 보여 주신 사실은 극적이면서 두 가지가 겹친 주장을 그 안에 담고 있다. 첫째로, 그리스도인의 신앙은 영혼 불멸에 대한 헬라적 개념을 받아들이지 않는다는 점이다. 다시 말해서, 인간의 생명에는 소멸되지 않는 요소가 있는데 그것은 혼(soul) 또는 영(spirit)이다. 이것은 출생 때에 몸속으로 들어오고 사망 때에 하나님(God)께로 돌아간다는 것이다. 이와는 다르게 복음은 이렇게 가르친다 : 예수께서는 죽으셨고, 하나님은 그를 죽음에서 살리셨으며, 신자들의 소망은 이러한 주장에 근거한 형상을 입게 될 것이란 기대이다. 물론, 예수께서 죽으신 후에 만질 수 있는 몸으로 나타나신 사실은 신앙상의 특별한 의문들을 만들어 낸다. 예컨대, 바울은 "죽은 자들이 어떻게 다시 살며 어떠한 몸으로 오느냐?"(고전 15 : 35)와 같은 질문들을 듣고 대답하려고 한다. 누가는 신자들의 부활에 관한 문제를 말하고 있지 않다. 그러나 이 문제는 어떤 사람들이 모든 사람들 속에 있는 불멸의 영혼(soul)에 관한 일반적인 관념으로 예수의 부활을 설명하려는 점에 있어서, 본론에 연관되고 있다. 누가는 예수께서 몸을 가지고 나타나셨음을 강조함으로써 그리스도의 부활이 불멸에 관한 옛 개념과 일치하지 않음을 말하려 하고 있다. 하나님은 예수를 살리심에 있어서 특이한 방법으로 역사하셨다.

예수께서 제자들에게 자신을 그처럼 특이하게 나타내심을 통한 두 번째 주장은 부활하신 그리스도가 죽으셨던 예수라는 사실이다. 이러한 신원을 확인하는 주장은 신학뿐만 아니라, 그리스도인 생활의 성격을 규정함에 있어서도 비평을 가능케 한다. 만약 죽으신 예수가 역사적 과거에 속하고 지금 제자들이 따르고 있는 예수는 영원하신 그리스도라면, 그렇다면 그리스도인의 생활은 타인들을 위한 고통이나 십자가나 이 세상의 생활의 문제들에는 책임이 없고, 살아서 영으로 계신 그리스도께 줄곧 예배만 드리는 영적 형태를 취하게 될 것이다. 복음서들은 제자의 도리에 관하여 결코 그렇게 정의하고 있지 않다. 바울도 그의 편지들에는 역사적 예수에 관한 언급이 거의 없음에도 불구하고, 십자가 죽으심과 부활을 연대할 것을 주장하고 있다. 그는 십자가에 못 박히신 그리스도(고전 1 : 23, 갈 3 : 1)와 부활하신 교회의 주님은 손에 못자국을 갖고 계셨음을 선포했다. 본문 중에서 이 사실들은 누가의 요점이다 : "내 손과 발을 보고"(39절)는 교회를 향한 그리스도의 말씀이다. 부활절은 수난 금요일과 영구적으로 연합된다. 그리고 부활하신 그리스도를 따르는 것은 십자가를 지셨던 그분을 따르는 것이다. 아마 이 사실들에 대한 어떤 작은 깨달음은 "너무 기쁘므로 오히려 믿지 못하고"(41절)라는, 누가의 아름답고 실제적인 말로 묘사되었던 그 제자들에게 이해되기 시작했던 것으로 보인다.

위에서 말한 것처럼 44~49절은 교훈, 사명의 위임, 그리고 약속을 그 안에 담고 있다. 교훈은 새로운 것이 아니고 부활하신 그리스도의 말씀들과 역사적 예수 사이의 지속성을 강조한다("내가 너희와 함께 있을 때에 너희에게 말한 바 ……하리라 한 말이 이것이라", 44절). 그리고 역사적 예수와 구약의 성구들 사이의 지속성을 강조한다("모세의 율법과 선지자의 글과 시편에 나를 가리켜 기록된 모든 것이 이루어져야 하리라", 44절). 본문에는 단순히 예언과 성취, 그 이상의 의미가 있다. 누가는 복음이 하나님께서 지금까지 유대인의 성경을 따라 해 오시고, 또 계획하고 계시는 것의 연속선상에 있음을 계속 강조하고 있다. 마리아와 요셉이 모세의 율법에 따라 모든 것을 실행했던 (2 : 21-40) 그 시초부터 그리스도인 설교자들이 구약성경으로부터 그들의 메시지를 끌어내기까지(행 2 : 16-36) 누가는 독자에게 하나님의 일관된 신실하심을 상기시키고 있다. 예루살렘은 복음이 열국으로 나가는 중심지가 된다(47절)는 사실은 구약 성구(사 2 : 3)의 주장에 의한다. 그러나 성경에 대한 이 같은 이해는 미리부터 제자들의 마음에 있지 않았었다. 부활하신 그리스도께서 그 성경말씀들을 이해하도록 그들의 마음을 열어 주셨다(45절, 25-27절의 주석을 참고하라). 그들의 그리스도에 대한 증언은 바로 이 같은 유대인 성경말씀의 이해에 의한다. 그리고 이 성경이해는 사도행전에 의하면, 가장 초기의 그리스도인 설교의 핵심이 된다.

제자들에게 사명을 위임하심은 그들에게 해 주신 교훈과 같이, 유대인의 성경에 근거했다('기록되었으니' 46절〈개역한글판에는 47절-역자주〉). '기록되었으니'라는 말씀은 "그것은 줄곧 하나님의 계획이었다."라는 말과 같다. 다른 말로 하면, 그 새로운 것은 새로운 것이 아니라 때에 맞게 해석된 옛것이라는 것이다. 성경 속에 오래 전에 발표된 하나님의 계획에는 그리스도인 선교의 헌장을 구성하는 메시지와 제안이 들어 있다. 메시지는 그리스도(메시야)께서 고난을 당하시고, 제3일에 죽음에서 살아나신다는 것이다(46절). 제안은 회개하고 사죄의 선물을 받으라는 것이다(47절, 행 2 : 38, 3 : 19, 5 : 31, 11 : 18, 17 : 30). 이 메시지의 충실한 내용을 알아보려면 오순절날 했던 베드로의 설교를 보라 : 사도행전 2 : 14~36은 메시지이고, 37~41절에는 제안이 이어지고 있다. 이 메시지와 제안이 모든 민족에게 전파되어야 한다는 사실은 (그 전부는 아니더라도) 이스라엘이 복음을 배척하게 된 이후에 그리스도인 선교가 진행되다가 나타난 현상이 아니었다. 그와는 반대로 누가는 세계를 향한 선교가 시초부터 하나님의 계획이었다고 말한다 : "그의 이름으로 죄사함을 얻게 하는 회개가…… 모든 족속에게 전파될 것이 기록되었으니"(46-47절). 분명히, 제자들은 처음부터 그렇게 이해하지 못했고, 그렇게 행동하지도 않았었다. 하나님께서 하나님께로 돌아오는 자들을 모든 민족으로부터 받아들이신다는 사실을 깨닫게 되기에는 사도들이라도 성령에 의한 반복된 계시와 자극이 있어야 했다. 사실상 이 메시지와 제안 속에는 교회가 붙들고 몸부림쳐야 했던 초기의 두 가지 주요 문제가 잠복되어 있었다 : 메시야의 고난과 죽으심이라는 관념을 양보해야 하는가의 문제와 비유대인들을 차별 없이 교제하도록 받아들여야 하는 문제였다. 20세기가 지나서도 십자가에 죽으신 그리스도를 설교하기와 모든 사람을 대등하게 받아들이기는 교회의 구석진 곳의 수군거리는 문제로, 그리고 아직은 충분하고 거침없는 결정을 못하는 문제로 계속 남아 있다.

예수께서는 이 메시지나 모든 사람을 향한 이 제안이 자기를 따르는 자들의 본연의 성향에 잘 맞지 않을 것을 알고 계셨다. 그들은 십자가에 죽으시고 부활하신 메시야를 전파할 준비가 되어 있지 않았고, 모든 민족으로부터의 청중을 우호적으로 바라볼 준비도 되어 있지 않았다. 당시로서 그들은 하나님으로부터 임하는 능력이신 성령강림의 약속을 기다려야 했다(49절). 하나님께서는 이 과업을 수행하기 위하여 그들이 능력을 갖게 하실 것이다. 그러나 그들은 이 능력을 받기에도 아직 준비가 되어 있지 않았다. 누가가 이 이야기를 사도행전에서 계속해서 말하듯이 그들의 기다림의 기간은 50일로, 부활절로부터 오순절까지였다. 부활하신 그리스도와 예배와 기도를 더욱 체험하고 실천하느라 여념이 없던 기간이었다(행 1 : 1–14). 우리는 여기서 성령을 묘사하는 말인 능력을 말하는 것 외에는 이 복음서를 넘어서 이야기를 계속하지 않을 것이다. 성령에 관하여 가장 많이 말한 신약성경의 세 기자는 요한, 바울, 그리고 누가이다. 요한에게 성령은 교회 안에 그리스도의 지속적인 임재하심인데, 인도하시고 기억나게 하시고 가르치시며 위로하시는 분이다. 바울에게 성령은 우리 안에 그리스도인의 생명을 창조하시고 성역(聖役)을 위한 은사들로 우리를 무장시키시는 분이다. 누가에게 성령은 세계 속에서 선교하기 위한 능력을 교회에 주시는 분이다. 이 세 가지 강조된 사역들 가운데 지나치게 단순하게 논평하는 것인지 모르겠으나, 확실히 누가가 말해 주는 성령의 사역은 교회의 입장에서 보면 가장 가변적(可變的)이다. 누가에 의하면 성령께서는 교회를 움직여, 그렇지 않을 경우 결코 가지 않을 그러한 지역으로 옮겨 가시고, 그렇지 않을 경우 시도하지도 않을 그러한 활동을 하게 하시기 때문이다. 능력은 혼란을 일으키게 된다.

그런데도 우리가 이 혼란을 성령의 역사라고 인식하게 되는 것은 시간이 지나기 이전에는 불가능하다.

누가복음 24 : 50~53

축복하고 떠나심

누가는 시간과 장소를 밝히면서, 하나의 특별한 사건으로 예수의 마지막 떠나심을 설명해 주는 유일한 복음서 기자이다. 그의 떠나심은 마태복음 28 : 16~20에 암시되고 있다. 갈릴리에 있는 한 산 위에서 사명을 위임하시는 장면에서다. 마가복음에는 떠나시는 기록이 없다. 저 의문스러운 좀 길게 끝내는 기록(막 16 : 9-20)을 받아들이지 않을 경우에 그렇다. 이 기록 중의 19절에 "하늘로 올리우사 하나님 우편에 앉으시니라"가 있다. 제4복음서에는 긴 송별의 부분이 있다(요 13-17장). 이 부분은 실제로 죽으심과 부활에 관한 기록의 이전에 위치하고 있다. 이 송별 중에, 특별히 기도 중에 예수께서는 제자들과 함께 계시는 분으로, 그리고 이미 영광을 받고 하나님과 함께하고 계신 분으로 알려지고 계신다(요 17 : 9-19). 누가가 십자가에 죽으심으로부터 시작되는 예수의 이야기를 취급하는 특이한 수법은 십자가 죽으심, 부활, 자기 제자들에게 40일간 나타나심(행 1 : 3), 그리고 승천(행 1 : 9)을 분리된 토막 이야기들로 취급하고 있는 점이다. 다른 기자들은 40일간의 나타나심을 기록 중에 언급하고 있지 않을 뿐만 아니라 승천의 이야기도 없이 부활을 하나님 우편으로 오르심에 연결시키고 있다. 실제로 요한복음에서는 '올리우심'이 십자가 죽으심과 부활-승천, 이 두 가지를 함께 가리키고 있다. 다시 말하면 십자가 죽으심, 부활, 그리고 승천을 한 행동으로 보고 있으며, 주로 독생자의 영광으로 말하고 있다는 것이다. 이와는 두드러진 대조를 이루어 누가는 이 사건들을 각각 구분된 이야기들로 나누어 각 다른 역사적 순간들로 묘사하고 있다. 교회의 여러 전통들은 부활절에 이르는 사순절, 승천일, 그리고 오순절 이전의 열흘을 지킴으로써 누가복음을 따르고 있다.

누가복음의 종결과 사도행전의 처음 기록이 서로 다른 점에 관하여 잠시 말해야 할 필요가 있을 것 같다. 누가복음 24장에 의하면 부활하신 그리스도의 나타나심들은 부활하신 당일에 있었다. 그리고 승천은 그날 밤에 있었다. 사도행전 1 : 1~11에는 나타나심들이 승천 이전의 40일 동안에 있었다. 저자는 동일한데 기록은 왜 서로 다른가? 우리는 이 두 책이 겹치지 않았나 예상한다. 두 번째 책이 자체의 이야기를 진행하기 전에 첫 책의 마지막 부분을 개관하고 있다는 말이다. 이렇게 하는 것은 과거나 지금이나 통상적인 문학적 관행이다. 이야기를 하루 동안의 일련의 사건들로 제시하고 있는 누가복음 24장에 대해서는, 이러한 방식은 당시의 논평으로는 최선의 해설로 보았을 것이다. 누가복음 24장의 전부는 부활절 예배를 위한 윤곽으로 보인다. 만약 그렇다면, 이는 사도행전에서 더 광범위한 순서로 서술한 것을 하루 동안의 사건들로 간결화했다고 설명할 수 있을 것이다. 그러나 어떤 서기관들은 이 상이점들에 민감하여 51절에서 "하늘로 올리우시니"라는 말씀을 삭제했다. 누가복음 24장에서 승천을 삭제함으로써, 사도행전에서 말하고 있듯이, 나타나심은 40일간 계속될 수가 있게 된다. 상당수의 사본들이 51절의 하반절을 삭제한다. 그리하여 더욱 무리가 없는 선택을 한다(새영어성경〈NEB〉은 이 방법을 취하고 있다). 그러나 증거를 중요시할 때는 이 부분을 삭제하지 않는 쪽을 택하게 된다. 승천의 장소가 서로 다른 점에 관하여 누가복음 24 : 50에는 베다니로 되어 있고, 사도행전 1 : 12에는 제자들이 승천 직후에 감람산에서 돌아왔다고 되어 있다. 베다니가 감람산의 모서리에 있는 위쪽 산등성이에 있는 마을이므로 말씀을 구사하는 중에 생긴 상이함은 독자가 이 이야기를 읽어 가는 데 장애가 될 이유가 되지 않는다.

떠나심(50-51절)은 축복과 승천으로 되어 있다. 축복은 예수께서 자기 제자들을 보살피고 하나님의 호의 중에 있게 하시는 제사장적 행위이다. 약속하신 성령(49절)께서 임하시기 전에라도 제자들은 하나님의 절친한 관심을 확신하고 있다. 제4복음서에서 하고 있는 말씀으로는, 예수께서 그들을 고아로 남겨 두지 않으셨다(요 14 : 18). 승천에 관해서는 공중 떠돌기(空中浮揚)의 이론보다 신학적 이미지로 취급하는 편이 좋을 것이다. 누가가 승천하시는 그리스도에 관하여 말할 때 무엇을 의미하고 있을까? 몇 가지 해석을 하게 한다. 기본적인 수준에서 승천은 자기를 따르는 자들에게 나타나 주셨던 기간이 끝났음을 의미한다. 이제부터 제자들은 그의 재림을 예상하고 재림을 지향(행 1 : 11, 3 : 20-21)하는 자세를 취해야 한다. 그러나 당분간은 하나님으로부터 임하는 약속된 능력을 기다려야 한다(49절). 예수의 떠나심으로부터 재림까지 교회의 시대는 신자들이 자신을 유지하려는 노력 중에 추억과 희망을 번갈아 가지는 소득 없는 기간이 아니다. 추억과 희망, 이 두 가지는 분명히 신앙을 위해서 꼭 필요하다. 그러나 머지않아 오순절이 있다. 부활절이 수난금요일을 완성하듯 이 오순절은 부활절을 완성한다. 오순절이 없는 교회는 부활절을 줄곧 유지하기 위하여 "예수께서 사셨다."라고 충분히 큰 소리로 외칠 수가 없다. 불가피하게도 그러한 교회들에는 부활절 이후의 부진, 특별노력, 일부의 방종, 출석과 참여 독려, 부활절과 성탄절에만 예배에 참석하는 자들을 책망하는 목회자들에게 더해지는 냉소주의가 있게 될 것이다. 무엇보다 승천은 그리스도께서 그의 영광으로 들어가심(26절)과 높이 들려서 하나님 우편의 보좌에 앉으심을 의미할 것이다. 베드로와 다른 사도들이 머지않아 오순절에 선포하게 될 말씀처럼 :

> 하나님이 오른손으로 예수를 높이시매 그가 약속하신 성령을 아버지께 받아서 너희가 보고 듣는 이것을 부어 주셨느니라 다윗은 하늘에 올라가지 못하였으나 친히 말하여 이르되 주께서 내 주에게 말씀하시기를 내가 네 원수로 네 발등상이 되게 하기까지 너는 내 우편에 앉아 있으라 하셨도다 하였으니 그런즉 이스라엘 온 집은 확실히 알지니 너희가 십자가에 못 박은 이 예수를 하나님이 주와 그리스도가 되게 하셨느니라 하니라(행 2 : 33-36).

제자들은 그리스도께서 떠나시게 되어 낙심하거나 의기소침하지 않았다. 따라오라고 부르심을 받기 이전에 알고 있던 갈릴리와 그 생활을 그리워하면서 되돌아보지도 않았다. 대신에 그들은 위로부터의 능력을 기대하며 이 소망 중에 기쁨이 충만하고 하나님을 송축하면서 예루살렘으로, 그리고 성전으로 돌아왔다.

이 말씀들로 누가는 온전하게 한 바퀴를 돌았다. 그는 예루살렘과 성전과 예배 시간의 장면들을 보이며, 그의 복음서를 시작했었다. 시작하던 저 장면의 사건들은 독자의 마음속에 기대를 갖게 했었다 : 하나님은 일하고 계시고, 그리하여 어떤 경이로운 일이 곧 일어날 것이라는 기대를……. 독자는 다시 예루살렘에, 성전에, 예배의 시간에 와 있다. 이 끝나는 장면의 사건들은 다시 기대를 갖도록 하고 있다 : 하나님은 일하고 계시고, 그리하여 어떤 경이로운 일이 곧 일어날 것이라는 기대를!

참고문헌

BROWN, RAYMOND E. *The Birth of the Messiah : A Commentary on the Infancy Narratives in Matthew and Luke.* Garden City, N. Y. : Doubleday & Co., 1977.

______. *The Gospel According to John,* vol. 2. Anchor Bible. Garden City, N. Y. : Doubleday & Co., 1970.

BURKE, KENNETH. *Counter–Statement.* Berkeley and Los Angeles : University of California Press, 1968.

CADBURY, HENRY J. *The Making of Luke–Acts.* New York : Macmillan Co., 1927.

CAIRD, GEORGE B. *The Gospel of St. Luke.* Baltimore : Penguin Books, 1963.

CONZELMANN, HANS. *The Theology of St. Luke.* Translated by Geoffrey Buswell. New York : Harper & Brothers, 1960.

CROSSAN, JOHN D. *In Parables : The Challenge of the Historical Jesus.* New York : Harper & Row, 1973.

DANKER, FREDERICK W. *Jesus and the New Age : A Commentary on St. Luke's Gospel.* Philadelphia : Fortress Press, 1987.

DODD, C. H. *The Parables of the Kingdom.* Rev. ed. New York : Charles Scribner's Sons, 1961.

DONAHUE, JOHN R. *The Gospel in Parable : Metaphor, Narrative, and Theology in the Synoptic Gospels.* Philadelphia :

Fortress Press, 1988.

DRURY, JOHN. *Luke.* New York : Macmillan Co., 1973.

______. *Tradition and Design in Luke's Gospel.* New ed. Atlanta : John Knox Press, 1977.

ELLIS, E. EARLE. *The Gospel of Luke.* Rev. ed. Greenwood, S. C. : Attic Press, 1974.

FITZMYER, JOSEPH A. *The Gospel According to Luke,* 2 vols. Anchor Bible. Garden City, N. Y. : Doubleday & Co., 1981, 1985.

FORD, J. MASSYNGBERDE. *My Enemy Is My Guest : Jesus and Violence in Luke.* Maryknoll, N. Y. : Orbis Books, 1984.

Gospel Parallels. 4th edition. Nashville : Thomas Nelson, Publishers, 1979.

Harper's Bible Dictionary. San Francisco : Harper & Row, 1985.

JERVELL, JACOB. *Luke and the People of God : A New Look at Luke–Acts.* Minneapolis : Augsburg Publishing House, 1972.

JUEL, DONALD. *Luke–Acts : The Promise of History.* Atlanta : John Knox Press, 1983.

KRIEGER, MURRAY. *A Window to Criticism : Shakespeare's Sonnets and Modern Poetics.* Princeton : Princeton University Press, 1964.

MARSHALL, I. HOWARD. *The Gospel of Luke.* Grand Rapids : Wm. B. Eerdmans Publishing Co., 1978.

MORRIS, LEON. *The Gospel According to St. Luke.* Grand Rapids : Wm. B. Eerdmans Publishing Co., 1974.

PERKINS, PHEME *Hearing the Parables of Jesus.* New York : Paulist Press, 1981.

SCHWEITZER, ALBERT. *The Quest of the Historical Jesus.* Translated by W. Montgomery. New York : Macmillan Co., 1961.

SCHWEIZER, EDUARD. *The Good News According to Luke.* Translated by David E. Green. Atlanta : John Knox Press, 1984.

______. *Luke : A Challenge to Present Theology.* Atlanta : John

Knox Press, 1982.

STEIN, ROBERT H. *An Introduction to the Parables of Jesus.* Philadelphia : Westminster Press, 1981.

TALBERT, CHARLES H. *Reading Luke : A Literary and Theological Commentary on the Third Gospel.* New York : Crossroad Publishing Co., 1982.

WILDER, AMOS N. *The Language of the Gospel : Early Christian Rhetoric.* New York : Harper & Row, 1964.

WILDER, THORNTON. *The Bridge of San Luis Rey.* New York : Harcourt, Brace & Co., 1959.